高等学校“十二五”规划教材经济管理类

中级财务会计

（上册）

主　编　时薛原　吴宝宏　高　尚
主　审　刘伟贤

哈尔滨工程大学出版社

内 容 简 介

本书主要目的在于提高学生理解财务会计的理论和核算方法，并培养学生利用财务会计信息进行经营决策的能力。本书共12章，第1章主要介绍财务会计的基本理论和方法；第2章至第11章主要介绍资产、负债、所有者权益、收入、费用和利润六大会计要素的确认和计量的理论与方法；第12章主要介绍财务报告的内容和编制方法。

本书不仅可以作为高等院校在校学生学习“中级财务会计”课程的教材，也可作为企业管理人员提高会计技能的培训教材。

图书在版编目(CIP)数据

中级财务会计. 上册 / 时薛原，吴宝宏，高尚主编. —哈尔滨：哈尔滨工程大学出版社，2012.7(2020.1 重印)
ISBN 978-7-5661-0415-1

Ⅰ. ①中… Ⅱ. ①时… ②吴… ③高… Ⅲ. ①财务会计-高等学校-教材 Ⅳ. ①F234.4

中国版本图书馆 CIP 数据核字(2012)第167318号

出版发行 哈尔滨工程大学出版社
社　　址 哈尔滨市南岗区南通大街145号
邮政编码 150001
发行电话 0451-82519328
传　　真 0451-82519699
经　　销 新华书店
印　　刷 北京中石油彩色印刷有限责任公司
开　　本 787 mm×1 092 mm 1/16
印　　张 17.75
字　　数 431千字
版　　次 2012年7月第1版
印　　次 2020年1月第3次印刷
定　　价 36.00元
http://www.hrbeupress.com
E-mail:heupress@hrbeu.edu.cn

前言

PREFACE

本书是高等学校“十二五”规划教材，也是高等学校会计学专业主干课程教材，适用于高等院校会计学专业的学生在学完《初级会计学》的基础上，在掌握了会计的基本理论、基本方法之后，对财务会计理论和方法的进一步深化。本书依据财政部2006年2月15日颁布的新《企业会计准则》《企业会计准则——应用指南》编写。

全书共12章，第1章主要介绍财务会计的基本理论和方法，以便学生熟悉财务会计的基本概念和理论；第2章至第11章主要介绍资产、负债、所有者权益、收入、费用和利润六大会计要素的确认和计量的理论与方法；第12章主要介绍财务报告的内容和编制方法。

本书主要目的在于提高学生理解财务会计的理论和核算方法，并培养学生利用财务会计信息进行经营决策的能力。这种能力的培养不仅适用于在校学生，而且也适合于企业从事财务工作的会计人员。因此，本书不仅可以作为高等院校在校学生学习“中级财务会计”课程的教材，也可作为企业管理人员提高会计技能的培训教材。

本书由时薛原、吴宝宏、高尚担任主编，刘伟贤担任主审。第1、2、3、5、12章由时薛原编写，第8、9、10、11章由吴宝宏编写，第4、6、7章由高尚编写，最后经过三位作者多次讨论后定稿。

本书在编写过程中还参阅了大量文献资料，谨在此对各位专家和学者致以衷心的感谢！

由于时间仓促，加之水平有限，书中错误之处在所难免，敬请同仁和广大读者批评指正。

编　者

2012年5月

前言

PREFACE

[illegible]

目录
CONTENTS

第 1 章　总　　论

【学习目的】 本章主要了解财务会计的基本概念。通过本章的学习，理解财务会计的内涵、财务会计的目标和会计信息的质量特征；掌握会计核算的基本假设；熟悉会计要素的内容及相互之间的关系；了解我国的会计准则和会计制度的基本内容。

【重点与难点】 会计要素的内容及相互之间的关系；会计信息的质量特征。

1.1　财务会计的目标

1.1.1　会计的性质与作用

会计是一个经济信息系统，它的主要作用就是向会计信息使用者提供各种对决策有用的信息。会计系统所提供的信息构成了现代信息经济的基本骨架，对社会资源的有效配置与利用起着至关重要的作用。

这是因为，会计信息源自于市场经济中的每个企业或单位。在市场经济环境下，任何一个企业或单位都需要有出资人投资，才能获取人员、物资、办公场所和设备等资源，形成企业或单位的法人财产，建立起正常运营的环境和条件。而一个企业或单位的有效运营，要求其成员了解和掌握企业或单位所拥有资源的数量和质量、资源的耗费和补偿以及资源的利用状态等信息，以判断企业或单位运行是否正常；出资人也需要借助一定的工具了解其投入资金利用的效率和效果，评价管理者的工作效率和业绩。又因为，企业或单位的范围涉及市场经济的每一个角落，包括农业、工业、商业、旅游、文化、服务等不同行业。企业或单位的性质有营利和非营利之分、政府和民间之分，企业或单位的活动也呈现出多样性和多变性的特征。面对这样一个错综复杂的经济现实，需要用一些专门的概念和术语来规范地描述企业或单位的经济活动，这种专门用于描述各种经济活动的语言就是会计。

会计是一种商业语言。会计运用一定的技术方法，对企业和单位的资源及其资源的运行状况进行全面、连续、系统的核算和监督，客观地描述一个企业或单位经济活动的效率和效果，并将其以一定方式提供给企业或单位内部和外部的利益相关者。所以说，会计信息的沟通与交流已经成为现代经济社会中无可替代的重要组成部分，影响着人们的判断和经济决策，影响着社会资源的配置与利用。

会计信息对任何一个需要作出具有经济影响的判断和决策的人来说都是十分重要的，这些决策者包括管理者、所有者、债权人和政府等。例如，一家电脑制造公司研发部开发出了一种新型平板电脑，这就要求会计师编制关于产品预期收益的报告，其中包括预计的产品销售收入和生产销售成本。管理者根据会计师的报告来决定是否生产并向市场投放这种产品。一位投资者可以根据公布的财务报告对两家上市公司最近的财务状况进行比较，预测两个公司的未来盈利情况和投资风险，进而作出投资决策。一位金融机构的信贷员，需要决策是否向贷款申请者提供信贷资金，他会要求贷款申请者提供反映其财务状况、经营状况的会计信息，并利用这些信息来分析贷款申请者的还款能力，进而作出是否提供贷款的决策。有关政府部门（如税务机关），要通过会计信息了解企业缴纳所得税和其他税金的情况以及企业是否遵守有关的法律规定等。

显然,会计通过总结过去的经济活动,解释和描述现在的经济状况,预测未来的发展趋势,为各种决策提供信息,其用途远不局限于商业领域。任何一个对企业或单位的经营或管理感兴趣的人,如果想要了解和交流企业或单位的信息,就必须理解会计信息,他所掌握的会计知识越多,对自己企业或单位的计划和控制就越好;否则,他的商业活动和思维方式就会受到极大的限制。所以,无论将来所从事的管理领域是什么,学习会计都是明智之举;更重要的是管理者的业绩和报酬往往取决于会计计量方法,因此,学习会计也关系到管理者的实际利益。

1.1.2 会计的分类

随着经济的发展,人们对会计信息的需求呈现出多样化的要求,逐渐形成了不同的会计门类和分支,其基本分类标志可以分为以下两类。

1. 按照会计主体的性质分类

社会经济生活中的组织具有不同的目标和功能,基本可以分为企业、政府与非营利组织两大类。每一类组织都需要会计提供服务,并参与其经济管理活动。因此,按照组织性质的不同,会计可以分为企业会计、政府与非营利组织会计。

企业会计主要是指各类企业的会计信息系统。投资人投资设立企业的目的是为了赚取利润获得经济回报。因此,企业会计涉及从接受投资人投资、创立企业、从事生产经营活动,直至计算经营成果和分配利润的整个过程。企业会计主要提供资产、负债、所有者权益等反映企业财务状况的信息。收入、费用、利润等反映企业某一时期经营成果和利润分配以及现金流动状况的信息。利用这些会计信息可以了解企业的经营状况,判断管理者的履约责任,进而作出激励与约束的决策。

政府与非营利组织会计又分为政府会计和非营利组织会计。政府会计是指国家各级政府机关、政府派出机构以及其他需要并入政府会计报告系统的组织所建立的会计信息系统。各级政府都应建立适应自身业务需要的会计系统,反映政府全部经济资源使用和占有情况、债务情况、预算收支等会计和财务信息,提供包括现金流量、资产负债等多方面信息的政府财务报告,全面反映政府的资金运动和财务状况,监督财政资金的利用效率和效果,评价各级政府部门的运行情况,评估政府所能提供服务的水平,监督政府改进和提高服务效率,促进财政资金的有效利用。

非营利组织会计是指不以营利为目的的各类事业单位和其他组织的会计信息系统。非营利组织一般包括社会团体、基金会、非企业单位、慈善机构和宗教组织等。与企业相比较,非营利组织的特点是:该类组织开展活动的目的是为了提供某些服务,而不是为了营利,其资源提供者不要求获得直接的或间接的经济回报,不享有该组织的所有权。非营利组织会计信息系统主要提供该类组织的资产、负债、净资产、收入、费用等信息,以了解组织资源的使用情况和提供服务的效果以及继续提供服务的能力,并对管理者的履职情况和工作作出评价。

2. 按照会计信息服务对象分类

按照会计信息的服务对象不同,可以分为财务会计和管理会计。

财务会计是依据会计准则和会计制度,对组织发生的经济事项进行会计确认、计量、记录和报告,向管理者和外部信息使用者定期提供反映一个组织的财务状况、经营成果和现金流量状况等信息,以满足其科学决策需要的会计信息系统。财务会计服务的对象包括组织内部管理者和外部信息使用者,但其主要服务对象是组织外部的投资人、债权人、政府机构、企业顾客及社会公众,具有鲜明的"外向性",因此财务会计又称"对外报告会计"。为了保证对外报告会计信息的可靠性、可比性,财务会计信息必须符合会计准则和会计制度规范,必须遵循一定的程序、方法和格式。

管理会计是服务于组织内部管理工作的会计信息系统,它是利用财务会计信息和其他有关信息,重新进行整理、计算、对比、分析,对组织的资源、成本、利润等进行预测、计划、控制、考核、评价,为组织的管理者优化资源配置、进行科学决策提供有关经营管理信息的内部报告系统。管理会计具有强烈的"内向性",其主要目的是为组织内部管理者的决策提供所需要的经济信息。因此,提供什么信息、如何提供信息、信息的详略程度等均取决于企业内部管理者的要求,其方法和程序具有很大的灵活性;报表的种类和格式及编制时间也没有严格的规定,而是根据管理的需要而设计;计算和分析方法更是具有多样性,不受会计准则和会计制度的制约。

财务会计和管理会计是密切联系的。财务会计信息是所有会计信息系统的基本构成,管理会计信息是根据内部管理的要求对财务会计信息进行的再加工。本书重点介绍以利润为导向的营利性组织(企业)的财务会计信息系统。

1.1.3 财务会计信息的使用者

如前所述,财务会计是以提供财务会计信息为主的经济信息系统,它所提供的信息主要是面向企业外部的使用者。谁是外部信息使用者,他们需要什么样的信息,怎样满足他们的信息需求?这些问题是我们学习财务会计首先应解决的问题。

在市场经济条件下,外部信息使用者是指那些与企业有着直接或间接的经济利益关系的个人或其他群体。一般包括企业的所有者、债权人、政府部门、企业顾客、职工与工会以及其他一些利益相关者。这些利益相关者对企业财务感兴趣,但并不直接参与企业的经营活动,他们需要企业向其提供有关信息,以便作出合理的决策。由于与企业经济利害关系的程度不同,因此,他们对企业财务信息的关注点也就不同。

具体来说,在市场经济条件下,企业外界需要利用会计信息进行决策的,至少有以下5个方面的关系人。

1. 企业的所有者

在经营权与所有权相分离的情况下,企业所有者需要利用会计信息进行重要的决策,例如:

(1)是否应该对企业投入更多的资金;

(2)是否应该转让在企业中的投资(如出售股份);

(3)企业管理当局是否实现了企业的目标;

(4)企业的经营成果怎样;

(5)企业的利润分配政策(如股利政策)如何。

2. 企业的债权人

贷给企业资金者,即成为企业的债权人。债权人主要关心企业是否能够按期还本付息,即要了解企业的偿债能力,以便作出有关的决策。具体而言,债权人需要的信息是:

(1)企业的财力是否充裕,是否足以偿还其债务;

(2)企业的获利情况怎样;

(3)是否应该贷给企业更多的资金;

(4)是否应该继续保持对企业的债权。

3. 政府部门

有关政府部门(如税务机关),要通过会计信息了解企业所承担的义务情况。例如:

(1)企业缴纳所得税和其他税金的情况;

(2)企业是否遵守有关的法律规定;

(3)企业向各级政府的法定机构提供的各种报告是否正确。

对我国的国有企业来说,企业还有义务向有关政府管理部门提供进行宏观调控所需要的会计信息。

4. 职工与工会

企业的职工与工会主要关心下列问题:

(1)企业是否按正确的方向从事经营,为其职工提供稳定而持久的工作职位;

(2)企业的福利待遇有何变动;

(3)企业的获利情况怎样,利润增加时企业是否能支付较高的工资与奖金。

5. 企业的顾客

企业的顾客虽然不参与企业资源的配置,但在许多方面与企业存在着利益关系。顾客主要关心下列问题:

(1)企业的财力是否充裕,是否足以保证长期供应顾客所需要的产品;

(2)是否应该从该企业增加产品购买量;

(3)企业的经营行为和政策是否与顾客的目的相矛盾。

1.1.4 财务会计的目标

显然,信息使用者的需求是多样性的,用一套财务会计信息来完全满足所有信息使用者经济决策的需求是不现实的。因此,财务会计必须要明确它的目标,以改善和提高向外部使用者提供信息的质量。

财务会计作为会计学的分支,主要用途是满足企业外部投资人、债权人、政府和社会公众等利益相关者对会计信息的需求。我国2006年修订的《企业会计准则——基本准则》将财务会计的目标界定为:“向财务会计报告使用者提供与企业财务状况、经营成果和现金流量等有关的会计信息,以反映企业管理层受托责任履行情况,有助于财务报告使用者作出经济决策。”这一表述同时强调了“受托责任观”和“决策有用观”。国际上,20世纪70年代至80年代,关于财务会计目标的研究形成了两个代表性观点,即受托责任观和决策有用观。前者认为会计的目标就是向资源的提供者客观地报告资源受托管理的情况;后者认为会计系统的根本目标是向信息使用者提供与他们的决策有用的信息。

依据受托责任观,财务会计所提供的信息应反映企业经营者的受托经营管理责任。在企业所有权与经营权相分离的情况下,股东、债权人和企业经营者之间存在委托与受托关系。这是由于企业经营者所保管和运用的经济资源都是所有者与债权人投入的,所以资产经营管理的委托人是所有者与债权人,资产经营管理的代理人是企业的经营者。经营者应该善尽保管运用之责;而所有者与债权人需要随时了解经营者营运其所投入资源的情况,以便对经营者达成经营目标的能力作出恰当的评判,适当调整投资方向或重新考虑代理人的人选。因此,会计的目标应有助于所有者和债权人客观评价企业经营者过去的经营业绩，并作为预测将来经营成果的参考。

依据决策有用观，财务会计所提供的信息应当与财务会计报告使用者的经济决策需要相关，有助于财务报告使用者对企业过去、现在和未来的情况作出评价和预测。如前所述，企业外部有众多的信息使用者，他们与企业有着直接的或间接的经济利益关系，但他们并不参与企业的日常经营活动，不能直接获得决策所需的信息，他们需要借助企业定期提供会计信息，了解企业的财务状况和现金流转情况，了解企业的获利能力和偿债能力，对企业的财务状况作出准确的判断，为经济决策提供科学的依据。从决策有用观出发，会计的目标是提供对决策、控制、业绩评估有用的信息。

1.2 财务会计的法律依据

如前所述，企业财务会计的目标是通过定期编制与对外提供财务会计报告，帮助有关方面进行正确的经济决策。然而，仅有企业财务会计对外提供财务会计报告这种形式，而没有充分的质量保证，也不能发挥其应有的作用。因此，为了保证对外会计信息的质量，需要建立一套财务会计法律依据，明确规定会计信息的法律依据和质量要求。具体来说，会计法律依据是会计人员从事会计工作必须遵循的基本原则，是会计行为的规范化要求，其表现形式主要有会计法与会计准则两种。

1.2.1 会计法

《中华人民共和国会计法》（简称《会计法》），是调整我国经济活动中会计关系的法律总规范，是制定其他会计法规的基本依据，也是指导会计工作的最高准则。新中国成立后的第一部《会计法》于 1985 年 1 月 21 日在第六届全国人民代表大会常务委员会第九次会议通过，自 1985 年 5 月 1 日开始实施。随着经济体制改革进程的需要，1993 年 12 月 29 日，第八届全国人民代表大会常务委员会第五次会议通过了《关于修改〈中华人民共和国会计法〉的决定》，并以中华人民共和国主席令的形式予以公布，自公布之日起施行。在 20 世纪 80 年代至 90 年代末期，我国正处于计划经济向市场经济的转型时期，《会计法》的颁布和第一次修订，适应了经济转型时期社会各有关方面对会计的需求，对提升会计的地位和规范会计行为、对计划经济向市场经济的平稳过渡发挥了十分重要的基础性作用。

随着我国社会主义市场经济体制改革的深入，会计作为客观反映经济活动的经济信息系统，必须与社会主义市场经济发展的需要相适应。1999 年 10 月 31 日，《中华人民共和国会计法》第二次被修订，并于 2000 年 7 月 1 日起实行。第二次修订后的《会计法》共分 7 章 52 条，对我国会计工作的主要方面作了规定，突出了会计法的立法宗旨是规范会计行为，保证会计资料的真实和完整，加强经济管理和财务管理，提高经济效益，维护市场经济秩序。第一次明确了单位负责人对本单位会计工作和会计资料的真实性、完整性负债，并对提供虚假财务报告的违法行为承担相应的法律责任；同时，强调建立企业内部、社会、政府三位一体的财务监督体系；加强对会计人员、审计人员的从业资格的管理；加大对违法乱纪行为的法律惩治力度；要求制定全国统一会计制度，规范会计核算行为，进一步与国际惯例相协调。

1.2.2 会计准则

会计准则是有关财务会计信息应遵循的技术性规范。纵观世界各国的会计现状,会计准则都由权威机构负责制定修改,用以指导会计工作,具有很强的约束力。在我国,会计准则是由财政部制定和发布的用以规范企业会计确认、计量和报告行为,保证会计信息质量的行政法规。2006 年 2 月 15 日,财政部正式发布了 1 项基本会计准则和 38 项具体会计准则,由此形成了我国会计准则的完整体系。

1. 基本会计准则

基本会计准则是指适用于所有行业、对会计工作具有普遍指导意义的准则。基本会计准则第一次发布于 1992 年 11 月 30 日,并于 1993 年 7 月 1 日开始实施。该基本会计准则参照国际惯例,结合中国国情,对会计前提、会计原则、会计要素、财务报告等会计基本问题进行了系统规范,对会计核算的一般要求以及会计核算的主要方面作出了原则性的规定,为日后具体会计准则以及会计制度的制定提供了基本框架。但由于它是我国会计由计划经济模式向市场经济模式转换时期的产物,其中许多概念的界定与市场经济发展的要求和国际会计惯例仍存在较大的差异。

进入 21 世纪,我国市场经济体制的改革不断深入,基本会计准则的修订成为会计界关注的主要问题之一。财政部先后多次发布修订后的基本会计准则征求意见稿,向国内外会计理论界与实务界广泛征求意见,经过反复研讨、综合各方回馈和修订意见,尤其是与国际会计准则委员会的广泛交流,于 2006 年 2 月 15 日正式发布了修订后的《企业会计准则——基本准则》,并于 2007 年 1 月 1 日正式施行。修订后的基本会计准则充分考虑与国际会计惯例趋同的要求和中国的实际情况,明确了企业会计准则的宗旨,确立了财务会计报告的目标,修订了会计信息质量要求,重新定义了会计要素,完善了财务报表的基本内容。

2. 具体会计准则

具体会计准则是根据基本会计准则的要求,对会计核算的基本业务和特殊业务的会计确认、计量和报告等方面作出的规定。1997 年 5 月 22 日,财政部发布了我国第一部具体会计准则《关联方关系及其交易披露》。截至 2003 年,财政部已发布和实施了 16 项具体会计准则。进入 2005 年,财政部加快了具体会计准则的制定和修订工作,同年 6 月,财政部下属财务会计准则委员会先后发布了包括《每股收益》在内的 22 项具体会计准则征求意见稿,并对原已发布的 16 项具体会计准则进行了再次修订。经过广泛征求国内外会计专家的意见,并与国际会计准则委员会充分讨论后,2006 年 2 月 15 日,财政部正式发布了由 38 项具体会计准则,具体内容见表1 - 1,并于 2007 年 1 月 1 日起率先在上市公司实施。

38 项具体会计准则可以分成三大类:第一类是所有行业共同性经济业务适用的准则,如存货、固定资产、无形资产、资产减值、职工薪酬、现金流量表、债务重组等准则,适用于所有行业;第二类是特殊行业、特殊经济业务适用的准则,如金融工具确认与计量、金融资产转移、石油天然气开采、金融工具列报的披露,保险合同等准则;第三类是有关财务报表的准则,如财务报表列报、中期财务报告、合并财务报表等。

为了更好地执行具体会计准则,财政部还同时发布了会计准则指南。会计准则指南主要是对会计准则中正文的进一步说明,以及为了帮助使用者正确理解和运用准则中所要求的会计处理和信息披露而列举的实例。会计准则指南是具体会计准则的组成部分,与具体会计准则具有同等的法律效力。

表 1-1 38 项具体会计准则

序号	名称	序号	名称	序号	名称
1	存货	14	收入	27	石油天然气开采
2	长期股权投资	15	建造合同	28	会计政策、会计估计变更和差错更正
3	投资性房地产	16	政府补助		
4	固定资产	17	借款费用	29	资产负债表日后事项
5	生物资产	18	所得税	30	财务报表列报
6	无形资产	19	外币折算	31	现金流量表
7	非货币性资产交换	20	企业合并	32	中期财务报告
8	资产减值	21	租赁	33	合并财务报表
9	职工薪酬	22	金融工具确认和计量	34	每股收益
10	企业年金基金	23	金融资产转移	35	分部报告
11	股份支付	24	套期保值	36	关联方披露
12	债务重组	25	原保险合同	37	金融工具列报
13	或有事项	26	再保险合同	38	首次执行企业会计准则

基本会计准则和具体会计准则的发布标志着我国建成了一套与中国国情相适应，同时又充分与国际财务报告准则趋同、涵盖各类企业各项经济业务、能够独立实施的会计准则体系，它的实施对于规范企业会计确认、计量和报告行为，对于提高企业会计信息质量，具有很好的指导意义。

1.2.3 会计制度

会计制度是根据会计法和其他有关法律法规制定的，企业会计工作所应遵循的规则、方法、程序的总称。会计制度有广义和狭义之分，广义的会计制度包括会计管理工作的规则、会计科目和会计报表、会计事项处理程序、记账方法、会计核算规程、会计监督和检查方法、会计档案管理方法、会计人员的职业道德标准及其他会计事务的规定等。狭义会计制度主要是指财政部颁布的全国统一会计制度，其主要内容包括对会计确认、计量、记录、报告和披露的全过程作出的规定。我国现行的全国统一会计制度体系具体包括以下几种。

1. 企业会计制度

财政部于 2000 年 12 月 29 日发布了《企业会计制度》，并于 2001 年 1 月 1 日起实施。这是第一部在会计准则的基础上制定的企业通用会计制度，打破了以往分行业、分所有制制定会计制度的格局，是建立全国统一会计制度的第一步。该制度包括总说明、会计科目和会计报表三个主要部分，附录中举例说明会计事项的处理方法。

2. 金融企业会计制度

2001 年 11 月 27 日，财政部发布了《金融企业会计制度》，适用于银行(含信用社)、保险公司、证券公司、信托投资公司、期货公司、基金管理公司、租赁公司和财务公司等各类金融企业。由于公开发行证券的金融企业会计信息亟待规范，因此，该制度于 2002 年 1 月 1 日起暂在上市的金融企业范围内实施，同时鼓励其他股份制金融企业实施。该制度的发布和实施对规范金融企业的会计核算工作，提高会计信息质量奠定了基础。

3. 小企业会计制度

2004 年 5 月 21 日，财政部正式发布《小企业会计制度》，自 2005 年 1 月 1 日起在全国小企业范围内实施。据不完全统计,在我国工业企业法人中,按新的中小企业标准,小企业占工业企业法人总数近95%;小企业的最终产品和服务的价值占全国GDP的近50%。但在实际工作中,相当部分小企业会计机构不很健全,会计人员素质相对较低,各项管理制度不够规范。《小企业会计制度》充分体现了小企业自身的特点及其会计信息使用者的需求,为提高全国小企业会计信息的质量提供了保证。

4. 民间非营利组织会计制度和农村基层组织会计制度

财政部在2004年还陆续发布了《民间非营利组织会计制度》《农村基层组织会计制度》等特殊行业会计制度,对规范民间非营利组织、农村基层组织的会计行为,提高会计信息的质量提供了制度保证。

随着经济环境的发展和变化,规范企业财务会计行为的法规制度体系一直处在不断完善、不断变化之中,今后仍将继续发展、变化以适应经济发展的需要。

1.3 财务会计的基本前提

财务会计的基本前提也称为财务会计的基本假设,它是指组织财务会计工作必须具备的前提条件,离开了这些条件就不能有效地开展会计工作。财务会计的基本前提也是财务会计的理论基础,离开这些前提条件就不能构建财务会计的理论体系。财务会计的基本前提是从会计实践中抽象出来的,其最终目的是保证会计信息的有用性。财务会计的基本前提包括以下内容。

1.3.1 会计主体

会计主体是指会计为之服务的特定单位。要开展会计工作,首先应明确会计主体,也就是要明确会计人员的立足点(立场),解决为谁记账、算账、报账的问题。会计人员只为特定的会计主体进行会计工作。每一会计主体不仅与其他会计主体相区别,而且独立于其本身的所有者之外。也就是说,会计所反映的是一个特定会计主体的经济业务,而不是其他会计主体的经济业务,也不是企业所有者的财务活动。明确会计主体就是要求会计人员明白,他们所从事的会计工作是一个特定主体的会计工作,而不是其他会计主体或企业所有者的会计工作,他们必须站在这个特定会计主体的立场上来开展会计工作。

从理论上说,会计主体的规模并无统一的标准,可大可小。它可以是一个独立核算的经济实体,一个独立的法律个体;也可以是不进行独立核算的内部单位、班组,一个非法律个体。但是,从财务会计的角度来看,会计主体是一个独立核算的经济实体,特别是需要单独反映经营成果与财务状况、编制独立的财务会计报告的实体。

1.3.2 持续经营

持续经营是指作为会计主体的企业,其经营活动将按照既定的目标持续下去,在可以预见的将来,不会面临破产、进行清算。这是绝大多数企业所处的正常状况,这样的会计主体,其所有资产将按照预定的目标在正常的经营过程中被耗用或出售,它所承担的债务也将如期偿还。

财务会计的一系列方法都是以会计主体持续经营为前提的。例如,只有在持续经营的前提下,企业的资产才能按历史成本计价,固定资产才可以按其使用年限计提折旧。

如果企业不具备持续经营的前提条件，而是已经或即将停止营业、进行清算，则需要处理其全部资产，清理其全部债权债务。在这种情况下，会计处理要采用所谓清算基础。

1.3.3 会计期间

对于持续经营的企业来说，既然在可以预见的未来，它不会面临停业清算，企业就不能等到结束其经营活动时才去进行结算和编制财务会计报告。为了定期反映企业的经营成果和财务状况，向有关各方提供信息，需要划分会计期间，即人为地把持续不断的企业生产经营活动划分为较短的经营期间。会计期间通常为一年，称为会计年度。世界各国企业的会计年度起讫日期并不统一，例如，有的企业以本年的 7 月 1 日至下年的 6 月 30 日为一会计年度，有的企业以本年的 4 月 1 日至下年的 3 月 31 日为一会计年度。

从理论上讲，将会计年度的起讫点定在企业经营活动的淡季（如果有的话）比较适宜，因为在企业经营活动的淡季，各项会计要素的变化较小，便于对会计要素进行计量，特别是便于计算确定本会计年度的盈亏，而且由于淡季的经济业务较少，会计人员有较为充裕的时间办理年度结算业务，便于及时编制财务会计报告。西方国家许多企业的会计年度结算日就是处于营业活动的淡季。然而，将会计年度的起讫日定在营业活动的淡季也有其局限性，这主要表现在淡季资产负债表所反映的年末财务状况往往缺乏代表性，例如，年末所反映的短期偿债能力有可能比年中其他时间的结果要好。

我国《企业会计准则——基本准则》规定，会计期间按公历日期确定，每年 1 月 1 日至 12 月 31 日为一个会计年度。按年度提供的财务报告称为年度报告；涵盖时间短于一年的财务报告称为中期报告，具体分为月报、季报和半年报告。

1.3.4 货币计量

会计提供信息要以货币为主要计量尺度。企业的经济活动是多种多样、错综复杂的。为了实现会计目的，企业会计必须综合地反映企业的各种经济活动，这就要求有一个统一的计量尺度。在商品经济条件下，货币作为一种特殊的商品，最适合充当这种统一的计量尺度。

以货币作为主要计量尺度，为会计计量提供了方便，但同时也带来了问题。货币作为一种特殊的商品，其价值不是固定不变的。为了简化会计计量，也便于会计信息的利用，在币值变动不大的情况下，一般不考虑币值的变动。然而，由于世界性的通货膨胀给经济发展带来很大的影响，对于财务会计报告如何反映通货膨胀的影响这种客观要求有逐渐增长的趋势，并因此产生了通货膨胀会计。

要实际进行会计确认、计量和报告，除了应明确以货币作为主要计量尺度之外，还需要具体确定记账本位币，即按何种统一的货币来反映企业的财务状况与经营成果。在企业的经济业务涉及多种货币的情况下，需要确定某一种货币为记账本位币；涉及非记账本位币的业务，需要采用某种汇率折算为记账本位币登计入账。

1.4 财务会计的基本要素

为了实现财务报告的目标，在明确了财务会计的基本前提之后，还需要对企业发生的能够以货币计量的经济活动内容进行适当的分类。对会计所要反映的经济活动内容的基本分类项目,称为财务会计的基本要素,简称会计要素。由于企业财务会计的最终成果以财务报告的形式向有关方面提供,而编制财务报告的依据是企业的日常会计资料,这就要求企业财务报表所反映的内容及其基本分类,与日常会计处理保持一致。而日常会计处理对经济活动内容提要的分类,应该满足编制财务报告的要求。因此,企业财务会计的基本要素既是会计核算内容的具体分类,同时也是作为财务报告核心内容的财务报表的基本构成要素。

由于企业对外提供的财务报表主要有资产负债表、利润表、现金流量表和所有者权益变动表,故财务报表的基本要素可以相应分为资产负债表要素、利润表要素、现金流量表要素和所有者权益变动表要素。由于种种原因,国际会计准则与各国会计准则所规定的报表要素在数量、名称及定义等方面均有所不同。例如,国际会计准则规定,资产负债表要素为资产、负债与权益;收益表要素为收益与费用。我国《企业会计准则——基本准则》规定,资产负债表要素包括资产、负债与所有者权益;利润表要素包括收入、费用与利润。有人认为,现金流量表的要素为现金流入与现金流出。但由于现金流量表主要是根据资产负债表与利润表的数据分析填列的,因此,也可以认为现金流量表要素是资产负债表要素与利润表要素的派生或转化形态。我国《企业会计准则——基本准则》没有对现金流量表要素和所有者权益变动表要素作出规定,而是针对资产负债表与利润表规定了资产、负债、所有者权益、收入、费用、利润六项要素。

1.4.1 资产

1. 资产的定义和特征

资产是企业过去的交易或事项形成的、由企业拥有或者控制的、预期会给企业带来经济利益的资源。拥有或控制一定数量的资产,是企业进行生产经营活动的先决条件。从定义可见,资产具有以下特征。

(1)资产应当是企业拥有或者控制的资源。一项资源是否属于企业的资产,通常要看其所有权是否属于该企业。但企业是否拥有一项资源的所有权,不是确认资产的绝对标准。有些资源虽然其所有权不属于特定企业,但为该企业所实际控制,也是该企业的资产。所谓"实际控制"一项资源,从形式上看,意味着企业对该项资源具有实际经营管理权,能够自主地运用它从事经营活动,谋求经济利益;从实质上看,它意味着企业享有与该项资源的所有权有关的经济利益,并承担着相应的风险。例如,企业以融资租赁方式租入的固定资产,尽管所有权不属于承租企业,但由于受承租企业实际控制,因而在会计实务中将其列作承租企业的资产。总之,一个企业现在不具有所有权或不能实际控制的资源,都不是该企业的资产。

(2)资产预期会给企业带来经济利益。企业现在所拥有或控制的资源,必须能为企业带来未来经济利益,才属于企业的资产。如果一项资源虽然为企业所拥有或实际控制,但不能为企业带来未来经济利益,就不能作为企业的资产予以确认。过去属于企业资产的一项资源,如果由于种种原因不能再为企业带来未来经济利益,就不应再将其列作企业的资产,如报废的机器设备。而原来不能为企业提供经济利益,因而不属于企业资产的某些东西,如果随着技术的进步,转化为对企业有用之物,也就应将其列作企业现在的资产。例如,现在能够有效利用的"三废"(废水、废渣、废气)。

(3)资产由企业过去的交易或事项形成。资产应当由企业过去的交易或者事项所形成，过去的交易或者事项包括购买、生产、建造行为或者其他交易或事项。换句话说，只有过去的交易或者事项才能产生资产，企业预期在未来发生的交易或者事项不形成资产。例如，企业有购买某存货的意愿或者计划，但是购买行为尚未发生，就不符合资产的定义，不能因此而确认存货资产。

2. 资产的分类

任何企业要进行正常的经营活动，都必须拥有一定数量和结构的资产。为了正确反映企业的财务状况，通常将企业的全部资产按其流动性划分为流动资产与非流动资产两大类。流动资产是指那些可以合理地预期将在一年内转换为现金或被销售、耗用的资产，主要包括货币资金、应收票据、应收账款和存货等。除流动资产以外的所有其他资产统称为非流动资产，包括持有至到期投资、长期股权投资、固定资产、无形资产等。

1.4.2 负债

1. 负债的定义和特征

负债是企业过去的交易或事项形成的、预期会导致经济利益流出企业的现时义务。基于负债的这一定义，需要强调负债的以下几个基本特征。

(1)负债是企业承担的现时义务。现时义务是指企业在现行条件下已承担的义务，包括法定义务和推定义务。未来发生的交易或者事项形成的义务不属于现时义务，不应确认为负债。

(2)负债预期会导致经济利益流出企业。这是负债的一个本质特征。清偿负债导致经济利益流出企业的形式多种多样，如用现金偿还或以实物资产形式偿还，以提供劳务形式偿还等。如果负债的清偿预期不会导致企业经济利益流出，就不符合负债的定义。

(3)负债由企业过去的交易或者事项形成。只有过去的交易或者事项才形成负债，即导致负债的交易或事项已经发生，如购买商品产生应付账款。企业将在未来发生的承诺、签订的合同等交易或者事项，不形成负债。

2. 负债的分类

负债按其偿还期的长短可分为流动负债与非流动负债。流动负债是指偿还期在 1 年或长于 1 年的一个营业周期以内的债务，主要包括短期借款、应付票据、应付账款、应付职工薪酬、应交税费、应付利润、其他应付款等。非流动负债则是指偿还期在 1 年或长于 1 年的一个营业周期以上的债务，主要包括长期借款、应付债券和长期应付款等。

1.4.3 所有者权益

1. 所有者权益的定义

所有者权益是指企业资产扣除负债后由所有者享有的剩余权益。公司的所有者权益又称为股东权益。从数量上看，企业的所有者权益只是某种数学运算的结果，只是一个平衡数，即所有者权益 = 资产 - 负债。

2. 所有者权益的来源

所有者权益的来源包括所有者投入的资本、直接计入所有者权益的利得和损失、留存收益等。

(1)所有者投入的资本。所有者投入的资本是指所有者投入企业的资本部分，它既包括构成企业注册资本或者股本部分的金额，也包括投入资本超过注册资本或者股本部分的金额,即资本溢价或者股本溢价,前者即为实收资本或股本,后者构成企业资本公积的主要部分。

(2)直接计入所有者权益的利得和损失。直接计入所有者权益的利得和损失是指不应计入当期损益,会导致所有者权益发生增减变动的,与所有者投入资本或者向所有者分配利润无关的利得或损失。利得是由企业非日常活动所形成的,会导致所有者权益增加的,与所有者投入资本无关的经济利益的流入。损失是由企业非日常活动所发生的,会导致所有者权益减少的,与向所有者分配利润无关的经济利益的流出。

(3)留存收益。留存收益是指企业历年实现的净利润留存于企业的部分,主要包括累计计提的盈余公积和未分配利润。

3.所有者权益的项目

我国现行的会计准则规定,所有者权益分为四个部分:一是实收资本或股本;二是资本公积,包括资本溢价或股本溢价和其他资本公积;三是盈余公积,指按国家规定从税后利润中提取的盈余公积金;四是未分配利润。盈余公积与未分配利润可以合称为留存收益。这四个部分应在资产负债表中分项列示。概括而言,所有者权益包括本钱(资本)和利钱(盈余)两个部分,会计上应将两者严格区分,并要明确提供投资者是谁、投入资本是多少的信息,以明确产权关系。

需要指出的是,企业的所有者权益只是在整体上、在抽象的意义上与企业资产保持数量关系,它与企业特定的、具体的资产并无直接关系,它并不与企业任何具体的资产项目发生对应关系。例如,一定数额的所有者权益并不代表相应数额的库存现金或银行存款。虽然企业所有者对企业的投资是具有一定的存在形态的,例如,用现金、实物或无形资产等对企业投资,但根据会计主体这一财务会计的基本前提,企业所有者对企业的投资无论采取何种具体形态,它们一旦进入企业,便成为受资企业这个特定会计主体的资产,而不再是企业所有者的资产。特别是当企业有多个所有者的情况下,明确这一点尤为重要。

1.4.4 收入

1.收入的定义

收入是指企业在日常活动中形成的、会导致所有者权益增加的、与所有者投入资本无关的经济利益的总流入。

2.收入的特征

从收入的定义可见,收入具有以下特征。

(1)收入是企业在日常活动中形成的。日常活动是指企业为完成其经营目标所从事的经常性活动以及与之相关的活动。例如,工业企业制造并销售产品、商业企业销售商品等,都属于企业的日常活动。企业的非日常活动所形成的经济利益的流入不能确认为收入,而应当作为利得,如企业不应将处置固定资产的净收益作为收入确认,因为处置固定资产属于企业的非日常活动。

(2)收入会导致所有者权益的增加。收入会导致所有者权益的增加是指与收入相关的经济利益的流入应当会导致所有者权益增加,不会导致所有者权益增加的经济流入不符合收入定义,不应确认为收入。如企业从银行借款,尽管也导致了企业经济利益流入,但该流入并不导致所有者权益的增加,而是使企业承担了一项现时义务,因此不应将此项经济利益的增加确认为收入,而应确认负债。

(3)收入会导致经济利益的流入。与所有者投入资本无关的经济利益的总流入是指收入虽然会导致所有者权益的增加，但这项增加与所有者投入资本无关。对于所有者投入资本增加的经济流入，应将其直接确认为所有者权益，而不应确认为收入。

1.4.5 费用

1.费用的定义

费用是指企业在日常活动中发生的、会导致所有者权益减少的、与向所有者分配利润无关的经济利益的总流出。

2.费用的特征

从费用的定义可见，费用具有以下特征。

(1)费用是企业在日常活动中发生的。这里的"日常活动"界定与收入定义中"日常活动"的界定相一致。企业日常活动产生的费用按照其归属与配比方式的不同，分为计入成本的费用和不计入成本的费用（即期间费用）。

计入成本的费用是指直接或间接计入某一成本计算对象成本（如产品生产成本）中的费用。

期间费用是指企业当期发生的不计入成本而直接计入当期损益的费用，即在计算当期利润时直接扣除。期间费用包括销售费用、管理费用和财务费用。销售费用是指企业在销售商品等活动中发生的各种费用，如广告费；管理费用是指企业为组织和管理生产经营活动所发生的各种费用，如办公费；财务费用是指企业为筹集生产经营所需资金而发生的费用，如银行借款的利息支出。

企业不应将非日常活动所形成的经济利益流出确认为费用，非日常活动所形成的经济利益流出应计入损失。

(2)费用会导致所有者权益的减少。与费用相关的经济利益的流出，应当会导致所有者权益的减少，如企业支付广告费，引起销售费用增加，利润相应减少，所有者权益也会相应减少。对于不会导致所有者权益减少的经济利益的流出，因不符合费用的定义，企业不应当确认为费用。

(3)费用会导致经济利益的流出。与收入发生导致的资产增加或负债减少等经济利益流入相对应，费用的发生会导致资产减少或者负债增加（最终也会导致资产的减少）等经济利益的流出。但不是所有的经济利益流出都确认为费用，企业向所有者分配利润虽然也会导致经济利益的流出，但该经济利益的流出属于所有者权益的抵减项目，不应将其确认为费用。

1.4.6 利润

1.利润的定义

利润是企业在一定会计期间的经营成果。它反映企业的经营业绩情况，当其为负数时，表明企业发生了亏损。利润是评价企业管理层业绩和财务报告使用者进行决策时的重要参考指标。

2.利润的来源构成

利润包括收入减去费用后的净额、直接计入当期利润的利得和损失（营业外收入和营业外支出）等。其中，收入减去费用后的净额反映的是企业日常活动的经营业绩；直接计入当期利润的利得和损失反映的是企业非日常活动的业绩。企业应当严格区分收入和利得、费用和损失之间的区别,明确区分经营业绩和非经营业绩,只有如此才能对企业管理层的业绩作出正确评价,为投资者等会计信息使用者进行经济决策时提供有价值的参考指标。

上述收入、费用、利润侧重反映企业经营成果的三要素之间形成以下关系式,即

收入 - 费用 = 利润(或亏损)

1.5 财务会计的基本程序

财务会计系统是一个确认、计量和报告的系统,财务会计系统的真正价值在于它所提供的信息。会计师们根据企业所发生的各种经济活动及他们对公司财务状况的影响进行分析、记录、总结、分类、报告和解释,最终浓缩成财务会计报告提供给使用者,以利于其作出理性的决策。财务会计的基本程序包括会计确认、计量、记录、报告等内容,是会计信息在加工过程中所运用的一套基本程序。

1. 会计确认

对企业经济活动及其所产生的经济数据进行分析、识别与判断,以明确它们是否对会计要素产生影响以及影响什么会计要素,这一过程通常称为会计确认。我们知道,企业在经营过程中会发生各种各样的经济活动,但这些经济活动及其所产生的经济数据并非全部属于会计核算的内容。例如,企业职工的构成与管理人员素质的变化等,显然不能用货币形式进行可靠的计量,因而不属于会计核算的内容。又如,企业与客户签订下年度的销货合同,由于合同所记录的内容尚未实际发生,因而也不属于会计核算的内容。因此,在实际进行会计核算之前,需要对企业所发生的经济活动及其所产生的经济数据进行分析,把非会计核算内容排除在外,而对于影响会计要素的内容,则要进一步明确其性质,即影响什么会计要素。从会计核算的具体方法来看,填制与审核原始凭证属于会计确认,编制记账凭证也包含会计确认的内容。

2. 会计计量

在明确了企业经济活动所影响的会计要素之后,要进一步确定其影响的程度,即对有关会计要素的数量增减变化产生多大的影响,这一过程通常称为会计计量。会计计量主要是货币计量,因而也可称为货币计价。但企业会计有时也提供一些非货币信息。会计计量与会计确认是紧密联系的。例如,编制记账凭证既是会计确认的过程,同时也是会计计量的过程。

企业在将符合确认条件的会计要素登记入账并列报于会计报表及其附注(又称财务报表,下同)时,应当按照规定的会计计量属性进行计量,确定其金额。我国《企业会计准则——基本准则》规定的会计计量属性主要包括以下内容。

(1)历史成本。在历史成本计量下,资产按照购置时支付的现金或者现金等价物的金额,或者按照购置资产时所付出的对价的公允价值计量。负债按照因承担现时义务而实际收到的款项或者资产的金额,或者承担现时义务的合同金额,或者按照日常活动中为偿还负债预期需要支付的现金或者现金等价物的金额计量。

(2)重置成本。在重置成本计量下,资产按照现在购买相同或者相似资产所需支付的现金或者现金等价物的金额计量。负债按照现在偿付该项债务所需支付的现金或者现金等价物的金额计量。

(3)可变现净值。在可变现净值计量下,资产按照其正常对外销售所能收到现金或者现金等价物的金额扣减该资产至完工时估计将要发生的成本、估计的销售费用以及相关税费后的金额计量。

(4)现值。在现值计量下,资产按照预计从其持续使用和最终处置中所产生的未来净现金流入量的折现金额计量。负债按照预计期限内需要偿还的未来净现金流出量的折现金额计量。

(5)公允价值。在公允价值计量下,资产和负债按照在公平交易中,熟悉情况的交易双方自愿进行资产交换或者债务清偿的金额计量。

企业在对会计要素进行计量时,一般应当采用历史成本,采用重置成本、可变现净值、现值、公允价值计量的,应当保证所确定的会计要素金额能够取得并可靠计量。

3. 会计记录

企业财务会计要将企业经济活动对有关会计要素的影响性质与数量正确地记录下来,这一过程通常称为会计记录。登记账簿是典型的会计记录的方法。

目前许多企业的会计记录通常由计算机或数据输入人员来完成,许多职业会计师很少从事具体会计记录工作,更多的从事对会计信息的解释和使用。

4. 会计报告

企业财务会计的最终成果是财务会计报告。财务会计报告是指企业对外提供的反映企业某一特定日期的财务状况和某一会计期间的经营成果、现金流量等会计信息的文件。财务会计报表包括会计报表及其附注和其他应当在财务会计报告中披露的相关信息和资料。会计报表至少应当包括资产负债表、利润表、现金流量表和所有者权益变动表。小企业编制的会计报表可以不包括现金流量表。

资产负债表是反映企业在某一特定日期的财务状况的会计报表。

利润表是反映企业在一定会计期间的经营成果的会计报表。

现金流量表是反映企业在一定会计期间的现金和现金等价物流入和流出的会计报表。

所有者权益变动表是反映一定会计期间构成所有者权益的各组成部分当期的增减变动情况的会计报表。

附注是指对在会计报表中列示项目所作的进一步说明,以及对未能在这些报表中列示项目的说明等。

需要指出的是,在实际工作中,会计确认、计量、记录与报告是紧密联系的,而且常常相互交织在一起,很难截然划分为四个过程。

1.6 财务会计信息的质量要求

财务会计目标规定了信息使用者需要哪些信息,明确了会计信息的需求。那么按照什么样的质量标准提供信息才能实现财务会计报告的目标,保证会计信息的质量,这就需要研究会计信息的质量要求。会计信息的质量要求可以作为评判会计信息质量的标准。

国际会计准则和许多国家会计界一致公认的会计信息的质量要求,主要包括可靠性、相关性、可理解性、可比性、实质重于形式、重要性、谨慎性和及时性。

1.6.1 可靠性

可靠性是指企业的会计记录和财务会计报告必须真实、客观地反映企业的经济活动。企业的会计核算应当以实际发生的经济业务为依据,如实反映企业的财务状况和经营成果。

可靠性具体包括三个方面的特征,即客观性、中立性和可验证性。客观性是指财务报告所提供的信息必须以实际发生的交易或事项为依据,客观反映实际发生的或所存在的事实,不得采用任何不正当的手段对会计信息加以歪曲或粉饰;中立性是指会计信息的产生不带任何主观成分,也不倾向任何一方信息使用者,实事求是、真实而无偏向;可验证性是指会计信息能够经受验证,并可核实。同一经济业务,由彼此独立的会计人员采用相同的会计处理方法,可以得出大致一致的结果,如结果截然不同,则说明会计信息不具有可验证性,从而便失去了可靠性。

1.6.2 相关性

相关性是指会计信息要同信息使用者的经济决策相关联,即人们可以利用会计信息作出有关的经济决策。对会计信息的相关性要求,是随着企业内外环境的变化而变化的。在高度集中的计划经济体制下,企业的会计工作和会计信息主要是为满足国家对企业进行直接管理服务的。随着社会主义市场经济的建立和不断完善,国家对企业的管理逐步由直接管理转向间接管理,主要是利用经济杠杆进行宏观调控。与此相适应,国家对企业会计信息的需要也发生了变化。此外,随着企业筹资渠道的多元化,企业之间的经济联系也迅速增强,会计信息的外部使用者已不再局限于国家,而扩大到其他投资者、各种债权人等与企业有经济利害关系的群体。同时,随着企业自主权的扩大,会计信息在企业内部经营管理中发挥着更大的作用。因此,在目前情况下,强调会计信息的相关性就是要求企业会计信息要满足投资者、债权人等利益相关者进行经济决策的需要。

1.6.3 可理解性

可理解性要求企业提供的会计信息应当清晰明了,便于投资者等财务报告使用者理解和使用。

企业编制财务报告、提供会计信息的目的在于使用,而要使使用者有效使用会计信息,应当能让其了解会计信息的内涵,弄懂会计信息的内容,这就要求财务报告所提供的会计信息应当清晰明了、易于理解。只有这样,才能提高会计信息的有用性,实现财务报告的目标,满足向投资者等财务报告使用者提供决策有用信息的要求。

会计信息毕竟是一种专业性较强的信息产品,在强调会计信息的可理解性要求的同时,还应假定使用者具有一定的有关企业经营活动和会计方面的知识,并且愿意付出努力去研究这些信息。对于某些复杂的信息,如交易本身较为复杂或者会计处理较为复杂,但其对使用者的经济决策相关的,企业就应当在财务报告中予以充分披露。

1.6.4 可比性

可比性是指企业提供的会计信息应当相互可比。具体来说,可比性包括以下两个方面。

(1)同一企业不同时期可比。为了便于投资者等财务报告使用者了解企业财务状况、经营成果和现金流量的变化趋势,比较企业在不同时期的财务报告信息,全面、客观地评价过去、预测未来,从而作出决策。会计信息质量的可比性要求同一企业不同时期发生的相同或者相似的交易或者事项,应当采用一致的会计政策,不得随意变更。但是,满足会计信息可比性要求并非表明企业不得变更会计政策,如果按照规定或者在会计政策变更后可以提供更可靠、更相关的会计信息的,可以变更会计政策。有关会计政策变更的情况,应当在附注中予以说明。

(2)不同企业相同会计期间可比。为了便于投资者等财务报告使用者评价不同企业的财务状况、经营成果和现金流量及其变动情况,会计信息质量的可比性要求不同企业同一会计期间发生的相同或者相似的交易或者事项,应当采用规定的会计政策,确保会计信息口径一致、相互可比,以使不同企业按照一致的确认、计量和报告要求提供有关会计信息。

1.6.5 实质重于形式

实质重于形式是指企业应当按照交易或事项的经济实质进行会计确认、计量和报告,而不应仅以交易或事项的法律形式为依据。这是因为,有时候交易或事项的法律形式并不能真实反映其实质内容,因此为了真实反映企业的财务状况和经营成果,就不能仅仅根据交易或事项的外在表现形式来进行会计确认、计量和报告,而应反映其经济实质。例如,企业以融资租赁方式租入的固定资产,从法律形式来看,其所有权尚不属于承租企业,但从经济实质来看,该资产受承租企业实际控制,因此应当将其作为承租企业的资产进行核算,否则就不能真实反映该项业务对企业的影响。

1.6.6 重要性

重要性是指企业提供的会计信息应当反映与企业财务状况、经营成果和现金流量等有关的所有重要交易或事项。企业在保证尽可能全面完整地反映企业的财务状况与经营成果的前提下,要根据一项交易或事项是否会对会计信息使用者的决策产生重大影响来决定对其反映的精确程度,以及是否需要在会计报表上予以单独反映。凡是对会计信息使用者的决策有较大影响的交易或事项,应作为会计确认、计量和报告的重点;对不重要的经济业务则可以采用简化的处理程序和方法,也不必在会计报表上详细列示。强调会计信息的重要性质量要求,在很大程度上是出于对会计信息的效用与加工会计信息的成本这两个方面的考虑。如果把企业纷繁复杂的经济活动事无巨细地详细记录与报告,不但会提高会计信息的加工成本,而且会使会计信息使用者无法有所侧重或无法有针对性地选择所需的会计信息,反而不利于作出正确的经济决策。

1.6.7 谨慎性

谨慎性也称为稳健性,是指企业对交易或事项进行会计确认、计量和报告应当保持应有的谨慎,不应高估资产或者收益、低估负债或者费用。在对某一会计事项有多种不同的处理方法可供选择时,应尽可能选择一种不导致高估资产或收入的做法,以免损害企业的财务实力,防止信息使用者对企业的财务状况与经营成果持盲目乐观的态度。例如,对期末应收账款计提坏账准备,对期末存货估价采用成本与可变现净值孰低法等做法,都体现了谨慎性的要求。

1.6.8 及时性

和任何其他信息一样,会计信息也具有时效性,其价值会随着时间的流逝而逐渐降低,这就要求企业的会计确认、计量和报告必须满足及时性的要求。具体来说,及时性包括及时记录与及时报告两个方面。及时记录就是要求对企业的经济业务及时地进行会计处理,本期的经济业务应当在本期内进行处理,不能延至下一个会计期间或提前至上一个会计期间;及进报告是指要把会计资料及时地传送出去,将财务报告及时报出,也就是说,财务报告应该在会计期间结束后规定的日期内呈报给有关单位或个人。及时记录与及时报告是紧密联系的两个方面。及时记录是及时报告的前提,只有将会计资料及时地记录下来,才有可能及时地报告;及时报告是会计信息时效性的重要保证,如果不能及时报告,那么即使会计记录很及时也会使会计信息失去时效性。因此,企业会计应将及时记录与及时报告两者很好地统一起来。

思考题

1. 财务会计的目标是什么?
2. 财务会计的基本前提有哪些?
3. 什么是财务会计的基本要素,它包括哪些具体内容,这些要素之间有何联系?
4. 会计信息的质量要求有哪些?在具体的会计确认、计量和报告中,这些质量要求是如何体现的?

第 2 章　货币资金与应收款项

【学习目的】 掌握现金和银行存款清查盘点的方法及相应的会计处理;掌握应收款项的内容及相应的会计处理;计提坏账准备的范围及估计坏账准备的方法;货币资金和应收款项在会计报表中的列示方法。

【重点与难点】 货币资金与应收款项的会计处理;估计坏账准备的方法及会计处理。

2.1 货 币 资 金

2.1.1 货币资金概述

1. 货币资金的性质与范围

货币资金是指可以立即投入流通,用以购买商品或劳务,或用以偿还债务的交换媒介。

在流动资产中,货币资金的流动性最强,并且是唯一能够直接转化为其他任何形态的流动性资产,也是最能够代表企业现实购买力水平的资产。为了确保生产经营活动的正常进行,企业必须拥有一定数量的货币资金,以便购买材料、缴纳税金、发放工资、支付利息及股利或进行投资等。企业所拥有的货币资金量是分析判断企业偿债能力与支付能力的重要指标。

从内容上看,企业的货币资金包括库存现金、银行存款和其他货币资金。但是不能立即支付使用的(如银行冻结存款等),一般不能视为货币资金。

2. 货币资金管理与核算的意义

加强货币资金管理与核算能保证生产经营活动正常进行。企业必须拥有一定数量的货币资金,作为支付工具和偿债手段,所以企业应通过货币资金管理,使货币资金的流入、流出在时间上、数量上能配合、协调,满足生产经营的需要。

加强货币资金管理与核算能提高资金的使用效益。企业货币资金存量过少或过多都不好,过少会削弱企业的支付能力和偿债能力,给企业带来负面影响;过多会出现资金闲置,降低资金的使用效益,在通货膨胀时还要面临购买力损失的风险。所以,企业应通过货币资金管理,使其保持在一个合理的水平上,既能满足生产经营的最低需要,又不浪费资金。

加强货币资金管理与核算能有效地防止不法行为。由于货币资金具有最易流动和最易被人们普遍接受的特点,如果在货币资金收支业务中,缺乏严密的控制管理,就容易发生侵吞、盗窃和挪用等不法行为,危害企业的财产安全。所以,企业应通过加强货币资金管理,保证货币资金收入确实,支出正当,保管妥善,从而有效地防止不法行为的发生。

3. 货币资金的控制

企业应遵循职责分工、交易分开、内部稽核、定期换岗等原则,建立适合本企业业务特点和管理要求的货币资金内部控制制度,做好货币资金的控制工作。

(1)严格岗位分工,执行授权批准制度。企业应当建立货币资金业务的岗位责任制,明确相关部门和岗位的职责、权限,确保办理货币资金业务的不相容岗位相互分离、制约和监督。出纳人员不得兼管稽核、会计档案保管和收入、支出、费用、债权、债务账目的登记工作,不得由一人办理货币资金业务的全过程。同时,企业应配备合格的人员办理货币资金业务,并定期进行岗位轮换。

企业应当建立严格的货币资金授权批准制度。审批人应当根据货币资金授权批准制度的规定,在授权范围内进行审批,不得超越审批权限;经办人应当在职责范围内,按照审批人的批准意见办理货币资金业务;未经授权的部门和人员一律不得办理货币资金业务。

(2)加强现金和银行存款的管理,实行交易分开。企业应加强库存现金库存限额的管理,在规定的范围内使用现金,不得直接坐支现金;同时,按规定在银行开立账户,办理存款、取款和转账业务。企业取得的货币资金收入必须及时入账,不得私设"小金库",不得账外设账,严格禁止收款不入账的违法行为;企业应当按照规定的申请、审批、复核、支付程序办理货币资金支付业务。

(3)加强票据及有关印章的管理。企业应明确各种货币资金票据的购买、保管、领用、注销等环节的职责权限和程序,并专设登记簿进行记录,防止空白票据的遗失和盗用;同时,要加强银行预留印鉴的管理,财务专用章应由专人保管,个人名章必须由本人或其授权人员保管。严禁一人保管支付款项的有关印章。

(4)实施内部稽核,加强监督检查。企业应当建立对货币资金业务的监督检查制度,设置内部稽核单位和人员,对货币资金实施经常性和突击性检查,以确定账实是否相符。

2.1.2 库存现金

1. 库存现金的管理

库存现金是指存于企业、用于日常零星开支的现钞。企业必须加强现金的管理。国务院颁布的《现金管理暂行条例》规定了现金管理的内容,主要包括以下四个方面。

(1)库存现金的使用范围。企业可以使用库存现金的范围主要包括:

①职工工资、津贴;

②个人劳动报酬;

③根据国家规定颁发给个人的科学技术、文化艺术、体育等各种奖金;

④各种劳保、福利费用以及国家规定的对个人的其他支出等;

⑤向个人收购农副产品和其他物资的价款;

⑥出差人员必须随身携带的差旅费;

⑦结算起点(现行规定为1 000元)以下的零星支出;

⑧中国人民银行确定需要支付现金的其他支出。

凡是不属于现金结算范围的,应通过银行进行转账结算。

(2)库存现金限额。企业的库存现金限额由其开户银行根据实际需要核定,一般为3~5天的零星开支需要量。边远地区和交通不便地区的企业,库存现金限额可以多于5天,但不能超过15天的日常零星开支量。企业必须严格按规定的限额控制现金结余量,超过限额的部分必须及时送存银行,库存现金低于限额时,可以签发现金支票从银行提取现金,以补足限额。如果需要增加或者减少库存现金限额,应当向开户银行提出申请,由开户银行核定。

(3)库存现金日常收支管理。库存现金日常收支管理的内容主要有:

①现金收入应于当日送存银行,如当日送存银行确有困难,由银行确定送存时间;

②企业可以在现金使用范围内支付现金或从银行提取现金，但不得从本单位的现金收入中直接支付（坐支），因特殊情况需要坐支现金的，应当事先报经开户银行审查批准，由开户银行核定坐支范围和限额，企业应定期向开户银行报送坐支金额和使用情况；

③企业从银行提取现金时，应当在取款凭证上写明具体用途，并由财会部门负责人签字盖章后，交开户银行审核后方可支取；

④因采购地点不固定，交通不便，生产或者市场急需，抢险救灾以及其他情况必须使用现金的，企业应当提出申请，经开户银行审核批准后，方可支付现金。

（4）库存现金账目管理。企业必须建立健全库存现金账目，除设置库存现金总分类账户对现金进行总分类核算外，还必须设置库存现金日记账进行现金收支的明细核算，逐笔登记现金收入和支出，做到账目日清日结，账款相符。

2. 库存现金的核算

为了详细反映库存现金收支及结存的具体情况，企业除了设置"库存现金"科目对库存现金进行总分类核算以外，还必须设置库存现金日记账进行序时记录。有外币现金的企业，还应分别人民币和外币进行明细核算。库存现金日记中一般采用三栏式订本账格式，由出纳人员根据审核以后的原始凭证或现金收款凭证、现金付款凭证逐日逐笔序时登记，每日营业终了计算当日现金收入、现金支出及现金结存额，并与库存现金实存额核对相符。月末，库存现金日记账余额应与库存现金总账余额核对一致。

（1）库存现金收付。企业的库存现金收入主要包括：从银行提取现金；收取不足转账起点的小额销货款；职工交回的多余出差借款等。企业收到现金时，应根据审核无误的会计凭证，借记"库存现金"贷记有关科目。

企业的库存现金支出包括现金开支范围以内的各项支出。企业实际支付现金时，应根据审核无误的会计凭证，借记有关科目，贷记"库存现金"科目。

【例 2－1】 某企业根据发生的相关经济业务，编制会计分录如下。

（Ⅰ）企业开出现金支票一张，从银行提取现金 3 000 元。

借：库存现金　　3 000
　贷：银行存款　　3 000

（Ⅱ）企业购买办公用品支付现金 450 元。

借：管理费用　　450
　贷：库存现金　　450

（Ⅲ）企业职工李华出差，预借差旅费 2 000 元，以现金支付。

借：其他应收款——备用金（李华）　　2 000
　贷：库存现金　　2 000

（Ⅳ）职工李华出差回来报销差旅费 1 800 元，余款 200 元交回现金。

借：管理费用　　1 800
　　库存现金　　200
　贷：其他应收款——备用金（李华）　　2 000

（2）库存现金的清查。为了确保账实相符，应对库存现金进行清查。库存现金清查包括两部分内容：一是出纳人员每日营业终了进行账款核对；二是清查小组进行定期或不定期的盘点和核对。库存现金清查的方法采用实地盘点法。

对库存现金实存额进行盘点，必须以库存现金管理的有关规定为依据，不得以白条抵存,不得超限额保管现金。对库存现金进行账实核对,如发现账实不符,应立即查明原因,及时更正,对发生的长款或短款应查找原因,并按规定进行处理,不得以今日长款弥补他日短款。库存现金清查和核对后,应及时编制现金盘点报告表,列明现金账存额、现金实存额、差异额及其原因,对无法确定原因的差异应及时报告有关负责人。

库存现金清查中发现的长款或短款,应根据现金盘点报告表进行处理,以确保账实相符,并对长、短款作出处理。现金长款、短款一般通过"待处理财产损溢"科目进行核算,待查明原因后,再根据不同原因及处理结果,将其转入有关科目。

对库存现金短缺进行处理的一般原则:

①属于由责任人赔偿的部分,借记"其他应收款——应收现金短缺款(××个人)"或"库存现金"等科目,贷记"待处理财产损溢"科目;

②属于应由保险公司赔偿的部分,借记"其他应收款——应收保险赔款"科目,贷记"待处理财产损溢"科目;

③属于无法查明的其他原因,根据管理权限,经批准后处理,借记"管理费用——现金短缺"科目,贷记"待处理财产损溢"科目。

对现金溢余进行处理的一般原则:

①属于应支付给有关人员或单位的,应借记"待处理财产损溢"科目,贷记"其他应付款——应付现金溢余(××个人或单位)"科目;

②属于无法查明原因的现金溢余,经批准后,借记"待处理财产损溢"科目,贷记"营业外收入——现金溢余"科目。

【例2-2】 某企业根据发生的有关现金清查业务,编制会计分录如下。

(Ⅰ)企业进行现金清查,发现长款170元,原因待查。

借:库存现金　　170
　　贷:待处理财产损溢　　170

(Ⅱ)经反复核查,仍无法查明长款170元的具体原因,经单位领导批准,将其转为企业的营业外收入。

借:待处理财产损溢　　170
　　贷:营业外收入　　170

(Ⅲ)现金清查中发现有无法查明具体原因的现金短款120元。

借:待处理财产损溢　　120
　　贷:库存现金　　120

(Ⅳ)经核查,上述现金短款系出纳人员责任造成,应由出纳赔偿,向出纳人员发出赔偿通知书。

借:其他应收款——出纳员××　　40
　　贷:待处理财产损溢　　40

需要说明的是,企业清查的现金损溢一般应于期末前查明原因,并根据企业的管理权限,经股东大会或董事会或经理(厂长)会议或类似机构批准后,在期末结账前处理完毕。如清查的现金损溢在期末前尚未批准的,在对外提供财务会计报告时先按上述原则进行处理,并在会计报表附注中作出说明;如果其后批准处理的金额与处理的金额不一致的,再按资产负债表日后事项的处理原则调整会计报表相关项目的年初数。

2.1.3 银行存款

1. 银行存款的管理

银行存款是企业存入银行或其他金融机构的款项。按照国家有关规定，凡是独立核算的单位都必须在当地银行开设账户。企业在银行开设账户以后，除按规定可以通过现金进行收支以外，都必须以银行存款转账结算，企业超过限额的现金也必须存入银行。任何单位都必须按规定进行银行存款的管理。银行存款的管理主要包括银行开户管理和结算管理两个方面。

(1)银行存款开户管理。在我国，企业在银行开立存款账户，必须遵守中国人民银行《银行账户管理办法》的各项规定。

企业开立账户，依其不同的用途可以分为基本存款户、一般存款户、临时存款户、专用存款户等。其中，基本存款户是企业办理日常结算及现金支取的账户，企业发放工资、奖金等需要支取的现金，只能通过基本存款账户办理。一般存款户是企业为了业务方便在银行或其他金融机构开立的基本存款户以外的账户，主要用于银行借款的转存以及与开立基本存款账户的企业不在同一地点的附属非独立核算的单位开立的账户。企业可以通过一般存款户办理转账结算和现金缴存，但不得支取现金。临时存款户是因企业的临时业务活动需要而开立的暂时性账户，企业可以通过此类账户办理转账结算以及按照现金管理的规定办理现金收付。专用存款户是企业因特定用途需要开立的具有特定用途的账户。

根据银行账户管理的有关规定，一个企业只能选择一家银行的一个营业机构开立一个基本存款账户，不得在多家银行机构开立基本存款户，也不得在同一家银行的几个分支机构开立多个一般存款户。

(2)银行存款结算管理。现金开支范围以外的各项款项支付，都必须通过银行办理转账结算，但不同国家和地区以及不同的经济业务，采用的转账结算方式是有差别的。

在我国，企业办理转账结算必须遵守中国人民银行《支付结算办法》的各项规定，账户内必须有足够的资金保证支付，必须以合法、有效的票据和结算凭证为依据，不准签发没有资金保证的票据或远期支票套取银行信用；不准签发、取得和转让没有真实交易和债权债务的票据套取银行及他人资金；不准无理拒付款项任意占用他人资金；不准违反规定开立和使用账户；必须遵守“恪守信用，履约付款；谁的钱进谁的帐，有谁支配；银行不垫款”的支付结算原则。企业应根据业务特点，采用恰当的结算方式办理各种结算业务。

(3)银行支付结算方式。在我国，企业发生货币资金收付业务可以采用银行汇票、商业汇票、银行本票、支票、信用卡、汇兑、委托收款、托收承付和信用证等九结算方式。企业应按照《支付结算办法》及《中华人民共和国票据法》等的有关规定办理各项结算业务。

①银行汇票。银行汇票是出票银行签发的，由其在见票时按照实际结算金额无条件支付给收款人或者持票人的票据。银行汇票的出票银行为银行汇票的付款人。

单位和个人办理各种款项结算，均可使用银行汇票。银行汇票可以用于转账，填明“现金”字样的银行汇票也可以用于支取现金。

银行汇票的提示付款期限自出票日起1个月。收款人可以将银行汇票背书转让给被背书人。银行汇票丧失，失票人可以凭人民法院出具的享有票据权利的证明，向出票银行请求付款或退款。

②商业汇票。商业汇票是出票人签发的，委托付款人在指定日期无条件支付确定的金

额给收款人或者持票人的票据。商业汇票分为商业承兑汇票和银行承兑汇票。商业承兑汇票由银行以外的付款人承兑(付款人为承兑人),银行承兑汇票由银行承兑。在我国,开立存款账户的法人以及其他组织之间必须具有真实的交易关系或债权债务关系,才能使用商业汇票。

符合条件的商业汇票的持票人可持未到期的商业汇票连同贴现凭证向银行申请贴现。贴现银行可持未到期的商业汇票向其他银行转贴现,也可以向中国人民银行申请再贴现。贴现、转贴现和再贴现的期限从其贴现之日起至汇票到期日止。实付贴现金额按票面金额扣除贴现日至汇票到期前 1 日的利息计算。

③银行本票。银行本票是银行签发的,承诺自己在见票时无条件支付确定金额给收款人或者持票人的票据。

单位和个人在同一票据交换区域需要支付各种款项,均可以使用银行本票。银行本票分为不定额本票和定额本票两种。收款人可以将银行本票背书转让给被背书人。

④支票。支票是出票人签发的,委托办理支票存款业务的银行在见票时无条件支付确定金额给收款人或持票人的票据。

支票上印有“现金”字样的为现金支票,现金支票只能用于支取现金。支票上印有“转账”字样的为转账支票,转账支票只能用于转账。支票上未印有“现金”或“转账”字样的为普通支票,可以用于支取现金,也可以用于转账。单位和个人在同一票据交换区域的各种款项结算,均可以使用支票。

支票的出票人签发支票的金额不得超过付款时在付款人处实有的存款金额。禁止签发空头支票。支票的提示付款期限自出票起 10 日。

⑤信用卡。信用卡是商业银行向个人和单位发行的凭以向特约单位购物、消费和银行存取现金,且具有消费信用的特制载体卡片。

信用卡按使用对象分为单位卡和个人卡,按信用等级分为金卡和普通卡。凡是在中国境内金融机构开立基本存款账户的单位可申领单位卡。

单位卡账户资金一律从其基本存款账户转账存入,不得交存现金,也不得将销货收入的款项存入信用卡存款账户。个人卡账户的资金以其持有的现金存入或其工资性款项及属于个人的劳务报酬收入转账存入。严禁将单位的款项存入个人卡账户。在我国,单位卡不得用于 10 万元以上的商品交易、劳务供应款项的结算,也不得支取现金。

⑥汇兑。汇兑是汇款人委托银行将其款项支付给收款人的结算方式。单位和个人的各款项的结算均可使用汇兑结算方式。

汇兑分为信汇和电汇两种。信汇是指委托银行通过邮寄方式将款项划给收款人。电汇是指汇款人委托银行通过电报将款项划给收款人。

⑦托收承付。托收承付是根据购销合同由收款单位发货后委托银行向异地付款人收取款项,由付款人向银行承认付款的结算方式。

使用托收承付结算方式的收款单位和付款单位,必须是国有企业、供销合作社以及经营管理较好,并经开户银行审查同意的城乡集体所有制工业企业。办理托收承付结算的款项必须是商品交易,以及因商品交易而产生的劳务供应的款项。代销、寄销、赊销商品的款项不得办理托收承付结算。

托收承付结算每笔的金额起点为 1 万元,新华书店系统每笔的金额起点为 1 000 元。

收款人按照签订的购销合同发货后,委托银行办理托收。付款人开户银行收到托收凭证及其附件后，应当及时通知付款人。承付货款分为验单付款和验货付款两种，由收付双方商量选用，并在合同中明确规定。验单付款的承付期为 3 天，验货付款的承付期为 10 天。

⑧委托收款。委托收款是收款人委托银行向付款人收取款项的结算方式。单位和个人凭已承兑商业汇票、债券、存单等付款人债务证明办理款项的结算，均可以使用委托收款结算方式。委托收款在同城和异地均可以使用。

⑨信用证。信用证是指开证行依据申请人的申请开出的，凭符合信用证条款的单据支付的付款承诺。

信用证起源于国际贸易结算。在国际贸易中，进口商不愿意先支付货款，出口商也不愿意先交货，在这种情况下，银行充当了进出口商之间的中间人和保证人，一面收款，一面交单，并代为融通资金，由此产生了信用证结算方式。

在我国，信用证为不可撤销、不可转让的跟单信用证。信用证结算适用于国内企业之间的商品交易。只有经中国人民银行批准经营结算业务的商业银行总行以及经商业银行总行批准开办信用证结算业务的分支机构，才可办理信用证结算业务。信用证只限于转账结算，不得支取现金。信用证与作为其依据的购销合同相互独立，银行在处理信用证业务时不受购销合同的约束。

申请人交存的保证金和其存款余额不足支付的，开证行仍应按规定的时间付款，对不足支付的部门作逾期贷款处理。

2. 银行存款的核算

为了详细反映银行存款的收支及结存的情况，企业除了设置“银行存款”科目进行总分类核算以外，还必须设置银行存款日记账，按照业务发生顺序逐日逐笔连续记录银行存款收付，并随时结出余额。银行存款应按银行和其他金融机构的名称和存款种类进行明细核算，有外币存款的企业还应分别按人民币和外币进行明细核算。

银行存款日记账一般由出纳人员根据收付款凭证进行登记，定期与银行存款总账科目核对。月末，应与银行对账单进行核对。

(1)银行存款收付。企业收入银行存款，应根据银行存款送款单回单或银行收账通知及有关单证，及时编制记账凭证，借记“银行存款”科目，贷记有关科目，经审核无误后，登记银行存款日记账及总账。

企业支付银行存款，应根据支票存根、办理付款结算的付款通知及有关单证，及时编制记账凭证，借记有关科目，贷记“银行存款”科目，经审核无误后，登记银行存款日记账及总账。

【例 2-3】 某企业根据发生的相关经济业务，编制会计分录如下。

(Ⅰ)企业收到甲公司归还前欠本企业货款的转账支票一张，金额 80 000 元，企业将支票和填制的进账单送交开户银行。

借：银行存款　　80 000
　　贷：应收账款——乙公司　　80 000

(Ⅱ)企业向乙公司购买办公用品 1 500 元，开出转账支票支付款项。

借：管理费用　　1 500
　　贷：银行存款　　1 500

(Ⅲ)企业采用汇兑结算方式，委托银行将款项 23 000 元划转给丙公司，以偿还前欠货款。

借:应付账款——丙公司　　23 000
　　贷:银行存款　　23 000

(Ⅳ)企业向A公司采购材料一批,价款20 000元,增值税3 400元,双方订明采用托收承付结算方式,验单付款。现企业收到银行转来的托收承付结算凭证和所附单据,经审核无误,在3天期满时承认付款,但材料尚未收到。

借:物资采购(或在途物资)　　20 000
　　应交税费——应交增值税(进项税额)　　3 400
　　贷:银行存款　　23 400

(Ⅴ)企业销售产品给B公司,前已采用托收承付结算方式委托银行向B公司收取款项15 000元,现收到银行转来的托收承付收账通知。

借:银行存款　　15 000
　　贷:应收账款——B公司　　15 000

(2)银行存款核对。企业每月至少应将银行存款日记账与银行对账单核对一次,以检查银行存款收付及结存情况。企业进行账单核对时,往往出现银行存款日记账余额与银行对账单同日余额不符的情况。究其原因只要有三:一是计算错误;二是记账错漏;三是未达账项。

计算错误是企业或银行对银行存款结存额的计算发生运算错误;记账错漏是指企业或银行对存款的收入、支出的错记或漏记;未达账项是指银行和企业对同一笔款项收付业务,因记账时间不同而发生的一方已经入账,另一方尚未入账的款项。未达账项不外乎以下四种情况:

①企业已经收款入账,银行尚未收款入账的款项;

②企业已经付款入账,银行尚未付款入账的款项;

③银行已经收款入账,企业尚未收款入账的款项;

④银行已经付款入账,企业尚未付款入账的款项。

银行存款日记账余额与银行对账单余额不符,必须查明原因。在会计实务中,银行存款调节后余额平衡关系是作出这一判断的主要依据。如果调节后余额一致,表明账户内结存额计算无误。如果调节后余额仍不一致,表明账户内结存额计算一定有误,应立即查明错误所在。属于银行方面的原因,应及时通知银行更正;属于本单位原因,应按错账更正办法进行更正。在编制银行存款余额调节表时,一般将所有未核对一致的项目均视为未达账项,对于出现的各种未达账项应进行认真审核,确属未达账项的,应督促有关人员办理结算手续或记账手续;属于记账错漏的,应予以及时更正。

银行存款余额调节表有多种编制方法,会计实务中一般采用"补记式"余额调节法。其基本原理是:假设未达账项全部入账,银行存款日记账及银行对账单的余额应相等。其编制方法是:在双方现有余额基础上,各自加上对方已收、本方未收账项,减去对方已付、本方未付账项,计算调节双方应有余额。

2.1.4 其他货币资金

1.其他货币资金的性质与范围

其他货币资金是指除库存现金、银行存款以外的其他各种货币资金。其他货币资金同库存现金和银行存款一样,是企业可以作为支付手段的货币。但其他货币资金同现金和银行存款相比，有其特殊的存在形式和支付方式，在管理上有别于库存现金和银行存款，应单独进行会计核算。

其他货币资金主要包括外埠存款、银行汇票存款、银行本票存款、信用卡存款、信用证保证金存款和存出投资款等。外埠存款是指到外地进行临时或零星采购时，汇往采购地银行并在采购地银行开立采购专户的款项。银行汇票存款是指企业为取得银行汇票，按规定用于银行汇票结算而存入银行的款项。银行本票存款是指企业为取得银行本票，按规定用于银行本票结算而存入银行的款项。信用卡存款是指企业为取得信用卡以办理信用卡结算而按规定存入银行的款项。信用证保证金存款是指企业为取得信用证按规定存入银行的款项；存出投资款是指企业已存入证券公司但尚未进行短期投资的现金。

2. 其他货币资金收付

其他货币资金通过“其他货币资金”科目进行核算，按其他货币资金的内容设置明细科目进行明细核算。

(1)外埠存款。企业在外埠开立临时采购专户，须经开户地银行批准。银行对临时采购户一般实行半封闭式管理的方法，即只收不付，付完清户。除采购人员差旅费用可以支取少量现金外，其他支出一律转账。

【例2-4】 某企业根据发生的有关外埠存款收付业务，编制会计分录如下。

(Ⅰ)企业在外埠开立临时采购账户，委托银行将50万元汇往采购地。

借：其他货币资金——外埠存款　　500 000
　　贷：银行存款　　500 000

(Ⅱ)采购员以外埠存款购买材料，材料价款400 000元，增值税68 000元，货款共计468 000元，材料入库。

借：原材料　　400 000
　　应交税费　　68 000
　　贷：其他货币资金——外埠存款　　468 000

(Ⅲ)外埠采购结束，将外埠存款清户，收到银行转来收账通知，余款32 000元收妥入账。

借：银行存款　　32 000
　　贷：其他货币资金——外埠存款　　32 000

(2)银行汇票存款。企业办理银行汇票，需将款项交存开户银行。对于逾期尚未办理结算的银行汇票，应按规定及时转回(借记“银行存款”科目，贷记“其他货币资金——银行汇票”科目)，未用的汇票存款也应及时办理退款。

【例2-5】 某企业根据发生的有关银行汇票存款收付业务，编制会计分录如下。

(Ⅰ)企业申请办理银行汇票，将银行存款30 000元转为银行汇票存款。

借：其他货币资金——银行汇票　　30 000
　　贷：银行存款　　30 000

(Ⅱ)收到收款单位发票等单据，采购材料付款29 250元，其中，材料价款25 000元，增值税4 250元，材料已验收入库。

借：原材料　　25 000
　　应交税费　　4 250
　　贷：其他货币资金——银行汇票　　29 250

(Ⅲ)收到多余款项退回通知,将余款750元收妥入账。

借:银行存款　　750

　贷:其他货币资金——银行汇票　　750

(3)银行本票存款。企业办理,需将款项交存开户银行。本票存款实行全额结算,本票存款与结算金额的差额一般采用支票或其他方式结清。对于逾期尚未办理结算的银行本票,应按规定及时转回(借记"银行存款"科目,贷记"其他货币资金——银行本票"科目),其账务处理与银行汇票存款基本相同。

【例2-6】 某企业根据发生的有关银行本票存款收付业务,编制会计分录如下。

(Ⅰ)企业申请办理银行本票,将银行存款40 000元转入银行本票存款。

借:其他货币资金——银行本票　　40 000

　贷:银行存款　　40 000

(Ⅱ)收到收款单位发票等单据,采购材料付款39 780元,其中,材料价款34 000元,增值税5 780元,材料入库。

借:原材料　　34 000

　应交税金　　5 780

　贷:其他货币资金——银行本票　　39 780

(Ⅲ)收到收款单位退回的银行本票余款220元,存入银行。

借:银行存款　　220

　贷:其他货币资金——银行本票　　220

(4)信用卡存款。企业对于信用卡存款的核算主要包括办理信用卡存款、以信用卡支付有关费用、收取信用卡存款利息收入等。

【例2-7】 某企业根据发生的有关信用卡存款收付业务,编制会计分录如下。

(Ⅰ)将银行存款50 000元存入信用卡。

借:其他货币资金——信用卡存款　　50 000

　贷:银行存款　　50 000

(Ⅱ)信用卡支付业务招待费1 500元。

借:管理费用　　1 500

　贷:其他货币资金——信用卡存款　　1 500

(Ⅲ)收到信用卡存款的利息60元。

借:其他货币资金——信用卡存款　　60

　贷:财务费用　　60

(5)信用证保证金存款。企业办理信用证核算,应按规定向银行提交开证申请书、信用证申请人承诺书和购销合同。信用证保证金的核算主要包括缴纳保证金和支付货款两部分。

【例2-8】 某企业根据发生的信用证结算的有关业务,编制会计分录如下。

(Ⅰ)申请向银行交纳信用证保证金300 000元。

借:其他货币资金——信用证保证金　　300 000

　贷:银行存款　　300 000

(Ⅱ)接到开证行交来的信用证来单通知书及有关购货凭证等,以信用证方式采购的材料已到并验收入库,货款全部支付。货款总计351 000元,其中材料价款300 000元,增值税

51 000元。

借:原材料　　300 000
　应交税费　　51 000
　贷:其他货币资金——信用证保证金　　300 000
　　银行存款　　51 000

(6)存出投资款。企业对于存出投资款的核算主要包括资金划出和使用两部分。

【例2－9】 某企业根据发生的进行短期投资的业务,编制如下会计分录。

(Ⅰ)将银行存款500 000元划入某证券公司准备进行短期股票投资。

借:其他货币资金——存出投资款　　500 000
　贷:银行存款　　500 000

(Ⅱ)将存入证券公司款项用于购买股票,并已成交,购买股票的成本为200 000元。

借:交易性金融资产　　200 000
　贷:其他货币资金——存出投资款　　200 000

2.2 应收票据

2.2.1 应收票据概述

1.应收票据的性质与分类

从广义上讲,应收票据作为一种债权凭证,应包括企业持有的未到期或未兑现的汇票、本票、支票等,但在我国会计实务中,支票、银行本票及银行汇票均为见票即付的票据,无需将其列为应收票据予以处理。因此在我国,应收票据仅指企业持有的未到期或未兑现的商业票据。

在我国,商业汇票的期限一般不超过6个月,因而我国的应收票据是一种流动资产。在会计实务中,企业的应收票据是指收到的经承兑人承兑的商业汇票。

商业汇票一般有两种分类方法。

(1)按承兑人分类。按照票据的承兑人的不同,商业汇票分为银行承兑汇票和商业承兑汇票两种。承兑是汇票付款人承诺在汇票到期日支付汇票金额的票据行为。商业汇票必须经承兑后方可生效。银行承兑汇票的承兑人是承兑申请人的开户银行,商业承兑汇票的承兑人是付款人。

(2)按是否计息分类。商业汇票按其是否计息可分为不带息商业汇票和带息商业汇票两种。不带息商业汇票是指票据到期时,承兑人只按票面金额(即面值)向收款人或被背书人支付款项的汇票,其票据到期值等于其面值。带息商业汇票是指票据到期时,承兑人应按票面金额加上票据规定利息率计算的到期利息向收款人或被背书人支付款项的汇票。带息票据的到期值等于其面值加上到期应计利息。

我国目前主要使用不带息商业汇票。

2.应收票据到期日的确定

商业汇票自承兑日起生效,其到期日是由票据有效期限的长短来决定的。在实务中,票据的期限一般有按月表示和按日表示两种。其中,定日付款的汇票付款期限自出票日起按日计算,定期付款的汇票付款期限自出票日起按月计算。

票据期限按月表示时,票据的期限不考虑各月份实际天数多少,统一按次月对日为整月计算。当签发承兑票据的日期为某月月末时,统一以到期月份的最后一日为到期日。如3月2日签发承兑的期限为6个月的商业汇票,其到期日为9月2日;1月31日签发承兑的期限为1个月、2个月、3个月和6个月的商业汇票,其到期日分别为2月28日(闰年为2月29日)、3月31日、4月30日和7月31日。

票据期限按日表示时,票据的期限不考虑月数,统一按票据的实际天数计算。在票据签发承兑日和票据到期日这两天中,只计算其中的一天。如3月2日签发承兑的期限为180天的商业汇票,其到期日为8月29日;1月31日(当年2月份为28天)签发承兑的期限为30天、60天、90天的商业汇票,其到期日分别为3月2日、4月1日、5月1日。

3. 应收票据的计价

按现行制度规定,企业收到开出、承兑的商业汇票,无论是否带息,均按应收票据的票面价值入账。带息应收票据应于期末按票据的票面价值和确定的利率计提利息,并同时计入当期损益。

2.2.2 应收票据取得的核算

企业收到承兑的商业汇票时,应按票面金额借记"应收票据"科目,并根据不同的业务内容分别贷记"主营业务收入""应交税费""应收账款"等科目。

【例2-10】 企业根据发生的有关收到应收票据的业务,编制会计分录如下。

(Ⅰ)向甲公司销售产品一批,价款60 000元,增值税10 200元,收到由甲公司承兑的商业承兑汇票一张,金额共计70 200元。

借:应收票据　　70 200
　贷:主营业务收入　　60 000
　　应交税费　　10 200

(Ⅱ)原向乙公司销售产品的应收货款共计58 500元(其中产品价款50 000元,增值税8 500元),经双方协商,采用商业汇票方式结算,并收到银行承兑汇票一张。

借:应收票据　　58 500
　贷:应收账款　　50 000
　　应交税费　　8 500

(Ⅲ)原以商业汇票方式向丙公司销售产品的货款共计117 000元(其中产品价款100 000元,增值税17 000元),该项业务的商业承兑汇票到期。因丙公司资金短缺,经双方协商,重新签发商业汇票,确定债权债务关系,并由丙公司开户银行承兑该汇票。收到生效日为原汇票到期日、金额为117 000元的银行承兑汇票。

借:应收票据　　117 000
　贷:应收帐款　　117 000

2.2.3 应收票据持有期间的利息

对于带息商业汇票来说,在票据到期之前,尽管利息尚未实际收到,但企业已经取得收取票据利息的权利。会计核算上,应按权责发生制的原则于会计期末反映这一部分利息收入,同时将应收而未实际收到的利息作为应收债权记录,借记"应收利息",贷记"财务费用"(或"利息收入")。至于企业于月末、季末还是年末对企业持有的应收票据计提票据利息,则根据企业采取的会计政策而定。

一般地，如果应收票据的利息金额较大，对企业财务成果有较大的影响的，应按月计提利息；如果应收票据的利息金额不大，对企业财务成果的影响也较小的，可以于季末或年末计提应收票据的利息。但企业至少应于会计年末计提持有商业汇票的利息，以便正确计算企业的财务成果，除非应计利息金额极小。

【例 2-11】 某企业 2011 年 9 月 1 日采用商业汇票结算方式销售产品一批，发票上注明销售收入为 100 000 元，增值税为 17 000 元，企业当即收到带息商业承兑汇票一张，期限为 6 个月，到期日为 2012 年 3 月 1 日，票面利率为 4%。按企业会计政策规定，企业于年末计提应收票据的利息。会计分录如下。

(Ⅰ)2011 年 9 月 1 日收到商业承兑汇票。

借：应收票据 117 000

　贷：主营业务收入 100 000

　　应交税费 17 000

(Ⅱ)2011 年 12 月 31 日计提应收票据利息 1 560 元。

借：应收利息 1 560

　贷：财务费用 1 560

2.2.4 应收票据到期的核算

企业对持有的即将到期的商业汇票，应匡算划款时间，提前委托开户银行收款。一般来说，银行承兑汇票的票款能够及时收妥入账。商业承兑汇票的票款视付款人账户资金是否足额，有两种情况：一是付款人足额支付票款，结清有关的债权债务；二是付款人账户资金不足，将托收的汇票退回，由收付款双方自行处理。

商业汇票到期时，应按商业汇票的到期值借记有关科目，按商业汇票的账面金额贷记“应收票据”科目，按两者的差额(未计提利息部分)贷记“财务费用”科目。

需要指出的是，根据《中华人民共和国票据法》的规定，汇票到期被拒绝付款的，持票人可以对有关债务人行使追索权。因此，到期未兑现的应收票据，应按汇票到期值反映企业对债务人的债权(包括应收票据面值和应收利息两部分)情况。

商业汇票到期值是指票据到期应收的票据额，对于不带息票据来说，到期值就是票据面值；对于带息票据来说，其到期值是票据面值加计应收票据到期利息的合计金额。计算应收票据到期利息的方法为

$$应收票据利息 = 应收票据面值 \times 利率 \times 期限$$

公式中的票据面值是指商业汇票票面记载的金额，期限指从票据签发日至到期日的时间间隔，利率是指票据所规定的利率(一般以年利率表示)。

当商业汇票的期限按月数表示时，应收票据到期利息的计算方法为

$$应收票据利息 = 应收票据面值 \times 利率 \times 期限(月数)/12$$

【例 2-12】 某企业持有一张面值为 117 000 元的商业汇票，年利率为 4.8%，票据的出票日(承兑生效日)为 3 月 31 日，票据期限 4 个月，到期日为 7 月 31 日，则该商业汇票到期值为 118 872 元。计算方法是：

应收票据利息 = 117 000 × 4.8% × (4/12) = 1 872 元

票据到期值 = 117 000 + 1 872 = 118 872 元

当商业汇票的期限按天数表示时,应收票据到期利息的计算方法为

应收票据利息 = 应收票据面值 × 利率 × 期限(天数)/360

【例 2 - 13】 某企业持有一张面值为 40 000 元、年利率为 8.4% 的商业汇票,出票日(承兑生效日)为 1 月 31 日,期限为 90 天,到期日为 5 月 1 日,则该商业汇票的到期值为 40 840 元。计算方法是:

应收票据利息 = 40 000 × 8.4% × (90/360) = 840 元

票据到期值 = 40 000 + 840 = 40 840 元

一般来说,应计票据利息应按月计算,但当应计票据利息金额不大或票据生效日和到期日在同一会计年度时,为了简化会计核算手续,也可以在票据到期收到票据本息时,再将利息收入计入"财务费用"科目贷方;如果应计票据利息金额较大,且票据生效日和到期日跨会计年度时,会计期末应确认应收利息,借记"应收利息"科目,贷记"财务费用"科目。

应收票据到期时,如果收到票款,应按实际收到的金额借记"银行存款"等科目,按应收票据的账面金额贷记"应收票据"科目,按已计提的利息贷记"应收利息",按其差额(即未计提利息部分)贷记"财务费用"。

应收票据到期,如果因付款人无力支付票款,而收到由银行退回的商业承兑汇票、委托收款凭证、未付票款通知书或拒绝付款证明等单证,应将应收票据的面值转入"应收账款",并将应收票据到期值尚未计提的利息借记"应收利息",贷记"财务费用"。到期不能收回的带息应收票据面值转入"应收账款",以及未计利息转入"应计利息"后,其原票据的利息期已结束,期末不应再对已经到期的应收票据计提利息,如果协议规定对已经到期而未能实际收到票款的债权继续计算利息的,其所包括的利息按照协议规定计算,并借记"应收利息"科目,贷记"财务费用"科目。

【例 2 - 14】 某企业对票据利息收入采用会计期末和票据到期分别确认的处理方法,根据发生的有关商业汇票的经济业务,编制会计分录如下。

(Ⅰ)年末,企业将持有的签发承兑日为 10 月 1 日、面值为 400 000 元、利率为 5%、期限为 6 个月、到期日为第二年 4 月 1 日的银行承兑汇票的应计利息入账。

当年应计利息 = 400 000 × 5% × (3/12) = 5 000 元

借:应收利息	5 000	
贷:财务费用		5 000

(Ⅱ)第二年 4 月 1 日,上述票据到期,票款全部收妥入账,共计 410 000 元

借:银行存款	410 000	
贷:应收票据		400 000
应收利息		5 000
财务费用		5 000

如果该票据为商业承兑汇票,票据到期时,付款人账户资金不足,由银行退票,应编制会计分录如下。

借:应收账款	400 000	
贷:应收票据		400 000
借:应收利息	5 000	
贷:财务费用		5 000

2.2.5 应收票据转让的核算

根据《银行支付结算办法》的有关规定,企业可以将持有的应收票据进行背书转让,用以购买所需物资或偿还债务。

企业将持有的应收票据背书转让,如为带息应收票据,还应按未计提的票据利息借记"应收利息"科目,贷记"财务费用"科目。取得所需材料物质时,按应计入取得物资成本的价值借记"物资采购"或"原材料""库存商品"等科目;按专用发票上注明的可以抵扣的增值税进项税,借记"应交税费"科目;按应收票据的账面余额贷记"应收票据"科目,按计提的利息贷记"应收利息"科目,按补付或收到的差额借记或贷记"银行存款"科目。

【例2-15】 某企业采购一批材料,材料价款57 000元,增值税9 690元,将票据金额为60 000元的不带息商业承兑汇票背书转让,以支付该批材料的货款,同时差额款6 690元当即以银行存款支付。编制会计分录如下。

借:原材料	57 000	
应交税费	9 690	
贷:应收票据		60 000
银行存款		6 690

2.2.6 应收票据贴现的核算

票据贴现是指票据持有人将未到期的票据在背书后送交银行,银行从票据到期值中扣除按银行贴现率计算并确定的利息后,将余额付给持票人。贴现款的计算方法为

$$贴现款 = 票据到期值 - 贴现息$$

$$票据到期值 = 票据面值 + 票据利息 = 票据面值 \times (1 + 票面利率 \times 期限)$$

$$贴现息 = 票据到期值 \times 贴现率 \times 贴现天数 / 360$$

贴现天数是指自贴现日起票据到期前一日止的实际天数,在贴现日和票据到期日这两天中,只计算其中的一天。如果2月10日将1月31日(当年2月份为28天)签发承兑的期限为30天、60天、90天,到期日分别为3月2日、4月1日、5月1日的商业汇票的到期日按日表示还是按月表示,贴现期一律按实际贴现天数计算。

在会计上,企业应根据贴现的商业汇票是否带有追索权分别采用不同的方法进行处理。

1. 不带追索权的应收票据贴现

将不带追索权的应收票据贴现,企业在转让票据到期不能收回票据的风险一并转给了贴现银行,企业对票据到期无法收回的票据不承担连带责任,即符合金融资产终止确认的条件。因此,将不带追索权的商业汇票贴现时,企业应按实际收到的贴现款借记"银行存款"科目,按贴现票据的账面金额贷记"应收票据"科目,按贴现票据已经计提的利息,贷记"应收利息"科目,实现收到的贴现款与贴现的商业汇票的账面金额及已经计提利息金额的差额借记(贴现款小于应收票据账面金额及计提的利息时)"财务费用"科目。

在我国,企业将银行承兑汇票贴现的业务基本上不存在到期不能收回票款的风险,企业应将银行承兑汇票贴现视为不带追索权的商业汇票贴现业务,按金融资产终止确认的原则处理。

【例2-16】 某企业根据发生的商业汇票贴现的有关经济业务,编制会计分录如下:

企业于2月10日(当年2月份为28天)将签发承兑日为1月31日、期限为90天、面值

为50 000元。利率为9.6%、到期日为5月1日的银行承兑汇票到银行申请贴现,银行规定的月贴现率为6‰。该票据已经计提应收利息200元。

票据到期利息 = 50 000 × 9.6% × 90/360 = 1 200元

票据到期值 = 50 000 + 1 200 = 51 200元

贴现天数 = 80天

贴现息 = 51 200 × 6‰ × 80/30 = 819.2元

贴现款 = 51 200 − 819.2 = 50 380.8元

借:银行存款　　50 380.8

　　贷:应收票据　　50 000

　　　　应收利息　　200

　　　　财务费用　　180.80

2. 带追索权的应收票据贴现

将带追索权的应收票据贴现,企业并未转嫁票据到期不能收回票据款的风险,贴现企业因背书而在法律上负有连带偿还责任,企业所承担的这种连带偿还责任是企业的一种或有负债,该债务直至贴现银行收到票据款后方可解除。因此,将带追索权的商业汇票贴现后,不符合金融资产终止确认的条件,不应冲销应收票据账户金额。

在我国,企业将商业汇票贴现就是一种典型的带追索权的票据贴现业务。

企业将带追索权的票据贴现,不符合金融资产终止确认的条件,会计上不应冲销应收票据账户,此时一般根据实际收到的贴现款借记"银行存款"贷记"短期借款"。

【例2－17】 以例2－16的资料为例,假设贴现的汇票为商业承兑汇票,企业应编制会计分录如下。

借:银行存款　　50 380.80

　　贷:短期借款　　50 380.80

票据到期日,无论票据付款人是否足额向贴现银行支付票款,贴现的票据均满足金融资产终止确认的条件,会计上应终止确认应收票据。

票据的付款人于汇票到期日将票款足额付给贴现银行,企业未收到有关追索债务的通知,则企业因票据贴现而产生的负债责任解除,应作为偿还短期借款对待,借记"短期借款",贷记"应收票据",贷记"应收利息",差额借记或贷记"财务费用"。

同时,企业应按票据到期值中付款人的未付金额,反映对该汇票付款人的债权,借记"应收账款",根据银行对该票据到期值的扣款方法,贷记"银行存款"或"短期借款"。

【例2－18】 以例2－16为例,假如贴现的票据为商业承兑汇票,票据到期时,票据付款人足额向贴现银行支付票款,则应编制会计分录如下。

(Ⅰ)借:短期借款　　50 380.80

　　贷:应收票据　　50 000

　　　　应收利息　　200

　　　　财务费用　　180.80

若票据到期时,票据付款人无法足额向贴现银行支付票款,仅支付了20 000元,则在上述分录的基础上,还应同时编制如下会计分录。

(Ⅱ)借:应收账款　　31 200

　　贷:银行存款　　31 200

2.3 应收账款

2.3.1 应收账款的性质与范围

应收账款是企业因对外销售商品、产品、提供劳务等经营活动而应向客户收取的款项。一般地,应收账款是指应在1年(可跨年度)内收回的短期债权。在资产负债表上,应收账款应列为流动资产项目。

它是在商业信用条件下由于赊销业务而产生的买方向卖方所作的口头付款承诺。口头承诺的不确定性使得应收账款的确认非常重要。应收账款的确认,主要是何时确认应收账款及确认多少金额问题,即包括入账时间的确定和入账金额的确认两个方面。

2.3.2 应收账款的入账时间

应收账款应于收入实现时予以确认,也即以收入确认作为入账时间。关于收入实现的具体条件将在第十一章中介绍。

2.3.3 应收账款的入账价值

一般来说,应收账款应按买卖双方成交时的实际发生额入账。但企业为了及时回笼货款,在销售时往往实行折扣政策,为了确保货物的销售、对客户建立商业信用,对已销的商品、产品可能实行折让或退回制度等,此类事项的发生会不同程度地影响应收账款入账价值。

商业折扣与现金折扣是两种不同形式的折扣,其对应收账款入账价值的影响也不同。

1. 商业折扣

商业折扣是指对商业价目单所列的价格给予一定的折扣,实际上是对商品报价进行的折扣。商业折扣可用百分比来表示,如5%,10%,20%等,也可用金额表示,如100元、200元等,商品报价并不是企业对某一具体客户的应收款项,商业折扣的形式多种多样,在会计上只有业务发生时的成交价才能以应收客户款入账,也就是说,企业发生销货、提供劳务等主要经营业务行为时,商业报价扣除商业折扣以后的实际成交价格才是应收账款的入账价值。可见,商业折扣对会计核算不产生任何影响。

【例2-19】 某企业销售甲商品,商品价目单中所列示的价格(不含增值税)为每件100元,现销售200件,并给予购货方5%的商业折扣,则该企业销售甲商品的实际销售单价为95(100×(1-5%))元/件,销售200件的价款共计1 900(95×200)元,应收取的销项税为323元,共计2 223元。

借:应收款项　　2 223
　贷:主营业务收入　　1 900
　　应交税费　　323

实际收到货款如下。

借:银行存款　　2 223
　贷:应收账款　　2 223

2. 现金折扣

现金折扣是指销货企业为了鼓励客户在一定的期间内早日偿还货款,对销售价格所给予的一定比率的扣减。现金折扣对于销货企业来说,称为销货折扣;对于购货企业来说,则称为购货折扣。现金折扣一般用2/10,1/20,n/30等表示,其含义分别为10天内付款给予2%的折扣,20天内付款给予1%的折扣、30天内付款无折扣。现金折扣使得企业应收账款的实收数额在规定的付款期限内,随着顾客付款时间的推延而增加,因而对会核算产生影响。

现金折扣实质上是企业为了及早收到销货款而采取的一种理财手段,因此具有理财费用的特征。会计上一般将实际发生的现金折扣作为财务费用处理。

由于现金折扣只是一种交易条件,其是否实际发生还将视交易日后买方的实际付款情况,那么在交易日,应收账款以总额入账还是以扣除现金折扣后的净额入账通常有两种不同的确认方法。

(1)总价法。在总价法下,应收账款与销售收入均按总额入账,现金折扣于实际发生时再予以确认。如果顾客在折扣期内付款而获得现金折扣,则作为"财务费用"。由于现金折扣是企业为尽早收回款项而付出的代价与企业的资金筹集密切相关,因此将其列作财务费用比较符合其本身的性质。

(2)净价法。在净价法下,应收账款与销售收入均按净额入账。如果顾客由于超过折扣期付款而丧失了现金折扣,则作为财务费用的减项,同时增加应收账款。

从实务上说,总价法由于在销售时直接按发票总额入账而使记账工作简便,缺点是在期末结账时,如果有的应收账款未满折扣期,顾客可能在次年享受折扣,则上年应收账款与销售收入可能虚记。而净价法下的应收账款按预期可实现净值入账,反映在损益表上的销售收入也是扣除现金折扣之后的净额,从而能够较客观地反映企业的财务状况和经营成果,因此净价法理论上较合理。但是使用净价法要对每一笔应收账款作详细分析,如果顾客超过了折扣期,会计人员需要再分析核对原来的记录,以便作出应收账款的调整分录,实务操作烦琐。我国会计准则规定采用总价法。

除销售折扣外,对已售出的商品,顾客可能因质量问题或其他原因要求全部或部分退回,称为"销售退回";或要求减让部分价款,称为"销售折让"。销售退回和折让均是在已经确认销售收入和应收账款之后发生的,因而不影响应收账款入账金额的确认,只在实际发生时冲减相关的应收账款。

【例2-20】 某企业向A单位销售一批产品,发票上价款50 000元,增值税8 500元,付款条件为2/10,1/20,n/30。销售产品时,编制会计分录如下。

借:应收账款——A单位　　58 500
　贷:主营业务收入　　50 000
　　应交税费——应交增值税(销项税额)　　8 500

(Ⅰ)如果A单位在10天内付款,付款额为57 330(58 500-58 500×2%)元。收到款项时,编制会计分录如下。

借:银行存款　　57 330
　财务费用　　1 170
　贷:应收账款——A单位　　58 500

(Ⅱ)如果A单位在11~20天内付款,则付款额为57 915元(58 500-58 500×1%)。收到款项时,编制会计分录如下。

借:银行存款　　57 915

财务费用　　585
贷:应收账款——A 单位　　58 500

(Ⅲ)如果 A 单位超过 20 天付款,则不能享受现金折扣优惠,需按全额支付。收到款项时,编制会计分录如下。

借:银行存款　　58 500
贷:应收账款——A 单位　　58 500

2.3.4 应收账款的管理

应收账款的管理直接影响到企业的获利能力和现金流量,因此企业既要尽可能利用信用手段,扩大销售,又要保证应收账款的流动性,防止对资产周转造成不利影响。

对会计部门来说,加强应收账款管理主要应做好以下几方面工作。

(1)核定应收账款成本。核定应收账款成本包括应收账款的机会成本(指企业如果将束缚在应收账款上的资金用于其他方面的投资而产生的收益)、应收账款的管理成本(指对顾客的信用状况进行调查和搜集各种信息及催收账款等费用)和坏账损失。

(2)制定信用政策。制定信用政策包括确定信用期限(指企业给予用户的付款时间,即用户购货后到必须付款为止的时间间隔)、信用标准(指企业接受用户赊销条件时,用户必须具备的最低财务能力)和现金折扣及收账政策。

(3)进行应收账款的明细分类会计处理。对赊销业务比重较大的企业,应在财会部门内设置信用部,负责企业赊销业务的控制工作。

2.4 其他应收及预付款项

2.4.1 其他应收款

其他应收款是指企业除应收票据、应收账款、预付账款、应收股利、应收利息等以外的各种应收及暂付款项。其他应收款的发生一般与企业正常生产经营活动无直接联系,其性质属于非营业性应收款项。常见的项目有:应收的各种赔款和罚款、备用金、应收包装物租金、存出保证金、存出保证金、应向职工收取的各种垫付额款项等。

企业应设置“其他应收款”科目对其他应收款的收付业务进行核算,并应按其他应收款的项目以及债务人进行明细核算。

企业发生的拨出用于投资的各种款项,在尚未进行投资或购买物资之前,属于企业的其他货币资金,该类款项一般通过“其他货币资金”科目进行核算,不属于其他应收款的范围。

【例 2-21】 某企业根据发生的有关其他应收款的经济业务,编制会计分录如下。

(Ⅰ)某职工预借差旅费 500 元,以现金支付。

借:其他应收款　　500
贷:库存现金　　500

(Ⅱ)某职工报销差旅费 530 元,原借 400 元,以现金补付 130 元。

借:管理费用　　520
贷:其他应收款　　400
库存现金　　120

(Ⅲ)借入外单位包装物,支付包装物押金800元。

借:其他应收款　　800

　贷:银行存款　　800

企业内各部门因业务经营需要,往往要准备一定数额的备用金。备用金是指企业内部各车间、部门、职能科室等周转使用的货币资金,主要包括预付给科室、车间及非独立核算的经营单位等用于日常开支的款项。在会计核算上,企业应以"其他应收款"科目核算备用金业务,并设置"备用金"明细科目进行明细核算。如果企业发生的备用金业务较多,也可以单独设置"备用金"科目进行核算。无论备用金通过"其他应收款——备用金"科目核算,还是通过"备用金"科目进行核算,都应按用款单位详细记录反映备用金的具体情况。

根据备用金的预付方式不同,备用金分为定额备用金和非定额备用金两种。不同形式的备用金其会计处理方法也不一样。

定额备用金是指用款单位按定额持有的备用金。其具体方法是:根据用款单位的实际需要核定备用金定额,由财会部门按定额将备用金支付给用款部门,待用款部门实际支用后,经财会部门审核,凭有效单据报账领款,以补足用款单位定额备用金。这种方法便于企业对备用金的使用进行控制,一般适用于具有经常性费用开支的内部用款单位。由于用款单位报销领款后,备用金数额仍按定额持有,所以报销费用时视同货币资金支付费用处理,借记"管理费用"等科目,贷记"银行存款""库存现金"科目;在用款单位不再需要备用金时,才将备用金退回,借记"库存现金"等科目,贷记"其他应收款——备用金"科目。

【例2-22】 某企业根据发生的有关定额备用金的经济业务,编制会计分录如下。

(Ⅰ)开出现金支票,向总务部门支付定额备用金1 000元。

借:其他应收款——备用金——总务　　1 000

　贷:银行存款　　1 000

(Ⅱ)总务部门向财务部门报销日常办公用品费800元,财务部门以现金支付。

借:管理费用　　800

　贷:库存现金　　800

(Ⅲ)总务部门不再需要备用金,将备用金1 000元退回。

借:库存现金　　1 000

　贷:其他应收款——备用金——总务　　1 000

非定额备用金是指用款单位不按固定定额持有的备用金,其一般做法是:根据实际需要由财会部门预付用款单位一定时期的备用金数额,用款单位支用备用金后,向财会部门报账核销。备用金支付完毕,再根据需要由财会部门拨付下一时期的备用金。这种方法手续简单,但不便于对备用金的使用进行控制,一般适用于用款单位的非经常性开支。由于用款单位报账核销时,财会部门并不以货币资金补充其备用金,而是作为债权的收回处理,因此,用款单位报销费用时,应借记"管理费用"等科目,贷记"其他应收款——备用金"科目。

【例2-23】 某企业根据发生的有关非定额备用金的经济业务,编制会计分录如下。

(Ⅰ)以现金拨付销售科备用金500元。

借:其他应收款——备用金——销售科　　500

　贷:库存现金　　500

(Ⅱ)用款单位报销销售产品的运费400元,交回现金100元。

借:销售费用　　　　400
　库存现金　　　　100
　贷:其他应收款——备用金——销售科　　　　500

2.4.2 预付账款

预付账款是指企业按照购货合同规定,预先以货币资金或以货币等价物支付供应单位的款项。

对于预付账款业务,企业应设置“预付账款”科目进行核算,并按供应单位设置明细科目进行明细核算。

企业因购货预付账款项时,借记“预付账款”科目,贷记“银行存款”科目:收到所购货物时,按应计入物资成本的金额,借记“物资采购”科目或“原材料”“库存商品”等科目;按专用发票注明的增值税,借记“应交税费”科目,按发票账单注明的应付金额,贷记“预付账款”科目;补付款项时,借记“预付账款”科目,贷记“银行存款”科目,收到退回的多付款项时,借记“银行存款”科目,贷记“预付账款”科目。

【例2-24】 某企业根据发生的有关预付账款的经济业务,编制会计分录如下。

(Ⅰ)预付购买商品的定金30 000元。

借:预付账款　　　　30 000
　贷:银行存款　　　　30 000

(Ⅱ)收到商品的价款为3 2000元,增值税5 440元,共计37 440元。

借:在途物资　　　　32 000
　应交税费　　　　5 440
　贷:预付账款　　　　37 440

借:库存商品　　　　32 000
　贷:在途物资　　　　32 000

(Ⅲ)补付商品款7 440元。

借:预付账款　　　　7 440
　贷:银行存款　　　　7 440

在会计实务中,预付账款业务不多时,可以通过“应付账款”科目核算预付账款业务;企业的应付账款业务不多时,也可以通过“预付账款”科目核算应付账款业务。需要指出的是,为了便于反映企业对客户的债权债务关系,对同一客户发生购货往来业务,只通过“应付账款”或只通过“预付账款”科目核算。会计期末,“应付账款”科目和“预付账款”科目所属的明细科目中,有的可能是借方余额,有的可能是贷方余额,其中,借方余额合计列式于资产负债表流动资产项下的“预付账款”项目;贷方余额合计列示于资产负债表项下的“应付账款”项目。

2.5 坏　账

2.5.1 坏账及其确认条件

企业无法收回的应收款项称为坏账,一般地,符合下列条件之一即可认为发生了坏账:

(1)债务人被依法宣告破产、撤销,其剩余财产确实不足清偿应收款项;

(2)债务人死亡或依法被宣告死亡、失踪,其财产或遗产确实不足清偿的应收款项;

(3)债务人遭受重大自然灾害或意外事故,损失巨大,以其财产(包括保险赔偿)确实无法清偿的应收款项;

(4)债务人逾期未履行其偿债义务,经法院裁决,确实无法清偿的应收款项;

(5)逾法定年限以上(一般为3年)仍未收回的应收款项;

(6)法定机构批准可以核销的应收款项。

2.5.2　坏账核算方法

企业因坏账而发生的损失在会计上有两种核算方法:一是直接转销法;二是备抵法。

1.直接转销法

直接转销法是在实际发生坏账时,直接冲销应收账款,并确认坏账损失,借记"资产减值损失"科目,贷记"应收账款"科目。

在直接转销法下,若已经确认为坏账的应收账款因债务人经济状况好转或其他原因,又全部或部分收回时,为了通过"应收账款"的账簿记录反映债务人的偿债信誉,应首先按收回的金额冲销原确认坏账的会计分录,然后再反映应收账款的收回。即借记"应收账款"科目,贷记"资产减值损失"科目;同时借记"银行存款"等科目,贷记"应收账款"科目。

【例2-25】　某企业根据发生的有关坏账的经济业务,编制会计分录如下。

(Ⅰ)应收甲公司的账款共计35 000元,已确认无法收回。

借:资产减值损失　　35 000

　　贷:应收账款　　35 000

(Ⅱ)已经确认为坏账的应收甲公司坏账中,又收到2 000元。

借:应收账款　　2 000

　　贷:资产减值损失　　2 000

同时

借:银行存款　　2 000

　　贷:应收账款　　2 000

采用直接转销法对坏账进行核算,只有在实际发生坏账时才作为损失计入当期损益,并冲减应收账款,其核算手续比较简单。但采用这种方法,由于在实际发生坏账时才确认坏账损失,从而导致日常核算的应收账款价值虚增、损益虚列,既不符合权责发生制和收入与费用的配比原则,又不符合谨慎原则,在资产负债表上只能提供应收帐款的账面余额,无法提供关于应收账款可收回净额的会计信息,歪曲了企业期末的财务状况。企业一般不采用直接转销法核算应收账款的坏账。我国企业会计准则也不允许采用这种方法。

2.备抵法

备抵法是根据应收款项可收回金额按期估计坏账损失形成坏账准备,在实际发生坏账时再冲销坏账准备的方法。

采用备抵法核算坏账,每期估计的坏账损失直接计入当期损益,体现了稳健原则的要求。在资产负债表上可以反映应收账款的净额,使报表使用者能够了解企业应收账款的可变现金额。同时在利润表上避免了因应收账款价值虚列而造成的利润虚增,避免了企业明盈实亏。我国会计准则规定企业应采用备抵法核算应收账款的坏账。

在备抵法下，按期估计坏账损失时，借记“资产减值损失”科目，贷记“坏账准备”科目；实际发生坏账时，借记“坏账准备”科目，贷记“应收账款”科目。在资产负债表上，各应收账款项目按该应收款项余额减去提取的坏账准备后的净额反映。

采用备抵法核算各应收账款的坏账，应采用一定的方法合理估计各会计期间坏账准备。按期估计坏账损失的方法主要有两种，即应收款项余额百分比法和账龄分析法。

(1)余额百分比法。余额百分比法是按应收款项余额的一定比例估计该应收款项坏账损失的方法。采用这种方法时，每期所估计的坏账损失，应根据坏账损失占应收款项余额的经验比例和该期应收款项余额确定。

采用余额百分比法对应收款项的坏账进行会计处理，需注意以下要点。

①企业首次计提坏账准备时，按各应收款项的余额和企业确定的该应收款项的坏账比例计算应提取的坏账准备，借记“资产减值损失”，贷记“坏账准备”。

②发生坏账时，按实际发生的坏账金额，借记“坏账准备”，贷记“应收账款”“其他应收款”等。

③已经确认的坏账又收回时，根据收回数额，借记“应收账款”，贷记“坏账准备”；同时借记“银行存款”等，贷记“应收账款”“其他应收款”等。

④会计期末估计的坏账准备与“坏账准备”科目的余额有差异时，应对“坏账准备”科目的余额进行调整，使调整后“坏账准备”科目的贷方余额与估计的坏账数额一致。调整“坏账准备”科目贷方余额时，有以下三种情况。

第一种情况：调整前“坏账准备”科目为贷方余额，该余额表明本期实际发生的坏账大于上期估计的坏账的差额。这时应按本期估计的坏账加上调整前“坏账准备”科目的借方余额之和作为计提坏账准备的数额，借记“资产减值损失”，贷记“坏账准备”。

第二种情况：调整前的“坏账准备”科目为贷方余额，而且该贷方余额小于本期估计的坏账额。这时应按“坏账准备”科目贷方余额小于本期估计坏账数额的差额作为计提坏账准备的数额，借记“资产减值损失”，贷记“坏账准备”。

第三种情况：调整前的“坏账准备”科目为贷方余额，而且该贷方余额大于本期估计的坏账额。这时应按“坏账准备”科目贷方余额大于本期估计坏账数额的差额冲减坏账准备，借记“坏账准备”，贷记“资产减值损失”。

以应收账款为例，说明按余额百分比法计提坏账准备的会计处理方法。

【例2-26】 某企业按应收账款余额的5%计提坏账准备，根据发生的有关经济业务，编制会计分录如下。

(Ⅰ)第一年首次计提坏账准备时，应收账款的年末余额为200 000元。

估计坏账损失 $=200\ 000\times5\%=10\ 000$ 元

借：资产减值损失　　10 000

　　贷：坏账准备　　10 000

(Ⅱ)第二年实际发生坏账6 000元。

借：坏账准备　　6 000

　　贷：应收账款　　6 000

(Ⅲ)已经确认为坏账的6 000元又收回了4 000元。

借：应收账款　　4 000

　　贷：坏账准备　　4 000

同时

借:银行存款 4 000

贷:应收账款 4 000

(Ⅳ)第二年末,应收账款余额为60 000元,调整“坏账准备”科目余额。

第二年末估计的坏账损失为3 000(60 000×5%)元,应冲销对于多余的坏账准备5 000(8 000-3 000)元。

借:坏账准备 5 000

贷:资产减值损失 5 000

如果第二年发生坏账12 000元,后又收回其中4 000元。则收回已经确认为坏账的4 000元应收账款后,“坏账准备”科目的贷方余额为2 000(10 000-12 000+4 000)元,第二年末应补提坏账准备1 000(3 000-2 000)元。

借:资产减值损失 1 000

贷:坏账准备 1 000

如果第二年发生坏账15 000元,后又收回其中的1 000元,则第二年末应补提坏账准备7 000(3 000+4 000)元。

借:资产价值损失 7 000

贷:坏账准备 7 000

(2)账龄分析法。账龄分析法是按应收账款账龄的长短,根据以往的经验确定坏账损失百分比,并据以估计坏账损失的方法。这里所指的账龄是指客户所欠账款的时间。虽然应收账款能否收回及其回收程度与应收账款的过期长短并无直接联系,但一般来说,账龄越长,账款不能回收的可能性就越大,因此企业可以按应收账款的账龄估计坏账准备。

以应收账款为例,账龄分析下的应收账款账龄分析及坏账准备计算表见表2-1和表2-2。

表2-1 应收账款账龄分析表

账龄	2009年12月31日		2008年12月31日	
	应收账额金款/元	百分比/%	应收账额金款/元	百分比/%
未到期	25 000	29.41	30 000	37.50
过期一个月	20 000	23.53	22 000	27.50
过期二个月	15 000	17.65	10 000	12.50
过期三个月	10 000	11.76	8 000	10.00
过期四个月	8 000	9.41	6 000	7.50
过期五个月	5 000	5.88	3 000	3.75
破产或追述中	2 000	2.36	1 000	1.25
合计	85 000	100.00	80 000	100.00

表 2－2　坏账损失估计计算表

2009 年 12 月 31 日

账　　龄	应收账款金额/元	估计损失百分比/%	估计损失金额/元
未 到 期	25 000	1	250
过期一个月	20 000	3	600
过期二个月	15 000	5	750
过期三个月	10 000	7	700
过期四个月	8 000	20	1 600
过期五个月	5 000	50	2 500
资产或追诉中	2 000	80	1 600
合　　计	85 000		8 000

采用账龄分析法，各期估计的坏账准备应同账面上原有的坏账准备进行比较，并调整“坏账准备”余额，调整后的“坏账准备”科目余额与估计坏账准备数额一致，其核算原理与余额百分比法下的调整方法相同。下面以应收账款为例，说明期末对“坏账准备”的调整方法。

【例 2－27】 某企业采用账龄分析法估计坏账准备，根据发生的有关经济业务，编制会计分录如下。

（Ⅰ）2009 年末“坏账准备”科目的贷方余额为 7 000 元，2010 年实际发生的坏账损失为4 000元。

借：坏账准备　　4 000

　　贷：应收账款　　4 000

（Ⅱ）2010 年末采用账龄分析法估计的坏账损失为 8 000 元，应补提坏账准备 5 000 元。

借：资产减值损失　　5 000

　　贷：坏账准备　　5 000

从以上分析可以看出，余额百分比法、账龄分析法实际上都是百分比法，只是估计坏账准备的基础不同而已，两者各有利弊。采用余额百分比法计提坏账基础，不考虑账龄结构，实际上是对不同的应收款项按一个综合比率计提坏账准备。采用账龄分析法按不同账龄分别以不同的比率计提坏账准备，但没有考虑同一账龄的应收账款存在风险的差异。

不同的企业所处的具体环境各不相同，世界上大多数国家一般企业计提坏账准备的方法也不具体规定计提的比例标准，但都要求企业根据以往经验、债务单位实际财务状况和现金流量情况，以及其他有关信息合理估计。因而会计实务中，一个企业可能对不同的应收款项采用不同的计提方法、使用不同的比率计提坏账准备。

根据我国会计准则的有关规定，企业对应收款项进行减值测试，一般地，企业应根据本单位的实际情况，对单项金额重大和单项金额非重大的款项分别采用不同的方法估计坏账准备。对于单项金额重大的应收账款，应当单独进行减值测试，当有客观证据表明其发生了减值时，应当根据其未来现金流量现值低于其账面价值的差额，确认减值损失，计提坏账准备。对于单项金额非重大的应收款项以及单独测试后未发生减值的单项金额重大的应收款项，应当采用组合方式进行减值测试，以分析判断是否发生减值。通常情况下，一般将这些应收款项按信用风险特征划分为若干组合；再按这些应收款项组合的一定比例，计算确定减值损失,计提坏账准备。

通常企业应当根据以前年度与之相同或相类似,具有类似信用风险特征的应收款项组合的实际损失率,结合现时情况确定本期各项综合计提坏账准备的比例。

为了正确估计应收账款的坏账,企业应经常对应收款项函证,并对其可收回性进行评价,企业应根据具体情况,自行确定计提坏账准备的方法和计提比例等,即使历史上企业发生坏账损失的记录较少,且债务人的信用较好,企业仍然可以在较低的水平上计提坏账准备,企业自行确定的坏账准备计提方法和计提比例应符合实际情况,既不得设置秘密准备,也不得不计提坏账准备。

一般地,企业对下列应收款项不能全额计提坏账准备:①当年发生的;②计划进行债务重组的;③与关联方发生的;④其他已逾期但无确凿证据证明不能收回的。

企业应当定期或至少在每年年度终了时对应收账款进行全面检查,并合理地计提坏账准备。对于不能收回的应收款项应当查明原因,追究责任。对有确凿证据表明确实无法收回的应收款项,如债务单位已撤销、破产、资不抵债、现金流量严重不足等,应根据企业的管理权限,经股东大会或董事会,或经理(厂长)办公会或类似机构批准作为坏账损失,冲销提取的坏账准备。

在会计实务中,企业应按照规定列示目录,具体注明计提坏账准备的范围、提取方法、账龄的划分及提取比例等事项。按照管理权限,经股东大会或董事会,或经理(厂长)办公会或类似机构批准,并且按照法律、行政法规的规定报有关各方备案,并备置于公司所在地,以供投资者查阅。坏账准备提取方法一经确定,不得随意变更。如需变更,仍然应按上述程序,经批准后报送有关各方备案,并在会计报表附注中予以说明。

已经计提坏账准备的应收账款在资产负债表上的列示方法有三种:一是将应收款项余额、已计提的坏账准备和应收款项的净额同时反映;二是按应收款项账面余额扣除已计提的坏账准备后的余额;三是在资产负债表上列示应收账款净额的同时,还将应收款项坏账准备的年初余额、本年提取数、本年转回数以及年末余额列示于资产减值准备明细表内。按我国会计制度的规定,企业采用第二种方法,即按应收款项净额(或称账面价值)列示于资产负债表的“应收账款”项目。

思考题

1. 甲企业2010年10月1日销售一批商品给乙企业,商品售价200 000元,增值税税率为17%,甲企业收到乙企业开出的带息的商业承兑汇票一张,期限为6个月,票面利率为6%。2011年4月1日,乙企业由于周转困难,暂时无力支付票款,经双方协商,乙企业重新签发6个月期的不带息商业汇票,确定债权债务关系。甲企业2011年10月1日收到款项。

要求:根据以上经济业务内容,编制甲企业相关的会计分录。

2. 甲企业按备抵法进行坏账损失的核算,采用应收账款余额百分比法计提坏账准备,比例为3%,2007年年末应收账款余额为900 000元。2008年债务人A公司遭受重大火灾,应收A公司销货款15 000元无法收回,确认为坏账损失。同年,债务人B公司因为破产,应收B公司销货款12 500元无法收回,确认为坏账损失。2008年年末应收账款余额为1 080 000元。2009年,收到法院送来的B公司破产财产1 000元清偿欠款。当年无其他坏账损失,年末应收账款余额为1 700 000元。假设甲企业于2007年首次计提坏账准备。

要求:编制与甲企业坏账准备和坏账损失有关的会计分录。

第3章　存　　货

【学习目的】　掌握存货的相关概念;购货成本的构成及计量;原材料按实际成本和计划成本核算的方法;商品和周转材料的会计核算;存货可变现净值的确定方法及存货跌价准备的会计处理方法。

【重点与难点】　存货购货成本的计量;原材料按实际成本和计划成本的核算;存货可变现净值的确定及存货跌价准备的会计处理。

3.1　存货概述

3.1.1　存货的性质与分类

1. 存货的性质

存货是指企业在日常活动中持有以备出售的产成品或商品、处在生产过程中的在产品、在生产过程中或提供劳务过程中耗用的材料和物资等,包括企业为产品生产和商品销售而持有的原材料、在产品、产成品、商品、周转材料等。存货通常在1年或超过1年的一个营业周期内被消耗或经出售转换为现金、银行存款或应收账款等,具有明显的流动性,属于流动资产。在大多数企业中,存货在流动资产中占有很大比重,是流动资产的重要组成部分。

随着企业生产经营过程的进行,有的存货被耗用后形成了在产品成本、产成品成本等;有的存货被销售后形成产品或商品的销售成本;有的存货以销售费用的形式被耗用;有的存货仍以原有形态存在。因此,存货会计所生成的会计信息是否真实、可靠,不仅影响到资产的价值是否准确,同时也影响到损益的确定是否正确。

2. 存货的分类

存货的构成内容很多,不同存货的具体特点和管理要求各不相同。为了有效地组织各项存货的会计核算,应对存货进行科学分类。

(1)为了加强存货的管理,企业存货按经济内容进行分类,具体分为以下五类。

①原材料。原材料是指用于生产产品并构成产品主要实体的原料及主要材料、辅助材料、外购半成品(外购件)、修理用备件(备品备件)、包装材料、燃料等。用于固定资产建造工程的专项材料不能作为存货。

②在产品。在产品是指处于生产阶段尚未完工的生产物,包括处于各生产工序正在加工的在制品,以及尚未办理入库手续的制成品等。在产品一般不需要入半成品库。

③半成品。半成品是指经过一定生产过程并由半成品库验收入库保管,但尚未制造完成,仍需进一步加工的中间产品,这部分中间产品能够单独计价。半成品一般需要入半成品库。从一个生产车间转到另一生产车间继续加工制造的自制半成品,以及不能单独计价的自制半成品,属于在产品,不作为半成品对待。

④产成品。产成品是指已经全部完成生产过程并验收入库,达到可出售或交货状态,可以作为商品对外销售或按合同规定的条件交订货单位的产品。产成品既包括存放在成

品库的产品,也包括存放在企业所属门市部备售的产品、交展览会展出的产品,还包括企业按受外来原材料加工制成的代制品,以及为外单位加工修理完成的代修品等。产成品和商品流通企业用于销售的物品具有类似性质,因此产成品和商品也可统称为商品。

⑤周转材料是指能够多次使用但不符合固定资产条件的用品,主要包括用于包装本企业商品的各种包装物(但一次包装材料不作为周转材料,而是作为原材料对待),工具、管理用具、玻璃器皿、劳动保护用品、在生产经营过程中周转使用的容器等低值易耗品,以及建造承包商的钢模板、木模板、脚手架等周转材料。周转材料从性质上讲具有固定资产特征,经多次使用不改变其实物形态,因而只要周转材料符合固定资产标准,就应作为固定资产对待。

(2)按取得存货的不同来源分类,分为外购存货、自制存货(含委托外单位加工存货)两类。此外,企业的存货中还可能有投资者投入的存货、接受捐赠的存货、盘盈的存货等。

①外购存货是从企业外部购入的存货,如商业企业的外购商品、工业企业的外购材料、外购零部件等。

②自制存货是由企业制造的存货,如工业企业的自制材料、在产品、产成品等。委托加工存货也是一种自制存货,是指企业将外购或自制的某些存货通过支付加工费的方式委托外单位进行加工生产的存货,如工业企业的委托加工物资、商业企业的委托加工商品等。

在会计处理上,为了详细反映不同存货的具体情况,应分别设置“原材料”“生产成本”“库存商品”“周转材料”等科目进行核算。

3.1.2 存货的范围

列为存货项目的资产,都是为了进行正常生产经营而储存的流动资产。不是为了此种目的而储存的资产,都不能列为企业的存货。例如,特种储备的资产以及按有关部门的指令专项储备的资产,只能列为其他资产;为购置和建造固定资产而储备的专用物资,只能列为有关的长期资产等。

企业应以所有权的归属而不以物品的存放地点为依据来确定企业存货的范围。即在盘存日,法定所有权归属企业的一切存货,无论其存放于何处,都应作为企业的存货。

依所有权的归属确定存货范围时,应特别注意以下四点:

(1)凡是开出销售发票售出,所有权以及相应的风险和报酬已经转移的物品,即使暂时存放于本企业仓库,也不能将其作为本企业的存货,如已开票售出的待运商品等;

(2)凡是未转移所有权以及风险和报酬的发出物品,即使未存放于本企业,也应将其作为本企业的存货,如委托其他单位代销的存货、未出售的外出展销存货等;

(3)凡是所有权以及相应的风险和报酬已经归属于本企业的购入物品,即使未存放于本企业仓库,也应作为本企业的存货,如已经购入而尚未收到的运输途中的货物等;

(4)凡是不属于本企业所有以及相应的风险和报酬未转移到本企业的物品,即使存放于本企业仓库,也不能作为本企业的存货,如受托代销的存货、委托加工的存货等。

3.2 存货入账价值

存货入账价值的确定,主要解决哪些支出应计入存货实际成本的问题。从理论上讲,凡与存货形成有关的全部实际支出,均应计入存货的实际成本。存货成本由采购成本、加工成本和其他成本三个部分组成，但不同来源取得的存货，其实际成本的内容不尽相同。

3.2.1 外购存货入账价值的确定

企业外购存货主要包括原材料和商品。根据我国会计准则的有关规定，外购存货以其采购成本入账，存货的采购成本包括购货价格，相关税费，以及运输费、装卸费、保险费等其他可直接归属于存货采购成本的费用。

1. 购货价格

购货价格是因购货而支付的对价，但不包括按规定可以抵扣的增值税额。对于现购业务来说，购货价格就是实际支付的货款额扣除按规定准予抵扣的增值税后的价格。对于赊购业务来说，购货价格就是购货发票上以货款额扣除按规定准予抵扣的增值税后的价格。在发生现金折扣时，一般不调整购货价格，而是把获得的现金折扣作为理财收入计入财务费用。

【例3-1】 某公司购入原材料一批，进货价格10 000元，增值税1 700元，货款总额11 700元，付款条件为:1/20，*n*/30，该企业采用总价法核算。根据有关购货的经济业务，编制会计分录如下。

（Ⅰ）购货时。

借:在途物资	10 000	
应交税费——应交增值税（进项税额）	1 700	
贷:应付账款		11 700

（Ⅱ）该公司在20天内付款，获得现金折扣1%计117（11 700×1%）元，净付款额为11 583元。

借:应付账款	11 700	
贷:银行存款		11 583
财务费用		117

2. 计入外购存货采购成本的相关税费

计入外购存货采购成本的相关税费是指企业外购货物应支付的税金及相关费用，主要包括进口环节的关税、消费税、海关手续费，企业购入未税矿产品代缴的资源税，小规模纳税人购进货物支付的增值税，以及一般纳税人购进货物按规定不能抵扣的增值税进项税额等。

3. 其他可归属于存货采购成本的费用

其他可归属于存货采购成本的费用是指为使外购存货达到预定可使用状态所支付的除买价及相关税费以外的采购费用，主要包括外购货品到达仓库以前发生的仓储费、包装费、运杂费、运输保险费、运输途中合理损耗及入库前的挑选整理费用等。发生可归属于存货采购成本的费用时，一般根据这些费用是否能分清具体负担对象，或直接计入各存货采购成本，或选择合理分配标准（如采购数量、采购价格等）分配计入各有关存货采购成本。

根据我国有关会计法规的规定，企业的各类存货应以其历史成本入账，即以采购成本入账。采购成本是指在采购过程中发生的支出，包括买价和与其有关的税金和采购费用。其中，买价是指已扣除商业折扣但包括现金折扣的存货价格；税金是指采购货物应支付的海关关税、消费税、资源税等税金，但是包括企业垫付的应向购买者收取的增值税；采购费用是指采购货物发生的运输费、装卸费、保险费等费用。

另外,小规模纳税人和购入物资不能取得增值税专用发票的企业,购入物资支付的不可抵扣的增值税进项税,应计入所购物资的成本。

【例3-2】 某公司进口原材料1 000 kg,料价款100 000元。供货合同中约定,公司在验收合格后30天内支付货款。原材料进口环节支付进口关税20 000元,增值税税额17 000元,税款已通过银行转账支付。另支付运杂费500元,运输途中的合理损耗为运输数量的2%,实际验收原材料为950 kg,入库前的挑选整理费为1 500元。公司按实际成本进行原材料核算。

(Ⅰ)计算材料采购的总成本和单位成本。

采购期间总支出 = [100 000 + 20 000 + 17 000 + 500 + 1 500] = 139 000元

运输途中超定额损耗 = [(1 000 - 950) - 1 000 × 2%] × 139 000 ÷ 1 000 = 4 170元

总的采购成本 = (139 000 - 17 000 - 4 170) = 117 830元

单位采购成本 = 117 830 ÷ 950 = 124.03元/ kg

(Ⅱ)账务处理。

a.货物运到后,根据购货合同、发票、完税凭证注明的增值税、进口关税等结算凭证,编制会计分录如下。

借:物资采购　　120 000
　　应交税费——应交增值税(进项税额)　　17 000
　　贷:应付账款　　100 000
　　　　银行存款　　37 000

b.以现金支付运费500元,编制会计分录如下。

借:物资采购　　500
　　贷:库存现金　　500

c.根据入库前挑选整理人工费支付单据,编制会计分录如下。

借:物资采购　　1 500
　　贷:应付职工薪酬　　1 500

d.根据材料验收单据和入库凭证及采购成本计算单,编制会计分录如下。

借:原材料　　117 830
　　待处理财产损溢　　4 170
　　贷:材料采购　　122 000

e.经调查,运输途中超定额损耗属于运输部门的原因造成,要求运输部门给予赔偿。

借:其他应收款　　4 170
　　贷:待处理财产损溢　　4 170

3.2.2 通过进一步加工取得的存货

企业通过进一步加工取得的存货主要包括自行生产的产成品、在产品、半成品和委托外单位加工存货等,根据企业会计准则的相关规定,自制存货应以存货达到目前场所和状态所发生的全部支出入账,包括消耗的材料成本,自制过程中发生的加工成本以及其他能直接认定为该存货价值的成本(如企业为特定客户设计产品而发生的专项设计费用,以及应计入存货成本的借款费用等)。采购成本是由所使用或消耗的原材料采购成本转移而来的,因此,自行生产存货的成本重点是要确定存货的加工成本。

1. 存货加工成本的确定原则

存货的加工成本由直接人工和制造费用构成。其实质是企业在进一步加工存货的过程中追加发生的生产成本，因此不包括直接由材料存货转来的价值。其中，直接人工是指企业在生产产品过程中直接从事产品生产的工人的职工薪酬。直接人工和间接人工的划分依据通常是生产工人是否与所生产的产品直接相关。也就是说，凡是直接从事产品生产的生产工人的职工薪酬可以直接计入加工成本，凡是间接从事产品生产或为产品生产提供服务的生产工人的职工薪酬可以先计入制造费用。所谓制造费用是指企业为生产产品和提供劳务而发生的各项间接费用，它包括企业生产部门（如生产车间、生产分厂）管理人员的职工薪酬、折旧费、办公费、水电费、机物料消耗、劳动保护费、季节性和修理期间的停工损失等。

企业在加工存货过程中发生的直接人工和制造费用，如果能够直接计入有关的成本核算对象，则应直接计入该成本计算对象；否则，应按照合理方法分配计入有关成本核算对象。分配方法一经确定，不得随意变更。存货加工成本在产品和完工产品之间的分配应通过成本核算方法进行计算确定。

2. 直接人工的分配

如果企业生产车间只生产一种产品，所发生的直接人工可以汇总计入合格产品成本中。如果企业生产车间同时生产几种产品，则其发生的直接人工应采用合理方法分配计入合格产品成本中。由于工资形成的方式不同，直接人工的分配方法也不同，可以按计时工资或者按计件工资分配直接人工。

3. 制造费用的分配

由于企业各个生产车间或部门的生产任务、技术装备程度、管理水平和费用水准各不相同，因此，制造费用的分配一般应按生产车间或部门进行。

企业应当根据制造费用的性质，合理选择分配方法。也就是说，企业所选择的制造费用分配方法必须与制造费用的发生具有较密切的相关性，并且使分配到每种产品上的制造费用金额科学合理，同时还应当适当考虑计算手续的简便。在各种产品之间分配制造费用的方法，通常有按生产工人工资、按生产工人工时、按机器工时、按耗用原材料的数量或成本、按直接成本（原材料、燃料、动力、生产工人工资等职工薪酬之和）及按产成品产量等。这些分配方法通常是对各月生产车间或部门的制造费用实际发生额进行分配的。

【例 3-3】 2011 年 6 月，某企业生产甲产品 400 件，当月为生产甲产品领用原材料（A 种材料）24 吨，每吨平均单价 3 000 元；当月生产甲产品工人的工资薪酬为 22 000 元；当月发生车间制造费用 56 000 元。该车间本月只生产一种产品，根据相关领料单、工资单及车间费用分配单等原始凭证，编制会计分录如下。

借：生产成本——基本生产——甲产品　　150 000
　贷：原材料——A 种材料　　72 000
　　应付职工薪酬　　22 000
　　制造费用　　56 000

【例 3-4】 某企业生产甲、乙两种产品，2011 年 9 月，为生产甲产品领用原材料（A 种材料）20 吨，为生产乙产品领用原材料（A 种材料）24 吨，每吨平均单价 5 000 元，当月生产甲产品工人的工资薪酬为 16 800 元，当月生产乙产品工人的工资薪酬为 25 200 元，当月发生制造费用 72 000 元。假定当月投入生产的甲、乙两种产品均于当月完工，制造费用按生产工人的薪酬比率进行分配。

甲产品应分摊的制造费用 = [72 000 × 16 800 ÷ (16 800 + 25 200)] = 28 800 元

乙产品应分摊的制造费用 = [72 000 × 25 200 ÷ (16 800 + 25 200)] = 43 200 元

甲产品完工总成本 = (100 000 + 16 800 + 28 800) = 145 600 元

乙产品完工总成本 = (120 000 + 25 200 + 43 200) = 188 400 元

(Ⅰ)根据相关领料单,编制材料费用分配表,编制会计分录如下。

借:生产成本——基本生产——甲产品　　100 000
　　生产成本——基本生产——乙产品　　120 000
　　贷:原材料——A 种材料　　220 000

(Ⅱ)根据职工薪酬结算单,编制工薪费用分配表,编制会计分录如下。

借:生产成本——基本生产——甲产品　　16 800
　　生产成本——基本生产——乙产品　　25 200
　　贷:应付职工薪酬　　42 000

(Ⅲ)根据制造费用分配表,编制会计分录如下。

借:生产成本——基本生产——甲产品　　28 800
　　生产成本——基本生产——乙产品　　43 200
　　贷:制造费用　　72 000

4. 委托外单位加工的存货

委托外单位加工的存货包括委托外单位加工材料、委托外单位加工半成品等。

委托外单位加工完成的存货,以实际耗用的原材料或半成品、加工费、运输费、装卸费等费用以及按规定应计入成本的税金作为实际成本。其在会计处理上主要包括拨付加工物资、支付加工费用和税金、收回加工物资和剩余物资等几个环节。

会计核算上,对于加工原材料的处理有两种方法:一是企业加工业务较多时,单独设置"委托加工物资"科目进行总分类核算,并按委托加工合同和受托加工单位设置明细科目,同时按加工原材料的成本构成项目进行明细核算;二是在企业加工业务较少且加工原材料的成本核算较简单的情况下,不单独设置"委托加工物资"科目,而是通过"原材料"等科目进行核算,即在这些会计科目中设置"委托加工"明细科目对加工原材料的业务进行核算。下面举例说明企业设置"委托加工物资"科目时,委托加工原材料的会计核算方法。

【例 3-5】 某企业根据发生的有关委托加工原材料的经济业务,编制会计分录如下。

按合同约定,将库存积压的甲材料拨付某加工厂进行加工,以制成生产产品所需的乙材料。拨付加工甲材料的实际成本共计 5 000 元。

借:委托加工物资　　5 000
　　贷:原材料——甲材料　　5 000

以现金支付甲材料的运输费 500 元(其中按规定准予扣除的进项税为 35 元)。

借:委托加工物资——××加工厂　　465
　　应交税费——应交增值税(进项税额)　　35
　　贷:库存现金　　500

按规定以银行存款支付全部加工费用 2 340 元(其中准予扣除的增值税进项税为 340 元)。

借:委托加工物资——××加工厂　　2 000

应交税费——应交增值税(进项税额) 340
贷:银行存款 2 340

委托加工的材料有一半加工完成,将加工完成的乙材料收回,以现金支付收回乙材料的运费300元(其中按规定准予扣除的进项税为21元)。

借:委托加工物资——××加工厂 279
应交税费——应交增值税(进项税额) 21
贷:库存现金 300

收回的加工材料验收入库,实际成本为4 011.5元。计算过程如下:

耗用的甲材料成本=5 000÷2=2 500元

负担的拨付材料的运输费=465÷2=232.5元

负担的加工费用=2 000÷2=1 000元

负担的收回材料的运费=279元

实际成本=2 500+232.5+1 000+279=4 011.5元

借:原材料——乙材料 4 011.5
贷:委托加工物资——××加工厂 4 011.5

"委托加工物资"科目的借方余额3 723.5元表示企业尚未加工完成的原材料的实际成本。

3.3 原 材 料

企业可以根据自身生产经营特点及管理要求,对原材料采用不同的方法进行核算。在我国的会计实务中,根据"原材料"科目记录的价格不同,原材料的核算方法可以分为两种:一是按实际成本记录;二是按计划成本记录。

3.3.1 "原材料"科目按实际成本记录

"原材料"科目按实际成本记录时,原材料的收入、发出及结存都按其实际成本计价。会计核算上,一般需要设置"原材料""在途物资""委托加工物资""生产成本"等科目,并按材料种类设置明细科目。

"原材料"科目按实际成本记录的情况下,用以核算企业库存的各种原材料(原料及主要材料、辅助材料、外购半成品等)的实际成本。

"原材料"科目按实际成本记录时,由于不同批次购入或形成的原材料的单位成本不同,发出、领用原材料时,应按一定方法计算确定发出、领用原材料的实际成本。企业可根据实际情况,选择采用先进先出法、移动加权平均法、月末一次加权平均法或个别计价法等,对不同的原材料可采用不同的计价方法,但企业在同一会计年度内不能随意变更同种原材料的计价方法。如果确需要变更计价方法的,因变更计价方法而对本期及以后各期有重大影响时,应按变更会计政策的要求在会计报表附注中披露变更理由及其对财务状况和经营成果的影响。

1. 外购原材料

企业外购材料时,既可以从本地进货,也可以从外埠进货。本地进货多采用支票、银行本票等结算方式,外埠进货多采用委托收款、托收承付、银行汇票、汇兑等结算方式。

企业从外埠进货时,结算凭证通过银行传递,材料由有关部门运输。因此,企业从外埠采购材料会使结算凭证到达和材料验收入库在时间上产生三种情况:第一种情况,结算凭证到达并同时将材料验收入库;第二种情况,结算凭证先到,材料后入库;第三种情况,材料先验收入库,结算凭证后到。企业从本地进货时,一般于同日收到结算凭证并将材料验收入库,与外埠进货的第一种情况相同。

结算凭证是企业凭以办理现金结算或转账结算的原始单据,如本地进货的发票联、外埠进货的发票结算联等。大多数情况下,结算凭证到达并经审核后,除非在合同中有特殊约定(如收到材料后暂不付款、以预付款方式购进材料、以物易物方式换入材料等),都应立即办理货款的结算手续。

(1)结算凭证到达并同时将材料验收入库。结算凭证到达并同时将材料验收入库是指在办理有关结算的同时,收到材料并验收入库,发生此类业务时,应根据入库材料的实际成本借记"原材料"科目,根据入库材料的增值税借记"应交税费"科目,根据实际付款金额贷记"银行存款""其他货币资金"等科目,或根据已承兑的商业汇票贷记"应付票据"科目。

【例3-6】 某企业根据发生的有关购进原材料的经济业务,编制会计分录如下。

自本地以支票购进甲材料,货款计3 276元(其中,价款2 800元,增值税476元)。材料由仓库全部验收入库,货款全部支付。

借:原材料 2 800
　应交税费——应交增值税(进项税额) 476
　贷:银行存款 3 276

如果企业采用的是商业汇票结算方式,签发承兑商业汇票。

借:原材料 2 800
　应交税费——应交增值税(进项税额) 476
　贷:应付票据 3 276

从外埠购进乙材料,货款计46 800元(其中,价款40 000元,增值税6 800元),进货运费2 000元(按规定准予扣除进项税140元),随运费支付的保险费500元。货款支付,材料验收入库。

材料成本 = 40 000 + (2 000 - 140) + 500 = 42 360元

进项税额 = 6 800 + 140 = 6 940元

借:原材料 42 360
　应交税费——应交增值税(进项税额) 6 940
　贷:银行存款 49 300

如果企业采用的是商业汇票结算方式,签发承兑汇票。

借:原材料 42 300
　应交税费——应交增值税(进项税额) 6 940
　贷:应付票据 49 300

(2)结算凭证先到、材料后入库。结算凭证先到、材料后入库是指在办理有关结算时企业承担了该材料的风险和报酬,但材料尚未到达企业,未验收入库的情况。发生此类业务时,应根据有关结算凭证中记载的已付款材料价格借记"在途物资"科目,根据已付款材料的增值税借记"应交税费——应交增值税(进项税额)"科目,根据实际付款金额贷记"银行存款"或"其他货币资金"科目,或根据已承兑的商业汇票贷记"应付票据"科目等。

【例 3－7】 某企业根据从外埠进货的有关经济业务，编制会计分录如下。

从外埠购进材料，货款计 5 850 元（其中，材料价款 5 000 元，增值税 850 元），购进材料支付进货运费 400 元（按规定准予扣除进项税 28 元）、装卸费 200 元。结算凭证到达，支付全部货款及进货运费、装卸费。

材料成本 = 5 000 +（400 - 28）+ 200 = 5 572 元

进项税额 = 850 + 28 = 878 元

借：在途物资	5 572	
应交税费——应交增值税（进项税额）	878	
贷：银行存款		6 450

如果企业采用的是商业汇票方式，签发承兑商业汇票。

借：在途物资	5 572	
应交税费——应交增值税（进项税额）	878	
贷：应付票据		6 450

收到材料入库。

借：原材料	5 572	
贷：在途物资		5 572

（3）材料先验收入库，结算凭证后到达。材料先验收入库、结算凭证后到达是指企业收到材料并验收入库时即承担该材料的风险和报酬，但尚未付款或尚未签发承兑商业汇票的情况。

发生此类业务时，因企业从外埠进货未收到有关结算凭证，尚无法确定入库材料实际成本，而且材料先到、结算凭证后到，是材料运输时间短于结算凭证的传递时间所致，并不是一般的赊购业务。因此，为了简化会计核算手续，在收到材料并验收入库时，可以暂不作账务处理，只将有关的入库单证单独保管，待结算凭证到达后，按结算凭证到达并同时将材料验收入库的情况处理。但如果会计期末仍有已经入库而未付款的材料，为了反映企业存货及负债的情况，应将其估价入账，借记"原材料"科目，贷记"应付账款"科目，下月初再以红字分录冲回。

【例 3－8】 某企业根据发生的有关购货业务，编制会计分录如下。

从外埠采用委托收款结算方式购进的材料已于 3 月 4 日收到并验收入库。3 月 8 日结算凭证到达，货款计 5 850 元（其中，材料价款 5 000 元，增值税 850 元），购进材料支付进货运费 400 元（按规定准予扣除进项税 28 元）、装卸费 200 元。验单后支付全部货款及进货运费、装卸费。

3 月 4 日不作账务处理。

3 月 8 日作如下分录：

材料成本 = 5 000 +（400 - 28）+ 200 = 5 572 元

进项税额 = 850 + 28 = 878 元

借：原材料	5 572	
应交税费——应交增值税（进项税额）	878	
贷：银行存款		6 450

采用托收承付结算方式从外埠购进的材料已于 4 月 25 日收到并验收入库。5 月 7 日结算凭证到达，货款共计 140 400 元（其中，材料价款 120 000 元，增值税 20 400 元），购进材

料支付进货运费 2 000 元(按规定准予扣除进项税 140 元)、装卸费 400 元、运输保险费 800 元。

4 月 30 日结算凭证未到,按材料价款 120 000 元估价入账。

借:原材料　　120 000
　贷:应付账款　　120 000

5 月 1 日将估价入账的材料以红字冲回。

借:原材料　　120 000
　贷:应付账款　　120 000

5 月 7 日结算凭证到达,办理付款手续。

材料成本 = 120 000 + (2 000 - 140) + 400 + 800 = 123 060 元

进项税额 = 20 400 + 140 = 20 540 元

借:原材料　　123 060
　应交税费——应交增值税(进项税额)　　20 540
　贷:银行存款　　143 600

企业外购原材料可能发生溢余或短缺。如果验收入库的原材料数量大于结算凭证中所记载的原材料数量,称为购进原材料溢余;如果验收入库的原材料数量小于结算凭证中记载的原材料数量,称为购进原材料短缺。购进原材料发生溢余或短缺时,应及时查明原因作出处理,并根据不同的处理结果分别予以反映。

企业购进原材料发生短缺,应根据不同的原因和处理结果分别核算。其中,定额内合理损耗,按其实际成本计入入库原材料成本;超定额损耗,将其实际成本及应负担的进项税中由保险公司、运输部门或其他过失赔偿后尚不能弥补的部分作为期间费用计入"管理费用"科目;购进原材料发生的非常损失(包括自然灾害损失、被盗损失及其他非常损失等),将其实际成本及应负担的进项税中由保险公司及有关责任人赔偿后尚不能弥补的部分作为非常损失计入"营业外支出"科目。发生购进原材料短缺,尚未查明原因或尚未作出处理之前,一般先按短缺原材料的实际成本计入"待处理财产损溢"科目的借方,即借记"待处理财产损溢"科目,贷记"在途物资"等科目;待查明原因作出处理后,再转入有关科目,借记"管理费用""营业外支出"等科目,贷记"待处理财产损溢"等科目。

【例 3 - 9】 某企业根据发生的有关购进原材料的经济业务,编制会计分录如下。

某企业 5 月 29 日从外埠购进甲材料 100 吨,每吨单价 1 170 元(其中,价格 1 000 元,增值税 170 元),每吨运费 100 元(其中按规定准予扣除进项税 7 元),运输保险费共计 1 000 元,货款及运杂费已支付。6 月 4 日原材料到达,验收入库的合格品为 90 吨,5 吨残损,另 5 吨缺少,原因待查。

5 月 29 日付款时:

购进原材料的实际成本 = [1 000 + (100 - 7)] × 100 + 1 000 = 110 300 元

购进原材料的进项税额 = (170 + 7) × 100 = 17 700 元

借:在途物资　　110 300
　应交税费——应交增值税(进项税额)　　17 700
　贷:银行存款　　128 000

6 月 4 日材料验收入库时:

单位原材料的实际成本 = 110 300 ÷ 100 = 1 103 元/吨

单位原材料的进项税额 = 17 700 ÷ 100 = 177 元/吨

入库原材料的实际成本 = 1 103 × 90 = 99 270 元

短缺原材料的实际成本 = 1 103 × 10 = 11 030 元

借:原材料　　99 270
　待处理财产损溢　　11 030
　贷:在途物资　　110 300

后查明原因,5 吨残损系运输部门的责任造成,已由运输部门负责修复后作为合格品入库;另外 5 吨缺少系本单位在提货以后、验收入库以前被盗所致。保险公司已按规定同意赔偿 5 000 元,但赔偿尚未收到。

修复后原材料实际成本 = 1 103 × 5 = 5 515 元

被盗原材料的实际成本 = 1 103 × 5 = 5 515 元

被盗原材料的进项税额 = 177 × 5 = 885 元

被盗原材料的实际损失 = 5 515 + 885 − 5 000 = 1 400 元

借:原材料　　5 515
　其他应收款　　5 000
　营业外支出　　1 400
　贷:待处理财产损溢　　11 030
　　应交税费——应交增值税(进项税额转出)　　885

需要说明的是,企业购进原材料发生的短缺应期末前查明原因,并根据企业的管理权限,经股东大会或董事会,或经理(厂长)会议等类似机构批准后,在期末结账前处理完毕。短缺的原材料在减去过失人或者保险公司等赔款和残料价值之后,计入当期管理费用,但由于自然灾害或非常事件等造成的短缺,按材料价值(包括短缺材料实际成本和其应负担的进项税)计入当期的营业外支出。

企业购进原材料发生溢余时,未查明原因的溢余材料一般只作为代保管物资在备查账中登记,不作为进货业务入账核算。

2. 发出材料实际成本的计算与结转

"原材料"科目按实际成本记录的情况下,发出原材料的实际成本应按一定的存货计价方法计算确定。在会计核算上,发出原材料时,应按其具体用途反映原材料的实际耗费情况,借记有关科目,贷记"原材料"科目。其中,直接用于产品生产的,应借记"生产成本"科目;用于车间一般耗用的,应借记"制造费用"科目;用于企业管理方面的,借记"管理费用"科目;为销售产品而消耗的,借记"销售费用"科目等。

3.3.2 "原材料"科目按计划成本记录

1. 计划成本法的基本原理

计划成本法是指存货业务的日常处理以计划成本进行,也即存货日常的收入、发出和结存都按计划成本计价,计划成本与实际成本之间的差异予以单独归集反映,期末再将发出存货的计划成本及期末存货的计划成本调整为实际成本的方法。这一方法并没有偏离历史成本原则。调整公式如下:

发出存货的实际成本 = 发出存货的计划成本 ± 发出存货应负担的差异

期末存货的实际成本 = 期末存货的计划成本 ± 期末存货应负担的差异

可见,计划成本法并未偏离实际成本的计划基础。在计划成本法下,资产负债表中的存货项目及利润表中的销货成本项目列示的仍是实际成本。

会计核算上,一般应设置"物资采购""原材料""材料成本差异"等科目对原材料日常收发业务进行核算。

2. 计划成本的制定

为使计划成本与实际成本的比较具有意义,计划成本应尽可能制定得正确合理。计划成本的制定应重视以下三个方面:

(1)计划成本的组成内容应与实际成本的组成内容完全一致,如外购材料,应包括材料的采购价格,以及诸如运输费、仓储费等附带成本;又如产成品,应包括直接材料、直接人工及制造费用。

(2)计划成本各组成内容的数额,应根据企业以往正常的实际成本的数字结合近期市场价格水平及发展趋势、供应地点的变化等因素,由企业采购部门会同财会部门共同制定。

(3)计划成本一旦制定,一般在一个会计年度内不作调整。但在特殊情况下,如市场供求关系突变,致使实际单位成本与计划成本相差甚远,如10%以上时,应作调整。

3. 材料成本差异的形成与分配

(1)材料成本差异的形成。材料成本差异由材料的收入业务而形成。收入材料的实际成本与收入材料的计划成本之间的差额,即为材料成本差异。用公式表示如下:

材料成本差异 = 收入材料的实际成本 - 收入材料的计划成本

当实际成本大于计划成本时,称为超支差异,一般用正号表示;当实际成本小于计划成本时,称为节约差异,一般用负号表示。

在一个会计期内,除期初结存差异外,存货成本差异的具体来源通常包括:

①外购材料实际成本与计划成本的差异;

②自制材料实际成本与计划成本的差异;

③委托外单位加工入库材料实际成本与计划成本的差异;

④其他单位投资转入材料实际成本与计划成本的差异;

⑤盘盈材料的实际成本与计划成本的差异。

(2)材料成本差异的分配。材料成本差异随材料的收入而形成,因而应随材料的发出而转销,即随着材料的领用、消耗或出售,材料成本差异应逐渐减少。期初成本差异加上本期形成的成本差异,即为本期待分配差异总数,它应当在本期发出材料和期末库存材料之间进行分配。已发出材料应负担的差异应从"材料成本差异"账户转入有关账户,以便将发出材料的计划成本调整为实际成本;属于期末库存材料应负担的差异,仍留在"材料成本差异"账户,作为库存材料的调整项目,库存材料的计划成本加减该项目后,即为库存材料的实际成本。

材料成本差异的分配会直接影响到本期销货成本与期末材料成本,因此极易被管理者用来操纵利润。如管理者可通过少分摊发出材料应负担的超支差异和多分摊发出材料应负担的节约差异以达到虚增利润;或者通过多分摊发出材料应负担的超支差异和少分摊发出材料应负担的节约差异以达到虚减利润。可见,企业按照规定的方法计算差异分配率并分配差异极其重要。差异率的计算有两种方法。

①本期材料成本差异率。本期材料成本差异率的计算公式如下:

$$\text{本期材料成本差异率}=\frac{\text{期初结存材料的成本差异}+\text{本期收入材料的成本差异}}{\text{期初结存材料的计划成本}+\text{本期收入材料的计划成本}}\times 100\%$$

其中,节约用负数表示,超支用正数表示。

本期发出材料应负担的成本差异计算如下:

发出存货应负担的成本差异 = 发出材料的计划成本 × 本期材料成本差异率

以本期材料成本差异率计算本期发出材料应负担差异,调整后的实际成本比较正确,缺点是材料成本差异率要到期末才能确定,本期发出材料应负担的成本差异也要到期末才能确定,不利于随时了解材料的实际消耗成本;而且成本计算工作于期末进行,使期末会计工作过于集中。

②期初材料成本差异率。期初材料成本差异率的计算公式如下:

$$\text{期初材料成本差异率}=\frac{\text{期初结存材料的成本差异}}{\text{期初结存材料的计划成本}}\times 100\%$$

同样,节约用负数表示,超支用正数表示。

本期发出材料应负担的差异数计算如下:

发出材料负担的成本差异 = 发出材料的计划成本 × 期初材料成本差异率

这一分配差异的方法,结果不太符合实际,但能满足及时提供信息的需要,比较适用于材料成本差异各期变动不大的情况。

企业应当根据材料特点及管理要求,选择其中一种分配方法,但一经选定不能随意变更。

4. 外购原材料

(1)采购材料时,按发生的属于材料成本的价款和运杂费等借记“物资采购”,按应予抵扣的进项税额借记“应交税费”,按实际付款额贷记“银行存款”“库存现金”“其他货币资金”等。

(2)月份终了(或在材料入库时),根据已经办理结算的入库外购材料的计划成本,借记“原材料”,贷记“物资采购”。同时,按入库材料的实际成本小于计划成本的差额,借记“物资采购”,贷记“材料成本差异”,或按入库材料的实际成本大于计划成本的差额,借记“材料成本差异”,贷记“物资采购”。

(3)月份终了,对于尚未收到发票账单的收料凭证,应抄列清单,并按计划成本暂估入账,借记“原材料”,贷记“应付账款”,下月初用红字冲回。

5. 发出原材料的核算

(1)发出材料时,根据领用的部门和具体用途,按发出原材料的计划成本,借记“生产成本”“制造费用”“管理费用”“销售费用”“委托加工物资”等,贷记“原材料”科目。

(2)月份终了,将材料成本差异总额在发出材料和期末库存材料之间分摊,按照发出原材料的计划成本分摊的成本差异额,借记“生产成本”“制造费用”“管理费用”“销售费用”“委托加工物资”等,贷记“材料成本差异”(其中,实际成本大于计划成本的超支差异用蓝字登记,实际成本小于计划成本的节约差异用红字登记)。

(3)会计期末,“材料采购”科目的借方余额反映已承担所购材料风险和报酬但尚未验收入库的在途物资的实际成本;“原材料”科目的借方余额反映入库后未发出的原材料的计划成本;“材料成本差异”的余额反映入库后未发出的原材料负担的材料成本差异。在编制资产负债表时,应将“材料采购”“原材料”科目的借方余额合计再加上“材料成本差异”科目的借方余额或减去“材料成本差异”科目的贷方余额后的数额作为存货项目的组成内容予以反映。

【例3-10】 某企业对甲材料采用计划成本核算,甲材料计划单位成本为25元/kg。1月31日,有关甲材料的科目余额见表3-1。

表3-1 甲材料的科目余额

科目名称	余额方向	余额/元
材料采购	借方	3 270
原材料	借方	14 700
材料成本差异	贷方	345

根据2月份发生的有关甲材料收入、发出及结存的经济业务,编制会计分录如下。

(Ⅰ)采购甲材料480 kg,材料验收入库,货款14 040元(其中,价款12 000元,增值税2 040元),以支票付讫,并以现金支付装卸费75元。

材料实际成本=12 000+75=12 075元

材料计划成本=480×25=12 000元

借:物资采购　12 075
　应交税费——应交增值税(进项税额)　2 040
　贷:银行存款　14 040
　　库存现金　75

同时

借:原材料　12 000
　贷:材料采购　12 000

(Ⅱ)上月已经办理结算但材料未到的在途物资132 kg,于本月全部到达并入库。材料实际成本3 270元,计划成本3 300(132×25)元。

借:原材料　3 300
　贷:材料采购　3 300

(Ⅲ)从外埠采购甲材料180 kg,结算凭证到达并办理付款手续。付款总额为5 162.8元,其中货款额5 031元(其中,价款4 300元,增值税731元),进货运费96.8元(其中准予扣除的进项税6.8元),装卸费35元。材料未到。

材料实际成本=4 300+(96.8-6.8)+35=4 425元

材料进项税额=731+6.8=737.8元

借:材料采购　4 425
　应交税费——应交增值税(进项税额)　737.80
　贷:银行存款　5 162.80

(Ⅳ)本月购进的甲材料300 kg已经验收入库,月末时结算凭证仍未到。先按计划成本入账,下月初用红字冲回。

材料计划成本=300×25=7 500元

本月末

借:原材料　7 500

贷:应付账款 7 500

下月初

借:原材料 -7 500

贷:应付账款 -7 500

(Ⅴ)根据本月发料凭证汇总表,共计发出材料960 kg,计划成本24 000元。其中,直接用于产品生产600 kg,计划成本15 000元;车间一般耗用300 kg,计划成本7 500元;管理部门耗用40 kg,计划成本1 000元;产品销售方面消耗20 kg,计划成本500元。

借:生产成本 15 000

制造费用 7 500

管理费用 1 000

销售费用 500

贷:原材料 24 000

(Ⅵ)月末结转已付款并验收入库材料发生的成本差异。

借:材料成本差异 45

贷:材料采购 45

月末,"物资采购"科目的借方余额4 425元,表示在途物资成本,转入下月材料采购明细账。

(Ⅶ)按本月材料成本差异率,计算分摊本月发出材料负担的成本差异,将发出材料的计划成本调整为实际成本。计算过程是:

本月材料成本差异率 = (-345 + 45) ÷ (14 700 + 12 000 + 3 300 + 7 500) × 100% = -0.8%

生产成本负担的差异 = 15 000 × (-0.8%) = -120元

制造费用负担的差异 = 7 500 × (-0.8%) = -60元

管理费用负担的差异 = 1 000 × (-0.8%) = -8元

销售费用负担的差异 = 500 × (-0.8%) = -4元

借:生产成本 -120

制造费用 -60

管理费用 -8

销售费用 -4

贷:材料成本差异 -192

月末,有关甲材料的科目余额见表3-2。

表3-2 甲材料的科目余额

科目名称	余额方向	金额/元
材料采购	借方	4 425
原材料	借方	13 500
材料成本差异	贷方	108

库存原材料的实际成本 = 13 500 - 108 = 13 392元

假如不考虑材料跌价准备,应将下列金额计入资产负债表的存货项目中:

4 425 + 13 392 = 17 817 元

原材料的日常核算,既可以采用计划成本,也可以采用实际成本,还可以对不同的材料分别采用计划成本或实际成本。具体采用哪种方法,由企业根据具体情况自行决定。一般来说,材料品种繁多的企业,可以采用计划成本进行日常核算;但对于某些品种不多且占产品成本比重较大的原料或主要材料,也可以单独采用实际成本进行核算,以保证产品成本的真实、准确。对于企业规模较小、材料品种简单、采购业务不多的企业,一般采用实际成本进行原材料的日常收发核算。企业在选用材料核算方法后,一般不得随意变更,如需变更,应按变更会计政策的原则进行处理。

3.4 商　　品

3.4.1 商品的范围及会计科目设置

商品是指企业为转卖或加工后转卖而储存的存货。主要包括:

(1)企业全部自有的库存商品,包括存放在仓库、门市部和寄销在外库的商品,委托其他单位代管、代销的商品,陈列展览的商品以及存放在外库或存放在仓库的商品;

(2)加工中的商品,包括企业自行加工的商品和委托其他单位加工的商品;

(3)出租的商品;

(4)接受外来原材料加工制造的代制品和为外单位加工修理的代修品等。

对于企业自有的库存商品,一般通过"库存商品"等科目进行核算。其中,工业企业的库存商品主要是指产成品,商品流通企业的库存商品主要是指外购或委托加工完成验收入库用于销售的各种商品。

本节主要以商品流通企业的外购商品为例对商品的会计处理进行说明。

3.4.2 商品的核算

商品流通企业的库存商品主要是指外购或委托加工完成验收入库用于销售的各种商品,它是商品流通企业存货的主要内容。

商品流通企业购入的商品,按照进价和按规定应计入商品成本的税金作为实际成本,采购过程中发生的运输费、装卸费、保险费、包装费、仓储费等费用,运输途中的合理损耗,入库前的挑选整理费用等,直接计入当期损益。

商品流通企业应设置"物资采购"(或"在途物资")"库存商品""委托加工物资"等账户,核算商品的购入、委托外单位加工及库存商品收发等,其中"库存商品"账户按商品的进价或售价进行核算。

在商品流通企业中,对商品的核算可以分为按进价核算和按售价核算两种方法,商品按进价核算的方法,与前述原材料的收发核算基本相同。这里主要介绍商业零售企业广泛采用的售价金额核算法。

售价金额核算法是指以售价金额反映商品增减变动及结存情况的核算方法。在我国,零售商业企业采用售价金额核算法时,主要有以下五个方面:

(1)"库存商品"科目按售价金额记录,同时设置"商品进销差价"科目核算商品售价与商品成本的差额。这里的售价是指零售商品的出售价格,包括销售价格和销售增值税两部分。相应地,“商品进销差价”也包括商品售价中的销项税和商品销售价格与商品成本的差额两部分。

(2)购入商品时,按入库商品的零售价借记“库存商品”,按商品的成本贷记“在途物资”等,同时按入库商品零售价与入库商品成本的差额贷记(或借记)“商品进销差价”。商品销售后,按含税销售价格借记“银行存款”等,贷记“主营业务收入”,并按含税销售价注销已售商品,借记“主营业务成本”,贷记“库存商品”。

(3)月末计算出已销商品的增值税后,冲减主营业务收入,并反映企业当月实现的销项税,借记“主营业务收入”,贷记“应交税费”。

(4)月末按一定方法计算已销商品的进销差价后,冲减按含税售价记录的“主营业务成本”,将其调整为已销商品的成本,并使“商品进销差价”的月末余额反映企业库存未售商品的售价所包含的进销差价,即借记“商品进销差价”,贷记“主营业务成本”(或以红字借记“主营业务成本”,贷记“商品进销差价”)。

月末,已销商品分摊的进销差价,其计算公式如下:

$$\text{商品进销差价率}=\frac{\text{期初库存商品进销差价}+\text{本期购入商品进销差价}}{\text{期初库存商品售价}+\text{本期购入商品售价}}\times 100\%$$

本月已销商品应分摊的进销差价 = 本期商品销售收入(售价金额) × 进销差价率

(5)库存未售商品进行售价调整时,应相应调整“库存商品”和“商品进销差价”的余额。

【例3-11】 某零售商店向外地A企业购入家用电器一批,总进价150 000元,增值税税额25 500元,运杂费1 000元(其中增值税为42元),所有款项已用银行存款支付,商品亦已验收入库,该批商品的总售价为190 000元。编制会计分录如下。

支付款项时:

借:物资采购　　150 000
　　销售费用　　958
　　应交税费——应交增值税(进项税额)　　25 542
　　贷:银行存款　　176 500

商品验收入库时:

借:库存商品——家电柜组　　190 000
　　贷:物资采购　　150 000
　　　　商品进销差价　　40 000

7月1日的商品销售收入(含税)为70 200元,销售款已于当日送存银行。

借:银行存款　　70 200
　　贷:主营业务收入　　70 200

同时,结转商品销售成本:

借:主营业务成本　　70 200
　　贷:库存商品——某柜组　　70 200

商店7月份的销售收入总额(含税)共1 872 000元,月终,从销售收入中分解出销项税额。

不含税销售收入 = 1 872 000 ÷ (1 + 17%) = 1 600 000元

销项税额 = 1 600 000 × 17% = 272 000元

借:主营业务收入　　272 000

　　贷:应交税费——应交增值税(销项税额)　　272 000

7月末"商品进销差价"科目的贷方余额为589 680元,"库存商品"科目的余额为234 000元,本月"主营业务收入"科目的贷方发生额为1 872 000元,结转已销商品应分摊的进销差价。

进销差价率=589 680÷(234 000+1 872 000)×100%=28%

本月已销商品应分摊的进销差价=1 872 000×28%=524 160元

借:商品进销差价　　524 160

　　贷:主营业务成本　　524 160

3.5　周转材料的核算

周转材料是指企业能够多次使用,逐渐转移其价值但仍保持原有实物形态的不确认为固定资产的材料,如包装物、低值易耗品,以及企业(建造承包商)的钢模板、木模板、脚手架等。企业购入、自制和委托外单位加工完成并已验收入库的周转材料等,其取得成本的核算与原材料核算相同。因此本节只讲述周转材料发出业务的核算。

3.5.1　周转材料的内容

1. 包装物

包装物是指企业为了包装本企业的商品、产品而储备的各种包装容器,如桶、箱、瓶、坛、袋等。可作为周转材料的包装物,一般仅限于下列四项:

(1)生产经营过程中用于包装商品、产品并作为商品、产品组成部分的包装物;

(2)随同商品、产品出售而不单独收取价款(以下称不单独计价)的包装物;

(3)随同商品、产品出售而单独收取价款(以下称单独计价)的包装物;

(4)出租、出借给购货单位使用的包装物。

2. 低值易耗品

低值易耗品是指企业在经营过程中所必须的单项价值比较低或使用年限比较短,不能作为固定资产核算的物资设备和劳动资料等,如工具、管理用具、玻璃器皿、劳动用具,以及在企业生产经营过程中周转使用的包装容器等。这些物资在经营过程中可以多次使用,其价值随其磨损程度逐渐转移,形成有关的成本或费用。就其性质而言,低值易耗品是可以多次使用但不改变原有实物形态的劳务资料,具有固定资产的特性。

3.5.2　周转材料的核算与摊销

周转材料的日常核算与原材料一样,既可以按照实际成本法进行核算,又可以按照计划成本法进行核算。

企业可以设置"周转材料"一级科目用于核算企业各类周转材料,也可以分别设置"包装物""低值易耗品"科目进行分类核算。

由于企业的周转材料能够多次使用,且其价值是逐渐转移的,因此,应当采用一次转销法或者五五摊销法进行摊销,计入相关资产的成本或者当期损益。如果对相关周转材料计提了存货跌价准备,还应结转已计提的存货跌价准备,冲减相关资产的成本或者当期损益。

建造承包商的钢模板、木模板、脚手架和其他周转材料,可以采用一次转销法、五五摊销法或者分次摊销法进行摊销。

1. 一次转销法

一次转销法是指包装物或低值易耗品在领用时就将其全部账面价值计入相关资产成本或当期损益的方法。一次转销法通常适用于价值较低或极易损坏的管理用具和小型工具等低值易耗品以及生产过程领用包装物和随同产品出售的包装物。数量不多、金额较小,且业务不频繁的出租或出借包装物,也可以采用一次转销法结转包装物的成本,但在以后收回使用过的出租或出借包装物时,应加强实物管理,并在被查账簿中登记。

采用一次转销法摊销的周转材料,属于生产过程的,按其账面价值借记"生产成本"或"制造费用"科目;属于管理部门的,按其账面价值借记"管理费用"科目;属于销售过程的,按其账面价值,借记"销售费用"科目,贷记"周转材料"科目。

周转材料报废时,回收的残料应作为当月周转材料摊销额的减少,冲减有关资产成本或当期损益。即按报废周转材料的残料价值,借记"原材料"等科目,贷记"管理费用""生产成本""销售费用"等科目。

由于出租包装物会取得租金收入,因此属于企业经营业务中的其他业务,其租金收入计入其他业务收入,与之相配比的周转材料成本的摊销和修理费等,计入其他业务成本。

【例 3-12】 某公司在销售产品的同时出租包装用的铁桶 100 个,单位实际成本 60 元,收到出租包装物押金 8 000 元,租金 2 000 元,全部款项已存入银行。

(Ⅰ)收到出租包装物押金。

借:银行存款	8 000	
贷:其他应付款——存入保证金		8 000

(Ⅱ)收到出租包装物租金。

借:银行存款	2 000	
贷:其他业务收入		1 709.40
应交税费——应交增值税(销项税额)		290.60

(Ⅲ)按一次转销法结转成本。

借:其他业务成本	6 000	
贷:周转材料		6 000

(Ⅳ)对于逾期未退回的包装物押金,应视同包装物销售,作为"其他业务收入"处理,并计算增值税计入"营业税金及附加"科目。逾期未退包装物押金 8 000 元,计入"营业税金及附加"科目。

借:其他应付款——存入保证金	8 000	
其他业务成本	1 360	
贷:其他业务收入		8 000
应交税费——应交增值税(销项税额)		1 360

2. 五五摊销法

五五摊销法是在低值易耗品第一次领用时,或出租、出借包装物时先摊销其成本的一半,在报废时再摊销其成本的另一半,即低值易耗品或包装物的成本分两次各按 50% 进行摊销,计入领用和报废两期的损益中。

【例 3-13】 某公司清洁队领用不锈钢垃圾桶 10 个,每个 240 元,按五五摊销法进行摊销。根据“领用单”编制会计分录如下。

(Ⅰ)领用垃圾桶时。

借:周转材料——在用低值易耗品　　2 400

　　贷:周转材料——在库低值易耗品　　2 400

(Ⅱ)同时,摊销其成本的一半。

借:管理费用　　1 200

　　贷:周转材料——低值易耗品摊销　　1 200

(Ⅲ)报废时,摊销其成本的另一半。

借:管理费用　　1 200

　　贷:周转材料——低值易耗品摊销　　1 200

(Ⅳ)假定不锈钢垃圾桶报费时的残料价值500元,冲减当期摊销额。

借:原材料　　500

　　贷:管理费用　　500

(Ⅴ)同时,注销低值易耗品明细账。

借:周转材料——低值易耗品摊销　　2 400

　　贷:周转材料——在用低值易耗品　　2 400

3.6 存货清查

企业在进行存货的日常收发及保管过程中,因种种原因可能造成存货实际结存数量与账面结存数量不符,有时还会因非常事项造成存货毁损。为了确保存货账实相符,企业应定期或不定期进行存货盘点。发生存货盘盈(实际结存数量大于账面结存数量)、盘亏(实际结存数量小于账面结存数量)及毁损(非常事项造成的存货损失),应及时查明原因,并进行账务处理,以保证账实一致。

3.6.1 存货盘盈

发生存货盘盈时,应按规定的程序报经有关部门(如董事会、管理层或类似机构等)批准后才能作出处理。在批准处理以前,一般先根据盘盈的存货,按同类或类似存货的重置成本计价入账,调整存货账面记录,以使账实一致,即借记“原材料”“库存商品”等,贷记“待处理财产损溢”。

盘盈的存货查明原因后,应按不同的原因及处理决定分别入账,借记“待处理财产损溢——待处理流动资产损溢”,贷记有关科目。其中,对于无法确定具体原因的,一般应冲减企业的管理费用,借记“待处理财产损溢”,贷记“管理费用”。

【例3-14】 某企业进行财产清查,根据发生的有关存货盘盈的经济业务,编制会计分录如下。

(Ⅰ)盘点材料,发现甲材料溢余,按重置成本计算其成本为900元,盘盈原因待查。

借:原材料　　900

　　贷:待处理财产损溢　　900

(Ⅱ)查明原因,盘盈的原材料系收发时的计量误差所致,经批准冲销企业的管理费用。

借:待处理财产损溢　　900

贷:管理费用 900

3.6.2 存货盘亏和毁损

发生存货盘亏和毁损,在批准处理以前应先通过“待处理财产损溢”进行核算。盘亏和毁损时,一般按盘亏和毁损存货的实际成本(大多按盘亏、毁损的数量和该存货的期初结存单价计算确定)冲减存货的账面记录,借记“待处理财产损溢”,贷记有关的存货科目。

需要指出的是,根据我国《增值税暂行条例》的规定,企业发生的非正常损失的购进货物以及非正常损失的在产品、产成品所耗用的购进货物或应税劳务的进项税额不得从销项税额中抵扣。因此,非正常损失的存货价值应包括其实际成本和应负担的进项税额两部分,发生非正常毁损(如自然灾害、被盗窃及管理不善造成大量霉烂变质等)时,应按非正常损失的价值借记“待处理财产损溢”,按非正常损失存货的实际成本贷记有关存货科目,按非正常损失存货应负担的进项税额贷记“应交税费——应交增值税(进项税额转出)”。

查明盘亏和毁损的原因后,应按不同的原因及处理决定分别入账,借记有关科目,贷记“待处理财产损溢”。其中,属于定额合理盘亏的,一般作为管理费用列支;属于一般经营性损失的,扣除残料价值以及可以收回的保险赔偿和过失人赔偿后的剩余净损失,经批准也可以作为管理费用列支;属于自然灾害损失、管理不善造成货物被盗、发生霉烂变质等损失以及其他非正常损失的,扣除可以收回的保险赔偿及残料价值后的净损失,作为企业的营业外支出处理。

【例3-15】 某企业根据发生的有关存货盘亏和毁损的经济业务,编制会计分录如下。

(Ⅰ)盘亏甲材料,实际成本为400元,原因待查。

借:待处理财产损溢 400
　贷:原材料 400

(Ⅱ)查明原因,盘亏甲材料系定额内合理损耗,批准作为管理费用列支。

借:管理费用 400
　贷:待处理财产损溢 400

(Ⅲ)因发生水灾,对财产进行清查盘点。其中,产成品毁损额按实际成本计算为5 000元,产成品耗用的原材料及应税劳务的进项税为350元,企业已通知保险公司。

借:待处理财产损溢 5 350
　贷:库存商品 5 000
　　应交税费——应交增值税(进项税额转出) 350

(Ⅳ)水灾造成的产成品损失已经作出处理决定,残料估计300元,可以由保险公司赔偿的损失为4 000元,由企业负担的损失为1 050元。

借:原材料 300
　其他应收款 4 000
　营业外支出 1 050
　贷:待处理财产损溢 5 350

需要强调的是,企业清查的各种存货及其他资产的损溢,应于期末前查明原因,并根据企业的管理权限,经股东大会或董事会,或经理(厂长)会议等类似机构批准后,在期末结账前处理完毕。如清查的各种财产损溢在期末结账前尚未批准的,在对外提供财务报表时应先按上述处理原则进行处理,并在会计报表附注中说明;如果其后批准处理的金额与已处理的金额不一致的,还应作为资产负债表日后事项调整会计报表相关项的金额。期末,“待处理财产损溢”应无余额。

3.7 存货期末计价

存货期末计价是指会计期末对存货价值的重新计量。根据我国企业会计准则的有关规定,资产负债表日,企业应当按照成本与可变现净值孰低计量。当存货成本低于可变现净值时,存货按成本计量;当存货成本高于可变现净值时,存货按可变现净值计量,同时按照成本高于可变现净值的差额计提存货跌价准备,计入当期损益。

3.7.1 可变现净值及其确定

1. 存货的可变现净值

可变现净值是指在日常活动中,存货的估计售价减去至完工时估计将要发生的成本、估计的销售费用以及相关税费后的金额。可见,可变现净值实质上是指存货在正常生产经营环境下可获得的未来净现金流入,而不是存货的售价(市价或合同价)。也就是说,以存货预计取得的收入为基础,在扣除销售存货过程中可能发生的相关税费和销售费用,以及为达到预定可销售状态还可能发生的进一步加工成本等支出后的余额才是存货的可变现净值。

在确定存货的可变现净值时,应考虑持有存货的目的。不同持有目的下的存货,其可变现净值的确定方法也不同。一般来说,存货按照其持有目的的不同可分为两类:一是持有以备出售的存货,如库存商品、产成品和用于销售的原材料等,其可变现净值 = 估计售价 - 估计的销售费用 - 估计的相关税费;二是将在生产过程或提供劳务过程中被耗用的存货,如生产用的原材料、半成品等,其可变现净值 = 所生产的产成品的估计售价 - 至完工时估计将要发生的成本 - 估计的销售费用 - 估计的相关税费。我们将分别针对以下具体情况来讨论如何确定存货的可变现净值。

(1)持有以备出售且有合同约定的存货。对于持有以备出售且有销售合同或劳务合同约定的存货,我们通常以合同价格作为估计售价,在此基础上计量可变现净值,也就是说这类存货的可变现净值 = 合同约定的售价 - 估计的销售费用 - 估计的相关税费。

【例3-16】 2010 年8月1日,甲公司与乙公司签订了一份不可撤销的销售合同,双方约定,2011 年1月25日,甲公司应按每台6万元的价格(不含增值税)向乙公司提供发动机100台。

2010 年12月31日,甲公司发动机的单位成本为5.5万元/台,数量为100台。

2010 年12月31日,发动机的市场销售价格为5.8万元/台。假定不考虑相关税费和销售费用。

根据甲公司与乙公司签订的销售合同规定,该发动机的销售价格已有销售合同约定,并且其库存数量等于销售合同约定的数量,因此在这种情况下,计算发动机的可变现净值应以销售合同约定的价格600(6×100)万元作为计算基础,所以甲公司发动机的期末可变净值为600万元。

(2)持有以备出售但没有合同约定的存货。对于持有以备出售但没有合同约定的存货,我们采用一般销售价格,即市场销售价格作为其估计售价,此时的可变现净值 = 一般销

售价格 - 估计的销售费用 - 估计的相关税费。

【例 3 - 17】 2010 年 12 月 31 日,甲公司发动机的账面成本为 600 万元,数量为 100 台,单位成本为 6 万元/台。

2010 年 12 月 31 日,发动机的市场销售价格为 6.5 万元/台。预计发生的相关税费和销售费用合计为 0.2 万元/台。

甲公司没有签订有关发动机的销售合同。

由于甲公司没有就发动机签订销售合同,因此在这种情况下,计算发动机的可变现净值应以一般销售价格总额 630[(6.5 - 0.2) × 100]万元作为计算基础。

通常情况下,企业持有的存货中有一部分是有合同约定的,有一部分没有合同约定,当企业持有存货的数量多于合同订购的数量时,超出部分的可变现净值应该以一般销售价格作为计算基础。

(3)为生产而持有的原材料,且其生产的产成品的可变现净值预计高于成本。对于这类原材料,不论其自身的可变现净值是否低于成本,只要它所生产的产成品的可变现净值预计高于成本,我们就按照成本计量其价值。

【例 3 - 18】 2011 年 12 月 31 日,甲公司库存原材料——A 材料的账面成本为 3 000 万元,市场销售价格总额为 2 800 万元,假定不发生其他销售费用。用 A 材料生产的产成品——发动机的可变现净值高于成本。

根据上述资料可知,2011 年 12 月 31 日,A 材料的账面成本高于其市场价格,但是由于用其生产的产成品——发动机的可变现净值高于成本,也就是用该原材料生产的最终产品此时并没有发生价值减损,因此,A 材料即使其账面成本已高于市场价格,也不应计提存货跌价准备,仍应按 3 000 万元列示在 2011 年 12 月 31 日的资产负债表的存货项目之中。

(4)为生产而持有的原材料,且其生产的产成品的可变现净值预计低于成本。如果价格下降导致原材料所生产的产成品的可变现净值低于成本,那么该原材料就应按照可变现净值入账,其可变现净值 = 所生产的产成品的估计售价 - 至完工估计将要发生的成本 - 估计的销售费用 - 估计的相关税费。

【例 3 - 19】 2011 年 12 月 31 日,甲公司库存原材料——B 材料的账面成本为 600 万元,单位成本为 6 万元/件,数量为 100 件,可用于生产 100 台发动机。B 材料的市场销售价格为 5 万元/件。B 材料市场销售价格下跌,导致用 B 材料生产的发动机的市场销售价格也下跌,由此造成发动机的市场销售价格由 15 万元/台降为 13.5 万元/台,但生产成本仍为 14 万元/台。将每件 B 材料加工成发动机尚需投入 8 万元,估计发生运杂费等销售费用 0.5 万元/台。

根据上述资料,可按照以下步骤确定 B 材料的可变现净值。

(Ⅰ)首先,计算用该原材料所生产的产成品可变现净值。

发动机的可变现净值 = 发动机估计售价 - 估计销售费用 - 估计相关税费 = 13.5 × 100 - 0.5 × 100 = 1 300 万元

(Ⅱ)其次,将用该原材料所生产的产成品的可变现净值与其成本进行比较。

发动机的可变现净值 1 300 万元小于其成本 1 400 万元,即 B 材料价格的下降表明发动机的可变现净值低于成本,因此,B 材料应当按可变现净值计量。

(Ⅲ)最后,计算该原材料的可变现净值。

B 材料的可变现净值 = 发动机的售价总额 - 将 B 材料加工成发动机尚需投入的成

本 - 估计销售费用 - 估计相关税费 = 13.5 × 100 - 8 × 100 - 0.5 × 100 = 500 万元

B 材料的可变现净值 500 万元小于其成本 600 万元,因此,B 材料的期末价值应为其可变现净值 500 万元,即 B 材料应按 500 万元列示在 2011 年 12 月 31 日资产负债表的存货项目之中。

3.7.2 成本与可变现净值的比较

按成本与可变现净值法计价时,可以采用不同的方法对成本与可变现净值进行比较。比较的方法主要有三种,即按存货项目比较、按存货类别比较和按全部存货比较。

1.按存货项目比较

按存货项目比较时,只要某存货项目的可变现净值低于其成本,就将该存货项目按可变现净值计价,不考虑其他存货的可变现净值是否低于成本,不受其他存货可变现净值大小的影响。

2.按存货类别比较

按存货类别比较时,只要某类存货的可变现净值低于其成本,就将该类存货按可变现净值计价,不考虑其他类存货的可变现净值是否低于成本,不受其他类别存货市价的影响。但采用这种方法时,有些存货的可变现净值高于其成本,有些存货的可变现净值低于其成本,有些存货可变现净值等于其成本,按该类存货可变现净值总额计价就会将不同存货项目可变现净值同成本的差异相互抵消,使得不同存货项目的可变现净值与成本的关系不能清晰的反映。

3.按全部存货比较

按全部存货比较时,只有全部存货的可变现净值低于全部存货的成本时,才按可变现净值计价。这种情况下,不仅会将不同存货项目之间可变现净值与成本的差异相互抵消,而且还会将不同存货类别之间可变现净值与成本之间的差异相互抵消,使得不同存货项目的可变现净值与成本的关系,以及不同类别存货可变现净值与成本的关系无法清晰的反映。

根据我国企业会计准则的规定,企业通常应当按照单个存货项目计提存货跌价准备。对于数量繁多、单价较低的存货,可以按照存货类别计提存货跌价准备。与在同一地区生产和销售的产品系列相关、具有相同或类似最终用途或目的且难以与其他项目分开计量的存货,可以合并计提存货跌价准备。

3.7.3 存货发生减值的迹象与计量

1.判断存货发生减值的主要迹象

存货存在下列情形之一的,通常表明存货的可变现净值低于成本。

(1)市场持续下跌,并且在可预见的未来无回升的希望;

(2)企业使用该项原材料生产的产品的成本大于产品的销售价格;

(3)企业因产品更新换代,原有库存原材料已不适应新产品的需要,而该原材料的市场价格又低于其账面成本;

(4)因企业所提供的商品或劳务过时或消费者偏好改变而使市场的需求发生变化,导致市场价格逐渐下跌;

(5)其他足以证明该项存货实质上已经发生减值的情形。

存货存在下列情形之一的，通常表明存货的可变现净值为零：

(1)已霉烂变质的存货；

(2)已过期且无转让价值的存货；

(3)生产中已不再需要，并且已无使用价值和转让价值的存货；

(4)其他足以证明已无使用价值和转让价值的存货。

需要注意的是，资产负债表日，同一项存货中一部分是有合同价格约定的，其他部分则不存在合同价格，在这种情况下，企业应区分有合同价格约定的和没有合同价格约定的存货，分别确定其期末可变现净值，并与其相对应的成本进行比较，从而分别确定是否需计提存货跌价准备。

2. 存货跌价准备的计量

存货发生减值迹象时，应采用合理方法对存货成本与可变现值进行比较。若存货可变现净值低于存货成本，应将该差额作为存货跌价准备，抵减存货成本以反映存货的可变现净值。

在存货跌价准备计量中，应注意以下问题：

(1)企业应在每一资产负债表日，比较存货成本与可变现净值，计算出应计提的存货跌价准备，再与已提数进行比较，若应提数大于已提数，应予补提，提取存货跌价准备时，借记"资产减值损失"，贷记"存货跌价准备"。若应提数小于已提数，则冲减多提的部分。

(2)已计提跌价准备的存货转出时(如销售、消耗、换出、损失等)，转出存货部分所计提的跌价准备也应一并转出，即转出存货以账面价值计量。

(3)当减记存货价值(计提存货跌价准备)的影响因素已经消失时，应在原已计提的存货跌价准备的金额内转回，按转回金额冲减资产减值损失和存货跌价准备。转回的存货跌价准备与计提该准备的存货项目或类别应当直接对应，转回的金额以该存货跌价准备额为限。

下面举例说明存货跌价准备的会计处理及存货期末列报方法。

【例 3－20】 某企业自 2009 年开始对存货采用成本与可变现净值孰低法计价。2009 年年末，该企业存货账面成本为 800 000 元，其中，原材料 80 000 元，库存商品 300 000 元，在产品 200 000 元，包装物 100 000 元，低值易耗品 100 000 元，自制半成品 20 000 元。按存货项目计算的各类存货应计提的存货跌价准备分别为：原材料 200 元，库存商品 1 000 元，包装物 500 元，低值易耗品 800 元，自制半成品 1 500 元。则 2009 年年末应计提的存货跌价准备为 4 000 元。编制会计分录如下。

借：资产减值损失——存货跌价损失　　　　4 000
　贷：存货跌价准备　　　　　　　　　　　　4 000

资产负债表上列示的存货价值为 796 000(800 000－4 000)元，资产减值准备明细表上列示的有关存货跌价准备的计提方法见表 3－3。

表 3－3　存货跌价准备的计提方法

明　　细	年末余额/元
存货跌价准备	4 000
其中：原材料	200
库存商品	1 000
包装物	500
低值易耗品	800
自制半成品	1 500

2010 年年末,该企业存货账面成本为 700 000 元,其中,原材料 300 000 元,库存商品 100 000元,在产品 50 000 元,包装物 50 000 元,低值易耗品 100 000 元,自制半成品 100 000 元。按存货项目计算的各类存货应计提的存货跌价准备分别为原材料 700 元,库存商品 300 元,包装物 1 500 元,低值易耗品 200 元。则 2010 年年末应保留的存货跌价准备为 2 700元,共应冲减存货跌价准备 1 300(4 000 - 2 700)元,其中,原材料应计提存货跌价准备 500 元,库存商品应冲减多计的存货跌价准备 700 元,包装物应计提存货跌价准备 1 000 元,低值易耗品应冲减多计的存货跌价准备 600 元,自制半成品应冲减计提的存货跌价准备 1 500元。则 2010 年年末应编制会计分录如下。

借:存货跌价准备　　1 300

　　贷:资产减值损失——存货跌价损失　　1 300

存货于 2010 年年末在会计报表上的列示方法见表 3 - 4。

表 3 - 4　资产负债表

	期末余额	年初余额
存货	697 300 元	(略)

思考题

1. 某企业为增值税一般纳税人,原材料采用实际成本核算,2009 年 3 月份发生下列经济业务:

(1)购买甲材料,货款总额(含增值税)11 700 元,其中价款 10 000 元,增值税 1 700 元,购进货物支付保险费、包装费共 300 元,货款及保险费以银行存款支付。

(2)购进的甲材料全部验收入库。

(3)同时购进乙和丙两种材料,乙材料 300 吨,货款总额 35 100 元(含增值税),丙材料 200 吨,货款总额 23 400 元(含增值税),乙、丙两种材料的运费共 1 000 元(按质量付费且该运费可以按 7% 抵扣进项税)、保险费 1 500 元(按货款额付费)。材料款及运杂费用由银行存款支付。

(4)乙、丙两种材料均如数到达入库,计算并结转乙、丙材料的实际成本。

(5)购入甲材料,货款总额 23 400 元(含增值税),货款已支付,但材料未到。

(6)上月已付款的乙材料本月到达,材料全部入库,实际成本为 9 000 元。

(7)本月到达丁材料,月末尚未收到结算清单,未办理结算手续,估价金额为 30 000 元。

要求:根据以上经济业务,编制会计分录。

2. 甲公司对存货采用单项计提存货跌价准备,2010 年年末关于计提存货跌价准备的资料如下:

(1)库存商品甲,账面余额为 300 万元,已计提存货跌价准备 30 万元。按照一般市场价格预计售价为 380 万元,预计销售费用和相关税金为 10 万元。

(2)库存商品乙,账面余额为 500 万元,未计提存货跌价准备。库存商品乙中,有 40% 已签订销售合同,合同价款为 230 万元;另外 60% 未签订合同,按照一般市场价格预计销售价格为 290 万元。库存商品乙的预计销售费用和税金为 25 万元。

(3)库存材料丙因改变生产结构,导致无法使用,准备对外销售。丙材料的账面余额为

120 万元,预计销售价格为 110 万元,预计销售费用及相关税金为 5 万元,未计提跌价准备。

(4)库存材料丁 20 吨,每吨实际成本 1 600 元。全部 20 吨丁材料用于生产 A 产品 10 件,A 产品每件加工成本为 2 000 元,每件一般售价为 5 000 元,现有 8 件已签订销售合同,合同规定每件为 4 500 元,假定销售税费均为销售价格的 10%。丁材料未计提存货跌价准备。

要求:计算上述存货的期末可变现净值和应计提的跌价准备,并进行相应的账务处理。

第4章　交易性金融资产与可供出售金融资产

【学习目的】　掌握交易性金融资产和可供出售金融资产的主要内容和初始入账价值的构成;公允价值变动在交易性金融资产和可供出售金融资产中的确认方法;交易性金融资产和可供出售金融资产在处置时会计处理的区别。

【重点与难点】　金融资产的分类标准及处置方法;金融资产减值损失的计量原则和方法。

4.1　交易性金融资产

4.1.1　交易性金融资产概述

1. 金融资产的概念

金融资产是一切可以在有组织的金融市场上进行交易、具有现实价格和未来估价的金融工具的总称。金融资产主要包括库存现金、银行存款、应收账款、应收票据、其他应收款项、股权投资、债权投资和衍生金融工具形成的资产等。

从持有金融资产的目的和内容方面来说,金融资产一般划分为四类,即交易性金融资产、持有至到期投资、可供出售金融资产、贷款和应收款项。从金融资产在会计上的计量方法方面来说,金融资产可以划分为两类,即以公允价值计量的金融资产和以摊余成本计量的金融资产。

2. 交易性金融资产的主要内容

金融资产满足下列条件之一的,应当划分为交易性金融资产。

(1)取得该金融资产的目的,主要是为了近期内出售或回购。如企业以赚取差价为目的从二级市场购入的股票、债券、基金等。

(2)属于进行集中管理的可辨认金融工具组合的一部分,且有客观证据表明企业近期采用短期获利方式对该组合进行管理。如企业基于其投资策略和风险管理的需要,将某些金融资产进行组合从事短期获利活动,对于组合中的金融资产应采用公允价值计量,并将其相关公允价值变动计入当期损益。

(3)属于衍生金融工具。如国债期货、远期合同、股指期货等,其公允价值变动大于零时,应将其相关变动金额确认为交易性金融资产,同时计入当期损益。

总之,交易性金融资产是指企业为了近期内出售而持有、在活跃市场上有公开报价、公允价值能够持续可靠获得的金融资产。

活跃市场是指同时具有下列特征的市场:市场内交易的对象具有同质性;可随时找到自愿交易的买方和卖方;市场价格信息是公开的。

为了核算交易性金融资产的取得、收取现金股利或利息、处置等业务,企业应当设置“交易性金融资产”“公允价值变动损益”“投资收益”等科目。

“交易性金融资产”科目核算企业为交易目的所持有的债券投资、股票投资、基金投资等交易性金融资产的公允价值。借方登记交易性金融资产的取得成本、资产负债表日其公允价值高于账面余额的差额等；贷方登记资产负债表日其公允价值低于账面余额的差额，以及企业出售交易性金融资产时结转的成本和公允价值变动损益。

"公允价值变动损益"科目核算企业交易性金融资产等公允价值变动而形成的应计入当期损益的利得或损失，借方登记资产负债表日企业持有的交易性金融资产等的公允价值低于账面余额的差额；贷方登记资产负债表日企业持有的交易性金融资产等的公允价值高于账面余额的差额。

"投资收益"科目核算企业持有、处置交易性金融资产实现的投资收益或投资损失，借方登记企业出售交易性金融资产等发生的投资损失，贷方登记企业出售交易性金融资产等实现的投资收益。

4.1.2 交易性金融资产的购入

企业取得交易性金融资产时，应当按照公允价值作为初始确认金额。取得时发生的交易费用，如手续费、佣金等，计入"投资收益"科目。购入交易性金融资产时，支付的取得价款中包含的已宣告但尚未发放的现金股利或已到付息期但尚未领取的债券利息的，应当单独确认为应收项目，计入"应收股利"或"应收利息"科目。

企业取得交易性金融资产，按其公允价值，借记"交易性金融资产——成本"科目，按发生的交易费用，借记"投资收益"科目，按已到付息期但尚未领取的利息或已宣告但尚未发放的现金股利，借记"应收利息"或"应收股利"科目，按实际支付的金额，贷记"银行存款""存放中央银行款项""结算备付金"等科目。

【例4－1】 201×年3月15日，A公司支付价款1 080 000元从二级市场购入B公司发行的股票100 000股，每股价格10.80元（含已宣告但尚未发放的现金股利0.80元），另支付交易费用1 500元。A公司将持有的B公司股权划分为交易性金融资产，且持有B公司股权后对其无重大影响。A公司的账务处理如下。

借：交易性金融资产——B公司股票——成本　　1 000 000
　　应收股利——B公司　　80 000
　　投资收益　　1 500
　　贷：银行存款　　1 081 500

4.1.3 交易性金融资产持有期间收到的股利和利息

企业持有交易性金融资产期间被投资单位宣告发放的现金股利或企业在资产负债表日按分期付息、一次还本债券投资的票面利率计算的利息收入，应当确认为应收项目，借记"应收股利""应收利息"科目，贷记"投资收益"科目。实际收到股利或债券利息时，借记"银行存款""其他货币资金"等科目，贷记"应收股利""应收利息"科目。

【例4－2】 承例4－1，3月20日，A公司收到B公司发放的现金股利80 000元存入银行。A公司的账务处理如下。

借：银行存款　　80 000
　　贷：应收股利——B公司　　80 000

4.1.4 交易性金融资产的期末计价

交易性金融资产公允价值高于其账面价值时，应按其差额借记"交易性金融资产——

公允价值变动”,贷记“公允价值变动损益”;交易性金融资产公允价值低于其账面价值时,应按其差额作相反分录。

【例4-3】 201×年1月1日,甲公司从二级市场支付价款1 020 000元(含已到付息但尚未领取的利息20 000元)购入某公司发行的债券,另支付交易费用10 000元。该债券面值1 000 000元,剩余期限为2年,票面年利率为4%,每半年付息一次,甲公司将其划分为交易性金融资产。假定不考虑其他因素,则甲公司的账务处理如下。

(Ⅰ)201×年1月1日,购入债券。

借:交易性金融资产——成本	1 000 000	
应收利息	20 000	
投资收益	10 000	
贷:银行存款		1 030 000

(Ⅱ)201×年1月5日,收到利息20 000元。

借:银行存款	20 000	
贷:应收利息		20 000

(Ⅲ)201×年6月30日,该债券的公允价值为1 150 000元。

借:交易性金融资产——公允价值变动	150 000	
贷:公允价值变动损益		150 000
借:应收利息	20 000	
贷:投资收益		20 000

(Ⅳ)201×年7月5日,收到该债券半年利息。

借:银行存款	20 000	
贷:应收利息		20 000

(Ⅴ)201×年12月31日,该债券的公允价值为1 100 000元。

借:公允价值变动损益	50 000	
贷:交易性金融资产——公允价值变动		50 000
借:应收利息	20 000	
贷:投资收益		20 000

4.1.5 交易性金融资产的出售

交易性金融资产出售后,出售收入与其账面价值的差额以及原已作为公允价值变动损益入账的金额,均应作为投资收益入账,如果是部分出售交易性金融资产,其账面价值和原已计入公允价值变动损益的金额,均应按出售的交易性金融资产占该交易性金融资产比例计算。

出售交易性金融资产,应按实际收到的金额,借记“银行存款”“其他货币资金”“结算备付金”等科目,按该金融资产的账面余额,贷记“交易性金融资产——成本”,按原记录的其公允价值变动借记或贷记“交易性金融资产——公允价值变动”科目,按其差额,贷记或借记“投资收益”科目。同时,将原已计入该金融资产的公允价值变动转出,借记或贷记“公允价值变动损益”科目,贷记或借记“投资收益”科目。企业在初始确认时将某金融资产划分为交易性金融资产后,不能再重分类为其他类金融资产,其他类金融资产也不能重分类为交易性金融资产。

【例4-4】 2011年1月1日，甲公司购入乙公司发行的债券，该债券于2010年7月1日发行，面值2 500万元，票面利率4%，每年年初付息。甲公司将其划分为交易性金融资产，支付价款2 600万元（包括已宣告发放的债券利息50万元），另支付交易费用30万元。2011年2月1日，甲公司收到该笔债券利息50万元。该债券在2011年6月30日的市价2 580万元，2011年12月31日的市价2 560万元。2012年初，甲公司收到债券利息100万元。2012年1月1日，甲公司出售了所持有的债券，售价2 565万元。甲公司应编制如下会计分录。

（Ⅰ）2011年1月1日，购入债券。

借：交易性金融资产——成本　　25 500 000
　　应收利息　　500 000
　　投资收益　　300 000
　　贷：银行存款　　26 300 000

（Ⅱ）2011年2月1日，收到时购买价款中包含的已宣告发放的债券利息。

借：银行存款　　500 000
　　贷：应收利息　　500 000

（Ⅲ）2011年6月30日，公允价值2 580万元，账面余额2 550万元，确认该笔债券的公允价值变动损益30万元。

借：交易性金融资产——公允价值变动　　300 000
　　贷：公允价值变动损益　　300 000

（Ⅳ）2011年12月31日，公允价值2 560万元，账面余额2 580万元确认该笔债券的公允价值变动损益。

借：公允价值变动损益　　200 000
　　贷：交易性金融资产——公允价值变动　　200 000

（Ⅴ）2011年12月31日，确认债券利息收入。

借：应收利息　　1 000 000
　　贷：投资收益　　1 000 000

（Ⅵ）2012年初，收到持有债券利息。

借：银行存款　　1 000 000
　　贷：应收利息　　1 000 000

（Ⅶ）2012年1月1日，出售债券。

借：银行存款　　25 650 000
　　贷：交易性金融资产——成本　　25 500 000
　　　　　　　　　　　——公允价值变动　　100 000
　　　　投资收益　　50 000
借：公允价值变动损益　　100 000
　　贷：投资收益　　100 000

在会计报表上，交易性金融资产以账面价值反映，交易性金融资产持有期间的公允价值变动作为企业经营利润的构成项目单独反映。

4.2 可供出售金融资产

4.2.1 可供出售金融资产的主要内容和基本特点

1. 可供出售金融资产的主要内容

可供出售金融资产是指初始确认时即被指定为可供出售的非衍生金融资产,以及除下列各类资产以外的金融资产:①贷款和应收款项;②持有至到期投资;③以公允价值计量且其变动计入当期损益的金融资产。因此,可供出售金融资产可以分为两类:一类是企业直接指定的可供出售金融资产,它是指企业获得的在活跃市场上有公开报价的股票投资、债券投资,因获取投资的意图不十分明确,而被直接指定为可供出售金融资产;另一类可供出售金融资产是企业全部金融资产中未划分为其他三类金融资产的部分。

2. 可供出售金融资产的基本特征

可供出售金融资产有两个明显特征:一是在活跃市场上有公开报价、公允价值能够持续可靠获得和计量;二是持有意图不十分明确。对于在活跃市场上有报价的金融资产,既可能划分为以公允价值计量且其变动计入当期损益的金融资产,也可能划分为可供出售金融资产;如果该金融资产属于有固定到期日、回收金额固定或可确定的金融资产,则该金融资产还可能划分为持有至到期投资。某项金融资产具体应分为哪一类,主要取决于企业管理层的风险管理、投资决策等因素。

4.2.2 可供出售金融资产的形成方式和入账价值

1. 可供出售金融资产的形成方式

可供出售金融资产主要有两种形成方式:一是购入时即指定为可供出售金融资产;二是由持有至到期投资转入的可供出售金融资产。

(1)购入时即指定的可供出售金融资产。购入时即指定的可供出售金融资产指企业购入的在活跃市场有公开报价、其公允价值能够持续可靠计量,但持有目的并不十分明确、未被归类为交易性金融资产、持有至到期投资、贷款和应收款项的金融资产。如企业购入的在活跃市场上有报价的股票、债券和基金等,没有划分为以公允价值计量且其变动计入当期损益的金融资产或持有至到期投资等金融资产。

(2)由持有至到期投资转入的可供出售金融资产。由持有至到期投资转入的可供出售金融资产是指企业因改变了将持有至到期投资持有至到期的最初意图,而由金额较大且跟到期日时间较长的尚未处置的原持有至到期投资转化成的可供出售金融资产。

企业会计准则规定,企业将尚未到期的某项持有至到期投资在本会计年度内出售或重分类为可供出售金融资产的金额,相对于该类投资在出售或重分类前的总额较大时,应当将该类投资的剩余部分重分类为可供出售金融资产,且在本会计年度及以后两个完整的会计年度内不得再将该金融资产划分为持有至到期投资。但是,下列情况除外:

①出售日或重分类日距离该项投资到期日或赎回日较近(如到期前三个月内),市场利率变化对该项投资的公允价值没有显著影响;

②根据合同约定的定期偿付或提前还款方式收回该投资几乎所有初始本金后,将剩余部分予以出售或重分类;

③出售或重分类是由于企业无法控制、预期不会重复发生且难以合理预计的独立事项所引起。此种情况主要包括：因被投资单位信用状况严重恶化，将持有至到期投资予以出售；因相关税收法规取消了持有至到期投资的利息税前可抵扣政策，或显著减少了税前可抵扣金额，将持有至到期投资予以出售；因发生重大企业合并或重大处置，为保持现行利率风险头寸或维持现行信用风险政策，将持有至到期投资予以出售；因法律、行政法规对允许投资的范围或特定投资品种的投资限额作出重大调整，将持有至到期投资予以出售；因监管部门要求大幅度提高资产流动性，或大幅度提高持有至到期投资在计算资本充足率时的风险权重，将持有至到期投资予以出售。

2. 可供出售金融资产的入账价值

对于可供出售金融资产应根据不同的形成方式，分别采用不同方法确定其初始入账价值。

(1)购入时即指定的可供出售金融资产。应当按取得该金融资产的公允价值和相关交易费用之和作为初始确认金额，这是可供出售金融资产与交易性金融资产在初始计量上的区别。支付的价款中包含的已到付息期但尚未领取的债券利息或已宣告但尚未发放的现金股利，应单独确认为应收项目。

(2)由持有至到期投资转换的可供出售金融资产。以重分类日的公允价值作为该项可供出售金融资产的初始入账价值。重分类日，将持有至到期投资的账面价值与其公允价值之间的差额计入所有者权益。

企业取得可供出售的金融资产应按其公允价值与交易费用之和，借记“可供出售金融资产——成本”科目，按支付的价款中包含的已宣告但尚未发放的现金股利，借记“应收股利”科目，按实际支付的金额，贷记“银行存款”“存放中央银行款项”“结算备付金”等科目。

企业取得的可供出售金融资产为债券投资的，应按债券的面值，借记“可供出售金融资产——面值”科目，按支付的价款中包含的已到付息期但尚未领取的利息，借记“应收利息”科目，按实际支付的金额，贷记“银行存款”“存放中央银行款项”“结算备付金”等科目，按差额，借记或贷记“可供出售金融资产——利息调整”科目。

【例4-5】 201×年1月1日甲公司支付价款1 036.26万元购入某公司发行的3年期公司债券，该公司债券的票面总金额为1 000万元，票面利率4%，实际利率为3%，利息每年末支付，本金到期支付，购入该债券支付手续费用共100万元。甲公司将该公司债券划分为可供出售金融资产。甲公司的账务处理如下。

借：可供出售金融资产——面值　　1 000
　　　　　　　　　　——利息调整　　136.26
　贷：银行存款　　1 136.26

将持有至到期投资重分类为可供出售金融资产的，应在重分类日按其公允价值，借记“可供出售金融资产”科目，按其账面余额，贷记“持有至到期投资”科目，按其差额贷记或借记“资本公积——其他资本公积”科目。已计提减值准备的，还应同时结转减值准备。

【例4-6】 润达公司于2011年1月1日以1 006.57万元的价格购入甲公司当日发行的面值为1 000万元、票面利率为5%的3年期公司债券。该债券到期时一次性还本付息。购入该债券时支付的手续费为1.8万元。债券实际利率为4%。企业购入该债券时有明确意图持有至到期日。2011年12月31日，按实际利率法确认该债券投资收益后，该债券账面价值1 051.39万元，其中，面值部分1 000万元，应计利息50万元，利息调整1.39万元。

2012 年 1 月 2 日,企业急需资金,将面值为 100 万元的债券出售,公开交易价格为 106.45 万元,支付手续费 1 万元,共收到款项 105.45 万元。此时,剩余部分债券应转为可供出售金融资产,公允价值变动改为 117 990(106.45 ×9 000 000 ÷100 - 105.139 ×9 000 000 ÷100)元。润达公司的账务处理如下。

(Ⅰ)2011 年 1 月 1 日,购入债券。

借:持有至到期投资——债券——面值　　10 000 000
　　　　　　　　——债券——利息调整　　83 700
　贷:银行存款　　10 083 700

(Ⅱ)2012 年 1 月 2 日,出售持有至到期投资,剩余部分转为可供出售金融资产。

借:银行存款　　1 054 500
　贷:持有至到期投资——债券——面值　　1 000 000
　　投资收益　　54 500
借:可供出售金融资产——债券——面值　　9 000 000
　　　　　　　　——债券——利息调整　　12 510
　　　　　　　　——债券——应计利息　　450 000
　　　　　　　　——债券——公允价值变动　　117 990
　贷:持有至到期投资——债券——面值　　9 000 000
　　　　　　　　——债券——利息调整　　12 510
　　　　　　　　——债券——应计利息　　450 000
　　　　资本公积　　117 990

4.2.3　可供出售金融资产持有期间的股利和利息

1. 可供出售金融资产在持有期间收到的股利和利息

可供出售金融资产持有期间取得的利息或现金股利,或在资产负债表日已收到付息期尚未收到的利息,应当计入投资收益。借记“应收股利”“应收利息”科目,贷记“投资收益”科目。资产负债表日,可供出售金融资产应当以公允价值计量,且公允价值变动计入资本公积(其他资本公积)。

2. 可供出售金融资产持有期间的应计利息

资产负债表日,可供出售金融资产为分期付息、一次还本债券投资的,应按票面利率计算确定的应收未收利息,借记“应收利息”科目,按可供出售债券的摊余成本和实际利率计算确定的利息收入,贷记“投资收益”科目,按其差额借记或贷记“可供出售金融资产——利息调整”科目。

可供出售金融资产为一次还本付息债券投资的,应于资产负债表日按票面利率计算确定的应收未收利息,借记“可供出售金融资产——应计利息”科目,按可供出售金融资产的摊余成本和实际利率计算确定的利息收入,贷记“投资收益”科目,按其差额借记或贷记“可供出售金融资产——利息调整”科目。

【例 4-7】　承例 4-6,2012 年 12 月 31 日调整可供出售债权工具的账面成本。

借:可供出售金融资产——债券——应计利息　　450 000
　贷:投资收益　　378 500.4
　　可供出售金融资产——债券——利息调整　　71 499.6

此时，该可供出售债权工具的摊余成本为 10 846 010.4（9 467 510 + 450 000 − 71 499.6）元，账面价值为 10 964 000.4（10 846 010.4 + 117 990）元，债券面值为 9 000 000元。

4.2.4 可供出售金融资产的期末计价

1. 可供出售金融资产公允价值变动的会计处理

根据会计准则的规定，可供出售金融资产以公允价值计量。可供出售金融资产公允价值变动形成的利得或损失，应计入所有者权益而不计入当期损益。当可供出售金融资产终止确认（如出售、处置、重分类为持有至到期投资等）时，再将与之相应的计入所有者权益的公允价值变动转出，计入当期损益。

资产负债表日，可供出售金融资产的公允价值高于其账面余额的差额，借记“可供出售金融资产——公允价值变动”科目，贷记“资本公积——其他资本公积”科目；公允价值低于其账面余额的差额作相反的会计分录。

【例 4－8】 承例 4－5，201×年 12 月 31 日，该债券的市场价格为 1 001.65 万元。收到债券利息、确认公允价值变动：

实际利息 = 1 036.26 × 3% = 31.0878 ≈ 31.09 元

年末摊余成本 = 1 036.26 + 31.09 − 40 = 1 027.35 元

借：应收利息	40	
贷：投资收益		31.09
可供出售金融资产——利息调整		8.91
借：银行存款	40	
贷：应收利息		40
借：资本公积——其他资本公积	125.7	
贷：可供出售金融资产——公允价值变动		125.7

2. 可供出售金融资产的减值损失

按照企业会计准则的规定，企业应当在资产负债表日对以公允价值计量且其变动计入当期损益的金融资产以外的金融资产的账面价值进行检查，有客观证据表明该金融资产发生减值的，应当计提减值准备。

一般地，当存在下列任何一项客观证据时，可判断可供出售金融资产发生了减值：①发行方或债务人发生严重财务困难；②债务人违反了合同条款，如偿付利息或本金发生违约或逾期等；③债权人出于经济或法律等方面因素的考虑，对发生财务困难的债务人作出让步；④债务人很可能倒闭或进行其他财务重组；⑤因发行方发生重大财务困难，该金融资产无法在活跃市场上继续交易；⑥无法辨认一组金融资产中的某项资产的流量是否已经减少，但根据公开的数据对其进行总体评价后发现，该组金融资产自初始确认以来的预计未来现金流量确已减少且可计量，如该组金融资产的债务人支付能力逐步恶化，或债务人所在国家或地区失业率提高、担保物在其所在地区的价格明显下降、所处行业不景气等；⑦债务人经营所处的技术、市场、经济或法律环境等发生重大不利变化，使权益工具投资人可能无法收回投资成本；⑧权益工具投资的公允价值发生严重或非暂时性下跌；⑨其他表明金融资产发生减值的客观证据。

分析判断可供出售金融资产是否发生减值，应当注重该金融资产公允价值是否持续下降。通常情况下,如果可供出售金融资产的公允价值发生较大幅度下降,或在综合考虑各种相关因素后,预期这种下降趋势属于非暂时性的,可以认定该可供出售金融资产已发生减值,应当确认减值损失。

可供出售金融资产发生减值时,即使该金融资产没有终止确认,原直接计入所有者权益的因公允价值下降形成的累计损失,应当予以转出,计入当期损益。该转出的累计损失为可供出售金融资产的初始取得成本扣除已收回本金和已摊销金额、当前公允价值和原已计入损益的减值损失后的余额。可供出售金融资产发生减值的,在确认减值损失时,应当将原直接计入所有者权益的公允价值下降形成的累计损失一并转出,计入减值损失。

对于已确认减值损失的可供出售金融资产,在随后会计期间内公允价值已上升且客观上与确认原减值损失事项有关的,应按原确认的减值损失,借记"可供出售金融资产——公允价值变动"科目,贷记"资产减值损失"科目;但可供出售金融资产为股票等权益工具投资的,借记"可供出售金融资产——公允价值变动"科目,贷记"资本公积——其他资本公积"科目。

对于已确认减值损失的可供出售债务工具,在随后的会计期间公允价值已上升且客观上与确认原减值损失确认后发生的事项有关的,原确认的减值损失应当予以转回,计入当期损益。

【例 4-9】 2009 年 1 月 1 日,A 公司按面值从债券二级市场购入 M 公司发行的债券 10 000张,每张面值 100 元,票面年利率 3%,划分为可供出售金融资产。2009 年 12 月 31 日,该债券的市场价格为每张 100 元。2010 年,M 公司因投资决策失误,发生严重财务困难,但仍可支付该债券当年的票面利息。2010 年 12 月 31 日,该债券的公允价值下降为每张 80 元。A 公司预计,如 M 公司不采取措施,该债券的公允价值预计会持续下跌。2011 年,M 公司调整产品结构并整合其他资源,致使上年发生的财务困难大为好转。2011 年 12 月 31 日,该债券的公允价值已上升至每张 95 元。假定 A 公司初始确认该债券时计算确定的债券实际利率为 3%,且不考虑其他因素,则 A 公司有关的账务处理如下。

(Ⅰ)2009 年 1 月 1 日购入债券。

借:可供出售金融资产——成本　　1 000 000
　　贷:银行存款　　1 000 000

(Ⅱ)2009 年 12 月 31 日确认利息、公允价值变动。

借:应收利息　　30 000
　　贷:投资收益　　30 000
借:银行存款　　30 000
　　贷:应收利息　　30 000

(Ⅲ)2010 年 12 月 31 日,确认利息收入及减值损失。

借:应收利息　　30 000
　　贷:投资收益　　30 000
借:银行存款　　30 000
　　贷:应收利息　　30 000
借:资产减值损失　　200 000
　　贷:可供出售金融资产——公允价值变动　　200 000

(Ⅳ)2011 年 12 月 31 日确认利息收入及减值损失转回。

应确认的利息收入 =（1 000 000 - 200 000）×3% =24 000 元

借:应收利息　　30 000
　贷:投资收益　　24 000
　　可供出售金融资产——利息调整　　6 000
借:银行存款　　30 000
　贷:应收利息　　30 000

减值损失转回前的摊余成本 = 1000 000 - 200 000 - 6 000 = 794 000 元

2011 年 12 月 31 日,该债券的公允价值 = 950 000 元

应转回的金额 = 950 000 - 794 000 = 156 000 元

借:可供出售金融资产——公允价值变动　　156 000
　贷:资产减值损失　　156 000

4.2.5 可供出售金融资产的转让出售

转让出售可供出售的金融资产,应按实际收到的金额,借记“银行存款”“存放中央银行款项”等科目,按其账面余额贷记“可供出售金融资产(成本、公允价值变动、利息调整、应计利息)”等科目,按应从所有者权益中转出的公允价值累计变动额借记或贷记“资本公积——其他资本公积”科目,按其差额,贷记或借记“投资收益”科目。同时,将原直接计入所有者权益的公允价值变动累计额对应处置部分的金额转出,计入投资损益。

【例 4 - 10】 龙鑫公司于 2011 年 7 月 13 日从二级市场购入股票 1 000 000 股,每股市价 15 元,手续费 30 000 元;初始确认时,该股票划分为可供出售金融资产。公司至 2011 年 12 月 31 日仍持有该股票,该股票当时的市价为 16 元。2012 年 2 月 1 日,公司将该股票售出,售价为每股 13 元,另支付交易费用 30 000 元。假定不考虑其他因素,该公司的账务处理如下。

(Ⅰ)2011 年 7 月 13 日,购入股票。

借:可供出售金融资产——成本　　15 030 000
　贷:银行存款　　15 030 000

(Ⅱ)2011 年 12 月 31 日,确认股票价格变动。

借:可供出售金融资产——公允价值变动　　970 000
　贷:资本公积——其他资本公积　　970 000

(Ⅲ)2012 年 2 月 1 日,出售股票。

借:银行存款　　12 970 000
　资本公积——其他资本公积　　970 000
　投资收益　　2 060 000
　贷:可供出售金融资产——成本　　15 030 000
　　　　　　　　　——公允价值变动　　970 000

4.2.6 可供出售金融资产在资产负债表上的列示

可供出售金融资产在资产负债表上以公允价值列示,同时为了提供可供出售金融资产的详细信息,还应以披露方式提供可供出售金融资产的构成及公允价值变动情况。

思考题

1. 某企业发生下列交易性金融资产业务：

(1)2010 年 12 月 1 日以存入证券公司的投资款购入甲公司股票 5 000 股，作为交易性金融资产，购买价格 30 000 元，另付交易手续费及印花税 200 元；

(2)2010 年 12 月 31 日，该股票每股收盘价 8 元，调整交易性金融资产账面价值；

(3)2011 年 3 月 26 日收到甲公司按 10∶3 的送股共 1 200 股；

(4)2011 年 3 月 31 日将股票出售一半，收到款项 18 000 元存入证券公司投资款账户内；

(5)2011 年 6 月 30 日，该股票每股收盘价 9 元，调整交易性金融资产账面价值。

要求：根据以上经济业务编制会计分录。

2. 某企业发生下列可供出售金融资产业务：

(1)2010 年 5 月 10 日购入甲公司股票 50 000 股，指定为可供出售金融资产，购买价每股 6 元，另支付交易手续费 3 000 元，款项以存入证券公司的投资款支付；

(2)2010 年 12 月 31 日，甲公司股票每股收盘价 8 元，调整可供出售金融资产账面价值；

(3)2011 年 3 月 20 日，出售持有的甲公司股票 10 000 股，收到款项 95 000 元存入证券公司投资款账户内；

(4)2011 年 12 月 31 日，因甲公司陷入财务困难并涉嫌违规经营，股票收盘价严重下跌至每股 1.8 元，且近期无望回升，对其应确认减值损失；

(5)2011 年 12 月 31 日，甲公司股票每股收盘价 2 元，调整可供出售金融资产账面价值。

要求：根据以上经济业务编制会计分录。

第 5 章　持有至到期投资与长期股权投资

【学习目的】 掌握持有至到期投资取得的核算，持有至到期投资摊余成本和收益核算的实际利率法，持有至到期投资到期兑现的核算；长期股权投资取得的核算，长期股权投资核算的成本法、权益法，长期股权投资成本法与权益法核算的转换，长期股权投资减值的核算。

【重点与难点】 持有至到期投资取得的核算，持有至到期投资收益的核算；长期股权投资取得的核算，长期股权投资核算的成本法、权益法，长期股权投资成本法与权益法核算的转换。

5.1　持有至到期投资

5.1.1　持有至到期投资概述

持有至到期投资是指企业购入的到期日固定、回收金额固定或可确定，且企业有明确意图和能力持有至到期的国债和企业债券等各种债券。作为持有至到期投资购入的债券，可以按不同的标准分类。例如，按付息情况可以分为分期付息债券与到期一次付息债券。

持有至到期投资的特征：

(1) 到期日固定、回收金额固定或可确定；

(2) 有明确意图持有至到期。

存在下列情况之一的，表明企业没有明确意图持有至到期：

(1) 持有的债券期限不确定；

(2) 发生市场利率变化、流动性需要变化、替代投资机会及其投资收益率变化、融资来源和条件变化、外汇风险变化等情况时，将出售该持有至到期投资；

(3) 该债券的发行方可以按照明显低于其摊余成本的金额计量；

(4) 其他表明企业没有明确意图将该债券投资持有至到期。

5.1.2　持有至到期投资的取得

1. 投资的取得方式

企业购入的准备持有至到期的债券，有些是按债券面值的价格购入的；有些是按高于债券面值的价格购入的，即溢价购入；有些是按低于债券面值的价格购入的，即折价购入。债券的溢价、折价，主要是由于金融市场利率与债券票面利率不一致造成的。当债券票面利率高于金融市场利率时，债券发行者按债券票面利率会多付利息，在这种情况下，可能会导致债券溢价。这部分溢价差额，属于债券购买者由于日后多获利息而给予债券发行者的利息返还。反之，当债券票面利率低于金融市场利率时，债券发行者按债券票面利率会少付利息，在这种情况下，可能会导致债券折价。这部分折价差额，属于债券发行者由于日后少付利息而给予债券购买者的利息补偿。

2. 投资入账价值的计量

企业购入作为持有至到期投资的债券,无论以什么价格购入,均应按取得时的实际支付的价款作为初始入账价值,实际支付的价款包括支付的债券实际买价以及手续费、佣金等初始直接费用。但是,实际支付的价款中如果包含有发行日或付息日至购买日之间分期付息的利息,按照重要性原则,应作为一项短期债权处理,不计入债券的初始入账价值。

3. 投资核算的账户设置

为了反映持有至到期投资的取得、收益、处置的情况,企业应设置“持有至到期投资”账户,并设置“成本”“利息调整”和“应计利息”等明细账,进行明细分类核算。各明细账具体说明如下:

(1)“持有至到期投资——成本”账户,核算持有至到期投资的成本情况。其借方登记购入债券的成本(面值),贷方登记到期收回债券的成本(面值),期末借方余额反映尚未到期债券的成本(面值)。债券到期收回后,该明细账户无余额。

(2)“持有至到期投资——利息调整”账户,核算持有至到期投资过程中所形成的溢折价及其摊销情况。其借方登记形成的溢价或各期摊销的折价额,贷方登记形成的折价或各期摊销的溢价额。该账户的期末借方余额表示尚未摊销的溢价;贷方余额表示尚未摊销的折价。债券到期收回时,该明细账户无余额。

(3)“持有至到期投资——应计利息”账户,核算企业购入到期还本付息债券的应计利息情况。其借方登记购入时产生的发行日至投资日应计利息以及期末应收未收的利息的金额,贷方登记到期收回全部利息的金额。该账户期末借方余额反映尚未收回的应计利息金额。债券到期收回后,该明细账户无余额。需要说明的是:企业如果购入分期付息、到期还本的债券,对于各期应收的利息应通过“应收利息”账户核算,不通过“持有至到期投资——应计利息”账户核算。

4. 投资取得的账务处理

(1)按面值取得的持有至到期投资。按面值购入持有至到期投资时,应按购入债券的面值,借记“持有至到期投资——成本”账户,按实际支付的全部价款,贷记“银行存款”账户。如果债券是在发行之后认购的,购买债券所支付的款项中往往含有截至购买日的应计利息,这部分应计利息需要根据所购债券付息方式的不同,应分别予以反映。如果购入到期还本付息的债券时,其应计利息单独通过“持有至到期投资——应计利息”账户核算;如果购入分期付息、到期还本的债券时,其应计利息应通过“应收利息”账户核算,收到债券利息时,冲减应收利息。

【例5-1】 甲公司2011年1月1日购入A公司该年度1月1日发行的5年期、债券面值为300 000元、债券票面利率为5%、到期还本付息的债券,准备将其持有至到期日。甲公司按面值购入,实际支付价款为300 000元,假定不考虑相关税费。编制会计分录如下。

借:持有至到期投资——成本　　　　300 000

　　贷:银行存款　　　　300 000

(2)溢价取得的持有至到期投资。企业溢价购入持有至到期投资所形成的溢价,是为以后多得利息预先付出的代价。持有至到期投资产溢价的计算公式如下:

持有至到期投资溢价=(债券投资成本-应计利息)-债券面值

公式中,为准确反映溢价应将投资时计入投资成本中的应计利息予以剔除。

企业溢价购入债券应按照债券的面值,借记“持有至到期投资——成本”账户,若有发行日至投资日的应计利息，按确定的金额，借记“持有至到期投资——应计利息”账户，按实际支付的价款，贷记“银行存款”账户，按其差额，借记“持有至到期投资——利息调整”账户。

【例5-2】 依据例5-1的资料，假定甲公司支付的价款为313 380元，实际利率为4%。该公司购入债券时应编制如下会计分录。

借：持有至到期投资——成本　　300 000
　　　　　　　　——利息调整　　13 380
　贷：银行存款　　313 380

(3)折价取得的持有至到期投资。企业折价购入持有至到期投资所形成的折价，是为以后少得利息预先得到的补偿。其计算公式如下：

持有至到期投资折价 = 债券面值 -（债券投资成本 - 应计利息）

公式中，为准确反映折价应考虑投资时计入投资成本中的应计利息。

企业折价购入债券应按照债券的面值，借记“持有至到期投资——成本”账户，若有发行日至投资日的应计利息，按确定的金额，借记“持有至到期投资——应计利息”账户，按实际支付的价款，贷记“银行存款”账户，按其差额，贷记“持有至到期投资——利息调整”账户。

【例5-3】 依据例5-1的资料，假定甲公司支付的价款为287 280元，实际利率为6%。该公司购入债券时应编制如下会计分录。

借：持有至到期投资——成本　　300 000
　贷：银行存款　　287 280
　　持有至到期投资——利息调整　　12 720

5.1.3 持有至到期投资的期末计息与投资收益的确定

1. 按面值取得的持有至到期投资期末计息

企业购入持有至到期投资，由于持续期较长，为正确计算各期的利润，应当以权责发生制为确认基础，对属于当期的（月、季、年）债券投资应计利息，无论是否收到均应计入当期损益，作为当期投资收益处理。各期实际投资收益按下列公式确定：

各期实际投资收益 = 各期票面利息收入

当企业按面值购入债券后，主要按票面利率确认各期的投资收益，各期应根据债券面值和票面利率计算各期利息收入，并确认为投资收益。具体账务处理为：①对于到期还本付息的持有至到期投资，各期计息时应按确定的利息金额，借记“持有至到期投资——应计利息”账户，贷记“投资收益”账户。②对于分期付息，到期还本的持有至到期投资，各期计息时，应按确定的利息金额，借记“应收利息”账户，贷记“投资收益”账户。实际收到利息时，借记“银行存款”账户，贷记“应收利息”账户。

【例5-4】 依据例5-1的资料，甲公司各年年末计息时，编制的会计分录如下。

借：持有至到期投资——应计利息　　15 000
　贷：投资收益　　15 000

2. 溢价取得的持有至到期投资期末计息

企业溢价购入债券时，对于所形成的溢价应在债券存续期间分期进行摊销。摊销债券溢价的方法有两种，即直线法与实际利率法。我国现行会计准则要求采用实际利率法。

直线法是将债券溢价按债券存续期间平均摊销的一种方法。其特点是各期的摊销额和投资收益固定不变,但由于随着利息调整借差的摊销,债券投资成本在不断变化,因而各期的投资收益率也在变化。采用直线法能够简化计算工作,但在一项投资业务中各期投资收益率不同,不能正确反映各期的经营业绩。

实际利率摊销法是指先将债券投资的实际利率乘以每期期初债券账面净值(或摊余成本)以确定当期实际利息收益,再将按照实际利率计算的各期利息收益与该期票面利息收入相抵,其差额即为各该期债券溢价的摊销额。其特点是:各期债券溢价摊销数额不等,每期实际利息收益随着长期投资账面价值的逐期递减而逐期降低。各期实际投资收益以及各期溢价摊销额可按下列公式确定:

投资收益 = 期初债券账面价值(摊余成本) × 实际利率

溢价摊销额 = 票面利息收入 - 实际投资收益

当采用实际利率法摊销时,对于所购入的一次还本付息的债券投资,则应于资产负债表日按票面利率计算确定的应收未收利息,借记"持有至到期投资——应计利息"账户,按持有至到期投资摊余成本和实际利率计算确定的利息收入,贷记"投资收益"账户,按其差额,贷记"持有至到期投资——利息调整"账户。对于分期付息、一次还本的债券投资,应按票面利率计算确定的应收未收利息,借记"应收利息"账户,按持有至到期投资摊余成本和实际利率计算确定的利息收入,贷记"投资收益"账户,按其差额,贷记"持有至到期投资——利息调整"账户。

摊余成本是指该持有至到期投资初始确认金额经下列调整后的结果:①扣除已偿还的本金;②加上或减去采用实际利率法将该初始确认金额与到期日金额之间的差额进行摊销形成的累计摊销额;③扣除已发生的减值损失。

实际利率是使所购买债券的未来现金流量的现值等于该债券的入账金额的折现率。通常需要采用插值法确定债券的实际利率。

【例 5-5】 依据例 5-1 和例 5-2 的资料,甲公司各年溢价摊销计算过程和账务处理如下。

实际利率摊销法,各年溢价摊销的计算过程见表 5-1。

表 5-1 债券溢价摊销表(实际利率法) 单位:元

计息日期	票面利息收入	投资收益	各期溢价摊销额	持有至到期投资账面价值
	(1) = 300 000 × 5%	(2) = 每期期初摊余成本 × 4%	(3) = (1) - (2)	(4) = 每期期初摊余成本 - (3)
2009.01.01				313 380
2009.12.31	15 000	12 535	2 465	310 915
2010.12.31	15 000	12 437	2 563	308 352
2011.12.31	15 000	12 334	2 666	305 686
2012.12.31	15 000	12 227	2 773	302 913
2013.12.31	15 000	12 087(误差 30)	2 193	300 000
合　计	75 000	61 620	13 380	—

借:持有至到期投资——应计利息　　15 000
　贷:持有至到期投资——利息调整　　2 465
　　投资收益　　12 535

3. 折价取得的持有至到期投资期末计息

企业折价购入债券时,对于所形成的折价应在债券存续期间分期进行摊销。摊销债券折价的方法有两种,即直线法与实际利率法。我国现行会计准则要求采用实际利率法。

当采用实际利率法摊销时,对于所购入的一次还本付息的债券投资,应于资产负债表日按票面利率计算确定的应收未收利息,借记"持有至到期投资——应计利息"账户,按持有至到期投资摊余成本和实际利率计算确定的利息收入,贷记"投资收益"账户,按其差额,借记"持有至到期投资——利息调整"账户。对于分期付息、一次还本的债券投资,应按票面利率计算确定的应收未收利息,借记"应收利息"账户,按持有至到期投资摊余成本和实际利率计算确定的利息收入,贷记"投资收益"账户,按其差额,借记"持有至到期投资——利息调整"账户。各期实际投资收益以及各期折价摊销额可按下列公式确定:

投资收益 = 期初债券账面价值(摊余成本)× 实际利率

折价摊销额 = 实际投资收益 - 票面利息收入

【例 5-6】 依据例 5-1 和例 5-3 的资料,甲公司各年折价摊销额的计算过程和账务处理如下:

实际利率摊销法,各年折价摊销额的计算过程见表 5-2。

表 5-2 债券折价摊销表(实际利率法) 单位:元

计息日期	票面利息收入	投资收益	各期折价摊销额	持有至到期投资账面价值
	(1) -300 000 × 5%	(2) = 每期期初摊余成本 × 6	(3) = (1) - (2)	(4) = 每期期初摊余成本 + (3)
2009.01.01				287 280
2009.12.31	15 000	17 237	2 237	289 517
2010.12.31	15 000	17 371	2 371	291 888
2011.12.31	15 000	17 513	2 513	294 401
2012.12.31	15 000	17 664	2 664	297 065
2013.12.31	15 000	17 935(尾差 101)	2 935	300 000
合　计	75 000	87 720	12 720	—

借:持有至到期投资——应计利息　　15 000
　　　　　　　　——利息调整　　2 237
　贷:投资收益　　17 237

5.1.4 持有至到期投资的到期兑现

债券到期后,投资企业应按照债券发行单位支付利息方式的不同采取以下两种账务处理办法,核算收回的债券本金和应收利息:①到期还本付息方式下,投资企业在债券到期时收到本金和全部利息，借记“银行存款”账户，贷记“持有至到期投资——成本”“持有至到期投资——应计利息”账户；②分期付息、到期还本方式下，由于利息已于每期收讫并销账，因此只需核销“持有至到期投资——成本”账户即可，借记“银行存款”账户，贷记“持有至到期投资——成本”账户。

【例 5-7】 甲公司购入 A 公司的 5 年期债券于 2016 年 1 月 1 日到期，收到 A 公司偿付的债券本息共计 375 000 元，应编制会计分录如下。

借：银行存款　　375 000
　贷：持有至到期投资——成本　　300 000
　　　　　　　　　——应计利息　　75 000

5.1.5 持有至到期投资的减值

企业应当在资产负债表日对持有至到期投资的账面价值进行检查，有客观证据表明该项资产已发生减值的，应当计提减值准备。

持有至到期投资发生减值时，应当将该持有至到期投资的账面价值减记至预计未来现金流量的现值，减记的金额确认为资产减值损失，计入当期损益，借记“资产减值损失”科目，贷记“持有至到期投资减值准备”科目。

预计未来现金流量现值，一般按照该持有至到期投资初始确定的实际利率折现计算。

持有至到期投资确认减值损失后，如有客观证据表明该资产的价值得以恢复，且客观上与确认该损失后发生的事项有关，原确认的减值损失应当予以转回，计入当期损益。但是，该转回后的账面价值不应超过假定不计提减值准备情况下该持有至到期投资在转回日的摊余成本。

5.2 长期股权投资

5.2.1 长期股权投资概述

1. 长期股权投资的性质

长期股权投资是指通过投出各种资产取得被投资企业股权且不准备随时出售的投资，其主要目的是为了长远利益而影响、控制其他在经济业务上相关联的企业。企业进行长期股权投资后，成为被投资企业的股东有参与被投资企业经营决策的权利。

在确定长期股权投资的日常会计处理和报表列报方法时，应重点考虑投资企业与被投资企业的关系。

2. 投资企业与被投资企业的关系

按照投资企业对被投资企业的影响程度，投资企业与被投资企业的关系可以分为以下几种类型。

(1)控制。控制是指投资企业有权决定被投资企业的财务和经营决策，并能据以从该企业的经营活动中获取利益。一般来说，企业的重大财务和经营决策需要股东大会半数以上表决权资本通过，因此投资企业持有被投资企业半数以上表决权资本，通常认为对被投资企业具有控制权；此外，如果投资企业未持有被投资企业半数以上表决权资本，但能够通过章程、协议、法律等其他方式拥有半数以上表决权，或能够任免董事会多数成员，或在董事会中拥有半数以上投票权等,也视为对被投资企业拥有控制权。拥有控制权的投资企业一般称为母公司,被母公司控制的企业一般称为子公司。

(2)共同控制。共同控制是指按照合同约定与其他投资者对被投资企业所共有的控制,一般来说,具有共同控制权的各投资方所持有的表决权资本相同。在这种情况下,被投资企业的重要财务和经营决策只有在分享控制权的投资方一致同意时才能通过。被各投资方共同控制的企业,一般称为投资企业的合营企业。

(3)重大影响。重大影响是指对一个企业的财务和经营决策有参与的权利,但并不能够控制或者与其他方一起共同控制这些决策的制定。一般来说,投资企业在被投资企业的董事会中派有董事,或能够参与被投资企业的财务和经营决策的制定,则对被投资企业形成重大影响。被投资企业如果受到投资企业的重大影响,一般称为投资企业的联营企业。

(4)无控制、无共同控制,无重大影响,且在活跃市场中缺乏公开报价、公允价值无法可靠计量的长期股权投资。

5.2.2 长期股权投资的取得

企业的长期股权投资可以分为两大类:一类是企业合并取得的;另一类是非企业合并取得的。企业合并取得的长期股权投资,又分为同一控制下企业合并和非同一控制下企业合并取得的长期股权投资。不同方式取得的长期股权投资,会计处理方法有所不同。

1. 同一控制下企业合并取得的长期股权投资

同一控制下的企业合并是指参与合并的企业在合并前后均受同一方或相同的多方最终控制,且该控制并非暂时性的。例如,甲公司为A公司和B公司的母公司,甲公司将其持有B公司60%的股权转让给A公司。转让股权后,A公司持有B公司60%的股权,但A公司和B公司仍由甲公司所控制。

同一控制下的企业合并,在合并日取得对其他参与合并企业控制权的一方为合并方,参与合并的其他企业为被合并方。合并日是指合并方实际取得对被合并方控制权的日期。

同一控制下的企业合并往往具有以下特点:

(1)非自愿行为,即企业合并往往不是合并双方的自愿行为,而是由控制方所主导;

(2)非交易行为,即企业合并不属于产权交易行为,而是参与合并各方资产、负债的重新组合;

(3)非独立行为,即企业合并往往发生于关联方之间,而非独立主体之间;

(4)非公允行为,即企业合并的对价往往不公允,随意性较明显。

因此,合并方可以按照被合并方的账面价值进行初始计量。

(1)合并方以支付货币资金、转让非现金资产或承担债务等方式取得被合并方的股权,应在合并日按照享有被合并方所有者权益账面价值的份额作为长期股权投资的初始投资成本,借记"长期股权投资——投资成本"科目;按照支付的货币资金或转让非现金资产、承担债务的账面价值,贷记"银行存款"以及相应的资产或负债科目;按照长期股权投资初始投资成本与支付的现金、转让的非现金资产及所承担债务账面价值之间的差额,调整资本公积(资本或股本溢价),资本公积不足冲减的,调整留存收益,贷记"资本公积"或借记"资本公积""盈余公积""利润分配"科目。投资企业支付的价款中如果含有已宣告发放但尚未支取的现金股利,应作为债权处理,不计入长期股权投资成本。

(2)合并方以发行股票等方式取得被合并方的股权,应在合并日按照取得被合并方所有者权益账面价值的份额作为长期股权投资的初始投资成本,借记“长期股权投资——投资成本”科目;按照发行股份的面值总额作为股本,贷记“股本”科目;按照长期股权投资初始投资成本与所发行股份面值总额之间的差额,调整资本公积(资本或股本溢价),资本公积不足冲减的,调整留存收益,贷记“资本公积”或借记“资本公积”“盈余公积”“利润分配”科目。

合并方为进行企业合并发生的各项直接相关费用,包括为进行企业合并而支付的审计费用、评估费用、法律服务费用等,应当于发生时计入当期损益,借记“管理费用”科目,贷记“银行存款”等科目。

合并方发行债券或承担其他债务支付的手续费、佣金等,应当计入所发行债券及其他债务的初始成本。企业合并中发行权益性证券发生的手续费、佣金等费用,应当抵减权益性证券溢价收入,溢价收入不足冲减的,冲减留存收益。

【例5-8】 甲公司为A公司和B公司的母公司。2011年1月1日,甲公司将其持有B公司60%的股权转让给A公司,双方协商确定的价格为8 000 000元,以货币资金支付;此外,A公司还以货币资金支付审计、评估费10 000元。合并日,B公司所有者权益的账面价值为12 000 000元;A公司资本公积余额为2 000 000元。根据以上资料,编制A公司取得长期股权投资的会计分录如下。

A公司初始投资成本=12 000 000×60%=7 200 000元

借:长期股权投资——投资成本	7 200 000	
资本公积	800 000	
管理费用	10 000	
贷:银行存款		8 010 000

【例5-9】 甲公司为A公司和B公司的母公司,持有A公司70%的股权,持有B公司60%的股权。2011年1月1日,A公司以发行每股面值为1元的股票2 000 000股,换取甲公司持有的B公司60%股权,并以银行存款支付发行股票手续费20 000元。合并日,B公司所有者权益的账面价值为12 000 000元。根据以上资料,编制A公司取得长期股权投资的会计分录如下。

A公司初始投资成本=12 000 000×60%=7 200 000元

借:长期股权投资——投资成本	7 200 000	
贷:股本		2 000 000
银行存款		20 000
资本公积		5 180 000

2. 非同一控制下企业合并取得的长期股权投资

非同一控制下的企业合并,在购买日取得对其他参与合并企业控制权的一方为购买方,参与合并的其他企业为被购买方。购买日是指购买方实际取得对被购买方控制权的日期。

(1)购买方在购买日以支付货币资金的方式取得被购买方的股权,应以支付的货币资金作为初始投资成本,借记“长期股权投资——投资成本”科目,贷记“银行存款”科目。购买方支付的价款中如果含有已宣告发放但尚未支取的现金股利,应作为债权处理,不计入长期股权投资成本。

(2)购买方在购买日以付出货币资金以外的其他资产的方式取得被购买方的股权,应按照资产的公允价值作为初始投资成本,借记"长期股权投资——投资成本"科目;按照资产的价值,贷记"主营业务收入""其他业务收入""固定资产清理""应交税费——应交增值税"等科目;同时结转付出资产的成本,将其公允价值与账面价值的差额计入当期损益。

(3)购买方以承担负债的方式取得被购买方的股权,应按照负债的公允价值作为初始投资成本,借记"长期股权投资——投资成本"科目,贷记有关负债科目。

(4)购买方以发行股票等方式取得被购买方的股权,应在购买日按照发行股票等的公允价值作为长期股权投资的初始投资成本,借记"长期股权投资——投资成本"科目;按照发行股份的面值总额作为股本,贷记"股本"科目;按照长期股权投资初始投资成本与所发行股份面值总额之间的差额,贷记"资本公积——股本溢价"科目。

购买方为进行长期股权投资发生的审计、法律服务、评估咨询等中介费用以及其他相关管理费用,应于发生时计入当期损益。购买方作为合并对价发行的权益性证券或债务性证券的交易费用,应当计入权益性证券或债务性证券的初始确认金额。

【例5-10】 甲公司于2011年1月1日,以货币资金10 000 000元以及一批库存商品、机器设备购入A公司70%的股权。库存商品的账面价值为900 000元,未计提存货跌价准备,不含增值税的公允价值为1 000 000元,增值税销项税额为170 000元;机器设备的原始价值为8 000 000元(不含增值税),累计折旧为3 000 000元,不含增值税的公允价值为6 000 000元,增值税销项税额为1 020 000元。此外,甲公司还以货币资金支付审计、评估费200 000元。购买日,A公司所有者权益的账面价值为25 000 000元,甲公司与A公司不属于关联方。根据以上资料,编制甲公司取得长期股权投资的会计分录如下。

甲公司初始投资成本=10 000 000+1 000 000+6 000 000+1 190 000=18 190 000元

借:固定资产清理	5 000 000	
累计折旧	3 000 000	
贷:固定资产		8 000 000
借:长期股权投资——投资成本	18 190 000	
管理费用	200 000	
贷:银行存款		10 200 000
主营业务收入		1 000 000
固定资产清理		6 000 000
应交税费——应交增值税(销项税额)		1 190 000
借:主营业务成本	900 000	
贷:库存商品		900 000
借:固定资产清理	1 000 000	
贷:营业外收入		1 000 000

3. 非企业合并取得的长期股权投资

(1)以支付现金取得的长期股权投资,应当按照实际支付的购买价款作为初始投资成本。初始投资成本包括与取得长期股权投资直接相关的费用、税金及其他必要支出。企业取得长期股权投资,实际支付的价款或对价中包含的已宣告但尚未发放的现金股利或利润,应作为债权处理,不计入长期股权投资成本。

(2)以发行权益性证券取得的长期股权投资,应当按照发行权益性证券的公允价值作为初始投资成本。

为发行权益性证券支付给有关证券承销机构等的手续费、佣金等于权益性证券发行直接相关的费用,不构成取得长期股权投资的成本。应自权益性证券的溢价发行收入中扣除,权益性证券的溢价收入不足冲减的,应冲减盈余公积和未分配利润。

【例5-11】 甲公司于2011年1月1日以银行存款购入A公司30%的股权,作为长期股权投资,对A公司有重大影响,实际支付价款4 000 000元;购买日,A公司所有者权益账面价值为9 000 000元,公允价值为10 500 000元。根据以上资料,编制甲公司取得长期股权投资的会计分录如下。

借:长期股权投资——投资成本　　4 000 000

　贷:银行存款　　4 000 000

【例5-12】 2011年3月5日,甲公司通过增发9 000万股本公司普通股(每股面值1元)取得A公司30%的股权,该9 000万股股份的公允价值为15 600万元。为增发该部分股份,甲公司向证券承销机构等支付了600万元的佣金和手续费。根据以上资料,编制甲公司取得长期股权投资的会计分录如下。

借:长期股权投资——投资成本　　156 000 000

　贷:股本　　90 000 000

　　资本公积——股本溢价　　60 000 000

　　银行存款　　6 000 000

5.2.3 长期股权投资核算的成本法

1.成本法的定义及其适用范围

成本法是指投资按成本计价的方法。下列两种情况下,企业应运用成本法核算长期股权投资:

(1)投资企业能够对被投资企业实施控制的长期股权投资;

(2)投资企业对被投资企业不具有共同控制或重大影响,并且在活跃市场中没有报价、公允价值不能可靠计量的长期股权投资。

2.成本法的核算

采用成本法核算的长期股权投资,应按照初始投资成本计价,一般不予变更,只有在追回或收回投资时才调整长期股权投资的成本。

投资企业在被投资企业宣告发放现金股利时,应作为投资收益处理,借记"应收股利"等科目,贷记"投资收益"科目;收到现金股利时,应借记"银行存款"等科目,贷记"应收股利"科目。如果收到的股利为股票股利,则只调整持股数量,降低每股成本,不作账务处理。

【例5-13】 某企业根据发生的有关长期股权投资业务,编制会计分录如下。

(Ⅰ)2011年1月10日,购入A公司普通股股票10 000股,占A公司普通股股本的10%,准备长期持有,且对A公司无重大影响,用银行存款实际支付买价100 000元,手续费300元,共计100 300元。采用成本法进行核算。

借:长期股权投资——投资成本　　100 300

　贷:银行存款　　100 300

(Ⅱ)2011年5月15日,A公司宣告发放现金股利,每股0.6元。

借:应收股利　　6 000

　贷:投资收益　　6 000

(Ⅲ)2011 年 5 月 25 日,收到 A 公司发放的现金股利 6 000 元,存入银行。

借:银行存款 6 000

贷:应收股利 6 000

5.2.4 长期股权投资核算的权益法

1. 权益法的定义及其适用范围

长期股权投资核算的权益法是指长期股权投资的账面价值要随着被投资企业的所有者权益变动而相应变动,大体上反映在被投资企业所有者权益中占有的份额。

按照我国现行会计准则的规定,投资企业对被投资企业具有共同控制或重大影响的长期股权投资应采用权益法进行核算。

2. 权益法核算的科目设置

采用权益法进行长期股权投资的核算,可以在"长期股权投资"科目下,设置"投资成本""损益调整""所有者权益其他变动"等明细科目。权益法下,"长期股权投资"科目的余额反映全部投资成本。其中,"投资成本"明细科目反映购入股权时在被投资企业按公允价值确定的所有者权益中占有的份额及初始投资成本大于占有份额形成的商誉;"损益调整"明细科目反映购入股权以后,随着被投资企业留存收益的增减变动而享有份额的调整数;"所有者权益其他变动"明细科目反映购入股权以后,随着被投资企业资本公积的增减变动而享有份额的调整数。

3. 权益法下初始投资成本的调整

采用权益法进行长期股权投资的核算,投资企业为了更为客观地反映在被投资企业所有者权益中享有的份额,应将初始投资成本按照被投资企业可辨认净资产公允价值和持股比例进行调整。可辨认净资产的公允价值是指被投资企业可辨认资产的公允价值减去负债及或有负债公允价值后的余额。

(1)长期股权投资的初始投资成本大于应享有被投资企业可辨认净资产公允价值份额,不调整长期股权投资的初始投资成本。其根本原因在于:差额部分实质上为商誉,仍保留在股权投资中,不再进行摊销,而是进行减值测试;

(2)长期股权投资的初始投资成本小于应享有被投资企业可辨认净资产公允价值份额,应该对长期股权投资的初始成本进行调整,差额部分计入当期损益,借记"长期股权投资——投资成本"科目,贷记"营业外收入"科目。

【例 5-14】 承例 5-11,甲公司调整初始投资成本与享有 A 公司可辨认净资产公允价值份额的差额,编制会计分录如下。

甲公司享有 A 公司可辨认净资产公允价值的份额 = 10 500 000 × 40% = 4 200 000 元

甲公司应调整投资成本 = 4 200 000 - 4 000 000 = 200 000 元

借:长期股权投资——投资成本 200 000

贷:营业外收入 200 000

4. 权益法下投资损益的确认

(1)投资收益的确认。当被投资企业实现净利润时,其所有者权益金额相应增加。按照权益法,投资企业一方面应按照享有被投资企业净利润的份额确认为投资收益,另一方面作为追加投资,借记"长期股权投资——损益调整"科目,贷记"投资收益"科目。

值得指出的是,当存在以下情况时,投资企业在分享被投资企业实现的净损益时,应该首先对其进行调整。

①投资企业和被投资企业的会计政策或会计期间不一致。权益法是将投资企业与被投资企业看作一个整体,理应要求一致的会计政策和会计期间,所以一旦被投资企业的会计政策和会计期间与投资企业的不一致,应该予以调整。

②被投资企业的各项可辨认的资产或负债的账面价值与公允价值存在的差异。被投资企业的利润确定一般是以资产、负债的账面价值为基础的,但投资企业在取得被投资企业的长期股权投资时,往往以被投资企业相关资产和负债的公允价值为基础确定投资成本。所以在取得长期股权投资时,若资产与负债的账面价值与公允价值不同,则未来期间计算属于投资企业应享有的净利润或应承担的净损失时,应该考虑对被投资企业计提的折旧、进行的摊销以及减值准备的金额进行相应的调整。

但是,当存在以下特殊情况时,投资收益可直接按被投资单位净利润与持股比例计算确认,但应在附注中说明这一事实及其原因:

①无法可靠确定投资时被投资单位各项可辨认净资产的公允价值;

②投资时被投资单位可辨认净资产公允价值与其账面价值之间的差额较小(基于重要性原则和成本效益原则的考虑);

③其他原因导致无法对被投资单位净损益进行调整。

权益法下,由于长期股权投资的初始投资成本已经按照股权取得日被投资企业可辨认净资产的公允价值进行了调整,因此,被投资企业的净利润应以其购买日各项可辨认资产等的公允价值为基础进行调整后加以确定,不应仅按照被投资企业的账面净利润与持股比例计算的结果简单确定。基于重要性原则,通常应考虑的调整因素为:以取得投资时被投资企业固定资产、无形资产的公允价值为基础计提的折旧额或摊销额,投资企业与被投资企业之间购买商品等形成的内部利润,以及减值准备的金额对被投资企业净利润的影响。其他项目如为重要的,也应进行调整。

如果无法合理确定取得投资时被投资企业各项可辨认资产的公允价值,或者投资时被投资企业可辨认资产的公允价值与其账面价值相比,两者之间的差额不具有重要性,也可以按照被投资企业的账面净利润与持股比例计算的结果确认投资收益,但应在附注中说明这一事实,以及无法合理确定被投资企业各项可辨认资产公允价值的原因。

【例 5-15】 承例 5-11,甲公司 2011 年 1 月 1 日取得投资时,A 公司的固定资产账面价值为 3 000 000 元,公允价值为 4 500 000 元,其他可辨认资产的公允价值与账面价值一致。按照固定资产账面价值计提的年折旧额为 200 000 元,按照公允价值应计提的年折旧额为 300 000 元。A 公司 2011 年度实现的账面净利润为 1 500 000 元,不考虑所得税影响,按照被投资企业的账面净利润计算确定的投资收益应为 450 000(1 500 000 × 30%)元;基于投资时固定资产的公允价值调整的净利润为 1 400 000[1 500 000 - (300 000 - 200 000)]元。A 公司按照持股比例计算确认的当期投资收益应为 420 000(1 400 000 × 30%)元。根据以上资料,编制 A 公司确认投资收益的分录如下。

借:长期股权投资——损益调整　　　　420 000

　贷:投资收益　　　　420 000

(2)投资损失的确认。当被投资企业出现亏损时,其所有者权益金额必然减少。按照权益法,投资企业也应按持股比例确认应分担的损失,借记"投资收益"科目,贷记"长期股权投资——损益调整"科目。被投资企业的净亏损也应以其购买日各项可辨认资产等的公允价值为基础进行调整后加以确定。

①被投资企业的亏损金额×持股比例 < 长期股权投资的账面价值，则投资企业根据按照持股比例计算的实际承担额减少长期股权投资的账面价值。

②被投资企业的亏损金额×持股比例 > 长期股权投资的账面价值，此时投资企业的长期股权投资的账面价值已经不足以抵偿应该承担的被投资企业的亏损分担额，那么一方面应该按照“长期股权投资”的账面价值承担被投资企业的亏损，另一方面未承担的部分即“被投资企业的亏损金额×持股比例－长期股权投资的账面价值”的差额，相应地冲减投资企业对被投资企业的“长期应收款”。

换言之，当出现超额亏损时，按照以下顺序进行冲减或确认：a. 冲减长期股权投资的账面价值；b. 冲减长期应收项目等账面价值；c. 确认预计负债。

按照以上顺序处理后，如果仍有尚未确认的投资损失，投资企业应在备查簿上登记，在被投资企业以后期间实现盈利时，在其收益分享额弥补未确认的亏损分担额后，恢复确认收益分享额。

【例5－16】 甲公司持有乙公司40%的股权，采用权益法进行长期股权投资的核算。2010年12月31日，甲公司长期股权投资的账面价值为1 200 000元，其中，“投资成本”为1 000 000元，“损益调整”为200 000元；长期应收款账面价值为500 000元，属于实质上构成乙公司净投资的长期权益。2010年度，乙公司发生巨额亏损，以可辨认资产等公允价值为基础调整后的净亏损为5 300 000元。2011年度，乙公司以可辨认资产等公允价值为基础调整后实现的净利润为7 000 000元。根据以上资料，编制甲公司调整投资损益的会计分录如下。

(Ⅰ)2010年年末相关会计处理。

应分担的投资损失＝5 300 000×40%＝2 120 000元

以长期股权投资和长期权益账面价值为限实际确认的投资损失＝1 200 000＋500 000＝1 700 000元

未确认的投资损失＝2 120 000－1 700 000＝420 000元

借：投资收益	1 700 000	
贷：长期股权投资——损益调整		1 200 000
长期应收款		500 000

2010年年末：

长期股权投资账面价值：	0元
长期应收款账面价值：	0元

(Ⅱ)2011年度相关会计处理。

应享有的投资收益＝7 000 000×40%＝2 800 000元

实际确认的投资收益＝2 800 000－420 000＝2 380 000元

借：长期应收款	500 000	
长期股权投资——损益调整	1 880 000	
贷：投资收益		2 380 000

2011年年末：

长期股权投资账面价值：	1 880 000元
长期应收款账面价值：	500 000元

5. 权益法下被投资企业分派股利的调整

采用权益法进行长期股权投资的核算,被投资企业分派的现金股利应视为投资的收回。投资企业应按照被投资企业宣告分派的现金股利持股比例计算的应分得现金股利,相应减少长期股权投资的账面价值,借记“应收股利”科目,贷记“长期股权投资——损益调整”科目。实际收到分派的现金股利时,借记“银行存款”等科目,贷记“应收股利”科目。

6. 权益法下被投资企业所有者权益其他变动的调整

采用权益法进行长期股权投资的核算,被投资企业除净损益以外所有者权益的增加,投资企业应调整长期股权投资的账面价值,并计入资本公积,借记“长期股权投资——其他权益变动”科目,贷记“资本公积——其他资本公积”科目。如果被投资企业除净损益以外所有者权益减少,投资企业作相反的处理。

【例 5-17】 A 企业持有 B 企业 30% 的股份,能够对 B 企业施加重大影响。当期 B 企业因持有的可供出售金融资产公允价值的变动计入资本公积的金额为 1 800 万元,除该事项外,B 企业当期实现的净损益为 9 600 万元。假定 A 企业与 B 企业适用的会计政策、会计期间相同,投资时 B 企业有关资产、负债的公允价值与其账面价值亦相同。根据以上资料,编制会计分录如下。

借:长期股权投资——损益调整　　28 800 000
　　　　　　　——其他权益变动　　5 400 000
　贷:投资收益　　28 800 000
　　资本公积——其他资本公积　　5 400 000

5.2.5 长期股权投资的减值

1. 长期股权投资的可收回金额

每年年末,企业应对长期股权投资的账面价值进行检查。如果出现减值迹象,应对其可收回金额进行估计。可收回金额应当根据长期股权投资的公允价值减去处置费用后的净额与长期股权投资预计未来现金流量的现值这两者之间较高者确定。

长期股权投资发生减值迹象的证据是:

(1)影响被投资单位经营的政治或法律环境的变化,如税收、贸易等法规的颁布或修订,可能导致被投资单位出现巨额亏损;

(2)被投资单位所供应的商品或提供的劳务因产品过时或消费者偏好改变而使市场的需求发生变化,从而导致被投资单位财务状况发生严重恶化;

(3)投资单位所从事产业的生产技术或竞争者数量等发生变化,被投资单位已失去竞争能力,从而导致财务状况发生严重恶化;

(4)被投资单位的财务状况、现金流量发生严重恶化,如进行清理整顿、清算等。

2. 长期股权投资减值损失

如果长期股权投资可收回金额的计算结果表明其可收回金额低于账面价值,说明长期股权投资已经发生减值损失,应当将其账面价值减记至可收回金额,借记“资产减值损失”科目,贷记“长期股权投资减值准备”科目。

长期股权投资减值损失一经确认,在以后会计期间不得转回。

【例 5-18】 甲公司于 2007 年 8 月 20 日将原持有乙公司 2 000 万股票的 30%,以每股 13.5 元的价格出售,出售时甲公司账面上对乙公司长期股权投资的构成为:投资成本

6 000万元,损益调整1 500万元,其他权益变动400万元,出售取得价款8 100万元。已提减值准备50万元。不考虑相关税费。根据以上资料,编制会计分录如下。

(Ⅰ)确认长期股权投资的出售损益。

借:银行存款　　81 000 000
　长期股权投资减值准备——乙公司　　500 000
　贷:长期股权投资——乙公司(投资成本)　　60 000 000
　　——乙公司(损益调整)　　15 000 000
　　——乙公司(其他权益变动)　　4 000 000
　　投资收益　　2 500 000

(Ⅱ)同时,还应将原计入资本公积的部分按比例转入当期损益。

借:投资收益　　1 200 000
　贷:资本公积——其他资本公积　　1 200 000

5.2.6 长期股权投资核算方法的转换

长期股权投资在持有期间,因各方面情况的变化可能导致其核算需要由一种方法转换为另外的方法。

1.成本法转换为权益法

(1)投资企业对被投资企业由控制转为共同控制或重大影响。投资企业因减少投资等原因对被投资企业不再具有控制权,但仍存在共同控制或重大影响的,自成本法转为权益法时,首先应按处置或收回投资的比例结转应终止确认的长期股权投资成本

在此基础上,应当比较剩余的长期股权投资成本与按照剩余持股比例计算原投资时应享有被投资单位可辨认净资产公允价值的份额,属于投资中体现的商誉部分,不调整长期股权投资的账面价值;属于投资成本小于应享有被投资单位可辨认净资产公允价值份额的,在调整长期股权投资成本的同时,应调整留存收益。

对于原取得投资后至转变为权益法核算之间被投资单位实现的净损益中应享有的份额,一方面应调整长期股权投资的账面价值,同时对于原取得投资时至处置投资当期期初被投资单位实现的净损益(扣除已发放及已宣告发放的现金股利及利润)中应享有的份额,调整留存收益,对于处置投资当期期初至处置投资之日被投资单位实现的净损益中享有的份额,调整当期损益;其他原因导致被投资单位所有者权益变动中应享有的份额,在调整长期股权投资账面价值的同时,应当计入"资本公积——其他资本公积"。

【例5-19】 A公司2010年1月1日以银行存款2 100 000元购入B公司60%的股权,属于非同一控制下的企业合并。2010年1月1日,B公司可辨认净资产公允价值为3 000 000元(假定可辨认净资产公允价值与账面价值相同)。2012年1月2日,A公司将持有B公司的20%股权出售,收取价款630 000元,当日被投资单位可辨认净资产公允价值总额为4 000 000。自取得对B公司长期股权投资后至处置投资前,B公司实现净利润800 000元。假定B公司一直未进行利润分配。除所实现净损益外,B公司未发生其他计入资本公积的交易或事项。根据以上资料,编制A公司2012年1月2日与处置长期股权投资相关的会计分录。

(Ⅰ)处置投资。

借:银行存款　　630 000

投资收益　　70 000

贷:长期股权投资　　700 000

处置投资后,剩余长期股权投资的账面价值为1 400 000元,投资时按照剩余投资比例计算享有B公司可辨认净资产公允价值的份额为1 200 000(3 000 000×40%)元,长期股权投资账面价值大于享有B公司可辨认净资产公允价值的份额200 000元,属于投资商誉,不需要对剩余长期股权投资账面价值进行调整。

(Ⅱ)采用权益法对享有B公司2010年1月1日至2012年1月2日净资产变动份额的调整。

调整盈余公积=800 000×40%×10%=32 000元

调整年初未分配利润=800 000×40%×90%=288 000元

调整资本公积=(1 000 0000-800 000)×40%=80 000元

借:长期股权投资　　400 000

贷:盈余公积　　32 000

利润分配——未分配利润　　288 000

资本公积——其他资本公积　　80 000

(2)投资企业对被投资企业由无重大影响转为共同控制或重大影响。投资企业因追加投资等原因能够对被投资企业实施共同控制或重大影响但不构成控制的,自成本法转为权益法时,应区分原持有的长期股权投资以及新增长期股权投资两部分分别处理。

①原持有的长期股权投资账面余额与按照原持股比例计算确定应享有原取得投资时被投资单位可辨认净资产公允价值份额之间的差额,属于通过投资作价体现的商誉部分,不调整长期股权投资的账面价值。具体来讲就是:原取得投资时长期股权投资的账面余额大于应享有原取得投资时被投资单位可辨认净资产公允价值的份额,不调整长期股权投资的账面价值;属于原取得投资时因投资成本小于应享有被投资单位可辨认净资产公允价值份额的差额,一方面应调整长期股权投资的账面价值,另一方面应同时调整留存收益。

②对于原取得投资后至新取得投资的交易日之间被投资单位可辨认净资产的公允价值变动相对于原持股比例的部分,属于在此之间被投资单位实现净损益中应享有份额的,一方面应调整长期股权投资的账面价值,同时对于原取得投资时至新增投资当期期初按照原持股比例应享有被投资单位实现的净损益,应调整留存收益,对于新增投资当期期初至新增投资交易日之间应享有被投资单位的净损益,应计入当期损益;属于其他原因导致的被投资单位可辨认净资产公允价值变动中应享有的份额,在调整长期股权投资账面价值的同时,应当计入"资本公积——其他资本公积"。

③对于新增持股比例部分,如果新增的投资成本大于应享有取得投资时被投资单位可辨认净资产公允价值,不调整长期股权投资的账面价值;新增的投资成本小于应享有取得投资时被投资单位可辨认净资产公允价值,调整长期股权投资和营业外收入。

【例5-20】 A公司2010年1月1日以银行存款350 000元购入B公司10%的股权,对B公司不具有重大影响,采用成本法进行核算。2010年1月1日,B公司可辨认净资产公允价值为3 000 000元(假定可辨认净资产公允价值与账面价值相同)。2012年1月1日,A公司又以银行存款630 000元购入B公司20%的股权,当日B公司可辨认净资产公允价值为3 550 000元(假定可辨认净资产公允价值与账面价值相同)。自取得对B公司长期股权投资后至处置投资前,B公司实现净利润500 000元。假定B公司一直未进行利润分配。除所实现净损益外，B 公司未发生其他计入资本公积的交易或事项。根据以上资料，编制 A 公司 2012 年 1 月 1 日与追加投资相关的会计分录。

(Ⅰ)追加投资。

借:长期股权投资 630 000

贷:银行存款 630 000

(Ⅱ)长期股权投资账面价值的调整。

原投资成本 350 000 元，享有 B 公司可辨认净资产公允价值份额 300 000 元，形成投资商誉 50 000 元；追加投资成本 630 000 元，享有 B 公司可辨认净资产公允价值份额 710 000 (3 550 000 ×20%)元，贷差为 80 000 元。原投资形成的商誉 50 000 元冲减追加投资形成的贷差 80 000 元后，尚有贷差 30 000 元，计入营业外收入。

借:长期股权投资 30 000

贷:营业外收入 30 000

(Ⅲ)采用权益法对享有 B 公司 2010 年 1 月 1 日至 2011 年 1 月 1 日净资产变动份额进行调整。

调整盈余公积 = 500 000 × 10% × 10% = 5 000 元

调整年初未分配利润 = 500 000 × 10% × 90% = 45 000 元

调整资本公积 = (3 550 000 − 3 000 000 − 500 000) × 10% = 5 000 元

借:长期股权投资 55 000

贷:盈余公积 5 000

利润分配——未分配利润 45 000

资本公积——其他资本公积 5 000

2. 权益法转换为成本法

(1)投资企业对被投资企业由共同控制或重大影响转为无重大影响。投资企业因处置投资等原因对被投资企业不再具有共同控制或重大影响，应改按成本法核算，并以权益法下长期股权投资的账面价值作为按照成本法核算的初始投资成本。

【例 5 −21】 甲公司 2010 年 1 月 1 日以银行存款 330 000 元购入乙公司 30% 的股权，对乙公司有重大影响，采用权益法进行核算。2010 年 1 月 1 日，乙公司可辨认净资产公允价值为 1 000 000 元(假定可辨认净资产公允价值与账面价值相同)。2011 年 1 月 1 日，甲公司将持有的乙公司 20% 的股权出售，收取价款 250 000 元。乙公司 2010 年实现净利润 70 000元，当年未分配现金股利。根据以上资料，编制甲公司有关长期股权投资的会计分录如下。

(Ⅰ)2010 年 1 月 1 日取得长期股权投资。

借:长期股权投资 330 000

贷:银行存款 330 000

甲公司长期股权投资成本 330 000 元大于享有乙公司可辨认净资产公允价值份额 300 000元，形成投资商誉 30 000 元。

(Ⅱ)2010 年 12 月 31 日采用权益法确认投资收益。

投资收益 = 70 000 × 30% = 21 000 元

借:长期股权投资 21 000

贷:投资收益 21 000

(Ⅲ)2011 年 1 月 1 日处置长期股权投资。

借:银行存款　　250 000

　贷:长期股权投资　　234 000

　　投资收益　　16 000

(2)投资企业对被投资企业由共同控制或重大影响转为控制。投资企业因追加投资等原因能够对被投资企业实施控制,也应当改按成本法进行核算。投资企业在追加投资日,原长期股权投资采用权益法确认的账面价值不需要进行调整;追加投资日的投资成本按照支付投资对价的公允价值确认;两者之和即为追加投资后长期股权投资的账面价值。

【例 5-22】 甲公司 2010 年 1 月 1 日以银行存款 330 000 元购入乙公司 30% 的股权,对乙公司有重大影响,采用权益法进行核算。2010 年 1 月 1 日,乙公司可辨认净资产公允价值为 1 000 000 元(假定可辨认净资产公允价值与账面价值相同)。2011 年 1 月 1 日,甲公司以银行存款 340 000 元再次购入乙公司 30% 股权,对乙公司形成控制。乙公司 2010 年实现净利润 70 000 元,当年未分配现金股利;2011 年 1 月 1 日,乙公司可辨认净资产公允价值为 1 070 000 元(假定可辨认净资产公允价值与账面价值相同)。根据以上资料,编制甲公司有关长期股权投资的会计分录如下。

(Ⅰ)2010 年 1 月 1 日取得长期股权投资。

借:长期股权投资　　330 000

　贷:银行存款　　330 000

甲公司长期股权投资成本 330 000 元大于享有乙公司可辨认净资产公允价值份额 300 000(1 000 000 × 30%)元,不需要对长期股权投资初始成本进行调整。

(Ⅱ)2010 年 12 月 31 日采用权益法确认投资收益。

投资收益 = 70 000 × 30% = 21 000 元

借:长期股权投资　　21 000

　贷:投资收益　　21 000

2010 年 12 月 31 日长期股权投资的账面价值为 351 000(330 000 + 21 000)元。

(Ⅲ)2011 年 1 月 1 日追加投资。

借:长期股权投资　　340 000

　贷:银行存款　　340 000

2011 年 1 月 1 日追加投资后的长期股权投资账面价值为 691 000(351 000 + 340 000)元。

5.2.7　长期股权投资的处置

长期股权投资处置时,其账面价值与实际取得价款的差额应当计入当期损益。投资企业应根据实际收到的价款,借记“银行存款”等科目;根据处置长期股权投资的账面价值,贷记“长期股权投资”等科目;根据两者的差额,借记或贷记“投资收益”科目。采用权益法核算的长期股权投资,因被投资企业除净损益以外所有者权益的其他变动而计入资本公积的数额,也应转入当期损益。

【例 5-23】 甲公司 2007 年 1 月 2 日对乙公司进行长期股权投资,该项投资的账面价值为 1 450 万元,持有乙公司有表决权股份的 30%,共计 200 万股,采用权益法核算。由于乙公司经营不善,发生亏损,导致股价严重下跌,2007 年 12 月 31 日,每股市场价格为 3.5

元。假定出售该项投资的证券交易相关税率和费率合计为0.4%。

如果甲公司按投资时所要求的投资报酬率折现的未来现金流量的现值为1 200万元，则其可收回金额为该项长期股权投资的公允价值1 045.8(300×3.5)×(1－0.4%)万元与未来现金流量现值1 200万元中的较高者。

振兴公司期末应计提减值准备＝1 450－1 200＝250万元

借：资产减值损失——长期投资减值准备　　　　2 500 000

　　贷：长期股权投资减值准备——甲公司　　　　2 500 000

思考题

1. 甲公司于2007年1月2日从证券市场上购入乙公司于2006年1月1日发行的债券，该债券四年期、票面年利率为4%、每年1月5日支付上年度的利息，到期日为2010年1月1日，到期日一次归还本金和最后一次利息。甲公司购入债券的面值为1 000万元，实际支付价款为992.77万元，另支付相关费用20万元。甲公司购入该债券后将其划分为持有至到期投资。购入债券的实际利率为5%。假定按年计提利息。

要求：编制甲公司从2007年1月1日到2010年1月1日上述有关业务的会计分录。

2. A公司2007年1月1日以950万元(含支付的相关费用10万元)购入B公司股票400万股，每股面值1元，占B公司发行在外股份的20%，A公司采用权益法核算该项投资。

2007年1月1日，B公司股东权益的公允价值总额为4 000万元。

2007年B公司实现净利润600万元，提取盈余公积120万元。

2008年B公司实现净利润800万元，提取盈余公积160万元，宣告发放现金股利100万元，A公司已经收到。

2008年B公司由于可供出售金融资产公允价值变动增加资本公积200万元。

2008年年末该项股权投资的可收回金额为1 200万元。

2009年1月5日，A公司转让对B公司的全部投资，实得价款1 300万元。

要求：根据上述资料编制A公司上述有关投资业务的会计分录(金额单位为万元)。

第6章　固定资产

【学习目的】 掌握固定资产购置、自行建造的核算,固定资产折旧的核算;固定资产改扩建的核算;固定资产清理的核算。

【重点与难点】 接受投资、捐赠、修理固定资产的核算,固定资产的期末计价;固定资产的性质、分类、计价。

6.1 固定资产概述

6.1.1 固定资产的特征

固定资产是指同时具有下列特征的有形资产:

(1)为生产商品、提供劳务、出租或经营管理而持有的;

(2)使用寿命超过一个会计年度。

从固定资产的定义看,固定资产具有以下三个特征。

1. 为生产商品、提供劳务、出租或经营管理而持有

企业持有固定资产的目的是为了生产商品、提供劳务、出租或经营管理,即企业持有的固定资产是企业的劳动工具或手段,而不是用于出售的产品。其中出租的固定资产是指企业以经营租赁方式出租的机器设备类固定资产,不包括以经营租赁方式出租的建筑物,后者属于企业的投资性房地产,不属于固定资产。

2. 使用寿命超过一个会计年度

固定资产的使用寿命是指企业使用固定资产的预计期间,或者该固定资产所能生产产品或提供劳务的数量。通常情况下,固定资产的使用寿命是指使用固定资产的预计期间,比如自用房屋建筑物的使用寿命表现为企业对该建筑物的预计使用年限。对于某些机器设备或运输设备等固定资产,其使用寿命表现为以该固定资产所能生产产品或提供劳务的数量。

3. 固定资产是有形资产

固定资产具有实物特征,这一特征将固定资产与无形资产区别开来。有些无形资产可能同时符合固定资产的其他特征,如无形资产为生产商品、提供劳务而持有,使用寿命超过一个会计年度,但是由于其没有实物形态,所以不属于固定资产。

6.1.2 固定资产的确认条件

固定资产在符合定义的前提下,应当同时满足以下两个条件,才能加以确认。

1. 与该固定资产有关的经济利益很可能流入企业

资产最重要的特征是预期会给企业带来经济利益。企业在确认固定资产时,需要判断与该项固定资产有关的经济利益是否很可能流入企业。如果与该项固定资产有关的经济利益很可能流入企业,并同时满足固定资产确认的其他条件,那么企业应将其确认为固定资产;否则,不应将其确认为固定资产。在实务中,判断与固定资产有关的经济利益是否很

可能流入企业，主要判断与该固定资产所有权相关的风险和报酬是否转移到了企业。

通常，取得固定资产的所有权是判断与固定资产所有权相关的风险和报酬转移到企业的一个重要标志。但是，所有权是否转移不是判断与固定资产所有权相关的风险和报酬转移到企业的唯一标志，在有些情况下，某项固定资产的所有权虽然不属于企业，但是企业能够控制与该项固定资产有关的经济利益流入企业，这就意味着与该固定资产所有权相关的风险和报酬实质上已转移到企业，在这种情况下，企业应将该项固定资产予以确认。例如，融资租入的固定资产，企业虽然不拥有固定资产的所有权，但与固定资产所有权相关的风险和报酬实质上已转移到了企业。

对于购置的环保设备和安全设备等资产，其使用不能直接为企业带来经济利益，但是有助于企业从相关资产获得经济利益，或者将减少企业未来经济利益的流出，因此对于这类设备，企业应将其确认为固定资产。例如，为净化环境或者满足国家有关排污标准的需要购置的环保设备，这些设备的使用虽然不会为企业带来直接的经济利益，却有助于企业提高对废水、废气、废渣的处理能力，有利于净化环境，企业为此将减少未来由于污染环境而需要支付的环境净化费或者罚款。

对于工业企业所持有的工具、用具、备品备件、维修设备等资产，施工企业所持有的模板、挡板、架料等周转材料，地质勘探企业所持有的管材等资产，以及企业（民用航空运输）的高价周转件等，企业应当根据实际情况分别管理和核算。符合固定资产定义和确认条件的，应当确认为固定资产。

固定资产的各组成部分，如果各自具有不同使用寿命或者以不同方式为企业提供经济利益，从而适用不同折旧率或折旧方法的，其组成部分实际上是以独立的方式为企业提供经济利益，企业应当分别将各组成部分确认为单项固定资产。例如，飞机的引擎如果与飞机机身具有不同的使用寿命，适用不同的折旧率或折旧方法。

2. 该固定资产的成本能够可靠地计量

成本能够可靠地计量是资产确认的一项基本条件。企业在确定固定资产成本时必须取得确凿证据，但是企业对于已达到预定可使用状态但尚未办理竣工决算的固定资产，需要根据工程预算、工程造价或者工程实际发生的成本等资料，按估计价值确定其成本，办理竣工决算后，再按照实际成本调整原来的暂估价值。

6.1.3 固定资产的分类

企业的固定资产种类繁多、规格不一、用途各异，为了加强对固定资产的管理与核算，必须对固定资产进行科学而合理的分类以促进固定资产结构的优化。根据不同的管理需要和核算要求以及不同的分类标准，可以对固定资产进行不同的分类，常见的固定资产分类方法主要有按所有权分类、按经济用途分类、按实际使用情况分类和综合分类。

1. 按固定资产所有权分类

按固定资产所有权分类，可分为自有固定资产和租入固定资产。

(1) 自有固定资产是企业拥有或控制的可供企业自由支配使用的固定资产；

(2) 租入固定资产是指企业采用租赁方式从其他单位租入的固定资产。

2. 按固定资产经济用途分类

按固定资产经济用途分类，可分为生产经营用固定资产和非生产经营用固定资产。

(1) 生产经营用固定资产是指直接服务于企业生产、经营过程的各种固定资产；

(2)非生产经营用固定资产是指不直接服务于企业生产、经营过程的各种固定资产。

3. 按固定资产使用情况分类

按固定资产使用情况分类,可分为使用中固定资产、未使用固定资产和不需用固定资产。

(1)使用中固定资产是指正在使用中的经营性和非经营性固定资产。由于季节性经营或大修理等原因,暂时停止使用的固定资产仍属于企业使用中的固定资产;企业出租(指经营性租赁)给其他单位使用的固定资产和内部替换使用的固定资产也属于使用中的固定资产。

(2)未使用固定资产是指已完工或已构建的尚未正式使用的新增固定资产以及因进行改建、扩建等原因暂停使用的固定资产。如企业构建的尚未正式使用的固定资产、经营任务变更停止使用的固定资产以及主要的备用设备等。

(3)不需用固定资产是指本企业多余或不适用的固定资产。

6.1.4 固定资产的计价

为了正确反映固定资产价值的增减变动,应按一定的标准对固定资产进行计价。固定资产的计价标准一般有以下四种。

1. 原始价值

原始价值也称为原价或原值,是指购建的固定资产在达到可使用状态之前所发生的全部耗费的货币表现。企业采用不同方式购建的固定资产,其原值的构成有所不同。一般来说,企业从外部取得的固定资产,其原值中包括固定资产的买价、运输途中发生的各种包装运杂费以及在使用前发生的各种安装调试费;企业自行建造的固定资产,其原值中包括建造过程中发生的全部耗费。

2. 重置价值

重置价值是指企业在当前的条件下,重新购置同样的固定资产所需的全部耗费的货币表现。重置价值的构成内容与原值的构成内容相同。

3. 折余价值

折余价值也称为净值,是指固定资产原值减去已提折旧后的余额。

4. 现值

现值是指固定资产在使用期间以及处置时产生的未来净现金流量的折现值。

6.1.5 固定资产核算的科目设置

为了核算固定资产,企业一般需要设置“固定资产”“累计折旧”“在建工程”“工程物资”“固定资产清理”等科目,核算固定资产的取得、计提折旧、处置等情况。

1. “固定资产”科目

“固定资产”科目核算企业固定资产的原价,借方登记企业增加的固定资产原价,贷方登记企业减少的固定资产原价,期末借方余额反映企业结存固定资产的账面原价。

2. “累计折旧”科目

“累计折旧”科目属于“固定资产”科目的调整科目,核算企业固定资产的累计折旧,贷方登记企业计提的固定资产折旧,借方登记企业处置固定资产转出的累计折旧,期末贷方余额反映企业固定资产的累计折旧额。

3.“在建工程”科目

“在建工程”科目核算企业基建、更新改造等在建工程发生的支出，借方登记企业各项在建工程的实际支出，贷方登记企业完工工程转出的成本，期末借方余额反映企业尚未达到预定可使用状态的在建工程的成本。“在建工程”科目应按工程项目设置明细账。

4.“工程物资”科目

“工程物资”科目核算企业为在建工程准备的各种物资的实际成本的增减变动及结存情况。该科目借方登记企业购入工程物资的成本，贷方登记企业领用工程物资的成本，期末借方余额反映企业为在建工程准备的各种物资的成本。“工程物资”科目应按工程物资的品种设置明细账。

5.“固定资产清理”科目

“固定资产清理”科目核算企业因出售、报废、毁损、对外投资、非货币资产交换、债务重组等原因转出的固定资产价值以及在清理过程中发生的费用等，借方登记转出的固定资产价值、清理过程中应支付的相关税费，贷方登记收回出售固定资产的价款和清理过程中取得的残料价值或变价收入，以及应向保险公司或过失人收取的赔款等。期末借方余额反映企业尚未清理完毕固定资产清理净损失；如为贷方余额，则反映企业尚未清理完毕固定资产清理净收益。

此外，固定资产、在建工程、工程物资发生减值的，还应当设置“固定资产减值准备”“在建工程减值准备”“工程物资减值准备”等科目进行核算。

6.2 固定资产的取得

企业取得固定资产的方式是多种多样的，包括外购的固定资产、自行建造的固定资产、投资者投入的固定资产以及非货币性资产交换、债务重组、企业合并和融资租赁等获得的固定资产，取得的方式不同，其成本的具体构成内容及确定方法也不尽相同。

6.2.1 固定资产的购置

企业外购的固定资产应按实际支付的购买价款、相关税费（如不能抵扣的增值税、契税、耕地占用税、车辆购置税等）、使固定资产达到预定可使用状态前所发生的可归属于该项资产的运输费、装卸费、安装费和专业人员服务费等，作为固定资产的取得成本。

按照新的增值税条例和实施细则，一般纳税人从 2009 年 1 月 1 日起，购买的主要用于生产经营的机器设备等固定资产，按照扣税凭证注明的增值税可以从销项税额中抵扣。但购买的建筑物、构筑物及相关配套设施不能抵扣进项税。

在实务中，企业可能以一笔款项同时购入多项没有单独标价的资产。如果这些资产均符合固定资产的定义，并满足固定资产的确认条件，则应将各项资产单独确认为固定资产，并按各项固定资产公允价值的比例对总成本进行分配，分别确定各项固定资产的成本。如果以一笔款项购入的多项资产中还包括固定资产以外的其他资产，也应按类似的方法予以处理。

企业购入的固定资产分为不需要安装的固定资产和需要安装的固定资产两种情形。

1.购入不需要安装的固定资产

企业购入不需要安装的固定资产是指购入后不需要安装就可以直接交付使用的固定

资产。购入不需要安装的固定资产的取得成本为企业实际支付的购买价款、包装费、运杂费、保险费、专业人员服务费和相关税费等,其账务处理为:按应计入固定资产成本的金额,借记“固定资产”科目,可以抵扣的增值税进项税额,借记“应缴税费——应交增值税(进项税额)”科目,贷记“银行存款”“其他应付款”“应付票据”等科目。

企业采用赊购方式购入的固定资产,一般来说其价格要高于现购价格,这部分差额属于购买日至付款日之间企业应付的利息。但是,由于赊购的时间一般不长,利息费用不多,因此按照重要性原则,赊购固定资产的价格一般按照其发票价格计算。企业采用赊购方式购入的不需安装的固定资产,应按其发票价格和支付(或应付)的包装运杂费,借记“固定资产”“应交税费——应交增值税(进项税额)”等科目,贷记“应付账款”“银行存款”等科目。

企业采用赊购方式购入的固定资产如果含有现金折扣,根据前述重要性原则,其价格也应按照发票价格计算(即采用总价法)。当实际取得现金折扣时,将其视为提前付款而收取的利息,冲减财务费用。

【例6-1】 2011年1月1日,鑫瑞公司购入一台不需要安装的生产用机器设备,取得的增值税专用发票上注明的机器设备价款为100万元,增值税进项税额为17万元,发生包装费1 000元,运输费5 000元(其中7%可作为增值税进项税额抵扣),款项以银行存款支付。假定不考虑其他相关税费。账务处理如下:

固定资产原始价值 = 1 000 000 + 1 000 + 5 000 × (1 - 7%) = 1 005 650 元

增值税进项税额 = 170 000 + 5 000 × 7% = 170 350 元

借:固定资产——机器设备　　1 005 650
　　应交税费——应交增值税(进项税额)　　170 350
　　贷:银行存款　　1 176 000

2. 购入需要安装的固定资产

购入需要安装的固定资产是指企业购入的,需要经过安装、调试和试运行才能交付使用的固定资产。企业购入固定资产时实际支付的买价、运输费、装卸费、专业人员服务费和其他相关税费等均应先通过“在建工程”科目核算,待安装完毕达到预定可使用状态时,再由“在建工程”科目转入“固定资产”科目。

企业购入需要安装的固定资产,应根据实际支付的买价、包装运杂费和安装费,借记“在建工程”科目,贷记“银行存款”等科目;安装工程完工后,根据其全部安装工程成本,借记“固定资产”科目,贷记“在建工程”科目。

【例6-2】 2011年2月10日,旭日公司购入一台需要安装的机器设备,取得的增值税专用发票上注明的机器设备价款为200 000元,增值税进项税额为34 000元,支付的运输费为2 000元(其中7%可作为增值税进项税额抵扣),款项已通过银行存款支付;安装设备时,领用材料物资,账面余额为20 000元,未计提存货跌价准备,购进该批材料时支付的增值税进项税额为3 400元;应付安装工人工资为4 000元,计提应付福利费为560元;假定不考虑其他相关税费。乙公司的账务处理如下:

固定资产原始价值 = 200 000 + 2 000 × (1 - 7%) = 201 860 元

增值税进项税额 = 34 000 + 2 000 × 7% = 34 140 元

(Ⅰ)购入设备。

借:在建工程　　201 860
　　应交税费——应交增值税(进项税额)　　34 140

贷:银行存款　　　　236 000

(Ⅱ)安装设备。

借:在建工程　　　　27 960

贷:原材料　　　　20 000

应交税费——应交增值税(进项税额转出)　　　　3 400

应付职工薪酬　　　　4 560

(Ⅲ)设备安装完毕达到预定可使用状态。

借:固定资产　　　　229 820

贷:在建工程　　　　229 820

购买固定资产的价款超过正常信用条件延期支付,实质上具有融资性质的,固定资产的成本以购买价款的现值为基础确定。实际支付的价款与购买价款的现值之间的差额,除按照《企业会计准则第 17 号——借款费用》应予以资本化的以外,应当在信用期间内计入当期损益。其账务处理为:购入固定资产时,按购买价款的现值借记"固定资产"或"在建工程"等科目,按应支付的金额贷记"长期应付款"科目,按其差额借记"未确认融资费用"科目。

固定资产的明细分类核算一般可以分为二级核算和三级核算两种。企业通常应设置固定资产登记簿来组织二级明细核算,设置固定资产卡片来组织三级明细核算。

6.2.2 固定资产的自行建造

自行建造的固定资产,按建造该项资产达到预定可使用状态前所发生的必要支出作为入账价值。企业为在建工程准备的各种物资,应当按照实际支付的买价、增值税额、运输费、保险费等相关费用作为实际成本。企业自行建造固定资产包括自营建造和出包建造两种方式,主要通过"工程物资"和"在建工程"科目进行核算。

为了满足工程施工的需要,企业通过"工程物资"账户对工程物资进行核算。"工程物资"科目,核算企业为基建工程、更改工程准备的各种物资的实际成本,包括为工程准备的材料、尚未交付安装的需要安装设备的实际成本,以及预付大型设备款和基本建设期间根据项目概算购入为生产准备的工具及器具等的实际成本,并分别设置"专用材料""专用设备""预付大型设备款""为生产准备的工具及器具"等明细科目。

工程完工后剩余的工程物资,转作本企业库存材料的,按其实际成本或计划成本借记"原材料",借或贷记"材料成本差异",贷记"工程物资"账户。若可以抵扣增值税进项税额的,应按减去可抵扣增值税进项税额后的实际成本或计划成本,借记"原材料",按可抵扣的增值税进项税额借记"应交税费——应交增值税(进项税额)",借记或贷记"材料成本差异",贷记"工程物资"。

1. 采用自营方式建造固定资产

采用自营方式建造的固定资产,按建造该项资产达到预定可使用状态前所发生的必要支出作为入账价值。这里所讲的建造该项资产达到预定可使用状态前所发生的必要支出,包括工程用物资成本、人工成本、应予以资本化的固定资产借款费用、交纳的相关税金以及应分摊的其他间接费用等。

企业采购为工程准备的物资时,按照实际支付的买价、增值税额、运输费、保险费等相关费用借记"工程物资",贷记"银行存款""应付账款"或"应付票据"等账户;领用工程物资时,按其账面成本借记“在建工程”,贷记“工程物资”账户。

盘盈、盘亏、报废、毁损的工程物资,减去保险公司、过失人赔偿部分后的余额,分别情况处理:如果工程项目尚未达到预定可使用状态,计入或冲减所建工程项目的成本;如果工程项目已经达到预定可使用状态,计入当期营业外支出或营业外收入。

工程在达到预定可使用状态前,因必须进行试运转而形成的、能够对外销售的产品,其发生的成本计入在建工程成本,销售或转为库存商品时,按实际销售收入或按预计售价冲减工程成本。所建造的固定资产已达到预定可使用状态,但尚未办理竣工决算的,应当自达到预定可使用状态之日起,根据工程预算、造价或者工程实际成本等,按暂估价值转入固定资产成本,待办理竣工决算手续后再作调整。

企业通过自营方式建造固定资产,其入账价值应当按照建造该项固定资产达到预定可使用状态前所发生的必要支出确定。工程项目较多且工程支出较大的企业,应当按照工程项目的性质分别核算各工程项目的成本。

企业通过自营方式建造的固定资产,按建造该项资产达到预定可使用状态前所发生的必要支出,借记“在建工程”科目,贷记“银行存款”“原材料”“应付职工薪酬”等科目。企业的辅助生产经营部门为自营工程提供的水、电、设备安装、运输等产品或劳务,应根据实际成本和应负担的税金,借记“在建工程”科目,贷记“生产成本”科目。企业自营建造的固定资产在交付使用前应负担的长期负债利息应计入自营工程成本,借记“在建工程”科目,贷记“长期借款”等科目。企业自营工程中发生的报废损失应计入工程成本;发生的残料收入应冲减工程成本,借记“原材料”科目,贷记“在建工程”科目。工程物资盘点时,如发现盘亏,应将盘亏物资的实际成本计入工程成本,借记“在建工程”科目,贷记“工程物资”科目。盘盈的工程物资作相反处理。工程达到预定可使用状态交付使用固定资产时,借记“固定资产”科目,贷记“在建工程”科目。

已交付使用的固定资产办理竣工结算时,如该项固定资产的实际原值大于原入账价值,应对原入账价值进行调整,借记“固定资产”科目,贷记“在建工程”科目。

【例6-3】 2011年3月,嘉义公司自行建造一新产品生产车间,购入工程物资一批,价款为300 000元,支付的增值税进项税额为51 000元,款项以银行存款支付。3月至12月,该工程先后领用工程物资共249 800元(含增值税税额);剩余工程物资转为该公司的存货,其所含的增值税进项税额可以抵扣;领用生产用原材料一批,账面余额为40 000元,未计提存货跌价准备。购进该批原材料时支付的增值税进项税额为6 800元;辅助生产车间为工程提供有关劳务支出35 000元;计提工程人员工资为60 000元,计提工程人员福利费为8 400元;该工程应负担的长期借款利息为8 000元。12月底,工程达到预定可使用状态并交付使用。假定不考虑其他相关税费。嘉义公司的账务处理如下。

(Ⅰ)购入工程准备的物资。

借:工程物资	300 000	
应交税费——应交增值税(进项税额)	51 000	
贷:银行存款		351 000

(Ⅱ)工程领用物资。

借:在建工程——新产品车间	249 800	
贷:工程物资		249 800

(Ⅲ)工程领用原材料。

借:在建工程——新产品车间　46 800
　贷:原材料　40 000
　　应交税费——应交增值税(进项税额转出)　6 800

(Ⅳ)辅助生产车间为工程提供劳务支出。

借:在建工程——新产品车间　35 000
　贷:生产成本——辅助生产成本　35 000

(Ⅴ)计提工程人员工资、福利费。

借:在建工程——新产品车间　68 400
　贷:应付职工薪酬　68 400

(Ⅵ)应负担的长期借款利息。

借:在建工程　8 000
　贷:长期借款　8 000

(Ⅶ)6 月底,工程达到预定可使用状态并交付使用。

借:固定资产——新产品车间　408 000
　贷:在建工程——新产品车间　408 000

(Ⅷ)剩余工程物资转作存货。

借:原材料　86 496
　应交税费——应交增值税(进项税额)　14 704
　贷:工程物资　101 200

2. 采用出包方式建造固定资产

企业以出包方式建造固定资产,其成本由建造该项固定资产达到预定可使用状态前所发生的必要支出构成,包括发生的建筑工程支出、安装工程支出以及需分摊计入各固定资产价值的待摊支出。建筑工程、安装工程支出,如人工费、材料费、机械使用费等由建造承包商核算。对于发包企业而言,建筑工程支出、安装工程支出是构成在建工程成本的重要内容,发包企业按照合同规定的结算方式和工程进度定期与建造承包商办理工程价款结算,结算的工程价款计入在建工程成本。

待摊支出是指在建设期间发生的,不能直接计入某项固定资产价值,而应由所建造固定资产共同负担的相关费用,包括为建造工程发生的管理费、可行性研究费、临时设施费、公证费、监理费、应负担的税金、符合资本化条件的借款费用、建设期间发生的工程物资盘亏、报废及毁损净损失以及负荷联合试车费等。企业为建造固定资产通过出让方式取得土地使用权而支付的土地出让金不计入在建工程成本,应确认为无形资产(土地使用权)。

在出包方式下,“在建工程”科目主要是企业与建造承包商办理工程价款的结算科目,企业支付给建造承包商的工程价款作为工程成本通过“在建工程”科目核算。企业应按合理估计的工程进度和合同规定结算的进度款,借记“在建工程——建筑工程——×工程”“在建工程——安装工程——×工程”科目,贷记“银行存款”“预付账款”等科目。工程完成时,按合同规定补付的工程款,借记“在建工程”科目,贷记“银行存款”等科目。企业将需安装设备运抵现场安装时,借记“在建工程——在安装设备——×设备”科目,贷记“工程物资——×设备”科目;企业为建造固定资产发生的待摊支出,借记“在建工程——待摊支出”科目,贷记“银行存款”“应付职工薪酬”“长期借款”等科目。

【例 6 -4】 甲公司将一幢厂房的建造工程出包给乙公司承建,按合理估计的发包工程进度和合同规定向乙公司结算进度款 600 000 元,因该厂房建造工程所负担的长期借款利息为10 000元。工程完工后,收到乙公司有关工程结算单据,补付工程款 400 000 元,工程完工并达到预定可使用状态。该企业应作如下会计处理。

(Ⅰ)按合理估计的发包工程进度和合同规定向乙公司结算进度款。

借:在建工程　　600 000
　贷:银行存款　　600 000

(Ⅱ)负担长期借款利息。

借:在建工程　　10 000
　贷:长期借款　　10 000

(Ⅲ)补付工程款。

借:在建工程　　400 000
　贷:银行存款　　400 000

(Ⅳ)工程完工并达到预定可使用状态。

借:固定资产　　1 010 000
　贷:在建工程　　1 010 000

6.2.3 接受投资的固定资产

企业对投资者投资转入的机器设备等固定资产,在办理了固定资产移交手续之后,按投资合同或协议约定的价值作为固定资产的入账价值,借记"固定资产"科目;按投资各方确认的价值在其注册资本中所占的份额,确认为实收资本或股本,贷记"实收资本"或"股本"科目;按投资各方确认的价值与确认为实收资本或股本的差额,确认为资本公积,贷记"资本公积——资本溢价(股本溢价)"科目;按应支付的相关税费,确认为银行存款或应交税费及附加,贷记"银行存款""应交税费及附加"等科目。

【例 6-5】 顺峰公司为股份有限公司,其注册资本为 100 000 元。20×9 年 7 月 5 日,顺峰公司接受甲公司以一台设备进行投资。该台设备的原价为 55 000 元,已计提折旧为16 000元,双方经协商确认的价值为 40 000 元,占顺峰公司注册资本的 30%。假定不考虑其他相关税费。顺峰公司的账务处理如下。

借:固定资产　　40 000
　贷:股本——乙公司　　30 000
　　资本公积——股本溢价　　10 000

6.2.4 融资租赁租入固定资产

企业在生产经营过程中,由于生产经营的临时性或季节性需要,或出于融资等方面的考虑,对于生产经营所需的固定资产可以采用租赁的方式取得。承租人和出租人应当在租赁开始日将租赁分为融资租赁和经营租赁。租赁开始日是指租赁协议日与租赁各方就主要租赁条款作出承诺日中的较早者。

1. 融资租赁

融资租赁是指在实质上转移了与资产所有权有关的全部风险和报酬的租赁。其所有权最终可能转移,也可能不转移。企业采用融资租赁方式租入的固定资产,承租企业实质上获得了租赁资产所提供的主要经济利益,同时承担与资产所有权有关的风险,因此,承租企业应将融资租入固定资产作为一项固定资产入账，同时确认相应的负债，并采用与自有应折旧资产相一致的折旧政策计提折旧。

融资租入固定资产在租赁期开始日，承租人通常应将租赁开始日租赁资产公允价值与最低租赁付款额现值两者中较低者作为租入资产的入账价值，将最低租赁付款额作为长期应付款的入账价值，并将两者的差额确认为未确认融资费用。

最低租赁付款额是指在租赁期内，承租人应支付或可能被要求支付的款项，加上由承租人或与其有关的第三方担保的资产余值。承租人有购买租赁资产选择权，所订立的购买价款预计将远低于行使选择权时租赁资产的公允价值，因而在租赁开始日就可以合理确定承租人将会行使这种选择权的，购买价款应当计入最低租赁付款额。租赁合同规定的内容不同，最低租赁付款额的构成内容也不相同。

企业应对融资租入固定资产单设“融资租入固定资产”明细科目核算。借记“固定资产”科目，按最低租赁付款额，贷记“长期应付款——应付融资租赁款”科目，按其差额借记“未确认融资费用”科目。在支付租金时，企业应按每期支付的租金金额，借记“长期应付款——应付融资租赁款”科目，贷记“银行存款”科目。如果支付的租金中包含有履约成本，还应同时借记“制造费用”“管理费用”等科目。每期分摊未确认融资费用时，按当期应分摊的未确认融资费用金额，借记“财务费用”科目，贷记“未确认融资费用”科目。租赁期满，如合同规定将租赁资产所有权转归承租企业，应进行转账，将固定资产从“融资租入固定资产”明细科目转入有关明细科目。

【例6-6】 假设甲公司于20×8年1月1日从乙公司以融资租赁方式租入一套设备，租赁公司购置设备的成本为40万元，公允价值为40万元，租赁期为5年，每年末支付租金94 967元，期满设备归甲公司所有，出租人内含利率为6%，同期银行贷款利率为8%，设备寿命为5年，期末预计净残值为5%，该设备采用直线法计提折旧。

（Ⅰ）计算租赁开始日最低租赁付款额的现值。

确定租赁资产的入账价值：

最低租赁付款额现值 = 94 967 × (P/A,6%,5) = 400 000 元

最低租赁付款额的现值与公允价值相等，因此，租赁资产的入账价值即为400 000元。

最低租赁付款额 = 94 967 × 5 = 474 835 元

未确认融资费用为 = 474 835 - 400 000 = 74 835 元

（Ⅱ）在租赁开始日的会计处理。

借：固定资产——融资租入固定资产	400 000	
未确认融资费用	74 835	
贷：长期应付款——应付融资租赁款		474 835

（Ⅲ）确定融资费用的折现率和分摊率。

由于出租人的内含利率为6%，以此作为融资费用的折现率。在按实际利率法分摊未确认融资费用时，可编制摊销表，见表6-1。

表 6-1　未确认融资费用摊销表　　金额:元

日　期	年　租　金	利息费用	本金减少数	本金余额
租赁开始日	(1)	(2) = (4) ×6%	(3) = (1) - (2)	(4) = 上一年的(4) - (3)
20×8.01.01	94 967	24 000	70 967	400 000
20×8.12.31	94 967	19 742	75 225	329 033
20×9.12.31	94 967	15 229	79 738	253 808
20×10.12.31	94 967	10 445	84 522	174 070
20×11.12.31	94 967	5 419	89 548	89 548
20×12.12.31				0
合　计	474 835	74 835	400 000	0

(Ⅳ)支付租金,并确认融资费用。

20×8 年 12 月 31 日支付第一期租金的会计处理如下。

借:长期应付款——应付融资租赁款　　94 967
　贷:银行存款　　94 967
借:财务利息——利息　　24 000
　贷:未确认融资费用　　24 000

以后各期支付租金,均按此作会计分录。

(Ⅴ)在租赁期内各期计提折旧的会计处理。

按直线法计提折旧,每年应提的折旧额为:

年折旧额 = 400 000 × (1 - 5%)/5 = 76 000 元

计提折旧的会计分录如下。

借:制造费用——折旧费　　76 000
　贷:累计折旧　　76 000

(Ⅵ)租赁期满,设备转为自有资产时的会计处理。

借:固定资产——专用设备　　400 000
　贷:固定资产——融资租入固定资产　　400 000

2. 经营租赁

经营租赁是指除融资租赁之外的其他租赁,是承租人为了经营活动中的短期性、临时性及季节性需要而向出租人租用某种资产的行为。如果一项租赁在实质上没有转移与租赁资产所有权有关的全部风险和报酬,那么该项租赁应认定为经营租赁。在经营租赁方式下,由于与租赁资产所有权有关的全部风险和报酬在实质上没有转移给承租企业,因此,承租企业不需承担租赁资产的主要风险,其会计处理比较简单,不需将所取得的租入资产的使用权资本化,相应地,也不必将所承担的付款义务列作负债。承租企业确认各期租金费用时,借记"营业费用""待摊费用"等科目,贷记"其他应付款"等科目。实际支付租金时,借记"其他应付款"等科目,贷记"银行存款""现金"等科目。

【例 6-7】 2008 年 1 月 1 日,甲公司从乙公司租用一套办公室,租赁期为 3 年。租赁合同规定,租赁日为 2007 年 1 月 1 日,甲公司预付租金 150 000 元,第一年末支付租金 150 000元,第二年末支付租金 200 000 元,第三年末支付租金 250 000 元;租赁期满,乙公司收回出租办公室,三年的租金总额为750 000元。假设甲公司在每年年末确认租金费用,不存在租金逾期支付的情况。甲公司的账务处理如下。

(Ⅰ)2008年1月1日支付租金。

借:长期待摊费用　　150 000
　　贷:银行存款　　150 000

(Ⅱ)2009年12月31日确认租金费用。

借:管理费用　　250 000
　　贷:长期待摊费用　　100 000
　　　　银行存款　　150 000

(Ⅲ)2010年12月31日确认租金费用。

借:管理费用　　250 000
　　贷:长期待摊费用　　50 000
　　　　银行存款　　200 000

(Ⅳ)2011年12月31日确认租金费用。

借:管理费用　　250 000
　　贷:银行存款　　250 000

6.2.5 接受捐赠的固定资产

接受捐赠的固定资产,捐赠方提供了有关凭据的,按凭据上标明的金额加上应支付的相关税费作为入账价值。捐赠方没有提供有关凭据的,按以下顺序确定其入账价值:同类或类似固定资产存在活跃市场的,按同类或类似固定资产的市场价格估计的金额作为入账价值;同类或类似固定资产不存在活跃市场的,按该接受捐赠的固定资产的预计未来现金流量现值作为入账价值。如接受捐赠的是旧的固定资产,按上述方法确定的新固定资产价值减去按该项资产的新旧程度估计的价值损耗后的余额作为入账价值。具体来说,企业接受捐赠固定资产应按会计规定确定的入账价值,借记"固定资产"科目,按税法规定确定的入账价值与适用的所得税税率的乘积,贷记"递延所得税负债"科目,按两者的差额,贷记"营业外收入"科目。

【例6-8】 2011年5月1日,甲公司接受乙公司捐赠的一台八成新机器设备,乙公司提供了购买这台设备的有关发票等凭证,据此确定该设备原价为75 800元(含增值税进项税额)。甲公司为使设备达到预定可使用状态所发生的运输费、安装费等为2500元,全部以银行存款支付。假定甲公司适用的所得税税率为25%;甲公司按照税法规定确定该机器设备的入账价值为68 500元;不考虑其他相关税费。甲公司的账务处理如下。

借:固定资产　　71 000
　　贷:递延所得税负债　　17 125
　　　　银行存款　　2 500
　　　　营业外收入　　51 375

6.2.6 取得附有弃置义务的固定资产

对于特殊行业的特定固定资产,确定其初始成本时还应考虑弃置费用。弃置费用通常是指根据国家法律和行政法规、国际公约等规定,企业承担的环境保护和生态恢复等义务所确定的支出,如核电站核设施等的弃置和恢复环境义务。

弃置费用的金额与其现值比较通常较大,需要考虑货币时间价值,对于这些特殊行业的特定固定资产,企业应当根据《企业会计准则第 13 号——或有事项》,按照现值计算确定应计入固定资产成本的金额和相应的预计负债。在固定资产的使用寿命内按照预计负债的摊余成本和实际利率计算确定的利息费用应当在发生时计入财务费用。一般工商企业的固定资产发生的报废清理费用不属于弃置费用,应当在发生时作为固定资产处置费用处理。

【例6-9】 某公司经国家批准于201×年1月1日建造完成核电站核反应堆并交付使用,建造成本为2 500 000 万元,预计使用寿命40 年。该核反应堆将会对当地的生态环境产生一定的影响,根据法律规定,企业应在该项设施使用期满后将其拆除,并对造成的污染进行整治,预计发生弃置费用250 000 万元。假定适用的折现率为10%。账务处理如下。

(Ⅰ)201×年1月1日,弃置费用的现值 = 250 000 ×(P/F,10%,40) = 250 000 × 0.0221 =5 525 万元

固定资产的成本 =2 500 000 +5 525 =2 505 525 万元

借:固定资产　　25 055 250 000

　贷:在建工程　　25 000 000 000

　　预计负债　　55 250 000

(Ⅱ)计算第1年应负担的利息费用 =55 250 000 ×10% =5 525 000 元

借:财务费用　　5 525 000

　贷:预计负债　　5 525 000

6.3 固定资产折旧

6.3.1 折旧的性质

固定资产折旧是指固定资产由于损耗而减少的价值。固定资产损耗分为有形损耗和无形损耗两种。有形损耗是指固定资产在使用过程中由于使用和自然力的影响在使用价值和价值上的损耗;无形损耗是指由于技术进步而引起的固定资产价值上的损耗。固定资产与存货不同,它的价值不是一次转移计入产品成本或费用,而是在长期使用过程中,随着损耗程度,以折旧费项目分期计入产品成本或费用,并通过取得相应的收入而得到补偿。

折旧是在固定资产使用寿命内,按照确定的方法对应计折旧额进行系统分摊。应计折旧额是指应当计提折旧的固定资产的原价扣除其预计净残值后的金额。已计提减值准备的固定资产还应当扣除已计提的固定资产减值准备累计金额。固定资产的使用寿命、预计净残值一经确定,不得随意变更。

以融资租赁方式租入的固定资产和以经营租赁方式租出的固定资产,应当计提折旧;以融资租赁方式租出的固定资产和以经营租赁方式租入的固定资产,不应当计提折旧。融资租入的固定资产应当采用与自有应计折旧资产相一致的折旧政策。能够合理确定租赁期届满时将会取得租赁资产所有权的,应当在租赁资产尚可使用年限内计提折旧;无法合理确定租赁期届满时能够取得租赁资产所有权的,应当在租赁期与租赁资产尚可使用年限两者中较短的期间内计提折旧。

企业对固定资产进行更新改造时，应将更新改造的固定资产账面价值转入在建工程，并在此基础上确定经更新改造后的固定资产原价。处于更新改造过程而停止使用的固定资产，因已转入在建工程，因此不计提折旧，待更新改造项目达到预定可使用状态转为固定资产后，再按重新确定的折旧方法和该项固定资产尚可使用年限计提折旧。

6.3.2 计提折旧应考虑的因素

影响固定资产折旧的因素主要有以下几方面。

(1)固定资产原价。固定资产原价指固定资产的成本。

(2)预计净残值。预计净残值指假定固定资产预计使用寿命已满并处于使用寿命终了时的预期状态，企业目前从该项资产处置中获得的扣除预计处置费用后的金额。

(3)固定资产减值准备。固定资产减值准备指固定资产已计提的固定资产减值准备累计金额。固定资产计提减值准备后，应当在剩余使用寿命内根据调整后的固定资产账面价值和预计净残值重新计算确定折旧率和折旧额。

(4)固定资产的使用寿命。固定资产的使用寿命指企业使用固定资产的预计期间，或者该固定资产所能生产产品或提供劳务的数量。企业确定固定资产使用寿命时，应当考虑下列因素：

①该项资产预计生产能力或实物产量；

②该项资产预计有形损耗指固定资产在使用过程中，由于正常使用和自然力的作用而引起的使用价值和价值的损失；

③该项资产预计无形损耗指由于科学技术的进步和劳动生产率的提高而带来的固定资产价值上的损失；

④法律或者类似规定对该项资产使用的限制。某些固定资产的使用寿命可能受法律或类似规定的约束。如对于融资租赁的固定资产，根据《企业会计准则第 21 号——租赁》规定，能够合理确定租赁期届满时将会取得租赁资产所有权的，应当在租赁资产使用寿命内计提折旧；如果无法合理确定租赁期届满时能够取得租赁资产所有权的，应当在租赁期与租赁资产使用寿命两者中较短的期间内计提折旧。

6.3.3 折旧的计算方法

会计上计算固定资产折旧的方法很多，主要可分为两大类：一类是直线法，包括年限平均法、工作量法；另一类是加速折旧法，包括双倍余额递减法、年数总和法等。折旧方法一经选定，不得随意变更。如需变更，应当在附注中予以说明。目前，我国对固定资产折旧方法的选用限定为企业一般采用年限平均法。企业专业车队的客、货运汽车，大型设备，可以采用工作量法；在国民经济中具有重要地位、技术进步快的电子生产企业、船舶工业和船舶运输企业、生产“母机”的机械企业、飞机制造企业、汽车制造企业和运输企业、化工生产企业和医药生产企业以及其他经财政部批准的企业，其机器设备可以选用加速折旧法中的双倍余额递减法或年数总和法。

1. 直线法

直线法是指按照时间或完成的工作量平均计提折旧的方法，主要包括平均年限法和工作量法。

(1)平均年限法。平均年限法是指按照固定资产的预计使用年限平均计提折旧的方法,其累计折旧额为使用时间的线性函数。采用这种方法,假定固定资产的服务潜力随着时间的推移而逐渐递减,其效能与固定资产的新旧程度无关。因此,固定资产的应计提折旧总额可以均匀摊配于预计使用年限内的各个会计期间。其计算公式为

$$年折旧额=\frac{原值-净残值}{预计使用年限}=\frac{应计提折旧总额}{预计使用年限}$$

$$月折旧额=\frac{年折旧额}{12}$$

上述公式为固定资产折旧平均年限法的一般原理。在实际工作中,固定资产折旧额一般根据固定资产原值乘以折旧率计算。在平均年限法下,固定资产折旧率是固定资产折旧额与固定资产原值的比率,其计算公式为

$$年折折旧率=\frac{1-预计净残值率}{预计使用寿命}\times100\%$$

$$月折旧率=\frac{年折旧率}{12}$$

$$月折旧额=固定资产原价\times月折旧率$$

个别折旧率即某项固定资产在一定期间的折旧额与该项固定资产原价的比率。分类折旧率是指固定资产分类折旧额与该类固定资产原价的比率。采用这种方法应先把性质、结构和使用年限接近的固定资产归为一类,再按类计算平均折旧率,用该类折旧率对该类固定资产计提折旧。如将房屋建筑物划分为一类,将机械设备划分为一类等。计算公式为

$$某类固定资产年分类折旧率=\frac{该类固定资产年折旧额之和}{该类固定资产原价之和}\times100\%$$

采用分类折旧率计算固定资产折旧,其优点是计算方法简单,但准确性不如个别折旧率。

综合折旧率是指某一期间企业全部固定资产折旧额与全部固定资产原价的比率,计算公式为

$$固定资产年综合折旧率=\frac{各项固定资产年折旧额之和}{各项固定资产原价之和}\times100\%$$

与采用个别折旧率和分类折旧率计算固定资产折旧相比,采用综合折旧率计算固定资产折旧,其计算结果的准确性较差。

【例6-10】 甲公司有一幢厂房,原价为5 000 000元,预计可使用20年,预计报废时的净残值率为2%。该厂房的折旧率和折旧额的计算如下:

$$年折旧率=\frac{1-2\%}{20}=4.9\%$$

$$月折旧率=\frac{4.9\%}{12}=0.41\%$$

月折旧额=5 000 000×0.41%=20 500元

(2)工作量法。工作量法是指按照固定资产预计完成的工作总量平均计提折旧的方法,其累计折旧额为完成工作量的线性函数。采用这种方法,假定固定资产的服务潜力随着完成工作量的增加而逐渐递减,其效能与固定资产的新旧程度无关。因此,固定资产的应计提折旧总额可以均匀摊配于预计的每一单位工作量。采用工作量法计提折旧也应首先确定固定资产应计提折旧总额,然后根据固定资产应计提折旧总额和预计完成的工作总

量，确定单位工作量折旧额；最后根据单位工作量折旧额和某月实际完成的工作量，就可以计算出该月折旧额。这里的“工作量”可以是小时数、产量数、行驶里程数、工作台班数等。计算公式如下：

单位工作量折旧额 = 固定资产原价 ×（1 - 预计净残值率）÷ 预计总工作量

某项固定资产月折旧额 = 该项固定资产当月工作量 × 单位工作量折旧额

【例6-11】 某企业的一辆运货卡车的原价为600 000元，预计总行驶里程为500 000千米，预计报废时的净残值率为5%，本月行驶4 000千米。该辆汽车的月折旧额计算如下：

$$单位里程折旧额 = \frac{600\ 000 \times (1 - 5\%)}{500\ 000} = 1.14\ 元/千米$$

本月折旧额 = 4 000 × 1.14 = 4 560 元

工作量法比较符合收入与费用相配比原则，即资产的实际使用程度越高，则磨损程度也越大，为企业提供的效益越高，计提的折旧费越高；反之亦然。该方法只考虑固定资产的使用程度，把固定资产在使用中有形损耗作为计提折旧的唯一因素，而忽视了固定资产的无形损耗。该方法一般适用于价值较高的大型精密机床以及运输设备等固定资产的折旧计算。这些固定资产的价值较高，各月的工作量一般不很均衡，采用平均年限法计提折旧，会使各月成本费用的负担不够合理。

2. 加速折旧法

加速折旧法也称为递减费用法，是指在固定资产使用初期计提折旧较多而在后期计提折旧较少，从而相对加速折旧的方法。采用加速折旧法，各年的折旧额呈递减趋势。加速折旧法一般只采用个别折旧方式。为了简化折旧计算工作，月折旧额一般按年折旧额除以12计算。如果某项固定资产开始计提折旧的时间不是年初，则该年度各月的折旧额以及下一年度前几个月的折旧额，均按年折旧额的月平均数计算。较常用的加速折旧法有双倍余额递减法和年数总和法两种。

（1）双倍余额递减法。双倍余额递减法是指在不考虑固定资产预计净残值的情况下，根据每期期初固定资产原价减去累计折旧后的金额和双倍的直线法折旧率计算固定资产折旧的一种方法。计算公式如下：

$$年折旧率 = \frac{2}{预计使用寿命(年)} \times 100\%$$

$$月折旧率 = \frac{年折旧率}{12}$$

月折旧额 = 固定资产净值 × 月折旧率

由于每年年初固定资产净值没有扣除预计净残值，因此，在应用这种方法计算折旧额时必须注意不能使固定资产的净值降低到其预计净残值以下，即采用双倍余额递减法计提折旧的固定资产，通常在其折旧年限到期前两年内，将固定资产净值扣除预计净残值后的余额平均摊销。由于只要该项固定资产仍继续使用，其账面净值就不可能被冲销完毕，因此，在固定资产的使用后期，如果发现采用双倍余额递减法计算的折旧额小于采用直线法计算的折旧额时，就应改用直线法计提折旧。

【例6-12】 某企业一项固定资产的原价为1 000 000元，预计使用年限为5年，预计净残值为4 000元。按双倍余额递减法计提折旧，每年的折旧额计算如下：

$$年折旧率 = \frac{2}{5} \times 100\% = 40\%$$

第 1 年应提折旧额 = 1 000 000 × 40% = 400 000 元

第 2 年应提折旧额 = (1 000 000 − 400 000) × 40% = 240 000 元

第 3 年应提折旧额 = (600 000 − 240 000) × 40% = 144 000 元

从第 4 年起改用年限平均法(直线法)计提折旧。

$$第4年、第5年的折旧额 = \frac{(360\ 000 - 144\ 000) - 4\ 000}{2} = 106\ 000\ 元$$

(2)年数总和法。年数总和法又称年限合计法,是加速折旧法的一种,是指将固定资产的原价减去预计净残值后的余额,乘以一个逐年递减的分数计算每年的折旧额,这个分数的分子代表固定资产尚可使用寿命,分母代表预计使用寿命逐年数字总和。

计算公式如下:

$$年折旧率 = \frac{预计使用寿命 - 已使用年限}{预计使用寿命 \times (预计使用寿命 + 1) \div 2} \times 100\%$$

或者:

$$年折旧率 = \frac{尚可使用年限}{预计使用寿命的年限总和} \times 100\%$$

$$月折旧率 = \frac{年折旧率}{12}$$

月折旧额 = (固定资产原价 − 预计净残值) × 月折旧率

对于已计提减值准备的固定资产,应当按照该项资产的账面价值(固定资产账面余额扣减累计折旧和累计减值准备后的金额)以及尚可使用寿命重新计算确定折旧率和折旧额。

【例 6 − 13】 承例 6 − 12,假如采用年总和数,计算的各年折旧额见表 6 − 2。

表 6 − 2 年数总和法折旧额的计算表

单位:元

年　份	尚可使用年限	原价 − 净残值	变动折旧率	年折旧额	累计折旧
1	5	996 000	5/15	332 000	332 000
2	4	996 000	4/15	265 600	597 600
3	3	996 000	3/15	199 200	796 800
4	2	996 000	2/15	132 800	929 600
5	1	996 000	1/15	66 400	996 000

3. 直线法与加速折旧法的比较

采用直线法计提折旧,固定资产的转移价值平均摊配于其使用的各个会计期间或完成的工作量,优点是使用方便、易于理解。其缺点是:①该方法只考虑了固定资产使用时间这一因素,没有考虑固定资产在不同期间的实际使用情况,而实际上许多固定资产在不同期间实际使用情况和发生的损耗程度可能并不相同;②该方法计提的折旧额各期相等,而固定资产的维护、保养和修理费用会逐期增加,从而使得固定资产的实际使用成本逐期增加,但固定资产给企业带来的效益是逐期减少的,这样不符合收入与费用相配比的原则。当固定资产各期负荷程度相同时,各期应分摊相同的折旧费,这时采用年限平均法计算折旧是合理的。但是,如果固定资产各期负荷程度不同,采用年限平均法计算折旧时,则不能反映固定资产的实际使用情况,计提的折旧额与固定资产的损耗程度也不相符。该方法适用于不受季节影响、各期使用程度较为均衡的固定资产。

采用加速折旧法计提折旧克服了直线法的不足。其优点是:①这种方法前期计提的折旧费较多而维修费较少,后期计提的折旧费较少而维修费较多,从而保持了各个会计期间负担的固定资产使用成本的均衡性;②这种方法能够使固定资产投资在前期较多地收回,在税法允许将各种方法计提的折旧费作为税前费用扣除的前提下,还能够减少前期的所得税额,符合谨慎原则。其缺点是:①在固定资产各期工作量不均衡的情况下,可能导致单位工作量负担的固定资产使用成本不够均衡;②由于这种方法不适宜采用分类折旧方式,在固定资产数量较多的情况下,计提折旧的工作量较大。

计提折旧时,企业可根据具体情况选择适合企业自身的折旧计算方法。按照会计可比性原则,某种折旧方法一经选定不应随意改变,以保证会计核算方法的前后期一致,便于进行比较分析。如果企业根据具体情况的变化决定改变折旧方法,其变更时间一般应为年初,以保持年度内折旧方法的一致,并将变更理由及折旧方法改变后对损益的影响在会计报表附注中予以揭示。

4. 计提折旧的范围

企业应当对所有的固定资产计提折旧,但已提足折旧仍继续使用的固定资产和单独计价入账的土地除外。在确定计提折旧的范围时还应注意以下几点:

(1)固定资产应当按月计提折旧,并根据用途计入相关资产的成本或者当期损益。固定资产应自达到预定可使用状态时开始计提折旧,终止确认时或划分为持有待售非流动资产时停止计提折旧。为了简化核算,当月增加的固定资产当月不计提折旧,从下月起计提折旧;当月减少的固定资产当月仍计提折旧,从下月起不计提折旧。

(2)固定资产提足折旧后,不论能否继续使用均不再计提折旧,提前报废的固定资产也不再补提折旧。所谓提足折旧是指已经提足该项固定资产的应计折旧额。

(3)已达到预定可使用状态但尚未办理竣工决算的固定资产,应当按照估计价值确定其成本,并计提折旧;待办理竣工决算后再按实际成本调整原来的暂估价值,但不需要调整原已计提的折旧额。

5. 计提折旧的总分类核算

为了进行计提折旧的总分类核算,企业应按月根据固定资产计提折旧的范围和采用的折旧计算方法编制固定资产折旧计算表。固定资产折旧计算表应反映各个使用单位各类固定资产当月应计提的折旧额。

企业需设置“累计折旧”账户,该账户是资产类账户,属于固定资产的备抵账户,用来核算企业固定资产的累计折旧。“累计折旧”账户贷方登记企业按月计提的固定资产折旧额;借方登记企业处置固定资产时同时结转的累计折旧额。期末贷方余额反映企业固定资产的累计折旧额。本账户可按固定资产的类别或项目进行明细核算。

固定资产计提折旧时,应以月初提取的固定资产账面价值为依据。企业各月计算提取折旧时,可以在上月计提折旧的基础上,对上月固定资产的增减情况进行调整后计算当月应计提的折旧额。

$$\frac{\text{当月固定资产应}}{\text{计提的折旧额}}=\frac{\text{上月固定资产}}{\text{计提的折旧额}}+\frac{\text{上月增加的固定}}{\text{资产应计提的折旧额}}-\frac{\text{上月减少的固定资产}}{\text{应计提折旧额}}$$

固定资产按月计提的折旧应根据其用途计入相关资产的成本或者当期损益。企业自行建造固定资产过程中使用的固定资产,其计提的折旧应计入在建工程成本;基本生产车间所使用的固定资产,其计提的折旧应计入制造费用;管理部门所使用的固定资产,其计提的折旧应计入管理费用;销售部门所使用的固定资产,其计提的折旧应计入销售费用;经营租出的固定资产,其应提的折旧额应计入其他业务成本。未使用的固定资产,其计提的折旧应计入管理费用。企业计提固定资产折旧时,借记"制造费用""销售费用""管理费用"等科目,贷记"累计折旧"科目。

【例 6-14】 乙公司 201×年 6 月份固定资产计提折旧情况如下:一车间厂房计提折旧3 800 000元,机器设备计提折旧 4 500 000 元;管理部门房屋建筑物计提折旧 6 500 000 元,运输工具计提折旧 2 400 000 元;销售部门房屋建筑物计提折旧 3 200 000 元,运输工具计提折旧 2 630 000 元。当月新购置机器设备一台,价值为 5 400 000 元,预计使用寿命为 10 年,该企业同类设备计提折旧采用年限平均法。

本例中,新购置的机器设备本月不计提折旧。乙公司应作如下会计处理。

借:制造费用——一车间	8 300 000	
管理费用	8 900 000	
销售费用	5 830 000	
贷:累计折旧		23 030 000

6.4 固定资产的后续支出

企业的固定资产投入使用后,为了适应新技术发展的需要,或者为维护或提高固定资产的使用效用,往往需要对现有固定资产进行修理、改建、扩建或者改良,为此所发生的支出即为固定资产的后续支出。

根据《企业会计准则第 4 号——固定资产》的规定,在对固定资产发生后续支出的过程中,如果后续支出满足固定资产的确认条件,则应当计入固定资产账面价值;不符合固定资产确认条件的,应当在发生时计入当期损益。若后续支出属于固定资产重要组成部分,则后续支出单独计价并按固定资产预计后续的使用年限计提折旧;若后续支出属于固定资产非重要组成部分,则后续支出与固定资产一并计价,且应当终止确认被替换部分的账面价值,重新测算固定资产使用年限,计提折旧。

6.4.1 固定资产的修理

一般情况下,固定资产投入使用之后,由于固定资产磨损、各组成部分耐用程度不同,可能导致固定资产的局部损坏,为了维护固定资产的正常运转和使用,充分发挥其使用效能,企业将对固定资产进行必要的维护修理。固定资产的日常修理费用在发生时应直接计入当期损益。企业生产车间(部门)和行政管理部门等发生的固定资产修理费用等后续支出计入管理费用;企业设置专设销售机构的,其发生的与专设销售机构相关的固定资产修理费用等后续支出,计入销售费用。企业固定资产更新改造支出不满足固定资产确认条件的,在发生时应直接计入当期损益。固定资产在定期大修理间隔期间,照提折旧,计提的折旧应计入相关成本费用。

【例 6-15】 201×年 6 月 1 日,甲公司对现有的一台管理用设备进行日常修理,修理过程中领用本企业原材料一批,价值为 94 000 元,应支付的维修人员工资为 20 000 元,应计提的福利费为 2 800 元。不考虑其他相关税费。甲公司账务处理如下。

借:管理费用　　86 800

　贷:原材料　　64 000

　　应付职工薪酬　　22 800

6.4.2 固定资产的改扩建

在实际工作中,企业通过对厂房进行改扩建而使其更加坚固耐用,延长了厂房等固定资产的使用寿命;企业通过对设备的改建,提高了其单位时间内产品的产出数量,提高了机器设备等固定资产的生产能力;企业通过对车床的改良大大提高了其生产产品的精确度,实现了企业产品的更新换代;企业通过对生产线的改良促使其大大降低了产品的成本,提高了企业产品的价格竞争力等,通常都表明后续支出提高了固定资产的创利能力。此时,企业就应当将这些固定资产的后续支出予以资本化。

企业在发生应予资本化的固定资产的后续支出时,应先将该固定资产的账面原价、已计提的累计折旧和减值准备转销,将固定资产的账面价值转入"在建工程"科目, 如有被替换的部分,应同时将被替换部分的账面价值从该固定资产原账面价值中扣除;然后,将发生的各项后续支出通过"在建工程"科目核算;最后,当发生后续支出的固定资产完工并达到预定可使用状态时,从"在建工程"科目转入"固定资产"科目。

处于更新改造过程而停止使用的固定资产,因已转入在建工程,因此不计提折旧,待更新改造项目达到预定可使用状态转为固定资产,再按重新确定的折旧方法和该项固定资产尚可使用年限计提折旧。

企业以经营租赁方式租入的固定资产发生的改良支出应予资本化,作为长期待摊费用,合理进行摊销。

【例 6-16】 某公司有关固定资产更新改造的资料如下:

(1)20×6 年 12 月 30 日,该公司自行建成了一条生产线,建造成本为 1 136 000 元;采用年限平均法计提折旧;预计净残值率为 3%,预计使用寿命为 6 年。

(2)20×9 年 1 月 1 日,由于生产的产品适销对路,现有生产线的生产能力已难以满足公司生产发展的需要,但若新建生产线则建设周期过长。公司决定对现有生产线进行改扩建,以提高其生产能力。假定该生产线未发生减值。

(3)20×9 年 1 月 1 日至 3 月 31 日,经过 3 个月的改扩建,完成了对这条生产线的改扩建工程,达到预定可使用状态,共发生支出 537 800 元,全部以银行存款支付。

(4)该生产线改扩建工程达到预定可使用状态后,大大提高了生产能力,预计将其使用寿命延长 4 年,即为 10 年。假定改扩建后的生产线的预计净残值率为改扩建后固定资产账面价值的 3%;折旧方法仍为年限平均法。

(5)为简化计算过程,整个过程不考虑其他相关税费;公司按年度计提固定资产折旧。有关的账务处理如下:

(Ⅰ)固定资产后续支出发生前。

该条生产线的应计提折旧额 = 1 136 000 × (1 - 3%) = 1 101 920 元

年折旧额 = 1 101 920 ÷ 6 = 183 653.33 元

20×7 年和 20×8 年两年计提固定资产折旧的账务处理。

借:制造费用　　183 653.33

贷:累计折旧　　183 653.33

(Ⅱ)20×9 年 1 月 1 日,固定资产的账面价值 = 1 136 000 1 - 183 653.33 × 2 = 768 693.34 元，固定资产转入改扩建。

借:在建工程——×生产线　　768 693.34
　累计折旧　　367 306.66
　贷:固定资产——×生产线　　1 136 000

(Ⅲ)20×9 年 1 月 1 日至 3 月 31 日,发生改扩建工程支出。

借:在建工程——×生产线　　537 800
　贷:银行存款　　537 800

(Ⅳ)20×9 年 3 月 31 日,生产线改扩建工程达到预定可使用状态,固定资产的入账价值 = 768 693.34 + 537 800 = 1 306 493.34 元。

借:固定资产——×生产线　　1 306 493.34
　贷:在建工程——×生产线　　1 306 493.34

(Ⅴ)20×9 年 3 月 31 日,转为固定资产后,按重新确定的使用寿命、预计净残值和折旧方法计提折旧。

应计折旧额 = 1 306 493.34 × (1 - 3%) = 1 267 298.54 元

月折旧额 = 1 267 298.54 ÷ (7 × 12 + 9) = 13 626.87 元

年折旧额 = 13 626.87 × 12 = 163 522.39 元

20×9 年应计提的折旧额 = 13 626.87 × 9 = 122 641.83 元

会计分录如下。

借:制造费用　　122 641.83
　贷:累计折旧　　122 641.83

6.4.3　固定资产的装修

企业对固定资产进行装修,如果装修的受益期限与固定资产整体的受益期限不同,则其装修支出在满足固定资产确认条件的情况下,应单独作为一类固定资产进行核算,单独计提折旧。

【例 6-17】　某企业购入一栋房屋,支付价款 11 000 000 元。购入后对房屋进行装修,支付装修费 5 000 000 元,装修完成后该房屋交付使用。

(Ⅰ)购入固定资产。

借:在建工程——房屋　　11 000 000
　贷:银行存款　　11 000 000

(Ⅱ)支付装修费。

借:在建工程——装修　　5 000 000
　贷:银行存款　　5 000 000

(Ⅲ)房屋交付使用。

借:固定资产——房屋　　11 000 000
　　　　　——装修　　5 000 000
　贷:在建工程——房屋　　11 000 000
　　　　　　——装修　　5 000 000

6.5 固定资产的清理

企业在生产经营过程中，对于那些不适用或不需用的固定资产可以出售转让。对由于使用而不断磨损直至最终报废，或由于技术进步等原因提前报废，或由于遭受自然灾害等非常损失发生毁损的固定资产应及时进行清理。对外投资、捐赠、抵债、调拨、非货币性资产交换等原因减少的固定资产也属于固定资产的处置。根据《企业会计准则第 4 号——固定资产》规定，固定资产满足下列条件之一的，应当终止确认：该固定资产处于处置状态；该固定资产预期通过使用或处置不能产生经济利益。

对于被处置的固定资产，首先要确定其账面价值，将其转入固定资产清理；然后记录清理中的变价收入和清理费用；最后确定其净损益，将其转入营业外收支。固定资产处置一般通过"固定资产清理"科目进行核算。

6.5.1 固定资产的出售

企业因调整经营方针或因技术进步等因素，将不需用的固定资产出售，出售的固定资产的账面价值和支付的清理费用，借记"固定资产清理"账户，按已计提的累计折旧，借记"累计折旧"账户，按已计提的减值准备，借记"固定资产减值准备"账户，按固定资产原价、支付的清理费用和应交的税金，贷记"固定资产""银行存款"账户和"应交税费"；按变价收入借记"银行存款"，贷记"固定资产清理"；将计入"固定资产清理"账户的余额转入当期的营业外收支。

【例 6－18】 甲公司出售一座建筑物，原价为 2 000 000 元，已计提折旧 1 000 000 元，未计提减值准备，实际出售价格为 1 200 000 元，已通过银行收回价款，甲公司应编制如下会计分录。

（Ⅰ）将出售固定资产转入清理。

借：固定资产清理	1 000 000	
累计折旧	1 000 000	
贷：固定资产		2 000 000

（Ⅱ）收回出售固定资产的价款。

借：银行存款	1 200 000	
贷：固定资产清理		1 200 000

（Ⅲ）计算销售该固定资产应交纳的营业税，按规定使用的营业税税率为 5%，应纳税为 60 000（1 200 000 × 5%）元。

借：固定资产清理	60 000	
贷：应交税费——应交营业税		60 000

（Ⅳ）结转出售固定资产实现的利得。

借：固定资产清理	140 000	
贷：营业外收入——非流动资产处置利得		140 000

6.5.2 固定资产的报废

固定资产的报废有两种情况：①正常的报废，包括由于固定资产长期使用发生损耗不能继续使用而报废,或由于社会技术进步必须以先进设备代替落后设备而提前报废;②非正常报废,主要包括因火灾、水灾等自然灾害或责任事故使固定资产损耗而报废。

正常报废的固定资产已提足折旧,其账面价值应为预计净残值。但由于实际净残值与预计净残值可能有所不同,因而在清理过程中也可能发生净损益。这部分净损益也应计入营业外收入或营业外支出。正常报废固定资产的核算方法与出售固定资产的核算方法相同。

提前报废的固定资产未提足折旧,为了简化核算工作,未提足的折旧也不再补提,而是在计算清理净损益时一并考虑。此外,毁损的固定资产根据其毁损原因,有可能收回一部分赔偿款,如自然灾害造成的毁损有可能取得保险公司的赔款,管理不善造成的毁损有可能取得有关责任者的赔款。企业取得的赔款也视为清理过程中的一项收入,借记"其他应收款"等科目,贷记"固定资产清理"科目,在计算清理净损益时也应一并考虑。

【例 6-19】 甲公司有一台设备,因使用期满经批准报废。该设备原价为 186 400 元,累计已计提折旧 177 080 元,减值准备 2 300 元。在清理过程中,以银行存款支付清理费用 4 000 元,收到残料变卖收入 5 400 元,应支付相关税费 270 元。有关账务处理如下。

(Ⅰ)固定资产转入清理。

借:固定资产清理——×设备	7 020	
累计折旧	177 080	
固定资产减值准备——×设备	2 300	
贷:固定资产——×设备		186 400

(Ⅱ)发生清理费用和相关税费。

借:固定资产清理——×设备	4 270	
贷:银行存款		4 000
应交税费		270

(Ⅲ)收到残料变价收入。

借:银行存款	5 400	
贷:固定资产清理——×设备		5 400

(Ⅳ)结转固定资产净损益。

借:营业外支出——处置非流动资产损失	5 890	
贷:固定资产清理——×设备		5 890

【例 6-20】 乙公司因遭受水灾而毁损一座仓库,该仓库原价 4 000 000 元,已计提折旧1 000 000元,未计提减值准备,其残料估计价值 50 000 元,残料已办理入库,发生的清理费用 20 000 元,以现金支付。经保险公司核定应赔偿损失 1 500 000 元,尚未收到赔款,假定不考虑相关税费。乙公司应编制如下会计分录。

(Ⅰ)将毁损的仓库转入清理。

借:固定资产清理	3 000 000	
累计折旧	1 000 000	
贷:固定资产		4 000 000

(Ⅱ)残料入库。

借:原材料	50 000	
贷:固定资产清理		50 000

(Ⅲ)支付清理费用。

借:固定资产清理　　　　20 000

　　贷:库存现金　　　　20 000

(Ⅳ)确定应由保险公司理赔的损失。

借:其他应收款　　　　1 500 000

　　贷:固定资产清理　　　　1 500 000

(Ⅴ)结转发生的损失。

借:营业外支出　　　　1 470 000

　　贷:固定资产清理　　　　1 470 000

6.5.3 固定资产的清查

企业应定期或者至少于每年年末对固定资产进行清查盘点,如果发现盘盈、盘亏,应及时查明原因,填制固定资产盘盈盘亏报告表,并按照规定程序报批处理。

1. 固定资产盘盈

企业在财产清查中盘盈的固定资产作为前期差错处理。企业在财产清查中盘盈的固定资产在按管理权限报经批准处理前应先通过“以前年度损益调整”科目核算。盘盈的固定资产应按以下规定确定其入账价值:如果同类或类似固定资产存在活跃市场的,按同类或类似固定资产的市场价格减去按该项资产的新旧程度估计的价值损耗后的余额,作为入账价值;如果同类或类似固定资产不存在活跃市场的,按该项固定资产的预计未来现金流量的现值,作为入账价值。

企业应按上述规定确定的入账价值,借记“固定资产”科目,贷记“以前年度损益调整”科目。

【例6-21】 2010年1月甲公司在财产清查过程中,发现2009年12月购入的一台设备尚未入账,重置成本为30 000元,该盘盈固定资产作为前期差错进行处理,假定甲公司按净利润的10%计提法定盈余公积,不考虑相关税费的影响。甲公司应编制如下会计分录。

(Ⅰ)盘盈固定资产。

借:固定资产　　　　30 000

　　贷:以前年度损益调整　　　　30 000

(Ⅱ)结转为留存收益。

借:以前年度损益调整　　　　30 000

　　贷:盈余公积——法定盈余公积　　　　3 000

　　　　利润分配——未分配利润　　　　27 000

2. 固定资产盘亏

企业在财产清查中盘亏的固定资产,按盘亏固定资产的账面价值,借记“待处理财产损溢”科目,按已计提的累计折旧,借记“累计折旧”科目,按已计提的减值准备,借记“固定资产减值准备”科目,按固定资产的原价,贷记“固定资产”科目。按管理权限报经批准后处理时,按可收回的保险赔偿或过失人赔偿,借记“其他应收款”科目,按应计入营业外支出的金额,借记“营业外支出——盘亏损失”科目,贷记“待处理财产损溢”科目。

【例6-22】 乙公司进行财产清查是发现短缺一台笔记本电脑,原价为10 000元,已计提折旧7 000元,乙公司应编制如下会计分录。

(Ⅰ)盘亏固定资产。

借:待处理财产损溢　　3 000
　累计折旧　　7 000
　贷:固定资产　　10 000

(Ⅱ)报经批准转销。

借:营业外支出——盘亏损失　　3 000
　贷:待处理财产损溢　　3 000

6.6 固定资产的期末计价及报表列示

6.6.1 固定资产的减值迹象

每年年末,企业应对固定资产的账面价值进行检查。如果出现下列情况之一,表明该固定资产已出现减值迹象,应对固定资产的可收回金额进行估计。

(1)固定资产的市价当期大幅度下跌,其跌幅明显高于因时间的推移或者正常使用而预计的下跌。

(2)企业经营所处的经济、技术或者法律等环境以及固定资产所处的市场在当期或者将在近期发生重大变化,从而对企业产生不利影响。

(3)市场利率或者其他市场投资报酬率在当期已经提高,从而影响企业计算固定资产预计未来现金流量现值的折现率,导致固定资产可收回金额大幅度降低。

(4)有证据表明固定资产已经陈旧过时。

(5)固定资产已经或者将被闲置、终止使用或者计划提前处置。

(6)企业内部报告的证据表明固定资产的经济绩效已经低于或者将低于预期,如固定资产所创造的净现金流量或者实现的利润(或者亏损)远远低于(或者高于)预计金额等。

(7)其他表明固定资产可能已经发生减值的迹象。

6.6.2 固定资产减值损失的确定

固定资产可收回金额的计量结果表明,固定资产可收回金额低于其账面价值的,应当将固定资产的账面价值减记至可收回金额,借记"资产减值损失"科目,贷记"固定资产减值准备"科目。固定资产减值损失确认后,减值固定资产的折旧费用应当在未来期间作相应调整,以使该固定资产在剩余使用寿命内,系统地分摊调整后的固定资产账面价值。固定资产减值损失一经确认,在以后会计期间不得转回。

【例 6－23】 2010 年 12 月 31 日,丙公司的某生产线存在可能发生减值的迹象,经计算,该机器的可收回金额合计为 1 200 000 元,账面价值为 1 400 000 元,以前年度未对该生产线计提过减值准备。

由于该生产线的可收回金额为 1 200 000 元,账面价值为 1 400 000 元。可收回金额低于账面价值,应按两者之间的差额 200 000 元计提固定资产减值准备。丙公司应编制如下会计分录。

借:资产减值损失　　200 000
　贷:固定资产减值准备　　200 000

6.6.3 报表列示

1."固定资产"项目

在资产负债表中,"固定资产"项目反映全部固定资产的账面价值,即以原始价值扣除累计折旧和固定资产减值准备后的净额列示。

2."在建工程"项目

在资产负债表中,"在建工程"项目反映全部在建工程的账面价值,即以在建工程的账面余额扣除在建工程减值准备后的净额列示。

3."工程物资"项目

在资产负债表中,"工程物资"项目反映全部工程物资的账面价值,即以工程物资的账面余额扣除工程物资减值准备后的净额列示。

4."固定资产清理"项目

在资产负债表中,"固定资产清理"项目反映尚未清理完毕的固定资产净额,以"固定资产清理"科目的余额直接列示。年度资产负债表日,应将尚未清理完毕的全部清理完毕,一般没有余额。

6.6.4 《企业会计准则第4号——固定资产》与《企业所得税法》差异分析

1.固定资产确认差异

《企业所得税实施条例》第五十七条规定:"企业所得税法第十一条所称固定资产,是指企业为生产产品、提供劳务、出租或者经营管理而持有的、使用时间超过12个月的非货币性资产,包括房屋、建筑物、机器、运输工具以及其他与生产经营活动有关的设备、器具、工具等。"会计准则将企业出租的建筑物确认为投资性房地产,并有单独的准则进行规范;而《企业所得税法》仍将其确认为固定资产。

2.固定资产折旧差异

(1)计提折旧的固定资产范围的差异。《企业所得税法》第十一条规定,在计算应纳税所得额时,企业按照规定计算的固定资产折旧,准予扣除。下列固定资产不得计算折旧扣除:房屋、建筑物以外未投入使用的固定资产;以经营租赁方式租入的固定资产;以融资租赁方式租出的固定资产;已足额提取折旧仍继续使用的固定资产;与经营活动无关的固定资产;单独估价作为固定资产入账的土地;其他不得计算折旧扣除的固定资产。

从上述规定看出,企业会计准则与税法对于计提折旧的固定资产范围基本相同,差别主要在非生产经营用固定资产方法,与经营活动无关的固定资产,计提的折旧不得在税前扣除,应调增应纳税所得额。

(2)折旧年限、预计净残值的差异。《固定资产准则》没有明确规定固定资产最低折旧年限、预计净残值率,企业根据实际情况确定。其目的是为了使固定资产的净值能真实地反映企业固定资产的实际价值。

《企业所得税实施条例》第六十条规定,除国务院财政、税务主管部门另有规定外,固定资产计算折旧的最低年限如下:房屋、建筑物,为20年;飞机、火车、轮船、机器、机械和其他生产设备,为10年;与生产经营活动有关的器具、工具、家具等,为5年;飞机、火车、轮船以外的运输工具,为4年;电子设备,为3年。

《企业所得税法》第三十二条和《企业所得税实施条例》第九十八条规定,下列固定资产可以采取缩短折旧年限或者采取加速折旧的方法,包括:由于技术进步,产品更新换代较快的固定资产;常年处于强震动、高腐蚀状态的固定资产。

采取缩短折旧年限方法的,最低折旧年限不得低于《企业所得税实施条例》第六十条规定折旧年限的60%;采取加速折旧方法的,可以采取双倍余额递减法或者年数总和法。

税法明确规定了各类固定资产计提折旧的最低年限,其目的是为了保证所得税收入的稳定和避免企业利用计提折旧的年限的变化随意调节应纳税所得额,影响国家的财政收入。为了促进企业的科技进步、环境保护和国家鼓励投资的关键设备,税法规定了缩短折旧年限的优惠条件。

《固定资产准则》规定,固定资产的预计残值一经确定,不得随意变更。但是,预计净残值预计数与原先估计数有差异的,应当调整预计净残值。

《企业所得税实施条例》第五十九条规定,企业应当根据固定资产的性质和使用情况,合理确定固定资产的预计净残值。固定资产的预计净残值一经确定,不得变更。

《固定资产准则》对折旧年限没有定量规定,只是原则性的规定;而税法明确规定了各类固定资产计提折旧的最低年限,两者会产生暂时性差异。会计准则和税法对固定资产的预计净残值的确定都作出了原则性的规定,主要差异在于会计上对符合条件的情况下,允许调整原来预计的净残值;而税法明确规定,固定资产预计净残值一经确定,不得变更,因此两者会产生暂时性差异。

(3)折旧方法的差异。《固定资产准则》规定,企业应当根据与固定资产有关的经济利益的预期实现方式合理选择折旧方法。可选用的折旧方法包括年限平均法、工作量法、双倍余额递减法和年数总和法等。折旧方法一经确定,不得随意变更。

《企业所得税实施条例》第五十九条规定,固定资产按照直线法计算的折旧,准予扣除。

税法规定了企业采用加速折旧方法的条件,而会计准则没有规定具体条件,当企业会计核算采取加速折旧法而不符合税法规定采用加速折旧法的条件时,两者会产生暂时性差异。

3. 固定资产后续支出差异

《企业所得税法》第十三条规定,在计算应纳税所得额时,企业发生的下列支出作为长期待摊费用,按照规定摊销的,准予扣除:已足额提取折旧的固定资产的改建支出;租入固定资产的改建支出;固定资产的大修理支出;其他应当作为长期待摊费用的支出。

《企业所得税实施条例》第六十九条规定,企业所得税法第十三条第(3)项所称固定资产的大修理支出,是指同时符合下列条件的支出:修理支出达到取得固定资产时的计税基础50%以上;修理后固定资产的使用年限延长2年以上。

即超过计税基础50%以上修理支出计入"长期待摊费用",否则入当期损益。

企业所得税法第十三条第(3)项规定的支出,按照固定资产尚可使用年限分期摊销。

《企业所得税实施条例》第七十条规定,企业所得税法第十三条第(4)项所称其他应当作为长期待摊费用的支出,自支出发生月份的次月起,分期摊销,摊销年限不得低于3年。

《企业会计制度》第五十条规定,企业在筹建期间发生的除固定资产、无形资产外的费用,首先在长期待摊费用中归集,待生产、经营的当月,一次性计入当期损益。企业要建立"纳税调整台账"。

对后续支出的规定,相对而言《固定资产准则》规定比税法规定要原则,主要依赖会计人员的职业判断。会计准则规定,固定资产后续支出符合资本化条件的,进行资本化处理,不符合资本化条件的后续支出费用化，计入当期损益；固定资产后续支出不再通过预提方式进行，这与税法一致了。税法对后续支出规定具体、易于操作，减少会计人员选择余地，减少企业应纳税所得额的调节余地。

后续支出费用化会计处理，会计准则和税法规定是一致的。资本化会计处理有差异。会计准则规定，资本化支出增加固定资产的价值，通过计提折旧方式进行摊销；而税法规定，资本化后续支出计入"长期待摊费用"，根据不同情况规定的期限进行平均摊销，只有在折旧年限与摊销期限一致，折旧方法为直线法时，两者不会产生暂时性差异。

思考题

1. 甲公司为增值税的一般纳税企业，采用自营方式自行建造一生产车间，发生的业务如下：

(1)2010 年 1 月 1 日，购入工程所需物资一批，增值税专用发表上注明：价款 3 000 000 元，税款 510 000 元。另对方垫付运杂费 20 000 元。收到货物后，以通过银行汇出全部款项。

(2)2010 年 2 月 1 日，领用工程物资 2 060 000 元。

(3)2010 年 12 月 31 日，全年应付工程施工人员工资 360 000 元，每月 30 000 元。

(4)2010 年 12 月 31 日，工程物资盘盈 20 000 元。

(5)2011 年 1 月 1 日，购入待安装的设备 2 000 000 元，增值税 340 000 元。当即交付使用。

(6)2010 年 4 月 1 日，工程领用材料 50 000 元。

(7)2010 年 6 月 30 日，工程完工交付使用。

(8)2010 年 7 月 3 日，在建工程盘亏 6 000 元。

(9)将未用完的工程物资转作生产用辅助材料。

要求：根据上述经济业务为甲公司编制会计分录。

2. 甲公司在 201×年发生以下业务：

(1)201×年 1 月 1 日，购入一台设备，发票价格为 60 000 元，增值税 10 200 元，发生安装费用 2 000 元，所有费用已通过银行存款全部付清，设备已交付使用。

(2)201×年 2 月 1 日，购入一套设备，由 A，B，C 3 台机器组成，总价款为 900 000 元，增值税为 153 000 元，运费为 6 000 元。假设 A，B，C 各自的公允价值为 100 000，240 000，300 000 元，款项全部用银行存款付清。

(3)201×年 3 月 1 日，自行建造并安装一套设备。发生的成本为 800 000 元。为了建造此套设备，企业专门向银行借入一笔款项，其中应予资本化的借款为 20 000 元。设备已交付使用。

(4)201×年 4 月，甲公司接受丙公司投入的厂房一栋，根据资产评估机构确认，该房屋的原始价值为 300 000 元，公允价值为 25 000 元。

(5)201×年 5 月，甲公司决定以某长期股权投资换入乙公司的一套设备。该长期股权投资的账面余额为 400 000 元，已计提减值准备 5 000 元。甲公司收到补价 5 000 元，不考虑其他因素影响。

(6)201×年 8 月，甲公司对车间的生产用设备进行维修，发生了维修费 60 000 元。经过这次维修，该设备能够重新为企业生产产品，并增强了生产能力。该设备已交付使用。

(7)201×年9月,甲公司遭受特大洪灾,短期内无法偿还所欠乙公司货款300 000元。经与乙公司协商,甲公司决定用某设备偿还所欠乙公司货款。当日,该设备的账面原价为250 000元,已计提折旧50 000元,已计提减值准备为20 000元,公允价值为200 000元。

要求:根据上述经济业务为甲公司编制会计分录。

3. 甲公司有一台设备,原价200 000元,预计使用5年,预计净残值率为5%。

要求:按照直线法、双倍余额递减法和年数总和法计算该固定资产各年的折旧额。

第7章　无形资产与其他长期资产

【学习目的】 掌握无形资产购入、自行研究开发、摊销、出租、处置、长期待摊费用的核算。

【重点与难点】 接受投资、接受捐赠无形资产、减值的核算；长期待摊费用的性质；无形资产的性质、分类。

7.1　无 形 资 产

7.1.1　无形资产的性质

无形资产是指企业拥有或者控制的没有实物形态，且为企业带来多少经济利益具有较大不确定性的可辨认非货币性资产。无形资产主要包括专利权、非专利技术、商标权、著作权、土地使用权、特许权等。商誉的存在无法与企业自身分离，不具有可辨认性，不应当确认为无形资产。

1. 无实体性

无形资产通常表现为某种权利、某项技术或是某种获取超额利润的综合能力。它们不具有实物形态，比如，土地使用权、非专利技术等。无形资产为企业带来经济利益的方式与固定资产不同，固定资产是通过实物价值的磨损和转移来为企业带来未来经济利益，而无形资产很大程度上是通过自身所具有的技术等优势为企业带来未来经济利益，不具有实物形态是无形资产区别于其他资产的特征之一。

2. 长期性

无形资产应能在较长时期内供企业使用，一般来说，使用年限应在1年以上，这一特征主要是与应收账款等没有实物形态的流动资产相对而言的。但是，需要指出的是，能在较长时期内供企业使用也不是无形资产的独有特征，还有一些无实物形态的资产也能在较长时期内供企业使用，如持有至到期投资、长期股权投资等。

3. 不确定性

无形资产能为企业带来多少未来的经济利益有其较大的不确定性。当代科学技术的迅猛发展，使得许多无形资产的经济寿命难以准确预计，因而也使得无形资产能为企业带来多少未来的经济利益难以准确预计，这一特征主要是与持有至到期投资等既没有实物形态又能在较长时期内供企业使用的资产相对而言的。

4. 可辨认性

要作为无形资产进行核算，该资产必须是能够区别于其他资产可单独辨认的，如企业持有的专利权、非专利技术、商标权、土地使用权、特许权等。从可辨认性角度考虑，商誉是与企业整体价值联系在一起的，无形资产的定义要求无形资产是可辨认的，以便与商誉清楚地区分开来。符合以下条件之一的，则认为其具有可辨认性。

(1)能够从企业中分离或者划分出来，并能单独用于出售或转让等，而不需要同时处置在同一获利活动中的其他资产，则说明无形资产可以辨认。某些情况下无形资产可能需要与有关的合同一起用于出售、转让等,这种情况下也视为可辨认无形资产。

(2)产生于合同性权利或其他法定权利,无论这些权利是否可以从企业或其他权利和义务中转移或者分离。如一方通过与另一方签订特许权合同而获得的特许使用权,通过法律程序申请获得的商标权、专利权等。

7.1.2 无形资产的分类

1.按经济内容分类

无形资产按其反映的经济内容,可以分为专利权、商标权、著作权、土地使用权和特许权等。

(1)专利权。专利权是指国家专利主管机关依法授予发明创造专利申请人,对其发明创造在法定期限内所享有的专有权利,包括发明专利权、实用新型专利权和外观设计专利权。发明是指对产品、方法或者其改进所提出的新的技术方案;实用新型是指对产品的形状、构造或者其结合所提出的适于实用的新的技术方案;外观设计是指对产品的形状、图案或者其结合以及色彩与形状、图案的结合所作出的富有美感并适用于工业应用的新设计。发明专利权的期限为20年,实用新型专利权和外观设计专利权的期限为10年,均自申请日起计算。

(2)非专利技术。非专利技术也称专有技术,它是指不为外界所知、在生产经营活动中已采用了的、不享有法律保护的、可以带来经济效益的各种技术和诀窍。非专利技术一般包括工业专有技术、商业贸易专有技术、管理专有技术等。工业专有技术是指在生产上已经采用,仅限于少数人知道,不享有专利权或发明权的生产、装配、修理、工艺或加工方法的技术知识,可以用蓝图、配方、技术记录、操作方法的说明等具体资料表现出来,也可以通过卖方派出技术人员进行指导,或接受买方人员进行技术实习等手段实现;商业贸易专有技术是指具有保密性质的市场情报、原材料价格情报以及用户、竞争对象的情况的有关知识;管理专有技术是指生产组织的经营方式、管理方法、培训职工方法等保密知识。非专利技术并不是专利法的保护对象,非专利技术用自我保密的方式来维持其独占性,具有经济性、机密性和动态性等特点。

(3)商标权。商标是用来辨认特定的商品或劳务的标记。商标权指专门在某类指定的商品或产品上使用特定的名称或图案的权利。经商标局核准注册的商标为注册商标,包括商品商标、服务商标和集体商标、证明商标;商标注册人享有商标专用权,受法律保护。注册商标的有效期为10年,自核准注册之日起计算。注册商标有效期满,需要继续使用的,应当在期满前6个月内申请续展注册;在此期间未能提出申请的,可以给予6个月的宽展期。宽展期满仍未提出申请的,注销其注册商标。每次续展注册的有效期为10年。

(4)著作权。著作权又称版权,指作者对其创作的文学、科学和艺术作品依法享有的某些特殊权利。著作权包括作品署名权、发表权、修改权和保护作品完整权,还包括复制权、发行权、出租权、展览权、表演权、放映权、广播权、信息网络传播权、摄制权、改编权、翻译权、汇编权以及应当由著作权人享有的其他权利。作者的署名权、修改权、保护作品完整权的保护期不受限制。公民的作品,其发表权、复制权、发行权、出租权、展览权、表演权、放映权、广播权、信息网络传播权、摄制权、改编权、翻译权、汇编权以及应当由著作权人享有的其他权利的保护期,为作者终生及其死亡后50年,截止于作者死亡后第50年的12月31日;如果是合作作品,截止于最后死亡的作者死亡后第50年的12月31日。

(5)土地使用权。土地使用权是指国家准许某企业在一定期间内对国有土地享有开发、利用、经营的权利。企业取得土地使用权的方式大致有行政划拨取得、外购取得及投资者投资取得几种。通常情况下,作为投资性房地产或者作为固定资产核算的土地,按照投资性房地产或者固定资产核算;以缴纳土地出让金等方式外购的土地使用权、投资者投入等方式取得的土地使用权,作为无形资产核算。

(6)特许权。特许权又称经营特许权、专营权,指企业在某一地区经营或销售某种特定商品的权利或是一家企业接受另一家企业使用其商标、商号、技术秘密等的权利。

2. 按来源途径分类

无形资产按其来源途径,可以分为外来无形资产和自创无形资产。

(1)外来无形资产。外来无形资产是指企业通过从国内外科研单位及其他企业购进、接受投资的无形资产等方式从企业外部取得。

(2)自创无形资产。自创无形资产是指企业自行开发、研制的无形资产。

3. 按经济寿命期限分类

无形资产按是否具备确定的经济寿命期限,可以分为期限确定的无形资产和期限不确定的无形资产。

(1)期限确定的无形资产。期限确定的无形资产是指在有关法律中规定有最长有效期限的无形资产,如专利权、商标权、著作权、土地使用权和特许权等。

(2)期限不确定的无形资产。期限不确定的无形资产是指没有相应法律规定其有效期限,其经济寿命难以预先准确估计的无形资产,如非专利技术。这些无形资产的经济寿命取决于技术进步的快慢以及技术保密工作的好坏等因素。

7.1.3 无形资产的确认

无形资产应当在符合定义的前提下,同时满足以下两个确认条件时,才能予以确认。

1. 与该资产相关的预计未来经济利益很可能流入企业

通常情况下,无形资产产生的未来经济利益可能包括在销售商品、提供劳务的收入中,或者企业使用该项无形资产而减少或节约的成本中,或体现在获得的其他利益中。实务中,要确定无形资产创造的经济利益是否很可能流入企业,需要对无形资产在预计使用寿命内可能存在的各种经济因素作出合理估计,并且应当有明确的证据支持。在实施判断时,企业的管理当局应对无形资产的预计使用寿命内存在的各种因素作出最稳健的估计。

2. 该无形资产的成本能够可靠地计量

成本能够可靠地计量是资产确认的一项基本条件。对于无形资产来说,这个条件相对更为重要。无形资产作为企业资产的重要组成部分,要予以确认,其为取得该无形资产而发生的支出必须能够可靠地计量。如果无形资产的成本能够可靠地计量,并同时满足其他确认条件,就可以加以确认;否则,企业不应加以确认。

7.1.4 无形资产的取得

无形资产应当按照成本进行初始计量。企业取得无形资产的主要方式有外购、接受投资、自行研究开发等。无形资产取得的方式不同,其会计处理也有所差别。

1. 购入的无形资产

外购的无形资产,其成本包括购买价款、相关税费以及直接归属于使该项资产达到预定用途所发生的其他支出。其中,直接归属于使该项资产达到预定用途所发生的其他支出包括使无形资产达到预定用途所发生的专业服务费用、测试无形资产是否能够正常发挥作用的费用等。但是,为引入新产品进行宣传发生的广告费、管理费用及其他间接费用和无形资产已经达到预定用途以后发生的费用不包括在无形资产的初始成本中。

购买无形资产的价款超过正常信用条件延期支付的,无形资产的成本以购买价款的现值为基础确定。实际支付的价款与确认的成本之间的差额除了按借款费用准则应予以资本化以外,应在信用期内计入当期损益。

【例7-1】 因A公司某项生产活动需要B公司已获得的专利技术,如果使用了该项专利技术,A公司预计其生产能力比原先提高10%,销售利润率增长10%。为此,A公司从B公司购入一项专利权,按照协议约定以现金支付,实际支付的价款为200万元,并支付相关税费1万元和有关专业服务费用4万元,款项已通过银行转账支付。根据以上资料,编制会计分录如下。

借:无形资产——专利权	2 050 000	
贷:银行存款		2 050 000

2. 接受投资的无形资产

投资者投入的无形资产,按投资各方确认的价值作为实际成本。但是,为首次发行股票而接受投资者投入的无形资产,应按该无形资产在投资方的账面价值作为实际成本。如果投资合同或协议约定价值不公允的,应按无形资产的公允价值作为无形资产初始成本入账。企业接受无形资产投资时,应按双方协商确认的价值计价,借记"无形资产"科目,贷记"实收资本"科目。如果无形资产的价值大于投资方在企业注册资本中占有的份额,其差额应贷记"资本公积"科目。

【例7-2】 甲公司预计使用乙公司商标后可使其未来利润增长20%。为此,甲公司与乙公司协议商定,乙公司以其商标权投资于甲公司,双方协议价格(等于公允价值)为300万元,甲公司另支付印花税等相关税费1万元,款项已通过银行转账支付。甲公司编制会计分录如下。

借:无形资产——商标权	3 010 000	
贷:实收资本(或股本)		3 000 000
银行存款		10 000

3. 自行研究开发的无形资产

对于企业自行进行的研究开发的无形资产,应当区分研究阶段与开发阶段两个部分分别进行核算。

研究阶段是探索性的,为进一步开发活动进行资料及相关方面的准备,已进行的研究活动将来是否会转入开发、开发后是否会形成无形资产等均具有较大的不确定性。比如,意在获取知识而进行的活动,研究成果或其他知识的应用研究、评价和最终选择,材料、设备、产品、工序、系统或服务替代品的研究,新的或经改进的材料、设备、产品、工序、系统或服务的可能替代品的配制、设计、评价和最终选择等,均属于研究活动。

相对于研究阶段而言,开发阶段应当是已完成研究阶段的工作,在很大程度上具备了形成一项新产品或新技术的基本条件。比如,生产前或使用前的原型和模型的设计、建造和测试,不具有商业性生产经济规模的试生产设施的设计、建造和运营等,均属于开发活动。

企业应当设置“研发支出”科目，该账户是成本类科目，核算企业进行研究与开发无形资产过程中发生的各项支出，按照研究开发项目分别“费用化支出”与“资本化支出”进行明细核算。

企业自行开发无形资产发生的研发支出，不满足资本化条件的，借记“研发支出——费用化支出”科目；满足资本化条件的，借记“研发支出——资本化支出”科目，贷记“原材料”“银行存款”“应付职工薪酬”等科目。

研究开发项目达到预定用途形成无形资产的，应按“研发支出——资本化支出”科目的余额，借记“无形资产”科目，贷记“研发支出——资本化支出”科目。

期末，应将“研发支出——费用化支出”科目归集的金额转入“管理费用”科目，借记“管理费用”科目，贷记“研发支出——费用化支出”科目。如果无法可靠区分研究阶段的支出和开发阶段的支出，应将其所发生的研发支出全部费用化，计入当期损益。

企业内部研究开发项目研究阶段的支出，应当于发生时计入当期损益；开发阶段的支出同时满足下列条件的，才能确认为无形资产。

(1)完成该无形资产以使其能够使用或出售在技术上具有可行性。判断无形资产的开发在技术上是否具有可行性，应当以目前阶段的成果为基础，并提供相关证据和材料，证明企业进行开发所需的技术条件等已经具备，不存在技术上的障碍或其他不确定性。比如，企业已经完成了全部计划、设计和测试活动，这些活动是使资产能够达到设计规划书中的功能、特征和技术所必需的活动，或经过专家鉴定等。

(2)具有完成该无形资产并使用或出售的意图。开发某项产品或专利技术产品等，是使用或出售通常是根据管理当局决定该项研发活动的目的或者意图所决定，即研发项目形成成果以后，是为出售还是为自己使用并从使用中获得经济利益，应当以管理当局意图而定。因此，企业的管理当局应能够说明其持有拟开发无形资产的目的，并具有完成该项无形资产开发并使其能够使用或出售的可能性。

(3)无形资产产生经济利益的方式。无形资产是否能够为企业带来经济利益，应当对运用该无形资产生产产品的市场情况进行可靠预计，以证明所生产的产品存在市场并能够带来经济利益，或能够证明市场上存在对该无形资产的需求。

(4)有足够的技术、财务资源和其他资源支持，以完成该无形资产的开发，并有能力使用或出售该无形资产。企业能够证明可以取得无形资产开发所需的技术、财务和其他资源，以及获得这些资源的相关计划。企业自有资金不足以提供支持的，应能够证明存在外部其他方面的资金支持，如银行等金融机构声明愿意为该无形资产的开发提供所需资金等。

(5)归属于该无形资产开发阶段的支出能够可靠计量。企业对研究开发的支出应当单独核算，比如，直接发生的研发人员工资、材料费，以及相关设备折旧费等。同时从事多项研究开发活动的，所发生的支出应当按照合理的标准在各项研究开发活动之间进行分配。已经计入各期费用的研究与开发费用，在该项无形资产获得成功并依法申请取得权利时，不得再将原已计入费用的研究与开发费用资本化。

【例7-3】 甲公司自行研究、开发一项技术，截止2010年12月31日，发生研发支出合计2 000 000元，经测试该项研发活动完成了研究阶段，从2011年1月1日开始进入开发阶段。2011年发生开发支出300 000元，符合开发支出资本化条件。2011年12月31日，该项研发活动结束，最终开发出一项非专利技术。甲公司应编制如下会计分录。

(Ⅰ)2010年发生的研发支出。

借:研发支出——费用化支出　　2 000 000

　贷:银行存款等　　2 000 000

(Ⅱ)2010年12月31日,发生的研发支出全部属于研究阶段的支出。

借:管理费用　　2 000 000

　贷:研发支出——费用化支出　　2 000 000

(Ⅲ)2011年,发生开发支出并满足资本化确认条件。

借:研发支出——资本化支出　　300 000

　贷:银行存款　　300 000

(Ⅳ)2011年12月31日,该技术研发完成并形成无形资产。

借:无形资产　　300 000

　贷:研发支出——资本化支出　　300 000

企业取得无形资产除了购入、接受投资、自行研究开发以外,还有多种取得形式。比如,企业接受的债务人以非现金资产抵偿债务方式取得的无形资产,或以应收债权换入无形资产的,按应收债权的账面价值加上应支付的相关税费,作为实际成本。涉及补价的,按以下规定确定受让的无形资产的实际成本:①收到补价的,按应收债权的账面价值减去补价,加上应支付的相关税费,作为实际成本;②支付补价的,按应收债权的账面价值加上支付的补价和应支付的相关税费,作为实际成本。

以非货币性交易换入的无形资产,按换出资产的账面价值加上应支付的相关税费,作为实际成本。涉及补价的,按以下规定确定换入无形资产的实际成本:①收到补价的,按换出资产的账面价值加上应确认的收益和应支付的相关税费减去补价后的余额,作为实际成本;②支付补价的,接换出资产的账面价值加上应支付的相关税费和补价,作为实际成本。

接受捐赠的无形资产,应按以下规定确定其实际成本:①捐赠方提供了有关凭据的,按凭据上标明的金额加上应支付的相关税费,作为实际成本。②捐赠方没有提供有关凭据的,按以下顺序确定其实际成本:a. 同类或类似无形资产存在活跃市场的,按同类或类似无形资产的市场价格估计的金额,加上应支付的相关税费,作为实际成本;b. 同类或类似无形资产不存在活跃市场的,按该接受捐赠的无形资产的预计未来现金流量现值,作为实际成本。

4. 土地使用权

(1)企业取得的土地使用权,一般作为无形资产核算。

(2)企业取得的土地使用权,如果用于赚取租金或资本增值,作为投资性房地产核算。

(3)土地使用权用于自行开发建造厂房等地上建筑物时,土地使用权的账面价值不与地上建筑物合并计算其成本,而仍作为无形资产进行核算。

(4)房地产开发企业取得的土地使用权用于建造对外出售的房屋建筑物的,其相关的土地使用权的价值应当计入所建造的房屋建筑物成本,也即计入存货(开发产品)成本。

(5)企业外购房屋建筑物所支付的价款中包括土地使用权以及建筑物的价值的,则应当对实际支付的价款按照合理的方法在土地使用权和地上建筑物之间进行分配;如果确实无法在土地使用权和地上建筑物之间进行合理分配的,应当全部作为固定资产,按照固定资产确认和计量的原则进行处理。

【例7-4】 201×年1月1日,甲公司购入一块土地的使用权,以银行存款转账支付土地出让金 54 000 000 元，并在该土地上自行建造厂房，领用工程物资 60 000 000 元，发生职工薪酬 30 000 000 元，以银行存款支付其他相关费用 60 000 000 元。该工程 201×年 12 月 31 日完工并达到预定可使用状态。假定土地使用权的使用年限为 50 年，该厂房的使用年限为 25 年，两者都没有净残值，都采用年限平均法进行摊销和计提折旧。为简化核算，不考虑其他相关税费。甲公司的账务处理如下。

（Ⅰ）支付转让价款。

借：无形资产——土地使用权　　54 000 000

　贷：银行存款　　54 000 000

（Ⅱ）在土地上自行建造厂房。

借：在建工程　　151 080 000

　贷：工程物资　　60 000 000

　　应付职工薪酬　　30 000 000

　　银行存款　　60 000 000

　　累计摊销　　1 080 000

（Ⅲ）厂房达到预定可使用状态。

借：固定资产　　151 080 000

　贷：在建工程　　151 080 000

（Ⅳ）每年分期摊销土地使用权和对厂房计提折旧。

借：制造费用　　7 123 200

　贷：累计摊销　　1 080 000

　　累计折旧　　6 043 200

7.1.5 无形资产的摊销

1. 无形资产的摊销期限

无形资产准则规定，企业应当于取得无形资产时分析判断其使用寿命。企业对于使用寿命有限的无形资产应当予以摊销，摊销的期间为当自无形资产可供使用时起，至不再作为无形资产确认时止。

（1）企业持有的无形资产，通常来源于合同性权利或其他法定权利，且合同规定或法律规定有明确的使用年限。来源于合同性权利或其他法定权利的无形资产，其使用寿命不应超过合同性权利或其他法定权利的期限；合同性权利或其他法定权利在到期时因续约等延续、且有证据表明企业续约不需要付出大额成本的，续约期应当计入使用寿命。合同或法律没有规定使用寿命的，企业应当综合各方面因素判断，以确定无形资产能为企业带来经济利益的期限。比如，与同行业的情况进行比较、参考历史经验，或聘请相关专家进行论证等。按照上述方法仍无法合理确定无形资产为企业带来经济利益期限的，该项无形资产应作为使用寿命不确定的无形资产。使用寿命不确定的无形资产不予摊销。

（2）企业确定无形资产使用寿命通常应当考虑的因素。

①运用该资产生产的产品通常的寿命周期、可获得的类似资产使用寿命的信息；

②技术、工艺等方面的现阶段情况及对未来发展趋势的估计；

③以该资产生产的产品或提供服务的市场需求情况；

④现在或潜在的竞争者预期采取的行动；

⑤为维持该资产带来经济利益能力的预期维护支出,以及企业预计支付有关支出的能力;

⑥对该资产控制期限的相关法律规定或类似限制,如特许使用期、租赁期等;

⑦与企业持有其他资产使用寿命的关联性等。

2. 无形资产的摊销方法

无形资产的应摊销金额是指无形资产的成本扣除预计残值后的金额。已计提减值准备的无形资产还应扣除已计提的无形资产减值准备累计金额。对于使用寿命有限的无形资产应当自可供使用,即其达到预定用途当月起开始摊销,处置当月不再摊销。使用寿命有限的无形资产,其残值应当视为零,但存在两个例外:①有第三方承诺在无形资产使用寿命结束时购买该无形资产;②可以根据活跃市场得到残值信息,并且该市场在无形资产使用寿命结束时很可能存在。

无形资产摊销方法包括直线法、生产总量法等,企业选择的无形资产的摊销方法应当反映与该项无形资产有关的经济利益的预期实现方式,无法可靠确定预期实现方式的应当采用直线法摊销。

企业应当按月对无形资产进行摊销,无形资产的摊销额一般应当计入当期损益,并计入"累计摊销"科目。企业自用的无形资产,其摊销金额计入管理费用,借记"管理费用"科目,贷记"累计摊销"科目。出租的无形资产,其摊销金额计入"其他业务成本",借记"其他业务成本"科目,贷记"累计摊销"科目。某项无形资产包含的经济利益通过所生产的产品或其他资产实现的,其摊销金额应当计入相关资产成本,借记"制造费用"等科目,贷记"累计摊销"科目。

【例7-5】 2010年12月31日,甲公司将其自行开发完成的非专利技术出租给乙公司,该非专利技术成本为3 600 000元,双方约定的租赁期限为10年,甲公司每月应摊销30 000元。每月摊销时,甲公司应作如下会计处理。

借:其他业务成本　　30 000

　贷:累计摊销　　30 000

企业应当至少于每年年度终了时,对使用寿命有限的无形资产的使用寿命及未来经济利益消耗方式进行复核。无形资产的预计使用寿命及未来经济利益的预期消耗方式与以前估计不同的,应当改变摊销期限和摊销方法。企业应当在每个会计期间对使用寿命不确定的无形资产的使用寿命进行复核。如果有证据表明无形资产的使用寿命是有限的,应当估计其使用寿命,并按准则规定处理。

3. 无形资产的摊销调整

由于企业财务核算上在确认无形资产的计税基础、摊销范围、摊销方法以及摊销年限等与税收规定存在差异,因此对于差异部分应进行纳税调整。

(1)无形资产摊销范围。《中华人民共和国企业所得税法》第十二条规定,在计算应纳税所得额时,企业按照规定计算的无形资产摊销费用,准予扣除。

下列无形资产不得计算摊销费用扣除:

①自行开发的支出已在计算应纳税所得额时扣除的无形资产;

②自创商誉;

③与经营活动无关的无形资产。

(2)无形资产的计税基础。《中华人民共和国企业所得税法实施条例》第六十六条规定，无形资产按照以下方法确定计税基础：

①外购的无形资产，以购买价款和支付的相关税费以及直接归属于使该资产达到预定用途发生的其他支出为计税基础；

②自行开发的无形资产，以开发过程中该资产符合资本化条件后至达到预定用途前发生的支出为计税基础；

③通过捐赠、投资、非货币性资产交换、债务重组等方式取得的无形资产，以该资产的公允价值和支付的相关税费为计税基础。

(3)无形资产摊销年限。《中华人民共和国企业所得税法实施条例》第六十七条规定，无形资产按照直线法计算的摊销费用，准予扣除。

无形资产的摊销年限不得低于10年。

作为投资或者受让的无形资产，有关法律规定或者合同约定了使用年限的，可以按照规定或者约定的使用年限分期摊销。

外购商誉的支出，在企业整体转让或者清算时准予扣除。

7.1.6 无形资产的出租

无形资产的出租是指将无形资产的使用权让渡给他人，企业仍保留对该无形资产的所有权。

企业出租无形资产取得的收入应作为其他业务收入处理。取得收入时，应借记“银行存款”等科目，贷记“其他业务收入”科目。结转应缴纳的相关税费时，应借记“营业税金及附加”科目，贷记“应交税费”科目。支付律师费、咨询费等费用时，应借记“其他业务成本”科目，贷记“银行存款”等科目。

企业出租无形资产以后，无形资产价值的摊销一般有以下几种方法：

(1)全部计入其他业务成本，由取得的收入来补偿。摊销时，应借记“其他业务成本”科目，贷记“累计摊销”科目。

(2)一部分计入其他业务成本，另一部分计入管理费用或制造费用等。如果企业在出租无形资产以后，自己仍在使用该项无形资产，则按照配比原则，其摊销价值应按照一定标准进行分配，一部分计入其他业务成本，另一部分计入管理费用或制造费用。摊销时，应借记“其他业务成本”“管理费用”“制造费用”等科目，贷记“累计摊销”科目。

(3)全部计入管理费用或制造费用。如果企业出租无形资产取得的收入所占比例不大，按照重要性原则，也可以将无形资产的摊销价值全部计入管理费用或制造费用。

【例7-6】 201×年1月1日，A企业将一项专利技术出租给B企业使用，该专利技术账面余额为600万元，摊销期限为10年，出租合同规定，承租方每销售一件用该专利生产的产品，必须付给出租方10万元专利技术使用费。假定承租方当年销售该产品20万件，应交的营业税金为5万元。

A企业的账务处理如下。

(Ⅰ)取得该项专利技术使用费。

借：银行存款　　2 000 000

　　贷：其他业务收入　　2 000 000

(Ⅱ)按年对该项专利技术进行摊销并计算应交的营业税。

借：其他业务成本　　600 000

营业税金及附加　　50 000
　贷:累计摊销　　600 000
　　应交税费——应交营业税　　50 000

7.1.7　无形资产的处置

无形资产的处置包括无形资产的出售和报废等。

1.无形资产的出售

无形资产的出售是指将无形资产的所有权让渡给他人。即在出售以后,企业不再对该项无形资产拥有占有、使用、收益、处置的权利。企业出售无形资产,应当将取得的价款扣除该无形资产账面价值以及出售相关税费后的差额计入营业外收入或营业外支出。

无形资产的账面价值是无形资产账面余额扣减累计摊销后的金额。企业处置无形资产时,应按实际收到的金额等,借记"银行存款"等科目,按已计提的累计摊销,借记"累计摊销"科目,按已计提的减值准备,借记"无形资产减值准备"科目,按应支付的相关税费及其他费用,贷记"银行存款""应交税费"等科目,按无形资产账面余额贷记"无形资产"科目,按其差额贷记"营业外收入——处置非流动资产利得"科目或借记"营业外支出——处置非流动资产损失"科目。

【例7-7】　甲公司2010年1月10日购入一项专利权,价值240 000元,该项专利权的法定有效期限为20年。企业使用3年后将该专利权出售给其他单位,取得转让收入220 000元,款项已存入银行,转让无形资产应交营业税的税率为5%(假设不考虑其他税费)。

(Ⅰ)支付购入专利权的款项时,编制会计分录如下。

借:无形资产——专利权　　240 000
　贷:银行存款　　240 000

(Ⅱ)按月摊销其价值1 000元时,编制会计分录如下。

该项无形资产的年摊销额 = 240 000 ÷ 20 = 12 000元

该项无形资产的月摊销额 = 12 000 ÷ 12 = 1 000元

借:管理费用——无形资产摊销　　1 000
　贷:累计摊销　　1 000

(Ⅲ)企业使用3年后出售时,应交营业税 = 220 000 × 5% = 11 000元(不考虑其他税费)。

借:银行存款　　220 000
　累计摊销　　36 000
　贷:无形资产　　240 000
　　应交税费——应交营业税　　11 000
　　营业外收入——处置非流动资产利得　　5 000

2.无形资产的报废

无形资产报废是指无形资产由于已被其他新技术所代替或不再受法律保护等原因,预期不能为企业带来经济利益而进行的处置。无形资产报废时,应按照累计摊销额借记"累计摊销"科目;按照计提的减值准备借记"无形资产减值准备"科目;按照原始价值贷记"无形资产"科目;按照账面价值借记"营业外支出"科目。

【例7－8】 A企业拥有某项专利技术，其生产的产品已没有市场，决定予以转销。转销时，该项专利技术的账面余额为500万元，摊销期限为10年，采用直线法进行摊销，已累计摊销200万元，假定该项专利权无残值，已累计计提的减值准备为200万元，假定不考虑其他相关因素，则A企业的账务处理如下。

借：累计摊销　　2 000 000
　　无形资产减值准备　　2 000 000
　　营业外支出——处置非流动资产损失　　1 000 000
　　贷：无形资产——专利权　　5 000 000

7.1.8 无形资产的期末计价及报表列示

1. 无形资产的期末计价

无形资产在资产负债表日存在可能发生减值的迹象时，其可收回金额低于账面价值的，企业应当将该无形资产的账面价值减记至可收回金额，减记的金额确认为减值损失，计入当期损益，同时计提相应的资产减值准备。

企业计提无形资产减值准备，应当设置"无形资产减值准备"科目核算。企业按应减记的金额，借记"资产减值损失——计提的无形资产减值准备"科目，贷记"无形资产减值准备"科目。

无形资产减值损失一经确认，在以后会计期间不得转回。

【例7－9】 2010年12月31日，市场上某项技术生产的产品销售势头较好，已对甲公司产品的销售产生重大不利影响。甲公司外购的类似专利技术的账面价值为700 000元，剩余摊销年限为4年，经减值测试，该专利技术的可收回金额为600 000元。

由于该专利权在资产负债表日的账面价值为700 000元，可收回金额为600 000元，可收回金额低于其账面价值，应按其差额100 000元计提减值准备。甲公司应作如下会计处理。

借：资产减值损失——计提的无形资产减值准备　　100 000
　　贷：无形资产减值准备　　100 000

根据《企业会计制度》规定：当存在下列一项或若干项情况时，应当将该项无形资产的账面价值全部转入当期损益：某项无形资产已被其他新技术等所替代，并且该项无形资产已无使用价值和转让价值；某项无形资产已超过法律保护期限，并且已不能为企业带来经济利益；其他足以证明某项无形资产已经丧失了使用价值和转让价值的情形。

当存在下列一项或若干项情况时，应当计提无形资产的减值准备：某项无形资产已被其他新技术等所替代，使其为企业创造经济利益的能力受到重大不利影响；某项无形资产的市价在当期大幅下跌，在剩余摊销年限内预期不会恢复；某项无形资产已超过法律保护期限，但仍然具有部分使用价值；其他足以证明某项无形资产实质上已经发生了减值的情形。

2. 报表列示

(1)"无形资产"项目。在资产负债表中，"无形资产"项目反映全部无形资产的账面价值，即以无形资产的原始价值扣除累计摊销和无形资产减值准备后的净额列示。

(2)"研发支出"项目。在资产负债表中，"研发支出"项目反映全部处于开发阶段的无形资产符合资本化条件的支出，可以按照"研发支出"科目的余额直接列示。

7.1.9 《企业会计准则第6号——无形资产》与《企业所得税法》差异分析

1. 无形资产确认差异

《企业所得税实施条例》第六十五条规定,企业所得税法第十二条所称无形资产是指企业为生产产品、提供劳务、出租或者经营管理而持有的、没有实物形态的非货币性长期资产,包括专利权、商标权、著作权、土地使用权、非专利技术、商誉等。

会计准则和税法在无形资产确认方面的差异主要体现在以下两点:

(1)商誉。税法将商誉作为无形资产处理,会计准则不将商誉作为无形资产。

(2)土地使用权。会计准则将用于出租赚取租金的土地使用权、持有准备增值后转让的土地使用权确认为投资性房地产;而税法将会计上确认为投资性房地产的土地使用权仍确认为无形资产。

2. 研究开发费用确认和计量的差异

《企业所得税实施条例》第六十六条规定,自行开发的无形资产以开发过程中该资产符合资本化条件后至达到预定用途前发生的支出为计税基础。

会计准则对企业自行研究开发无形资产的阶段分为研究阶段与开发阶段,并相应规定了发生支出的核算方法,而税法没有对研究开发阶段进行划分,可以认为税法认可会计准则的划分。

《企业所得税实施条例》第九十五条规定,企业为开发新技术、新产品、新工艺发生的研究开发费用,未形成无形资产计入当期损益的,在按照规定据实扣除的基础上,按照研究开发费用的50%加计扣除;形成无形资产的,按照无形资产成本的150%摊销。

会计准则与税法在研发阶段费用化支出处理上存在差异。税法按研发费用的50%加计扣除。针对这一差异,企业应将加计扣除部分调减企业应纳税所得额。

3. 无形资产摊销差异

(1)摊销范围差异。《企业所得税法》第十二条规定,在计算应纳税所得额时,企业按照规定计算的无形资产摊销费用,准予扣除。下列无形资产不得计算摊销费用扣除:自行开发的支出已在计算应纳税所得额时扣除的无形资产;自创商誉;与经营活动无关的无形资产;其他不得计算摊销费用扣除的无形资产。

《企业所得税实施条例》第六十七条规定,无形资产的摊销年限不得低于10年。作为投资或者受让的无形资产,有关法律规定或者合同约定了使用年限的,可以按照规定或者约定的使用年限分期摊销。外购商誉的支出在企业整体转让或者清算时,准予扣除。

会计准则规定使用寿命不能确定的无形资产不摊销,原则规定合理确定无形资产的使用寿命即摊销期限,而税法明确规定了无形资产摊销年限不得低于10年,包括使用寿命不确定的无形资产。

(2)摊销金额差异。根据企业所得税法规定,无形资产的应摊销金额为无形资产的计税基础,计税基础不考虑无形资产减值准备,不要求、不保留残值。

(3)摊销方法差异。《无形资产准则》规定,企业选择的无形资产摊销方法应当反映与该项无形资产有关的经济利益的预期实现方式。无法可靠确定预期实现方式的,应当采用直线法摊销。《企业所得税实施条例》第六十七条规定,无形资产按照直线法计算的摊销费用,准予扣除。两者产生的差异按税法规定进行相应的纳税调整。

7.2 长期待摊费用

7.2.1 长期待摊费用的性质

长期待摊费用是指企业已经发生但应由本期和以后各期负担的分摊期限在一年以上的各项费用,如以经营租赁方式租入的固定资产发生的改良支出、企业在筹建期间所发生的开办费等费用。经营租赁方式租入的固定资产发生的改良支出应在租赁期限与租赁资产尚可使用年限两者孰短的期限内平均摊销。应当由本期负担的借款利息、租金等不得作为长期待摊费用处理。

企业在确认长期待摊费用时,一般应考虑以下两个条件:

(1)受益期间在1年以上。在这种情况下,将支出计入长期待摊费用,符合权责发生制原则和配比原则。

(2)未来会计期间获得的收益能够抵补分期摊销的支出。如果预计未来会计期间获得的收益不能抵补分摊的支出,按照稳健原则可以将当期发生的支出全部计入当期损益。

长期待摊费用应当单独核算,在费用项目的受益期限内分期平均摊销。大修理费用采用待摊方式的,应当将发生的大修理费用在下一次大修理前平均摊销;租入固定资产改良支出,应当在租赁期限与租赁资产尚可使用年限两者孰短的期限内平均摊销;其他长期待摊费用应当在受益期内平均摊销。

股份有限公司委托其他单位发行股票支付的手续费或佣金等相关费用,减去股票发行冻结期间的利息收入后的余额,从发行股票的溢价中不够抵消的,或者无溢价的,若金额较小的,直接计入当期损益;若金额较大的,可作为长期待摊费用,在不超过2年的期限内平均摊销,计入损益。

如果长期待摊的费用项目不能使以后会计期间受益的,应当将尚未摊销的该项目的摊余价值全部转入当期损益。

企业应通过“长期待摊费用”科目核算长期待摊费用的发生、摊销和结存等情况。企业发生的长期待摊费用,借记“长期待摊费用”,贷记“银行存款”“原材料”等科目。摊销长期待摊费用时,应当计入“管理费用”“销售费用”等科目,贷记“长期待摊费用”。

【例7-10】 2011年4月1日,甲公司对其以经营租赁方式新租入的办公楼进行装修,发生以下有关支出:领用生产用材料500 000元,购进该批原材料时支付的增值税进项税额为85 000元;辅助生产车间为该装修工程提供的劳务支出为180 000元;有关人员工资等职工薪酬435 000元。2011年11月30日,该办公楼装修完工,达到预定可使用状态并交付使用,并按租赁期10年开始进行摊销。假定不考虑其他因素,甲公司应作如下会计处理。

(Ⅰ)装修领用原材料。

借:长期待摊费用　585 000

　贷:原材料　500 000

　　应交税费——应交增值税(进项税额转出)　85 000

(Ⅱ)辅助生产车间为装修工程提供劳务。

借:长期待摊费用　180 000

　贷:生产成本——辅助生产成本　180 000

(Ⅲ)确认工程人员职工薪酬。

借:长期待摊费用　　435 000

　贷:应付职工薪酬　　435 000

(Ⅳ)2010 年摊销装修支出时,每月摊销额 $=\frac{585\ 000+180\ 000+435\ 000}{120}=10\ 000$ 元。

借:管理费用　　10 000

　贷:长期摊销费用　　10 000

7.2.2　开办费

企业在筹建期间所发生的开办费,包括人员工资、办公费、培训费、差旅费、印刷费、注册登记费等。除购建固定资产以外,所有筹建期间所发生的费用应先在长期待摊费用中归集,待企业开始生产经营当月起一次计入开始生产经营当月的损益。企业发生各项开办费时,应借记"长期待摊费用"科目,贷记有关科目,摊销时应借记"管理费用"科目,贷记"长期待摊费用"科目。

【例 7-11】　甲公司筹建期间发生以下支出:用银行存款支付各项办公费、培训费、印刷费、注册登记费等 100 000 元,用现金支付差旅费 1 000 元、应付职工薪酬 36 000 元。2011 年 1 月份开始生产经营。编制会计分录如下。

(Ⅰ)归集开办费。

借:长期待摊费用　　137 000

　贷:银行存款　　100 000

　　库存现金　　1 000

　　应付职工薪酬　　36 000

(Ⅱ)2011 年 1 月末,摊销开办费。

借:管理费用　　137 000

　贷:长期待摊费用　　137 000

7.2.3　长期待摊费用的摊销调整

由于企业财务核算上在确认长期待摊费用摊销的范围、方法以及年限等与税收规定存在差异,因此对于差异部分应进行纳税调整。

1. 长期待摊费用的范围

《中华人民共和国企业所得税法》第十三条规定,在计算应纳税所得额时,企业发生的下列支出作为长期待摊费用,按照规定摊销的,准予扣除:

(1)已足额提取折旧的固定资产的改建支出;

(2)租入固定资产的改建支出;

(3)固定资产的大修理支出;

(4)其他应当作为长期待摊费用的支出。

2. 固定资产的改建支出的摊销

《中华人民共和国企业所得税法实施条例》第六十八条规定,固定资产的改建支出是指改变房屋或者建筑物结构、延长使用年限等发生的支出。

已足额提取折旧的固定资产的改建支出,按照固定资产预计尚可使用年限分期摊销;

租入固定资产的改建支出，按照合同约定的剩余租赁期限分期摊销。

改建的固定资产延长使用年限的，除已足额提取折旧的固定资产的改建支出、租入固定资产的改建支出外，应当适当延长折旧年限。

3. 固定资产的大修理支出的摊销

《中华人民共和国企业所得税法实施条例》第六十九条规定，固定资产的大修理支出是指同时符合下列条件的支出：

(1) 修理支出达到取得固定资产时的计税基础 50% 以上；

(2) 修理后固定资产的使用年限延长 2 年以上。

固定资产的大修理支出，按照固定资产尚可使用年限分期摊销。

4. 其他应当作为长期待摊费用的支出

《中华人民共和国企业所得税法实施条例》第七十条规定，其他应当作为长期待摊费用的支出，自支出发生月份的次月起，分期摊销，摊销年限不得低于 3 年。

5. 关于开(筹)办费的处理

《国家税务总局关于企业所得税若干税务事项衔接问题的通知》第九条规定，新税法中开(筹)办费未明确列作长期待摊费用，企业可以在开始经营之日的当年一次性扣除，也可以按照新税法有关长期待摊费用的处理规定处理，但一经选定，不得改变。企业在新税法实施以前年度的未摊销完的开办费，也可根据上述规定处理。

思考题

1. 2009 年 1 月 1 日，某企业外购一项无形资产，实际支付的价款为 400 万元。根据相关法律，该无形资产的有效期限为 10 年。2009 年 12 月 31 日，企业估计该无形资产预计使用年限还有 6 年。2010 年 12 月 31 日，由于与该无形资产相关的经济因素发生不利变化，致使该无形资产发生减值。企业估计其可收回金额为 100 万元，预计使用年限不变。2011 年 12 月 31 日，甲企业将该无形资产出售，收取价款 70 万元，按 5% 结转营业税(不考虑其他税费)，并结转无形资产成本。

要求：(1) 编制该无形资产相关业务的会计分录。

(2) 计算出售无形资产的净损益。

2. 某企业自行研制一项新型技术，成功后拟申请专利。研究过程中，发生职工薪酬 200 万元，以银行存款支付各项费用 100 万元，开发过程中，发生职工薪酬 300 万元，以银行存款支付各项费用 400 万元(其中职工薪酬全部符合资本化条件，其他各项费用符合资本化条件的为 350 万元)。该项目研制成功后申请专利，以银行存款支付律师费等 20 万元，并获专利部门批准领取了专利证书。

要求：编制有关该专利权的会计分录。

第8章　流 动 负 债

【学习目的】 掌握流动负债的概念，了解流动负债的分类，掌握短期借款、应付票据、应付账款、应交税费、应付职工薪酬、应付股利、应付利息的基本账务处理。

【重点与难点】 应交税费与应付职工薪酬的会计处理。

8.1 流动负债概述

8.1.1 流动负债的概念

流动负债是指将在1年或超过1年的一个营业周期内偿还的债务，主要包括短期借款、应付票据、应付账款、预收账款、应付职工薪酬、应付股利、应交税费、其他应付款和预计负债等。

流动负债产生的原因如下：一是借贷产生的流动负债，如短期借款；二是结算过程产生的流动负债，如应付票据、应付账款；三是经营过程中产生的流动负债，如应交税费；四是利润分配产生的流动负债，如应付股利。

8.1.2 流动负债的分类

按照偿付金额是否确定分类，流动负债可以分为金额可以确定的流动负债、金额需要估计的流动负债和金额视经营情况的流动负债。

1. 可以确定的流动负债

金额可以确定的流动负债是指有确切的债权人和偿付日期并有确切的偿付金额的流动负债，主要包括短期借款、应付票据、已经取得结算凭证的应付账款、预收账款、应付职工薪酬和其他应付款等。

2. 金额需要估计的流动负债

金额需要估计的流动负债是指没有确切的债权人和偿付日期，或虽有确切的债权人和偿付日期但其偿付金额需要估计的流动负债，主要包括预计负债等。

3. 金额视经营情况的流动负债

金额视经营情况的流动负债是指企业在一定经营期末才能确定金额的流动负债，在该经营期结束之前，负债金额不能确定，主要包括应交税费。

8.1.3 流动负债的计价

流动负债是企业应在未来偿付的债务，理论上讲，应按未来应付金额的现值计价。但是，由于流动负债的偿还时间一般不超过1年，未来应付的金额与其现值相差不多，根据重要性原则，其差额往往忽略不计。因此，流动负债一般按照业务发生时的金额计价。

8.2 短期借款

短期借款是指企业从银行或其他金融机构借入的、期限在1年以下(含1年)的各种借款。短期借款一般是企业为维持正常的生产经营活动或者为偿债而借入的款项,其核算内容主要包括短期借款的借入、利息的结算和本金的偿还情况等三个方面。

企业应设置"短期借款"总分类账户,按照债权人和借款种类设置明细账,核算短期借款的增减变动及结存情况。期末贷方余额反映企业尚未偿还的短期借款的本金。

企业从银行或其他金融机构借入的各种短期借款,借记"银行存款"科目,贷记本科目;归还借款时,作相反的会计分录。

企业取得短期借款发生的利息,金额较大的,可以采用预提的方式,按月预提计入"财务费用"科目和"应付利息"科目;如果金额不大,可以在实际支付或收到银行的计息通知时,直接计入"财务费用"科目。

【例8-1】 某企业于2011年1月1日从银行取得期限为6个月的借款100 000元,年利率为6%,每季度结息一次,借款到期后如数归还本息。

2011年1月1日向银行借款。

借:银行存款　　100 000
　贷:短期借款　　100 000

2011年1月末,预提本月负担的利息。

借:财务费用　　500
　贷:应付利息　　500

2月末的会计处理同上,

3月末支付本季度的利息会计分录如下。

借:财务费用　　500
　应付利息　　1 000
　贷:银行存款　　1 500

第二季度的利息会计处理同上。

到期偿还本金的会计分录如下。

借:短期借款　　100 000
　贷:银行存款　　100 000

8.3 应付和预收款项

8.3.1 应付票据

应付票据是指企业购买材料、商品或接受劳务而开出、承兑的商业汇票。它是一种期票,是延期付款的证明,有承诺付款的票据作为凭据。应付票据核算的内容主要包括签发或承兑商业汇票、计提票据利息、支付票款等内容。为此,企业应设置"应付票据"总分类账户,并按照债权人设置明细账,核算应付票据的增减变动及结存情况。期末贷方余额反映企业尚未到期的商业汇票的票面金额。

企业应当设置"应付票据备查簿",详细登记每一商业汇票的种类、号数和出票日期、到期日、票面余额、交易合同号和收款人姓名或单位名称以及付款日期和金额等资料。应付票据到期结清时,应当在备查簿内逐笔注销。

商业汇票按承兑人分类,可以分为商业承兑汇票和银行承兑汇票两种;按是否带息分类,可以分为不带息商业汇票和带息商业汇票两种。

1. 商业汇票的签发

(1)不带息商业汇票。企业签发不带息的商业汇票,不论是商业承兑汇票还是银行承兑汇票,其到期价值即为票面价值。应付票据按业务发生时的金额即票面价值(亦即到期价值)入账。企业取得结算凭证并签付商业汇票后,应按票面价值借记"原材料""应交税费"等科目,贷记"应付票据"科目。企业向银行申请承兑支付的手续费,应计入"财务费用"科目。

(2)带息商业汇票。企业签付带息的商业汇票,不论是商业承兑汇票还是银行承兑汇票,其到期价值为票面面值与应计利息之和。在这种情况下,其票面面值为应付票据的现值,应付票据仍应按业务发生时的金额即票面面值入账。企业取得结算凭证并签付商业汇票后,应按结算凭证上注明的价款借记"原材料""应交税费"等科目,按商业汇票的票面价值贷记"应付票据"科目。企业向银行申请承兑支付的手续费,应计入"财务费用"科目。

2. 带息票据的利息费用

带息商业汇票利息费用的核算,一般有以下几种方法:

(1)按月计提。这种方法适用于票面价值较大、利息费用较多的商业汇票利息费用的核算。采用这种方法,应于每月月末计算当月应付的商业汇票利息费用,借记"财务费用"科目,贷记"应付利息"科目。

(2)到期计提。这种方法适用于票面价值较小、利息费用较少且签发日与到期日在同一个会计年度的商业汇票利息费用的核算。采用这种方法,每月月末不需要计提利息费用,而是在到期日一次计算确认全部利息费用,计入"财务费用"科目。到期确认利息费用时,可以单独进行账务处理,也可以与付款等一并进行账务处理。到期单独确认利息费用,应借记"财务费用"科目,贷记"应付利息"科目;付款时,应借记"应付票据""应付利息"科目,贷记"银行存款"科目。到期与付款一并进行账务处理时,应按商业汇票的票面价值,借记"应付票据"科目,按全部应计利息,借记"财务费用"科目,按商业汇票的票面价值与应计利息之和,贷记"银行存款"或"应付账款"科目。

(3)年末及到期计提。这种方法适用于票面价值较小、利息费用较少但签发日与到期日不在同一个会计年度的商业汇票利息费用的核算。采用这种方法,每月月末不需要计提利息费用,但由于签发日与到期日不在同一个会计年度,按照权责发生制原则应在年末计提当年的利息费用,到期日再计算确认其余利息费用。年末计提利息费用的核算方法与按月计提利息费用的核算方法相同,到期日确认其余利息费用的核算方法与到期确认利息费用的核算方法相同。

企业在 6 月 30 日需要提供对外会计报告,则利息费用在 6 月 30 日的核算方法与年末相同。

3. 商业汇票的到期

企业签发的商业汇票到期时,应无条件支付票据款。受企业资金能力所限,到期时可能会出现有能力支付票据款和无力支付票据款两种情况。

(1)企业有能力支付票据款项。商业汇票到期时,如果企业有能力支付票据款,则企业的开户银行在收到商业汇票付款通知时,无条件支付票据款。企业在收到开户银行的付款通知时,核销应付票据。

支付不带息的票据款时,应借记"应付票据"科目,贷记"银行存款"科目。

支付带息的票据款时,应按商业汇票账面价值,借记"应付票据"科目;按已计提的利息,借记"应付利息"科目;按尚未计提的应计利息,借记"财务费用"科目;按实际支付的票据款,贷记"银行存款"科目。

(2)企业无力支付票据款。商业汇票到期时,如果企业无力支付票据款,则应根据不同承兑人承兑的商业汇票作不同的处理。

采用商业承兑汇票进行结算,承兑人即为付款人。如果付款人无力支付票据款,银行将把商业承兑汇票退还给收款人,由收付款双方协商解决。由于商业汇票已经失效,付款人应将应付票据款转为应付账款,应付的票据利息也应计入应付账款。如果是不带息的商业汇票,企业应按票面价值借记"应付票据"科目,贷记"应付账款"科目。如果是带息的商业汇票,企业应借记"应付票据""应付利息""财务费用"等科目,贷记"应付账款"科目。

采用银行承兑汇票进行结算,承兑人为承兑银行。如果付款人无力支付票据款,承兑银行将代为支付票据款,并将其转为对付款人的逾期贷款。由于商业汇票已经失效,付款人应将应付票据款转为短期借款,应付的利息也应计入短期借款。如果是不带息的商业汇票,企业应按票面价值借记"应付票据"科目,贷记"短期借款"科目;如果是带息的商业汇票,企业应借记"应付票据""应付利息""财务费用"等科目,贷记"短期借款"科目。企业支付的罚息应计入"财务费用"科目。

【例8-2】 甲股份有限公司为增值税一般纳税人,适用的增值税率为17%。2011年3月1日购入一台不需要安装的固定资产并投入使用,同时开出期限为3个月、面值为585 000元、年利率为6%的商业承兑汇票一张。假定不考虑其他相关税费。甲股份有限公司的账务处理如下。

(Ⅰ)2011年3月1日购入固定资产。

借:固定资产	500 000	
应交税费——应交增值税(进项税额)	85 000	
贷:应付票据		585 000

(Ⅱ)2011年3月31日和4月30日计提利息。

借:财务费用	2 925	
贷:应付利息		2 925

(Ⅲ)2011年5月31日付款。

借:应付票据	585 000	
财务费用	2 925	
应付利息	5 850	
贷:银行存款		593 775

(Ⅳ)假设2011年5月31日,甲股份有限公司无力支付该款项。

借:应付票据	585 000	
财务费用	2 925	
应付利息	5 850	

贷:应付账款　　593 775

8.3.2　应付账款

1.应付账款的确认

应付账款是指企业因购买材料、商品或接受劳务供应等而支付给供应单位的款项。企业因购买固定资产或无形资产而应付销售方的款项,也可作为应付账款进行核算。应付账款核算的内容主要包括应付账款的形成及其偿还情况。企业应设置“应付账款”总分类账户,核算应付账款的增减变动及结存情况,并按照债权人的不同设置明细账。期末贷方余额反映企业尚未支付的应付账款。

应付账款入账时间的确定,应以与所购物资的所有权有关的风险和报酬已经转移或劳务已经接受为标志。实际工作中,企业取得结算凭证的同时可以取得货物,则意味着取得了该项物资的所有权,应在确认资产的同时确认应付账款。如果购进的货物已验收入库,而结算凭证在月末仍未到达,由于负债已经形成,企业应对其进行估价,计入应付账款,下月初编制红字会计凭证予以冲销。

2.应付账款的计量

应付账款一般按应付金额入账,即发票价格入账。如果企业在购入资产形成一笔应付账款的同时,带有现金折扣,那么应付账款的入账金额应按发票上记载的应付金额总额确定,而不是按发票上记载的应付金额总额扣除现金折扣后的余额确定。在这种方法下,应按发票记载的全部应付金额,借记有关科目,贷记“应付账款”科目;获得的现金折扣冲减“财务费用”科目。

应付账款一般在较短期限内支付。有些应付账款由于债权单位撤销或其他原因而无法支付,这笔无法支付的或无需支付的应付款项应计入“营业外收入”科目。

如果企业根据合同规定预付给供应单位购货定金或部分货款,也可以通过“应付账款”科目核算。此时,编制资产负债表时则需认真分辨“应付账款”科目各明细账的余额性质,如为借方余额,则属预付账款性质,应作为“预付账款”项目填列于资产负债表流动资产项目中。

【例8-3】　某企业6月1日赊购原材料一批,发票中注明的买价为10 000元,增值税为1 700元,共计11 700元,原材料已经入库。付款条件为2/10,n/30。该企业采用总价法进行核算。

(Ⅰ)6月1日购入原材料,按总价入账。

借:原材料　　10 000
　应交税费——应交增值税(进项税额)　　1 700
　贷:应付账款　　11 700

(Ⅱ)6月8日支付价款,取得现金折扣,假设折扣额不考虑增值税额。

借:应付账款　　11 700
　贷:银行存款　　11 500
　　财务费用　　200

(Ⅲ)6月18日支付价款,未取得现金折扣。

借:应付账款　　11 700
　贷:银行存款　　11 700

8.3.3 预收账款

预收账款是指买卖双方协议商定，由购货方预先支付一部分货款给供应方而发生的一项负债，这项负债需要用以后的商品、劳务等予以偿还。企业应设置“预收账款”总分类账户，并按照购货单位设置明细账，核算预收账款的增减变动及结存情况。账户的贷方登记预收的货款和补付的货款，借方登记应收的货款和退回多收的货款。本科期末贷方余额反映企业向购货单位预收的款项（应收款）；期末如为借方余额，反映企业应由购货单位补付的款项（应付款）。

企业预收账款的核算应视具体情况而定。如果企业预收账款较多，可以设置“预收账款”科目；如果预收账款不多，也可以不设置“预收账款”科目，将预收的款项直接计入“应收账款”科目的贷方。

企业收到预收款时，应借记“银行存款”科目，贷记“预收账款”科目；销售货物或提供劳务时，应借记“预收账款”科目，贷记“主营业务收入”“应交税费——应交增值税”等科目；退还多收的货款时，应借记“预收账款"科目，贷记“银行存款”科目；收到购买方补付的货款时，应借记“银行存款”科目，贷记“预收账款”科目。采用这种方式，在销货的全部价款大于预收账款而尚未收到购买方补付的账款时，“预收账款”科目所属的明细科目会有借方余额。月末，“预收账款”所属明细科目的借方余额，在资产负债表上应列入“应收账款”项目。运用“应收账款”科目核算预收账款的企业，“应收账款”科目所属明细科目若出现贷方余额，在资产负债表上应列入“预收账款”项目。

【例8-4】 某企业根据发生的有关预收账款业务，编制会计分录如下。

（Ⅰ）6月1日预收甲公司货款30 000元，存入银行。

借：银行存款　　30 000
　　贷：预收账款——甲公司　　30 000

（Ⅱ）6月20日向南华公司发出商品一批，售价为50 000元，增值税8 500元，以银行存款代垫运杂费100元，共计58 600元；南华公司尚未补付货款。

借：预收账款　　58 600
　　贷：主营业务收入　　50 000
　　　　应交税费——应交增值税（销项税额）　　8 500
　　　　银行存款　　100

6月30日，“预收账款——甲公司”明细科目借方余额28 600元，列入资产负债表的“应收账款”项目。

（Ⅲ）7月6日，收到南华公司补付的货款28 600元，存入银行。

借：银行存款　　28 600
　　贷：预收账款——甲公司　　28 600

如果该企业不设“预收账款”科目，发生上述业务应编制会计分录如下。

（Ⅰ）6月1日预收货款。

借：银行存款　　30 000
　　贷：应收账款——甲公司　　30 000

（Ⅱ）6月20日发除商品。

借：应收账款　　58 600

贷:主营业务收入　　50 000

　应交税费——应交增值税(销项税额)　　8 500

　银行存款　　100

(Ⅲ)7 月 6 日收到补付货款。

借:银行存款　　28 600

　贷:应收账款　　28 600

8.4 应交税费

应交税费是指企业在生产经营过程中产生的应向国家缴纳的各种税费,包括增值税、消费税、营业税、所得税、资源税、土地增值税、城市维护建设税、房产税、城镇土地使用税、车船使用税、教育费附加、矿产资源补偿费等。

企业在一定时期内取得的营业收入、实现的利润以及从事其他应税项目,需要按照规定向国家交税。这些应交税金,需要按照权责发生制原则计入"应交税费"等科目,在未交之前暂时停留在企业,形成企业的一项负债。应交税费核算的内容主要包括应交税金的形成及其缴纳情况,为此,企业应设置"应交税费"总分类账户,并按照应交税费的种类设置明细账,核算应交税金的增减变动情况。企业借方记录已缴的税金,贷方记录应缴的税金。本科目期末贷方余额反映企业尚未交纳的税费,期末如为借方余额,反映企业多交或尚未抵扣的税金。

企业应交的税金中,除不需要预计应交数所交纳的税金,如印花税、耕地占用税等不在本科目核算外,其他税金均需通过"应交税费"科目核算。

企业缴纳印花税时,借记"管理费用"科目,贷记"银行存款"科目。缴纳的耕地占用税,借记"在建工程" 科目,贷记"银行存款"科目。

企业期末在预计房产税、城镇土地使用税、车船使用税时,计入"管理费用"科目。

企业直接对外销售产品时应交的消费税、资源税、城市维护建设税及非工商企业计算缴纳的营业税,计入"营业税金及附加"科目。

房地产开发企业的土地增值税计入"营业税金及附加"科目。其他企业按照征用土地的不同用途计入"其他业务成本""在建工程""固定资产清理"等科目。

企业代扣代交的个人所得税等,应借记"应付职工薪酬"科目,贷记"应交税费——应交个人所得税",企业所得税是企业的一项费用,一般计入"所得税费用"科目,将在"所得税会计"这一章(详见下册)来讨论。

8.4.1 应交增值税

1. 增值税概述

增值税是以商品(含应税劳务)在流转过程中产生的增值额作为计税依据而征收的一种流转税。按照《中华人民共和国增值税暂行条例》的规定,纳税人购进货物或者接受应税劳务支付或者负担的增值税额,为进项税额;纳税人销售货物或者应税劳务,向购买方收取的增值税额,为销项税额;应纳税额为当期销项税额抵扣当期进项税额后的余额。

应纳税额计算公式为

$$应纳税额 = 当期销项税额 - 当期进项税额$$

(1)可以抵扣的进项税额。按照税法规定,下列进项税额准予从销项税额中抵扣:

①从销售方取得的增值税专用发票上注明的增值税额。

②从海关取得的海关进口增值税专用缴款书上注明的增值税额。

③购进农产品,除取得增值税专用发票或者海关进口增值税专用缴款书外,按照农产品收购发票或者销售发票上注明的农产品买价和13%的扣除率计算的进项税额。进项税额计算公式为

$$进项税额 = 买价 \times 扣除率$$

④购进或者销售货物以及在生产经营过程中支付运输费用的,按照运输费用结算单据上注明的运输费用金额和7%的扣除率计算的进项税额。进项税额计算公式为

$$进项税额 = 运输费用金额 \times 扣除率$$

(2)不能抵扣的进项税额。纳税人购进货物或者应税劳务,取得的增值税扣税凭证不符合法律、行政法规或者国务院税务主管部门有关规定的,其进项税额不得从销项税额中抵扣。另外,按照《增值税暂行条例》及其实施细则的规定,下列项目的进项税额不得从销项税额中抵扣:

①用于非增值税应税项目、免征增值税项目、集体福利或者个人消费的购进货物或者应税劳务;

②非正常损失的购进货物及相关的应税劳务;

③非正常损失的在产品、产成品所耗用的购进货物或者应税劳务;

④国务院财政、税务主管部门规定的纳税人自用消费品;

⑤上述规定的货物的运输费用和销售免税货物的运输费用。

会计核算中,这些货物(劳务)已支付的增值税应计入购入货物或接受劳务的成本。

(3)视同销售的规定。按照《增值税暂行条例》及其实施细则的规定,单位或者个体工商户的下列行为视同销售货物:

①将货物交付其他单位或者个人代销;

②销售代销货物;

③设有两个以上机构并实行统一核算的纳税人,将货物从一个机构移送其他机构用于销售,但相关机构设在同一县(市)的除外;

④将自产或者委托加工的货物用于非增值税应税项目;

⑤将自产、委托加工的货物用于集体福利或者个人消费;

⑥将自产、委托加工或者购进的货物作为投资,提供给其他单位或者个体工商户;

⑦将自产、委托加工或者购进的货物分配给股东或者投资者;

⑧将自产、委托加工或者购进的货物无偿赠送其他单位或者个人。

视同销售的行为,会计核算上应按照销售额(计税价格)计算增值税销项税额。

(4)进项税额转出。按照《增值税暂行条例》的规定,当纳税人购进的货物或接受的应税劳务不是用于增值税应税项目,而是用于非应税项目、免税项目或用于集体福利、个人消费等情况时,其支付的进项税就不能从销项税额中抵扣。实际工作中,经常存在纳税人当期购进的货物或应税劳务事先并未确定将用于生产或非生产经营,但其进项税税额已在当期销项税额中进行了抵扣,当已抵扣进项税税额的购进货物或应税劳务改变用途,用于非应税项目、免税项目、集体福利或个人消费等,购进货物发生非正常损失,在产品和产成品发生非正常损失时,应将购进货物或应税劳务的进项税税额从当期发生的进项税税额中扣

除,在会计处理中通过"应交税费——应交增值税(进项税额转出)"核算。

2. 账户设置

(1)"应交税费——应交增值税"账户。企业应交的增值税,在"应交税费"账户下设置"应交增值税"明细账户进行核算,借方登记企业购进货物或接受应税劳务支付的进项税额、实际缴纳的增值税,贷方登记销售货物或提供应税劳务缴纳的销项税额、出口退税等,期末借方余额反映企业尚未抵扣的增值税。因此,还应分别"进项税额""销项税额""出口退税""进项税额转出""已交税金"等设置专栏进行明细核算。

"进项税额"专栏记录反映企业购入货物或接受应税劳务而支付的、准予从销项税额中抵扣的增值税额。企业购入货物或接受应税劳务而支付的进项税额,用蓝字登记;退回所购货物应冲销的进项税额,用红字登记。

"进项税额"专栏记录反映企业销售货物或提供应税劳务而收取的增值税额。企业销售货物或提供应税劳务而收取的销项税额,用蓝字登记;退回所销售货物应冲销的销项税额,用红字登记。

"出口退税"专栏记录企业出口货物向海关办理出口手续后,凭出口报关单等有关单证向税务机关申报办理出口退税而退回的增值税款。出口货物退回的增值税款,用蓝字登记;办理退税后出口货物被退回或者退关而补交的已退税款,用红字登记。

"进项税额转出"专栏记录反映企业购进货物、在产品、产成品等发生非正常损失以及其他原因而不应从销项税额中抵扣,按规定转出的进项税额。

"已交税金"专栏记录企业已交纳的增值税额。

"出口抵减内销产品应纳税额"专栏记录企业按照规定计算的出口货物的进项税额抵减内销产品的应纳税额。

"转出多交增值税"专栏记录企业月度终了转出多交的增值税。

"转出未交增值税"专栏记录企业月度终了转出未交的增值税。

"应交增值税"二级科目的借方一般设置进项税额、已交税金、出口抵减内销产品应纳税额和转出未交增值税四栏;贷方一般设置销项税额、进项税额转出、出口退税和转出多交增值税四栏。

贷方专栏中进项税额转出和出口退税两项为借方专栏中进项税额的抵减项目。本期销项税额大于抵减后的进项税额与出口抵减内销产品应纳税额之和的,其差额为本期应交增值税额。本期应交增值税额大于借方专栏"已交税金"的差额,为本期未交增值税,应从"应交增值税"二级科目借方("转出未交增值税"专栏)转出,转入"未交增值税"二级科目贷方;本期应交增值税额小于借方专栏"已交税金"的差额,为本期多交增值税,应从"应交增值税"二级科目贷方("转出多交增值税"专栏)转出,转入"未交增值税"二级科目借方。经过上述结转后,"应交增值税"二级科目应无余额。

如果本期销项税额小于抵减后的进项税额与出口抵减内销产品应纳税额之和,其差额为尚未抵扣的进项税额,保留在"应交增值税"二级科目内,可以在以后期间继续抵扣。"应交增值税"二级科目月末如有余额,应为借方余额,即尚未抵扣的进项税额。

(2)"应交税费——未交增值税"账户。"应交税费——未交增值税"账户反映企业月末累计未交增值税或多交增值税。该账户借方登记转入的当期应交未交增值税和实际缴纳的增值税,贷方登记转入的当期多交增值税。该账户借方余额为累计多交增值税,贷方余额为累计未交增值税。

值得注意的是，企业在缴纳增值税时，应将补交的以前月份未交增值税记入“应交税费——未交增值税”科目借方，将缴纳的当月增值税记入“应交税费——应交增值税（已交税金）”科目借方。

3. 一般纳税人的账务处理

（1）进项税额的核算。企业购进货物或接受应税劳务时，应根据增值税专用发票中货物或应税劳务的价款，借记“原材料”“固定资产”等科目；根据增值税专用发票中的进项税额，借记“应交税费——应交增值税（进项税额）”科目；根据全部价款，贷记“银行存款”等科目。企业可以按照免税农产品买价的13%作为进项税额抵扣。企业购进农业产品时，应按买价的87%借记“原材料”等科目，按买价的13%借记“应交税费——应交增值税（进项税额）”科目，按买价贷记“银行存款”等科目。企业购进货物时，支付的价款中如果含有销货单位代垫的运费（即运输部门开具的运费发票），则由于运费属于非增值税项目，运输部门不能开具增值税专用发票。但是按照现行制度规定，也可以按照这部分运费的7%作为进项税额抵扣。

企业进口物资，按海关提供完税凭证上注明的增值税借记“应交税费——应交增值税（进项税额）”科目，按进口物资的采购成本借记“材料采购”“库存商品”等科目，按应付或实际支付的金额贷记“应付账款”“银行存款”等科目。

【例8-5】 光华公司为增值税一般纳税人，10月份根据发生的有关增值税进项税额的业务编制会计分录如下。

（Ⅰ）购入全新的不需安装的机器设备一台，买价200 000元，增值税34 000元，运杂费500元，共计234 500元，用银行存款支付。

借：固定资产	200 500	
应交税费——应交增值税（进项税额）	34 000	
贷：银行存款		234 500

（Ⅱ）购入原材料一批，买价100 000元，增值税17 000元，运费1 000元，共计118 000元，结算凭证已到，原材料入库，货款用银行存款支付。

借：原材料	100 930	
应交税费——应交增值税（进项税额）	17 070	
贷：银行存款		118 000

（Ⅲ）收购农产品一批200 000，货款已付，货巳入库。

借：原材料	174 000	
应交税费——应交增值税（进项税额）	26 000	
贷：银行存款		200 000

（2）销项税额的核算。企业销售货物或提供应税劳务以后，应根据全部价款，借记“银行存款”“应收账款”等科目；按专用发票上的销项税额，贷记“应交税费——应交增值税（销项税额）”科目；按实现的营业收入贷记“主营业务收入”等科目。

对视同销售的行为，如将货物交付其他单位或者个人代销，销售代销货物，将自产或者委托加工的货物用于非增值税应税项目，将自产、委托加工的货物用于集体福利或者个人消费，将自产、委托加工或者购进的货物作为投资，提供给其他单位或者个体工商户，将自产、委托加工或者购进的货物分配给股东或者投资者，将自产、委托加工或者购进的货物无偿赠送其他单位或者个人，计算应交的增值税，借记“在建工程”“长期股权投资”“应付职工薪酬”“营业外支出”等科目,贷记“应交税费——应交增值税(销项税额)”科目。

【例8－6】 光华公司10月份根据发生的有关销项税额业务,编制会计分录如下。

(Ⅰ)销售甲产品100件,售价为400 000元,增值税率17%,增值税销项税额68 000元,共计468 000元,款项收到,存入银行。

借:银行存款　　468 000
　　贷:主营业务收入　　400 000
　　　　应交税费——应交增值税(销项税额)　　68 000

(Ⅱ)甲产品10件用于厂房建设,成本共计35 000元,增值税按当月甲产品的销售价格50 000元和增值税率17%计算。

借:在建工程　　43 500
　　贷:库存商品　　35 000
　　　　应交税费——应交增值税(销项税额)　　8 500

(Ⅲ)用原材料一批对外投资。原材料的账面价值为500 000元,投资双方的不含税协商价值为500 000元,增值税按协商价值的17%计算。

借:长期股权投资　　585 000
　　贷:原材料　　500 000
　　　　应交税费——应交增值税(销项税额)　　85 000

(3)进项税额转出的核算。一般纳税人在购进货物时如果不能直接认定其进项税额能否抵扣,支付的进项税额可以先予以抵扣,待以后用于不得抵扣进项税额的项目时,再将其进项税额转出,抵减当期进项税额。进项税额转出时,应借记有关科目,贷记“应交税费——应交增值税(进税额转出)”科目。

【例8－7】 光华公司10月份根据发生的有关进项税额转出业务,编制会计分录如下。

(Ⅰ)自建厂房领用原材料一批,实际成本50 000元,购进该批原材料时支付的进项税额8 500元已经抵扣。

借:在建工程　　58 500
　　贷:原材料　　50 000
　　　　应交税费——应交增值税(进税额转出)　　8 500

(Ⅱ)由于自然灾害,毁损产成品一批,实际成本40 000元,所耗购进货物的进项税额为3 400元。

借:待处理财产损溢　　43 400
　　贷:库存商品　　40 000
　　　　应交税费——应交增值税(进税额转出)　　3 400

(4)出口退税及出口抵减内销产品应纳税额的核算。按照税法规定,出口货物的增值税率为零,即出口货物在出口环节不征收增值税,但企业在购进出口货物或购进出口货物所耗原材料时还要照章支付增值税进项税额。企业支付的进项税额按规定可以先计入增值税进项税额,在货物出口以后再根据出口报关单等有关凭证,向税务部门申报办理该项出口货物的退税。

实行“免、抵、退”办法有进出口经营权的生产性企业,按规定计算的当期出口物资不予免征、抵扣和退税的税额,计入出口物资成本,借记“主营业务成本”科目,贷记“应交税费——应交增值税(进项税额转出)”科目。按规定计算的当期应予抵扣的税额,借记“应交税费——应交增值税(出口抵减内销产品应纳税额)”科目,贷记“应交税费——应交增值税(出口退税)”科目。因应抵扣的税额大于应纳税额而未全部抵扣,按规定应予退回的税款,借记“其他应收款”科目,贷记“应交税费——应交增值税(出口退税)”科目。收到退回的税款,借记“银行存款”目,贷记“其他应收款”科目。

【例8-8】 光华公司10月份根据发生的有关出口退税业务,编制会计分录如下。

(Ⅰ)出口丙产品2件,价款折合人民币40 000元,尚未收到。

借:应收账款 40 000
　贷:主营业务收入 40 000

(Ⅱ)出口丙产品2件所耗原材料为10 000元,进项税额为1 700元,申报退税后应退回税款900元,允许企业抵减内销产品销项税额。

借:应交税费——应交增值税(出口抵减内销产品应纳税额) 900
　贷:应交税费——应交增值税(出口退税) 900

(Ⅲ)出口丙产品所耗原材料未退回的进项税额800(1 700-900)元,计入销售成本。

借:主营业务成本 800
　贷:应交税费——应交增值税(进税额转出) 800

(5)已交税金的核算。企业根据当月“应交税费——应交增值税”科目的借、贷方发生额,可以计算出当月应交增值税额,其计算公式为:

应交增值税=销项税额-(进项税额-进项税额转出-出口退税)-出口抵减内销产品应纳税额

企业应交的增值税额应根据具体情况按日缴纳或按月预缴。预缴当月增值税时,应借记“应交税费——应交增值税(已交税金)”科目,贷记“银行存款”等科目。

【例8-9】 根据例8-5至例8-8,光华公司按照规定可以按月缴纳增值税。根据前述有关资料,编制会计处理如下。

(Ⅰ)10月份应交增值税计算如下。

进项税额=34 000+17 070+26 000=77 070元

销项税额=68 000+8 500 +85 000=161 500元

进项税额转出=8 500+3 400=11 900元

出口退税=900元

出口抵减内销产品应纳税额=900元

应交增值税=161 500-(77 070-11 900-900)-900=96 330元

(Ⅱ)预交10月份增值税80 000元。

借:应交税费——应交增值税(已交税金) 80 000
　贷:银行存款 80 000

(6)转出未交增值税、多交增值税与未交增值税的核算。为了分别反映企业欠缴增值税税款和待抵扣增值税税款的情况,在“应交税费”科目下增设“未交增值税”明细科目,核算一般纳税人月末终了转入的应交未交增值税和多交的增值税。月末,企业应将当月未交增值税或多交增值税从“应交税费——应交增值税”科目转出,转入“应交税费——未交增值税”科目。转出未交增值税时,应借记“应交税费——应交增值税(转出未交增值税)”科目,贷记“应交税费——未交增值税”科目;转出多交增值税时,应借记“应交税费——未交增值税”科目,贷记“应交税费——应交增值税(转出多交增值税)”科目。本月上缴上月应交未交增值税,应借记"应交税费——未交增值税"科目,贷记"银行存款"科目。

【例8-10】 根据例8-9的会计处理结果,转出10月份未交的增值税如下。

(Ⅰ)转出未交增值税=96 330—80 000=16 330元

借:应交税费——应交增值税(转出未交增值税)　　16 330

　　贷:应交税费——未交增值税　　16 330

(Ⅱ)11月份,上缴10月份增值税。

借:应交税费——未交增值税　　16 330

　　贷:银行存款　　16 330

4.小规模纳税人的账务处理

(1)小规模纳税人的定义。小规模纳税人是指年销售额在规定标准以下,并且会计核算不健全,不能按规定报送有关税务资料的增值税纳税人。会计核算不健全是指不能正确核算增值税的销项税额、进项税额和应纳税额。

小规模纳税人的认定标准为:①从事货物生产或者提供应税劳务的纳税人,以及以从事货物生产或者提供应税劳务为主,并兼营货物批发或者零售的纳税人,年应征增值税销售额(以下简称应税销售额)在50万元以下(含50万);②除上述规定以外的纳税人,年应税销售额在80万元以下的。

(2)小规模纳税人的会计处理。小规模纳税企业的特点主要有:一是小规模纳税企业销售货物或提供应税劳务,一般情况下只能开具普通发票,不能开具增值税专用发票;二是小规模纳税企业销售货物或提供应税劳务,实行简易办法计算应纳税额,按照销售额的一定比率(征收率)计算;三是小规模纳税企业的销售额不包括其应纳税额。采用销售额和应纳税额合并定价方法的,按照公式"$销售额=\frac{含税销售额}{1+征收率}$"还原为不含税销售额计算。

因此,小规模纳税企业账务处理的特点主要体现在:一是购进货物无论是否具有增值税专用发票,其支付的增值税额均不计入进项税额,不得由销项税额抵扣,而应计入购入货物的成本。相应地,其他企业从小规模纳税企业购入货物或接受应税劳务支付的增值税额,如果不能取得增值税专用发票,也不能作为进项税额抵扣,而应计入购入货物或接受应税劳务的成本;二是销售收入按不含税价格计算;三是单纯设置"应交税费——应交增值税"科目,不需要设置各个专栏。

【例8-11】 2011年6月5日,甲公司购买一批库存商品,收到的增值税专用发票上注明的商品价款为300 000元,增值税进项税额为51 000元;商品已经验收入库,款项尚未支付。2011年6月10日,甲销售一批商品,含税价格为824 000元;商品已经发出,款项尚未收到。假设甲公司为小规模纳税企业,适用的增值税征收率为3%。甲公司的财务处理如下。

(Ⅰ)2011年6月5日,购买商品。

借:库存商品　　351 000

　　贷:应付账款　　351 000

其中

库存商品的入账价值=300 000+51 000 =351 000元

(Ⅱ)2011年6月10日,销售商品。

借:应收账款　　824 000

贷:主营业务收入 800 000

应交税费——应交增值税 24 000

其中,不含税销售价格 $=\frac{824\ 000}{1+3\%}=800\ 000$ 元

应交增值税销项税额 $=800\ 000\times3\%=24\ 000$ 元

(Ⅲ)2011 年 6 月 30 日,上缴本月税款。

借:应交税费——应交增值税 24 000

贷:银行存款 24 000

8.4.2 应交消费税

1. 消费税概述

消费税的纳税人是我国境内生产、委托加工和进口应税消费品的单位和个人,就其销售额或销售数量征收的一种流转税,是对特定的消费品和消费行为在特定的环节征收的一种间接税。国家为了调节产品结构、引导消费方向、保证国家财政收入,在对货物普遍征收增值税的基础上,选择少数消费品再征收的一个税种。现行消费税的征收范围主要包括:烟、酒及酒精、鞭炮及焰火、化妆品、成品油、贵重首饰及珠宝玉石、高尔夫球及球具、高档手表、游艇、木制一次性筷子、实木地板、汽车轮胎、摩托车、小汽车 14 种消费品,根据消费品所属税目不同,消费税税率及单位税额也有所不同。

消费税的计税方法灵活多样,实行从价定率、从量定额,或者从价定率和从量定额复合计税(以下简称复合计税)的办法计算应纳税额。实行从价计税办法征税的应税消费品,计税依据为应税消费品的销售额。实行从量定额办法计税时,通常以每单位应税消费品的质量、容积或数量为计税依据。实行复合计税时,通常以销售额和每单位应税消费品的质量、容积或数量为计税依据。应纳税额计算公式为

实行从价定率办法计算的应纳税额 = 销售额 × 比例税率

实行从量定额办法计算的应纳税额 = 销售数量 × 定额税率

实行复合计税办法计算的应纳税额 = 销售额 × 比例税率 + 销售数量 × 定额税率

2. 消费税的会计处理

消费税实行价内征收,企业按照规定应交的消费税,在“应交税费”科目下设置“应交消费税”明细科目核算。

(1)产品销售及视同销售的核算。企业销售应税消费品时,计算缴纳的消费税应借记“营业税金及附加”科目,贷记“应交税费——应交消费税”科目。企业将自产的应税消费品用于本企业的生产经营、在建工程、集体福利、个人消费,或用于对外投资、分配给股东或投资者或无偿捐赠给他人,均应视同销售,计算缴纳消费税,应借记“在建工程”“长期股权投资”“营业外支出”等科目,贷记“应交税费——应交消费税”科目。

【例 8-12】 光华有限公司 2011 年 10 月份发生以下经济业务:

(1)10 月 5 日以其生产的一批应纳消费税的产品用于在建工程,应纳消费税产品的计税价格为 50 000 元,适用的增值税率为 17%,适用的消费税税率为 5%;应纳消费税产品的成本为 30 000 元;不考虑发生的其他相关税费。

(2)10 月 16 日,销售应税消费品一批,不含增值税的价款为 300 000 元,增值税销项税额为 51 000 元,共计 351 000 元,款项收到,存入银行,该产品适用的消费税税率 10%。

要求:编制相关业务的会计分录。

(Ⅰ)10月5日,工程领用自产应税消费品。

借:在建工程　40 000
　贷:库存商品　30 000
　　应交税费——应交消费税　1 500
　　应交税费——应交增值税(销项税额)　8 500

(Ⅱ)10月16日,销售应税消费品。

借:银行存款　351 000
　贷:主营业务收入　300 000
　　应交税费——应交增值税(销项税额)　51 000

销售该产品的消费税率为10%,结转应交消费税30 000元。

借:营业税金及附加　30 000
　贷:应交税费——应交消费税　30 000

(2)委托加工应税消费品的核算。委托加工应税消费品是指由委托方提供原料和主要材料,受托方只收取加工费和代垫部分辅助材料加工的应税消费品。对于由受托方提供原材料生产的应税消费品,或者受托方先将原材料卖给委托方,然后再接受加工的应税消费品,以及由受托方以委托方名义购进原材料生产的应税消费品,都不作为委托加工应税消费品。

根据税法的规定,企业委托加工的应税消费品,由受托方在向委托方交货时代收代缴税款。委托加工的应税消费品,收回后直接用于销售的,委托方应将代扣代缴的消费税计入委托加工的应税消费品成本,待委托加工应税消费品销售时,不需要再缴纳消费税;委托加工的应税消费品收回后用于连续生产应税消费品的,所纳税款准予按规定抵扣,待用委托加工的应税消费品生产出应纳消费税的产品销售时,再缴纳消费税。

【例8-13】 2011年6月5日,光华公司委托甲公司加工一批原材料。原材料的账面价值为200 000元,支付的加工费用为70 000元(不含增值税);消费税税率为10%;材料加工完毕并以验收入库,加工费用等已支付;双方适用的增值税率为17%,假设光华公司采用实际成本核算存货。光华公司的账务处理如下。

(Ⅰ)发出原材料。

借:委托加工物资　200 000
　贷:原材料　200 000

(Ⅱ)支付加工费和税金。

消费税组成计税价格=(200 000+70 000)÷(1-10%)=300 000元

受托方代收代缴的消费税额=300 000×10%=30 000元

应交增值税税额=70 000×17%=11 900元

a. 如果光华公司收回加工的材料用于继续生产应税消费品。

借:委托加工物资　70 000
　应交税费——应交消费税　30 000
　应交税费——应交增值税(进项税额)　11 900
　贷:银行存款　111 900

b. 如果光华公司收回加工的材料直接用于销售。

借:委托加工物资　　100 000
　应交税费——应交增值税(进项税额)　　11 900
　贷:银行存款　　111 900

(Ⅲ)加工完成,验收入库。

a. 如果光华公司收回加工的材料用于继续生产应税消费品。

借:原材料　　270 000
　贷:委托加工物资　　270 000

b. 如果光华公司收回加工的材料直接用于销售。

借:原材料　　300 000
　贷:委托加工物资　　300 000

(3)进口应税消费品的核算。进口应税消费品时,进口单位缴纳的增值税、消费税应计入应税消费品成本中。按进口成本连同应纳的消费税,借记"固定资产""在途物资"等科目;由于进口货物在海关交税,与提货联系在一起,即交税后方能提货。为了简化核算,关税、消费税可以不通过"应交税费"科目,直接贷记"银行存款"科目。若特殊情况下,先提货后交税时可以通过"应交税费"科目。

(4)缴纳消费税的核算。企业实际缴纳消费税时,应借记"应交税费——应交消费税"科目,贷记"银行存款"科目。

8.4.3 应交营业税

工业企业经营工业生产以外的其他业务所取得的收入应缴纳的营业税,通过"其他业务成本"科目核算;销售不动产按规定应交的营业税,通过"固定资产清理"科目核算;转让无形资产按规定应交的营业税,直接计入当期损益。

【例 8-14】 2011 年 2 月 7 日,甲股份有限公司(非房地产开发企业)出售一栋办公楼,办公楼的账面原价为 30 000 000 元,已计提折旧为 18 000 000 元,已计提固定资产减值准备为 500 000 元;出售所得款项为 20 000 000 元,已存入银行;以银行存款支付清理费用为 120 000 元;出售办公楼适用的营业税税率为 5%。甲股份有限公司的账务处理如下。

(Ⅰ)固定资产转入清理。

借:固定资产清理　　11 500 000
　累计折旧　　18 000 000
　固定资产减值准备　　500 000
　贷:固定资产　　30 000 000

(Ⅱ)计算固定资产出售应缴纳的营业税。

借:固定资产清　　1 000 000
　贷:应交税费——应交营业税　　1 000 000

其中,应交营业税 = 20 000 000 × 5% = 1 000 000 元。

(Ⅲ)收到固定资产出售价款。

借:银行存款　　20 000 000
　贷:固定资产清理　　20 000 000

(Ⅳ)支付固定资产清理费用。

借:固定资产清理　　120 000

贷:银行存款　　120 000

(Ⅴ)结转固定资产清理损益。

借:固定资产清理　　7 380 000

贷:营业外收入　　7 380 000

其中,固定资产清理收益 = 20 000 000 - 11 500 000 - 1 000 000 - 120 000 = 7 380 000元。

【例8-15】 2011 年6月8 日,乙股份有限公司将所拥有的一项无形资产出售,所得价款为200 000 元,应交营业税为10 000 元;该无形资产的账面价值为80 000 元。乙股份有限公司的账务处理如下。

借:银行存款　　200 000

贷:无形资产　　80 000

应交税费——应交营业税　　10 000

营业外收入　　110 000

其中,出售无形资产收益 = 200 000 - 80 000 - 10 000 = 110 000 元。

8.4.4 其他税种的简单核算

1. 城市维护建设税

城市维护建设税是对从事工商经营,缴纳消费税、增值税、营业税的单位和个人征收的一种税。城市维护建设税的征税范围包括城市、县城、建制镇以及税法规定征税的其他地区。城市、县城、建制镇的范围应根据行政区划作为划分标准,不得随意扩大或缩小各行政区域的管辖范围。城市维护建设税实行地区差别比例税率,根据纳税人所在地不同,实行不同的税率:市区为7%,县城和镇为5%,乡村为1%。城市维护建设税是以纳税人实际缴纳的流通转税额为计税依据征收的一种税,纳税环节确定在纳税人缴纳的增值税、消费税、营业税的环节上,从商品生产到消费流转过程中只要发生增值税、消费税、营业税的当中一种税的纳税行为,就要以这种税为依据计算缴纳城市维护建设税。其计算公式为

应纳税额 =(实际缴纳增值税 + 消费税 + 营业税)× 适用税率

企业应当在“应交税费”科目下设置“应交城市维护建设税”明细科目,用来核算企业应交城市维护建设税的发生和缴纳情况。企业按照规定计算出的城市维护建设税,应借记“营业税金及附加”“固定资产清理”等科目,贷记“应交税费——应交城市维护建设税”科目。企业实际缴纳城市维护建设税时,应借记“应交税费——应交城市维护建设税”科目,贷记“银行存款”科目。

2. 教育费附加

教育费附加是国家发展地方性教育事业,扩大地方教育经费的资金来源,对缴纳增值税、消费税、营业税的单位和个人征收的一种附加费。教育费附加的征收范围为税法规定征收增值税、消费税、营业税的单位和个人,以纳税人实际缴纳的增值税、消费税和营业税税额之和为计征依据,现行教育费附加征收比率为3%。其计算公式为

应纳教育费附加 =(实际缴纳增值税 + 消费税 + 营业税)× 征收比率

企业应当在“应交税费”科目下设置“应交教育费附加”明细科目,用来核算企业应交教育费附加的发生和缴纳情况。企业按照规定计算出的教育费附加,应借记“营业税金及附加”“固定资产清理”等科目,贷记“应交税费——应交教育费附加”科目。企业实际缴纳教

育费附加时，应借记“应交税费——应交教育费附加”科目，贷记“银行存款”科目。

【例8-16】 某企业根据取得的各项收入形成的应交增值税、消费税及城市维护建设税(税率7%)、教育费附加(费率3%)。计算并结转应交城市维护建设税、教育费附加，具体见表8-1。

表8-1 城市维护建设税、教育费附加计算表 单位:元

项 目	计税依据	城市维护建设税		教育费附加	
		税 率	税 额	税 率	税 额
销售产品应交增值税	100 000	7%	7 000	3%	3 000
销售产品应交消费税	50 000	7%	3 500	3%	1 500
合 计	150 000		10 500		4 500

编制会计分录如下。

借:营业税金及附加 15 000

　贷:应交税费——应交城市维护建设税 10 500

　　应交税费——应交教育费附加 4 500

3. 资源税

资源税是为调节资源级差收入，加强资源管理，对在我国境内开采应税矿产品和生产盐的单位和个人，就其应税数量征收的一种税。现行资源税计税依据是指纳税人应税产品的销售数量和自用数量。资源税的计算公式为

$$应纳资源税额 = 课税数量 \times 单位税额$$

企业应当在“应交税费”科目下设置“应交资源税”明细科目，用来核算企业应交资源税的发生和缴纳情况。企业按照规定销售产品应交纳的资源税，应借记“营业税金及附加”科目核算。计算出自产自用或捐赠应税产品应交纳的资源税，通过“生产成本”“制造费用”“营业外支出”等科目核算。收购未税矿产品应按实际支付的收购款以及代扣代缴的资源税，作为收购矿产品的成本，应借记“材料采购”或“原材料”科目，贷记“应交税费——应交资源税”科目。企业外购液体盐加工固体盐的，所购入的液体盐缴纳的资源税可以抵扣，外购价款扣除允许抵扣资源税后的金额，计入外购液体盐的成本；加工成固体盐后，在销售时计算出的销售固体盐应交的资源税，通过“营业税金及附加”科目核算。

4. 土地增值税

土地增值税是指转让国有土地使用权、地上的建筑物及其附着物并取得收入的单位和个人，以转让所取得的收入征收的一种税。土地增值税的课税对象是指有偿转让国有土地使用权及地上建筑物和其他附着物产权所取得的增值额，土地价格增值额是指转让房地产取得的收入减除规定的房地产开发成本、费用等支出后的余额。土地增值税实行四级超额累进税率，增值额越高，税率越高。

企业应当在“应交税费”科目下设置“应交土地增值税”明细科目，用来核算企业应交土地增值税的发生和缴纳情况。主营房地产业务的企业，应由当期负担的土地增值税，通过“营业税金及附加”科目核算。兼营房地产业务的企业，应由当期负担的土地增值税，通过“其他业务成本”科目核算。转让国有土地使用权、地上建筑物及其附着物应缴纳的土地增值税，应借记“固定资产清理”“在建工程”等科目，贷记“应交税费——应交土地增值税”科

目。企业在项目全部竣工结算前转让房地产取得的收入预交的土地增值税,通过“应交税费——应交土地增值税”科目核算;待该房地产销售收入实现时,再按正常的销售业务进行处理;该项目全部竣工、办理结算后进行清算,收到退回多交的土地增值税,也通过“应交税费——应交土地增值税”科目核算。

5. 房产税、城镇土地使用税、车船使用税和印花税

(1)房产税。房产税是以房屋为征税对象,按房屋的计税余值或租金收入为计税依据,向产权所有人征收的一种财产税。按照房产余值征税的,称为从价计征;按照房产租金收入计征的,称为从租计征。

从价计征的房产税依照房产原值一次减除扣除比例(10% ~30%)后的余值计算缴纳,计算公式为

$$应纳税额 = 应税房产原值 \times (1 - 扣除比例) \times 年税率 1.2\%$$

从租计征的房产税是按房产的租金收入计征,计算公式为

$$应纳税额 = 租金收入 \times 12\%$$

(2)城镇土地使用税。城镇土地使用税(以下简称土地使用税)是以城镇土地为课税对象,向拥有土地使用权的单位和个人征收的一种税。土地使用税的计税依据是纳税人实际占用的土地面积。土地使用税是采用分类分级的幅度定额税率。按城市大小分别规定每平方米土地年应纳税额,计算公式为

$$应纳税额 = 实际占用的土地面积 \times 单位税额$$

(3)车船使用税。车船使用税是对拥有并且使用车船的单位和个人征收的一种税,按照行驶车船的种类、大小、使用性质实行定额征收。

(4)印花税。印花税是以经济活动中签立的各种合同、产权转移书据、营业账簿、权利许可证照等应税凭证文件为对象所征收的一种税。印花税的税率有两种形式,即比例税率和定额税率。印花税根据不同征税项目,分别实行从价计税和从量计税两种征收方式。从价计税情况下,计税依据有所不同:各类经济合同,以合同上记载的金额、收入或费用为计税依据;产权转移书据以书据中所载的金额为计税依据;记载资金的营业账簿,以实收资本和资本公积两项合计的金额为计税依据。实行从量计税的其他营业账簿和权利、许可证照,以计税数量为计税依据。

从价计税情况下,应纳税额的计算公式为

$$应纳税额 = 计税金额 \times 适用税率$$

从量计税情况下,应纳税额的计算公式为

$$应纳税额 = 凭证数量 \times 单位税额$$

企业按规定计算出的房产税、土地使用税和车船使用税,一般情况下,应借记“管理费用”科目,贷记“应交税费——应交房产税、城镇土地使用税、车船使用税”科目;企业购上交印花税或购买印花税票时,直接借记“管理费用”科目,贷记“银行存款”或“库存现金”科目。

8.5 应付职工薪酬

8.5.1 职工薪酬的概念

职工薪酬是指企业为获得职工提供的服务而给予各种形式的报酬以及其他相关支出。

职工薪酬不仅包括企业一定时期支付给全体职工的劳动报酬总额,也包括按照工资的一定比例计算并计入成本费用的其他相关支出。主要包括以下内容:

(1)职工,是指与企业订立劳动合同的所有人员,含全职、兼职和临时职工;也包括虽未与企业订立劳动合同但由企业正式任命的人员,如董事会成员、监事会成员等。

在企业的计划和控制下,虽未与企业订立劳动合同或未由其正式任命,但为其提供与职工类似服务的人员,也纳入职工范畴,如劳务用工合同人员。

(2)职工薪酬主要包括以下几个方面:①工资、奖金、津贴和补贴;②职工福利费(包括货币性福利和非货币性福利);③"五险一金",指企业为职工支付给有关部门的社会性保险费(医疗保险费、养老保险费、失业保险费、工伤保险费、生育保险费),以及为职工交纳的职工住房公积金;④工会经费和教育经费,指有工会组织的企业按规定应提取的工会经费以及职工接受教育应由企业负担的各种培训费用;⑤补偿及相关支出。

(3)职工薪酬,不仅包括企业为职工在职期间提供的薪酬,还包括离职后提供的薪酬。提供给职工配偶、子女或其他被赡养人的福利等,也属于职工薪酬。

(4)职工薪酬,包括企业提供的全部货币性薪酬和非货币性福利。非货币性福利通常包括企业以自产产品发放给职工作为福利、将企业拥有的资产无偿提供给职工使用、为职工无偿提供医疗保健服务等,包括企业提供给职工的实物福利、服务性福利、优惠性福利及有偿休假福利等。

(5)养老保险费,包括根据国家规定的标准向社会保险经办机构缴纳的基本养老保险费,以及根据企业年金计划向企业年金基金相关管理人缴纳的补充养老保险费。以购买商业保险形式提供给职工的各种保险待遇,也属于职工薪酬。

(6)辞退福利,不仅包括职工劳动合同到期前,不论职工本人是否愿意,企业决定解除与职工的劳动关系而给予的补偿;职工劳动合同到期前,为鼓励职工自愿接受裁减而给予的补偿,职工有权选择继续在职或接受补偿离职。辞退福利通常采取在解除劳动关系时一次性支付补偿的方式,也有通过提高退休后养老金或其他离职后福利的标准,或者将职工工资支付至辞退后未来某一期间的方式。

(7)股份支付,是指企业为获取职工和其他方提供服务或商品而授予权益工具或者承担以权益工具为基础确定的负债的交易。股份支付也属于职工薪酬,分为以权益结算的股份支付和以现金结算的股份支付。

8.5.2 职工薪酬的确认与计量

1.职工薪酬的确认原则

企业在职工为其提供服务的会计期间,企业应根据职工提供服务的受益对象,将应确认的职工薪酬(包括货币性薪酬和非货币性福利)计入相关资产成本或当期损益,同时确认为应付职工薪酬,但解除劳动关系补偿(下称"辞退福利")除外。具体如下:

(1)应由生产产品、提供劳务负担的职工薪酬,计入存货或劳务成本;

(2)应由在建工程、无形资产负担的职工薪酬,计入建造固定资产或无形资产成本;

(3)上述两项之外的职工薪酬,计入当期损益。

2.职工薪酬的计量原则

(1)货币性职工薪酬。计量货币性职工薪酬时,国家规定了计提基础和计提比例的,应当按照国家规定的标准计提。比如,应向社会保险经办机构等缴纳的医疗保险费、养老保险费(包括根据企业年金计划向企业年金基金相关管理人缴纳的补充养老保险费)、失业保险费、工伤保险费、生育保险费等社会保险费,应向住房公积金管理机构缴存的住房公积金,以及工会经费和职工教育经费等。没有规定计提基础和计提比例的,企业应当根据历史经验数据和实际情况,合理预计当期应付职工薪酬。当期实际发生金额大于预计金额的,应当补提应付职工薪酬;当期实际发生金额小于预计金额的,应当冲回多提的应付职工薪酬。

对于在职工提供服务的会计期末以后一年以上到期的应付职工薪酬,企业应当选择恰当的折现率,以应付职工薪酬折现后的金额计入相关资产成本或当期损益;应付职工薪酬金额与其折现后金额相差不大的,也可按照未折现金额计入相关资产成本或当期损益。

(2)非货币福利。企业以其自产产品作为非货币性福利发放给职工的,应当根据受益对象,按照该产品的公允价值,计入相关资产成本或当期损益,同时确认应付职工薪酬。将企业拥有的房屋等资产无偿提供给职工使用的,应当根据受益对象,将该住房每期应计提的折旧计入相关资产成本或当期损益,同时确认应付职工薪酬。租赁住房等资产供职工无偿使用的,应当根据受益对象,将每期应付的租金计入相关资产成本或当期损益,并确认应付职工薪酬。难以认定受益对象的非货币性福利,直接计入当期损益和应付职工薪酬。

3. 职工薪酬的账务处理

(1)科目设置。企业应设置“应付职工薪酬”科目进行核算。外商投资企业按规定从净利润中提取的职工奖励及福利基金,也在本科目核算。

本科目应当按照“工资”“职工福利”“社会保险费”“住房公积金”“工会经费”“职工教育经费”“解除职工劳动关系补偿”“股份支付”等应付职工薪酬项目进行明细核算。

(2)职工薪酬的核算。企业按照有关规定向职工支付工资、奖金、津贴等,借记本科目,贷记“银行存款”“库存现金”等科目。企业从应付职工薪酬中扣还的各种款项(代垫的家属药费、个人所得税等),借记本科目,贷记“其他应收款”“其他应付款”“应交税费——应交个人所得税”等科目。

企业向职工支付职工福利费,借记本科目,贷记“银行存款”“库存现金”等科目。

企业支付工会经费和职工教育经费用于工会运作和职工培训,借记本科目,贷记“银行存款”等科目。

企业按照国家有关规定缴纳社会保险费和住房公积金,借记本科目,贷记“银行存款”科目。

企业因解除与职工的劳动关系向职工给予的补偿,借记本科目,贷记“银行存款”“库存现金”等科目。

企业支付租赁住房等资产供职工无偿使用所发生的租金,借记本科目,贷记“银行存款”等科目。

企业应当根据职工提供服务的受益对象,对发生的职工薪酬分以下情况进行处理:

①生产部门人员的职工薪酬,借记“生产成本”“制造费用”“劳务成本”科目,贷记本科目;

②管理部门人员的职工薪酬,借记“管理费用”科目,贷记本科目;

③销售人员的职工薪酬,借记“销售费用”科目,贷记本科目;

④国家规定了职工福利、社会保险费、住房公积金、工会经费、职工教育经费等计提基础、计提比例的,按国家规定,借记“生产成本”“制造费用”“劳务成本”“管理费用”“销售费

用”等科目，贷记本科目；

⑤应由在建工程、研发支出负担的职工薪酬，借记“在建工程”“研发支出”科目，贷记本科目；

⑥因解除与职工的劳动关系给予的补偿，借记“管理费用”科目，贷记本科目；

⑦无偿向职工提供住房等资产使用的，按应计提的折旧额，借记“管理费用”等科目，贷记本科目，同时借记本科目，贷记“累计折旧”科目；

⑧租赁住房等资产供职工无偿使用的，每期应支付的租金，借记“管理费用”等科目，贷记本科目。

【例8－17】 光华公司一直委托银行代发工资，2011 年 4 月份工资结算汇总表见表8－2。

表8－2 工资结算汇总表

2011 年 4 月　　单位：元

	应付工资总额	代扣款项	代扣个人所得税	实发工资总额
生产工人	800 000	50 000	30 000	720 000
车间管理人员	45 000	5 000	1 000	39 000
企业管理人员	147 000	16 000	5 300	125 700
销售人员	33 000	2 000	700	30 300
设备安装人员	65 000	2 000	2 000	61 000
合　计	1 090 000	75 000	39 000	976 000

要求：编制分配工资、发放工资和代扣款项的会计分录。

（Ⅰ）根据工资结算汇总表，编制会计分录。

借：生产成本　800 000
　制造费用　45 000
　管理费用　147 000
　销售费用　33 000
　在建工程　65 000
　贷：应付职工薪酬——工资　1 090 000

（Ⅱ）通过银行转账方式，实际发放工资。

借：应付职工薪酬——工资　976 000
　贷：银行存款　976 000

（Ⅲ）结转各种代扣款项。

借：应付职工薪酬——工资　114 000
　贷：其他应付款　75 000
　　应交税费——应交个人所得税　39 000

【例8－18】 承例8－17，光华公司按应付工资总额的 14% 计提职工福利费，按应付工资总额的 2%，1.5% 计提工会经费和职工教育经费，具体情况见表8－3。

表 8-3 计提职工福利费、工会经费和职工教育经费分配表

2011 年 4 月 单位:元

	应付工资总额	计提职工福利费（14%）	计提工会经费（2%）	计提职工教育经费（1.5%）
生产工人	800 000	112 000	16 000	12 000
车间管理人员	45 000	6 300	900	675
企业管理人员	147 000	20 580	2 940	2 205
销售人员	33 000	4 620	660	495
设备安装人员	65 000	9 100	1 300	975
合　计	1 090 000	152 600	21 800	16 350

(Ⅰ)计提职工福利费。

借:生产成本　　112 000
　制造费用　　6 300
　管理费用　　20 580
　销售费用　　4 620
　在建工程　　9 100
　贷:应付职工薪酬——职工福利　　152 600

(Ⅱ)计提工会经费。

借:生产成本　　16 000
　制造费用　　900
　管理费用　　2 940
　销售费用　　660
　在建工程　　1 300
　贷:应付职工薪酬——工会经费　　21 800

(Ⅲ)计提职工教育经费。

借:生产成本　　12 000
　制造费用　　675
　管理费用　　2 205
　销售费用　　495
　在建工程　　975
　贷:应付职工薪酬——职工教育经费　　16 350

【例 8-19】 甲公司为增值税一般纳税人,适用的增值税税率为 17%。2010 年 12 月,甲公司董事会决定将本公司生产的 500 件产品作为福利发放给公司人员,其中生产工人 400 人,总部管理人员 100 人。该批产品单件成本为 1.2 万元,市场销售价格为每件 2 万元(不含增值税),不考虑其他相关税费。

应计入生产成本的金额 = 400 × 2 × (1 + 17%) = 936 万元

应计入管理费用的金额 = 100 × 2 × (1 + 17%) = 234 万元

借:生产成本　　936

管理费用	234	
贷:应付职工薪酬——非货币性福利		1 170
借:应付职工薪酬——非货币性福利	1 170	
贷:主营业务收入		1 000
应交税费——应交增值税(销项税额)		170
借:主营业务成本	600	
贷:库存商品		600

8.6 其他应付款项

8.6.1 应付股利

应付股利是指企业根据股东大会或类似机构审议批准的利润分配方案确定分配给投资者的现金股利或利润。应付股利包括应付给投资者的现金股利、应付给国家以及其他单位的个人的利润等。企业与其他单位或个人合作,按协议或合同的规定应支付给其他单位或个人的利润也通过“应付股利”核算。

企业应通过“应付股利”科目,核算企业确定或宣告支出但尚未现实支出的现金股利或利润。

企业按照股东大会或近似机构审议核准的利润分配方案,确认应付给投资者的现金股利或利润时,借记“利润分配”科目,贷记“应付股利”科目;向投资者支付股利或利润时,借记“应付股利”科目,贷记“银行存款”等科目。

企业董事会或近似机构经由过程的利润分配方案中拟分配的股票股利或利润,不作账务处理,但应在附注中披露。

8.6.2 应付利息

应付利息核算企业按照合同约定应支付的利息,包括吸收存款、分期付息到期还本的长期借款、企业债券等应支付的利息。企业应当设置“应付利息”科目,按照债权人设置明细科目进行明细核算,该科目期末贷方余额反映企业按照合同约定应支付但尚未支付的利息。

企业采用合同约定的名义利率计算确定利息费用时,应按合同约定的名义利率计算确定的应付利息的金额,借记“利息支出”“在建工程”“财务费用”“研发支出”等科目,贷记本科目。

企业采用实际利率计算确定利息费用时,应按摊余成本和实际利率计算确定的利息费用,借记“利息支出”“在建工程”“制造费用”“财务费用”“研发支出”等科目,按合同约定的名义利率计算确定的应付利息的金额,贷记本科目,按其差额,借记或贷记“长期借款——利息调整”等科目。

企业实际支付利息时,借记本科目,贷记“银行存款”等科目。

8.6.3 其他应付款

其他应付款是指除短期借款、应付账款、应付票据、预收账款、应付职工薪酬、应交税费、应付股利、应付利息等经营活动以外的应付、暂收其他单位或个人的款项,如应付租入固定资产和包装物的租金、存入保证金等,具体包括:应付经营租入固定资产和包装物的租金,职工未按期领取的工资,存入保证金,应付、暂收所属单位、个人的款项,其他应付、暂收款项。

为了核算其他应付款的增减变动情况,企业应设置“其他应付款”总分类账户,并按照其他应付款项的类别和单位或个人设置明细账,进行明细核算。

企业发生的其他应付、暂收款项,借记“银行存款”“管理费用”等科目,贷记“其他应付款”科目;支付时,借记“其他应付款”科目,贷记“银行存款”等科目。

采用售后回购方式融资的,在发出商品等资产时,应按实际收到或应收的金额,借记“银行存款”“应收账款”等科目,按专用发票上注明的增值税额,贷记“应交税费——应交增值税(销项税额)”科目,按其差额,贷记本科目。回购价格与原销售价格之间的差额,应在售后回购期间内按期计提利息费用,借记“财务费用"科目,贷记本科目。购回该项商品等时,应按回购商品等的价款,借记本科目,按可抵扣的增值税额,借记“应交税费——应交增值税(进项税额)”科目,按实际支付的金额,贷记“银行存款”科目。

思考题

1. 甲公司2010年1月1日向银行借入180 000元,期限9个月,年利率6%,该借款到期后按期如数归还,利息分月预提,按季支付。

要求:编制借入款项、按月预提利息、按季支付利息和到期时归还本金的会计分录。

2. 四通公司2005年9月发生有关应付票据的业务如下:

(1)9月1日,购入B公司材料一批,价款200 000元,增值税34 000元,材料验收入库(材料按实际成本计价核算),企业开出一张3个月期限的不带息银行承兑汇票,并向银行支付1%的手续费。

(2)9月5日,购入C公司材料一批,价款600 000元,增值税102 000元,材料验收入库(材料按实际成本计价核算),公司开出一张6个月期限、票面年利率为6%的带息银行承兑汇票,并以银行存款支付承兑手续费6 000元。

(3)9月10日,公司6个月前签发给D公司的商业承兑汇票到期,以银行存款支付票据款88 500元。

(4)9月20日,公司3个月前签发并承兑的不带息票据到期,公司无力付款,予以结转,票面价款800 000元。

要求:根据上述资料编制有关会计分录。

3. 某企业为一般纳税人,某年8月份发生业务如下:

(1)购入材料一批,专用发票上注明货款1 000万元,增值税170万元。材料入库,货款尚未支付。

(2)购入农产品一批,实际支付价款为45万元。货款已付,农产品已验收入库。

(3)从小规模企业购入材料一批,价款33万元,企业开出商业承兑汇票一张,材料已入库。

(4)收回并验收入库上月委托A企业(小规模纳税人)加工的原材料,发生的加工费用90万元,由委托方代交消费税38.5万元,原发出材料的实际成本为260万元。收回的加工原材料用于本企业连续生产应交消费税的产品。加工费及税款尚未支付。

(5)收回上月自营出口退回的增值税25万元存入银行。

(6)在建工程领用材料用于工程建设,实际成本500万元,进项税额85万元。

(7)购入设备一台,专用发票上注明设备价款140万元,税款23.8万元。以银行存款付清款项。

(8)企业转让商标权的产权,转让所得价款15万元存入银行,该商标权的账面价值7.5万元。

(9)销售应交增值税产品5 000万元,货款未收到。

(10)销售应交增值税产品给小规模纳税企业,共收价税款11.7万元,其中1.7万元为税款。款项已存入银行。

(11)出售厂房一栋,所得价款20万元,存入银行。

(12)用银行存款交纳增值税45万元。

要求:编制会计分录,并计算本月的应纳增值税额。

第9章　非流动负债

【学习目的】 掌握非流动负债的概念，了解流动负债的分类，掌握长期借款、应付债券、长期应付款的基本账务处理。

【重点与难点】 应付债券的会计核算方法、应付融资租入固定资产租赁费的会计处理。

9.1 概　述

9.1.1 非流动负债的概念和特点

非流动负债又称长期负债，是流动负债以外的负债，通常是指偿还期限在一年以上或者超过一年的一个营业周期以上的债务。常见的长期负债主要有长期借款、应付债券、长期应付款等。

长期负债使企业举借长期资金的重要方式，是企业购置大型设备、房地产、增建或扩建厂房等所需长期资金的主要来源。长期负债除了具有负债的一般特性以外，还具有以下特点：

(1)债务偿还的期限较长，一般可以超过一年或者一个营业周期以上；

(2)债务的金额较大；

(3)这项债务可以采用分期偿还的方式，或者分期偿还利息，待一定日期后再偿还本金，或者确定债务的日期已满时一次偿还本息。

企业生产经营所需的能够长期占用的资金，主要有两项来源：一是投资者投入的资本，二是举借长期债务。在企业正常经营的情况下，如果采用第一种方式取得长期占用的资金，需要变更注册资本，并通过投资者的追加投资，增加投入资本。企业的生产经营除了必须的投入资本外，举借长期债务是很重要的一项资金来源，而举借长期债务主要是为了购置机器设备、厂房、购入土地的使用权等进行扩大再生产所必要的投资，而这些投资仅仅靠企业本身的经营资金远远不够，倘若待企业通过自身的资本积累筹措到足够的资金后再去投资，可能会错失良机。因此，通过举措长期债务来筹措长期占用的资金，对于投资者来说具有更多的利益，也是经营者经常选择的途径。

通过举措长期债务来筹措长期占用的资金，与由投资者投入新的资本相比，具有以下特点：

(1)对于投资者来说，可以保持其投资比例，不因筹措长期资本而影响投资者的投资比例。如股份制企业，倘若采用增发股票的方式筹集长期资本，可能会影响原有股东的持股比例，从而影响原股东对企业的控制能力或权限；而采取举借长期债务的方式筹集长期资本，不会影响原股东的持股比例，即不会削弱原股东对企业的控制能力，同时，又能取得长期占用的资金。

(2)可以增加股东所得的盈余。举借长期债务，债权人除了具有按期取得偿还的本金和利息权利外，不享有任何其他的权利。对于债务人而言，这项债务的本金和利息一般是固定的，债务人只需按期偿还举借的本金和固定的利息，不具有任何其他的义务，即不需要支付股利或利润。在企业的投资利润率高于长期债务的固定利率的情况下，投资者可以享受其剩余的盈余。

(3)可以使企业少交所得税。长期负债，其债务的利息可以在交纳所得税时扣除，即这项利息作为一项费用支出，在计算经营所得中扣除，而增加投入资本所应支付的股利或利润在交纳所得税时是不予扣除的。

另一方面，举借长期负债也有一些不足之处，主要表现在：长期负债利息是企业必须定期支付的固定费用，如果举债经营的投资利润率低于长期负债的资金成本率(即利率)，将会带来减少股东利益的风险；同时，如果企业经营不善，市场情况恶劣，发展不太顺利，这笔固定的利息费用就会成为企业财务上的沉重债务负担。而股利的支付中以根据企业经营的好坏，效益好则分配，不好可以少分配或者不分配。长期负债一般都有明确的到期日，企业必须为债务的清偿作好财务安排，安排现金流出。而采用增加股本的方式或增发股票的方式筹措长期资本，没有到期日，不需要到期偿还(除非企业进行清算)股本。债权人对企业财产享有优先要求权，如果企业因资金周转困难而无法定期支付利息或按期偿还本金，债权人的要求要可能迫使企业进行清算。因此，举债经营通常会给企业带来较大的财务风险。

企业选择举债经营还是增资来筹集长期资本，取决于不同的因素，应视企业的具体情况而论。一方面，要保证举债经营的投资利润率高于负债的利率；另一方面，举债的程度与企业的资本结构和偿债能力相适应。

9.1.2 非流动负债的分类

1. 长期负债按筹资方式分类

长期负债按照其筹集方式，可分为长期借款、应付债券、长期应付款。

(1)长期借款是指企业向金融机构或其他单位借入的偿还期限在1年以上的各种借款。

(2)应付债券是指企业为了筹集长期资金，按照法定程序经批准向社会公众发行的长期债权债务凭证。

(3)长期应付款是指企业为引进设备、融资租入固定资产等产生的长期应付款项。

2. 长期负债按偿还方式分类

长期负债按偿还方式分为定期偿还的长期负债和分期偿还的长期负债两类。

(1)定期偿还的长期负债是指在规定的债务到期日一次偿还的负债。

(2)分期偿还的长期负债是指在举债期间内，按照合同约定分若干次偿还的负债。

9.1.3 非流动负债的确认与计量

非流动负债的确认通常与流动负债相同，即企业确认一项负债，并在资产负债表上反映其未来应付金额，一般是指过去交易或事项已经产生的、未来需要以资产或劳务加以清偿的、会使企业的经济利益资源外流的、已经确定的负债。

对非流动负债的计量，应当考虑货币的时间价值，即不论其偿付期长短，均应在其发生时按未来偿付金额的贴现值入账。但是，我国会计实务中通常不考虑货币时间价值，即当长期负债发生时，一般按未来应付的金额(或面值)来计量长期负债，并列示于资产负债表上。这样做,主要是为了简化核算。此外,现值的计算须以"复利"为前提,而我国利息的计算一直采取"单利"政策;贴现率的选择存在不确定性,这也是我国负债以到期应付金额代替现值记账的一个不可忽视的原因。其结果虽然会高估负债,但它符合重要性原则和稳健性原则,实务中不仅允许,而且普遍采用。

9.2 长期借款

9.2.1 长期借款核算内容及科目设置

长期借款是指企业从银行或其他金融机构借入的期限在一年以上(不含一年)的借款。企业向金融机构借入长期借款,必先按规定的程序进行,一般要经过申请、审批、签订合同、划拨款项等过程。长期借款核算的内容主要包括长期借款的借入、借款利息的结算、借款本息的归还等。因此,企业应设置"长期借款"总分类账户,并按照贷款单位和贷款种类,分别"本金""利息调整""应计利息"等进行明细核算。

长期借款所发生的利息支出、汇兑损失等借款费用,如果不属于与购建固定资产有关的专门借款的借款费用,在筹建期间,计入长期待摊费用,并于生产经营开始当月一次转入损益;在生产经营期间,直接计入财务费用。如果属于与购建固定资产有关的专门借款的借款费用,在所购建固定资产达到预定可使用状态前按规定应予资本化的,计入有关固定资产的购建成本;在固定资产达到预定可使用状态后发生的借款费用,以及按规定不能予以资本化的借款费用,计入财务费用。

以上所指借款费用资本化的条件、资本化金额的确定等,参见本书下册"借款费用"一章。

9.2.2 长期借款的账务处理

企业借入各种长期借款,按实际收到的款项,借记"银行存款"科目,贷记"长期借款——本金"科目;按其差额,借记"长期借款——利息调整"科目。

在资产负债表日,企业应按长期借款的摊余成本和实际利率计算确定的长期借款的利息费用,借记"在建工程""财务费用""制造费用""研发支出"等科目,按借款本金和合同利率计算确定的应付未付利息,贷记"应付利息"科目(对于一次还本付息的长期借款,贷记"长期借款——应计利息"科目),按其差额,贷记"长期借款——利息调整"科目。

实际利率与合同约定的名义利率差异很小的,也可以采用合同约定的名义利率计算确定利息费用。

企业归还长期借款,按归还的长期借款本金,借记"长期借款——本金"科目,贷记"银行存款"科目。同时,按应转销的利息调整、应计利息金额,借记或贷记"在建工程""财务费用""制造费用""研发支出"等科目,贷记或借记"长期借款——利息调整、应计利息"科目。

【例9-1】 某企业为建造一幢厂房,于2009年1月1日借入期限为2年的长期专门借款2 000 000元,款项已存入银行。借款利率按市场利率确定为9%,每年付息一次,期满后一次还清本金。2009年初,该企业以银行存款支付工程价款共计1 000 000元,2010年初,由以银行存款支付工程费用1 000 000元。该厂房于2010年8月31日完工,达到预定可使用状态。假定不考虑闲置专门借款资金存款的利息收入或者投资收益。

该企业的有关账务处理如下。

(Ⅰ)2009 年 1 月 1 日,取得借款。

借:银行存款 2 000 000

贷:长期借款——本金 2 000 000

(Ⅱ)2009 年初,支付工程款。

借:在建工程 1 000 000

贷:银行存款 1 000 000

(Ⅲ)2009 年 12 月 31 日,计算 2009 年应计入工程成本的利息费用。

借款利息 = 2 000 000 ×9% = 180 000 元

借:在建工程 180 000

贷:应付利息 180 000

(Ⅳ)2009 年 12 月 31 日,支付借款利息。

借:应付利息 180 000

贷:银行存款 180 000

(Ⅴ)2010 年初,支付工程款。

借:在建工程 1 000 000

贷:银行存款 1 000 000

(Ⅵ)2010 年 8 月 31 日,工程达到预定可使用状态。

该期应计入工程成本的利息 = (2 000 000 ×9% ÷12) ×8 = 120 000 元

借:在建工程 120 000

贷:应付利息 120 000

同时

借:固定资产 2 300 000

贷:在建工程 2 300 000

(Ⅶ)2010 年 12 月 31 日,计算 2x10 年 9 ~12 月的利息费用。

应计入财务费用的利息 = (2 000 000 ×9% ÷12) ×4 = 60 000 元

借:财务费用 60 000

贷:应付利息 60 000

(Ⅷ)2010 年 12 月 31 日,支付利息。

借:应付利息 180 000

贷:银行存款 180 000

(Ⅸ)2011 年 1 月 1 日,到期还本。

借:长期借款——本金 2 000 000

贷:银行存款 2 000 000

9.3 应付债券

9.3.1 应付债券概述

1. 债券的定义

债券是依照法定程序发行,约定在一定期限内还本付息的有价证券。债券是国家或地区政府、金融机构、企业等机构直接向社会借债筹措资金时，向投资者发行，并且承诺按特定利率支付利息并按约定条件偿还本金的债权债务凭证。由此，债券包含了以下四层含义：

(1)债券的发行人(政府、金融机构、企业等机构)是资金的借入者；

(2)购买债券的投资者是资金的借出者；

(3)发行人(借入者)需要在一定时期还本付息；

(4)债券是债的证明书，具有法律效力。债券购买者与发行者之间是一种债权债务关系，债券发行人即债务人，投资者(或债券持有人)即债权人。

2. 债券的票面要素

债券作为证明债权债务关系的凭证，一般用具有一定格式的票面形式来表现。通常，债券票面上基本标明的内容要素有：

(1)债券面值。债券面值是债券到期应偿还的本金。面值可根据实际情况由发行企业设定，它包含币种和票面金额两个方面。

(2)债券利率。债券利率又称票面利率或名义利率，是相对于发行时的市场利率而言的。它是债券利息与债券票面价值的比率，通常年利率用百分比表示。当票面利率与市场利率不相等时，债券的发行价格就会与其面值不符。债券票面利率的确定主要受到银行利率、发行者的资信状况、偿还期限和利息计算方法以及当时资金市场上资金供求情况等因素的影响。

(3)付息期。债券的付息期是指企业发行债券后的利息支付的时间。它可以是到期一次支付，或1年、半年或者3个月支付一次。在考虑货币时间价值和通货膨胀因素的情况下，付息期对债券投资者的实际收益有很大影响。到期一次付息的债券，其利息通常是按单利计算的；而年内分期付息的债券，其利息是按复利计算的。。

(4)偿还期。债券偿还期是指企业债券上载明的偿还债券本金的期限，即债券发行日至到期日之间的时间间隔。公司要结合自身资金周转状况及外部资本市场的各种影响因素来确定公司债券的偿还期。

3. 债券的特征

债券作为一种债券债务凭证，与其他有价证券一样，也是一种虚拟资本，而非真实资本，它是经济运行中实际运用的真实资本的证书。

债券作为一种重要的融资手段和金融工具，具有如下特征：

(1)偿还性。债券一般都规定有偿还期限，发行人必须按约定条件偿还本金并支付利息。

(2)流通性。债券一般都可以在流通市场上自由转让。

(3)安全性。与股票相比，债券通常规定有固定的利率。与企业绩效没有直接联系，收益比较稳定，风险较小。此外，在企业破产时，债券持有者享有优先于股票持有者对企业剩余资产的索取权。

(4)收益性。债券的收益性主要表现在两个方面，一是投资债券可以给投资者定期或不定期地带来利息收入；二是投资者可以利用债券价格的变动，买卖债券赚取差额。

4. 债券的种类

(1)按发行主体分类。

①政府债券。政府债券是政府为筹集资金而发行的债券，主要包括国债、地方政府债券

等，其中最主要的是国债。国债因其信誉好、利率优、风险小而又被称为“金边债券”。除了政府部门直接发行的债券外，有些国家把政府担保的债券也划归为政府债券体系，称为政府保证债券。这种债券由一些与政府有直接关系的公司或金融机构发行，并由政府提供担保。

②金融债券。金融债券是由银行和非银行金融机构发行的债券。在我国目前金融债券主要由国家开发银行、进出口银行等政策性银行发行。金融机构一般有雄厚的资金实力，信用度较高，因此金融债券往往有良好的信誉。

③公司(企业)债券。在国外，没有企业债券和公司债券的划分，统称为公司债券。在我国，企业债券是按照《企业债券管理条例》规定发行与交易、由国家发展与改革委员会监督管理的债券，在实际中，其发债主题为中央政府部门所属机构、国有独资企业或国有控股企业，因此，它在很大程度上体现了政府信用。公司债券管理机构为中国证券监督管理委员会，发债主题为按照《中华人民共和国公司法》设立的公司法人，在实践中，其发行主体为上市公司，其信用保障是发债公司的资产质量、经营状况、盈利水平和持续盈利能力等。公司债券在证券登记结算公司统一登记托管，可申请在证券交易所上市交易，其信用风险一般高于企业债券。2008 年 4 月 15 日起施行的《银行间债券市场非金融企业债务融资工具管理办法》进一步促进了企业债券在银行间债券市场的发行，企业债券和公司债券成为我国商业银行越来越重要的投资对象。

(2)按是否有财产担保分类。

①抵押债券。抵押债券是以企业财产作为担保的债券，按抵押品的不同又可以分为一般抵押债券、不动产抵押债券、动产抵押债券和证券信用抵押债券。

②信用债券。信用债券是不以任何公司财产作为担保，完全凭信用发行的债券。其持有人只对公司的非抵押资产具有追索权，企业的盈利能力是这些债券投资人的主要担保。因为信用债券没有财产担保，所以在债券契约中都要加入保护性条款，如不能将资产抵押其他债权人、不能兼并其他企业、未经债权人同意不能出售资产、不能发行其他长期债券等。

(3)按是否能转换为公司股票分类。

①可转换债券。可转换债券是指在特定时期内可以按某一固定的比例转换成普通股的债券，它具有债务与权益双重属性，属于一种混合性筹资方式。由于可转换债券赋予债券持有人将来成为公司股东的权利，因此其利率通常低于不可转换债券。若将来转换成功，在转换前发行企业达到了低成本筹资的目的，转换后又可节省股票的发行成本。根据《公司法》的规定，发行可转换债券应由国务院证券管理部门批准，发行公司应同时具备发行公司债券和发行股票的条件。

②不可转换债券。不可转换债券是指不能转换为普通股的债券，又称为普通债券。由于其没有赋予债券持有人将来成为公司股东的权利，所以其利率一般高于可转换债券。本部分所讨论的债券的有关问题主要是针对普通债券的。

(4)按偿还方式分类。

①一次到期还本付息债券。一次到期还本付息债券是发行公司于债券到期日一次偿还全部债券本金和利息的债券。

②分期付息到期还本债券。分期付息到期还本债券是指在债券发行的当时就规定有债券的付息日，即分批偿还利息、到期归还本金的债券。。

③分期还本付息债券。分期还本付息债券是指在债券发行的当时就规定有不同到期日的债券,即分批偿还本金的债券。分期到期债券可以减轻发行公司集中还本的财务负担。

5. 公司债券的发行

(1)公司债券的发行主体。我国《公司法》规定:"股份有限公司、国有独资公司和两个以上的国有企业或者其他两个以上的国有投资主体投资设立的有限责任公司,为筹集生产经营资金,可以依照本法发行公司债券。"

(2)债券发行条件。发行公司债券的目的是为筹集生产经营资金,同时要维护投资者的利益,使发行债券的公司能够有到期偿还本息的能力,因而发行公司债券必须符合下列条件:

①股份有限公司的净资产额不低于人民币 3 000 万元,有限责任公司的净资产额不低于人民币 6 000 万元;

②累计债券总额不超过公司净资产额的 40%;

③最近三年平均可分配利润足以支付公司债券一年的利息;

④筹集的资金投向符合国家产业政策;

⑤债券的利率不得超过国务院限定的利率水平;

⑥国务院规定的其他条件。

对于发行公司债券筹集的资金,必须用于批准发行时所确定的用途,不得用于弥补亏损和非生产性支出。这是发行公司债券的一项重要条件,目的在于正确、有效地使用筹集到的资金,保持和增强公司的偿债能力,有利于保护债权人的利益。

(3)债券的发行价格。债券的发行价格是指债券原始投资者购入债券时应支付的市场价格,它与债券的面值可能一致也可能不一致。

债券的发行价格受很多因素的影响。就公司内部而言,除了债券的面值、期限、票面利率、利息支付方式之外,发行企业自身的信用状况、资本结构等也会影响债券的发行价格。就企业外部来说,资本市场上的利率水平、供求关系等,也是影响债券发行价格的重要因素。

债券一旦印制完毕,就已确定了债券发行之后债券发行企业应承担的未来付款义务:按面值偿还债券的本金以及支付按面值与票面利率计算的债券利息。这种未来付款义务在债券发行之后正式生效。企业发行债券后,一方面按发行价格向债券投资者收取一定数额的现金或现金等价物;另一方面承担起未来支付一定金额的义务。

就某种债券来说,债券发行时发行企业与债券投资者双方均能接受的利率称为该种债券的市场利率。它与债券的发行价格是紧密相连的。如果债券发行时的市场利率已知,则该种债券的发行价格等于到期偿还的债券面值按债券发行时的市场利率计算的现值加上债券票面利息按债券发行时的市场利率折算的现值之和。反过来,如果债券的发行价格已定,则该债券的市场利率是使发行企业的未来应偿付金额(面值与票面利息)的现值之和等于债券发行价格的折现率。

理论上,债券发行价格是债券的面值和要支付的年利息按发行当时的市场利率折现所得到的现值。

债券发行价格的计算公式为

$$发行价格 = \sum_{t=1}^{n} \frac{票面利息}{(1+市场利率)^t} + \frac{票面面值}{(1+市场利率)^n}$$

式中 n——债券期限；

t——计息期数。

【例 9-2】 光华公司2009年1月1日发行面值为100 000元、票面利率8%、5年期的公司债券。利息每半年支付一次，债券发行时的市场利率为6%，试计算债券的发行价格。

$$发行价格 = \sum_{t=1}^{n} \frac{100\,000 \times 4\%}{(1+3\%)^t} + \frac{100\,000}{(1+3\%)^n} = 4\,000 \times 8.5302 + 100\,000 \times 0.744 = 108\,520 元$$

(4)债券的发行方式。公司债券的发行方式有三种，即面值发行、溢价发行、折价发行。这主要是由于债券的票面利率与市场利率不一致决定的，债券从印制到发行需要经过一段时间，随着时间的推移，市场利率有可能发生变化，当债券的票面利率高于市场利率时，可按超过债券票面价值的价格发行，称为溢价发行，溢价是企业以后各期多付利息而事先得到的补偿；如果债券的票面利率低于市场利率，可按低于债券票面价值的价格发行，称为折价发行，折价是企业以后各期少付利息而预先给投资者的补偿；如果债券的票面利率与市场利率相同，可按票面价值的价格发行，称为面值发行。溢价或折价实质上是发行债券企业在债券存续期内对利息费用的一种调整。

另一个相关的重要概念是实际利率。债券的实际利率是指将债券在预期存续期间内的未来现金流量折算为该债券当前账面价值所使用的利率(折现率)。债券发行时的实际利率与市场利率之间的关系取决于与债券发行直接相关的交易费用的会计处理方法。当不考虑发行费用时，债券的实际利率与市场利率一致。

交易费用的会计处理方法是交易费用要计入债券的初始确认金额，也就是减少债券的入账金额(账面价值)。在这种情况下，债券发行时的实际利率不等于市场利率，确切地说，债券的实际利率大于市场利率。债券的入账金额、发行价格与实际利率之间的关系可表示为

$$\begin{aligned} 债券的入账金额 &= 债券的发行价格 - 交易费用 \\ &= \begin{matrix}到期偿还的面值按\\实际利率折现的现值\end{matrix} - \begin{matrix}票面利息按实际\\利率折现的现值\end{matrix} \end{aligned}$$

9.3.2 公司债券的核算

1. 一般公司债券的核算

企业应当采用实际利率法对公司债券进行后续计量。

实际利率法是指按照金融资产或金融负债(含一组金融资产或金融负债)的实际利率计算其摊余成本及各期利息收入或利息费用的方法，也就是指按照发行债券的实际利率计算其摊余成本及各期利息费用的方法。实际利率如刚刚所描述，是指使公司债券未来现金流量现值(面值现值与利息现值)等于当前公允价值(债券的入账金额)的折现率。按实际利率计算的利息费用与按票面利率计算的应计利息的差额，即为本期摊销的溢价或折价。

(1)科目设置。企业应设置“应付债券”科目，核算企业为筹集(长期)资金而发行的债券本金和利息。本科日应当按照“面值”“利息调整”“应计利息”进行明细核算。本科目期末贷方余额反映企业尚未偿还的长期债券的摊余成本。

企业发行的可转换公司债券,应按金融工具确认和计量准则规定将负债和权益成分进行分拆,分拆后形成的负债成分在本科目核算。

企业应当设置"企业债券备查簿",详细登记每一企业债券的票面金额、债券票面利率、还本付息期限与方式、发行总额、发行日期和编号、委托代售单位、转换股份等资料。企业债券到期结清时,应当在备查簿内逐笔注销。

(2)账务处理。

①债券的发行。无论是按面值发行,还是溢价发行或折价发行,企业均应按债券面值计入"应付债券——面值"科目,实际收到的款项与面值的差额计入"应付债券——利息调整"科目。企业发行债券时,按实际收到的款项,借记"银行存款"等科目,按债券票面价值,贷记"应付债券——面值"科目,按实际收到的款项与票面价值之间的差额,贷记或借记"应付债券——利息调整"科目。

企业发行一般公司债券的会计分录如下。

借:银行存款　　　　　　(实收款项)
　　贷:应付债券——面值　(发行债券的票面面值)
借或贷:应付债券——利息调整

②利息调整的摊销。应付债券的利息调整应在债券存续期间内采用实际利率法进行摊销。

企业发行的债券通常为分期付息、一次还本的债券和一次还本付息的债券两种。资产负债表日,对于分期付息、一次还本的债券,企业应按应付债券的摊余成本和实际利率计算确定的债券利息费用,借记"在建工程""制造费用""财务费用"等科目,按票面利率计算确定的应付未付利息,贷记"应付利息"科目,按其差额,借记或贷记"应付债券——利息调整"科目。

对于一次还本付息的债券,企业应于资产负债表日按摊余成本和实际利率计算确定的债券利息费用,借记"在建工程""制造费用""财务费用"等科目,按票面利率计算确定的应付未付利息,贷记"应付债券——应计利息"科目,按其差额,借记或贷记"应付债券——利息调整"科目。

实际利率与票面利率差异很小的,也可以采用合同约定的名义利率(票面利率)计算确定利息费用。

借:在建工程　　(按摊余成本和实际利率计算确定的债券利息费用)
　　制造费用　　(按摊余成本和实际利率计算确定的债券利息费用)
　　财务费用　　(按摊余成本和实际利率计算确定的债券利息费用)
　　贷:应付债券——应计利息(按票面面值和票面利率计算确定的债券应付利息)
　　　　应付利息　　　　　(按票面面值和票面利率计算确定的债券应付利息)
贷或借:应付债券——利息调整　　(差额)

③债券的偿还。采用一次还本付息方式的,企业应于债券到期支付债券本息时,借记"应付债券——面值""应付债券——应计利息"科目,贷记"银行存款"科目。采用一次还本、分期付息方式的,在每期支付利息时,借记"应付利息"科目,贷记"银行存款"科目;债券到期偿还本金并支付最后一期利息时,借记"应付债券——面值""在建工程""财务费用""制造费用"等科目,贷记"银行存款"科目,存在利息调整余额的,借记或贷记"应付债券——利息调整"科目。

【例9－3】 2005年1月1日,甲公司经批准发行5年期一次还本、分期付息的公司债券60 000 000元,债券利息在每年12月31日支付,票面利率为年利率6%。假定债券发行时的市场利率5%。不考虑发行费用。

甲公司该批债券实际发行价格为

$60\ 000\ 000 \times (P/S, 5\%, 5) + 60\ 000\ 000 \times 6\% \times (P/A, 5\%, 5) = 60\ 000\ 000 \times 0.783\ 5 + 60\ 000\ 000 \times 6\% \times 4.329\ 5 = 62\ 596\ 200$ 元

甲公司根据上述资料,采用实际利率法和摊余成本计算确定的利息费用见表9－1。

表9－1 利息费用计算表 单位:元

日　期	现金流出 (1)	实际利息费用 (2)＝期初(4)×5%	已偿还的本金 (3)＝(1)－(2)	摊余成本余额 (4)＝期初(4)－(3)
2005.01.01				62 596 200
2005.12.31	3 600 000	3 129 810	470 190	62 126 010
2006.12.31	3 600 000	3 106 300.50	493 699.50	61 632 310.50
2007.12.31	3 600 000	3 081 615.53	518 384.47	61 113 926.03
2008.12.31	3 600 000	3 055 696.30	544 303.70	60 569 622.33
2009.12.31	3 600 000	3 030 377.67 *	569 622.33	60 000 000
小　计	18 000 000	15 403 800	2 596 200	60 000 000
2010.12.31	60 000 000	—	60 000 000	0
合　计	78 000 000	15 403 800	62 596 200	—

* 尾数调整:60 000 000＋3 600 000－60 569 622.33 ＝ 3 030 377.67元

根据表9－1的资料,甲公司的账务处理如下。

(Ⅰ)2005年1月1日,发行债券。

借:银行存款　　62 596 200
　贷:应付债券——面值　　60 000 000
　　　　　——利息调整　　2 596 200

(Ⅱ)2005年12月31日,计算利息费用。

借:财务费用(或在建工程)　　3 129 810
　应付债券——利息调整　　470 190
　贷:应付利息——××银行　　3 600 000

(Ⅲ)2006年12月31日,支付利息。

借:应付利息　　3 600 000
　贷:银行存款　　3 600 000

2007年、2008年、2009年确认利息费用的会计分录与2005年相同,金额与利息费用一览表的对应金额一致。

(Ⅳ)2010年12月31日,归还债券本金及最后一期利息费用。

借:财务费用(或在建工程)　　3 030 377.67
　应付债券——面值　　60 000 000

——利息调整　　　　　　　　596 622.33

贷:银行存款　　　　　　　　　　63 600 000

2. 可转换公司债券的核算

我国发行可转换公司债券采取记名式无纸化发行方式。企业发行的可转换公司债券，既含有负债成分又含有权益成分,根据《企业会计准则第37号——金融工具列报》的规定,应当在初始确认时将负债和权益成分进行分拆,分别进行处理。企业在进行分拆时,应当先确定负债成分的公允价值并以此作为其初始确认金额,确认为应付债券;再按照该可转换公司债券整体的发行价格扣除负债成分初始确认金额后的金额确定权益成分的初始确认金额,确认为资本公积。负债成分的公允价值是合同规定的未来现金流量按一定利率折现的现值。其中,利率根据市场上具有可比信用等级并在相同条件下提供几乎相同现金流量,但不具有转换权的工具的适用利率确定。发行该可转换公司债券发生的交易费用,应当在负债成分和权益成分之间按照其初始确认金额的相对比例进行分摊。企业发行可转换公司债券的有关账务处理如下：企业发行的可转换公司债券在"应付债券"科目下设置"可转换公司债券"明细科目核算。企业应按实际收到的款项,借记"银行存款"等科目,按可转换公司债券包含的负债成分面值,贷记"应付债券——可转换公司债券——面值"科目,按权益成分的公允价值,贷记"资本公积——其他资本公积"科目,按其差额,借记或贷记"应付债券——可转换公司债券——利息调整"科目。

对于可转换公司债券的负债成分,在转换为股份前,其会计处理与一般公司债券相同,即按照实际利率和摊余成本确认利息费用,按照面值和票面利率确认应付债券或应付利息,差额作为利息调整。

可转换公司债券持有人行使转换权利,将其持有的债券转换为股票的,按可转换公司债券的余额,借记"应付债券——可转换公司债券——面值"科目,借记或贷记"应付债券——可转换公司债券——利息调整"科目,按其权益成分的金额,借记"资本公积——其他资本公积"科目,按股票面值和转换的股数计算的股票面值总额,贷记"股本"科目,按其差额,贷记"资本公积——股本溢价"科目。如用现金支付不可转换股票的部分,还应贷记"库存现金""银行存款"等科目。

【例9-4】 甲上市公司经批准于2010年1月1日按每份面值100元发行了1 000 000份5年期一次还本付息的可转换公司债券,共计100 000 000元,款项已收存银行,债券票面年利率为6%。债券发行1年后可转换为甲上市公司普通股股票,转股时每份债券可转10股,股票面值为每股1元。假定2×11年1月1日,债券持有人将持有的可转换公司债券全部转换为甲上市公司普通股股票。甲上市公司发行可转换公司债券时二级市场上与之类似的没有转换权的债券市场利率为9%。该可转换公司债券发生的利息费用不符合资本化条件。

甲上市公司有关该可转换公司债券的账务处理如下:

(Ⅰ)2010年1月1日,发行可转换公司债券。

首先,确定可转换公司债券负债成分的公允价值:

$100\,000\,000 \times (P/S, 9\%, 5) + 100\,000\,000 \times 6\% \times (P/A, 9\%, 5) = 100\,000\,000 \times 0.6499 + 100\,000\,000 \times 6\% \times 3.8897 = 88\,328\,200$ 元

可转换公司债券权益成分的公允价值 = 100 000 000 - 88 328 200 = 11 671 800 元

借:银行存款　　　　　　　　　　100 000 000

应付债券——可转换公司债券——利息调整　　11 671 800
　贷:应付债券——可转换公司债券——面值　　100 000 000
　　资本公积——其他资本公积——可转换公司债券　　11 671 800

(Ⅱ)2010 年 12 月 31 日,确认利息费用。

应计入财务费用的利息 = 88 328 200 ×9% = 7 949 538 元

当期应付未付的利息费用 = 100 000 000 ×6% = 6 000 000 元

借:财务费用　　7 949 538
　贷:应付债券——可转换公司债券——应计利息　　6 000 000
　　　　　　　　　　　　　——利息调整　　1 949 538

(Ⅲ)2011 年 1 月 1 日,债券持有人行使转换权。

债券持有人在当期付息前转换股票,应按债券面值和应计利息之和除以 10,计算转换的股份数。

转换的股份数 = (100 000 000 + 6 000 000) ÷10 = 10 600 000 股

借:应付债券——可转换公司债券——面值　　100 000 000
　　　　　　　　　　　——应计利息　　6 000 000
　资本公积——其他资本公积——可转换公司债券　　11 671 800
　贷:股本　　10 600 000
　　应付债券——可转换公司债券——利息调整　　9 722 262
　　资本公积——股本溢价　　97 349 538

企业发行附有赎回选择权的可转换公司债券,其在赎回日可能支付的利息补偿金,即债券约定赎回期届满日应当支付的利息减去应付债券票面利息的差额,应当在债券发行日至债券约定赎回届满日期间计提应付利息,计提的应付利息分别计入相关资产成本或财务费用。

9.4 长期应付款

9.4.1 长期应付款概述

长期应付款是企业除长期借款和应付债券以外的其他各种长期应付款项,包括应付融资租入固定资产的租赁费、补偿贸易方式下引进国外设备价款、具有融资性质的延期付款购买资产发生的应付款项等。

长期应付款与长期借款在实质上是相同的,它的最大特点是:一是负债形成时总与特定的长期资产相联系;二是具有分期付款的性质,如融资租入固定资产的租赁费在租赁期内逐期偿还,补偿贸易方式下引进国外设备价款在合同期内逐期偿还。

为了核算各种长期应付款,企业可以设置"长期应付款"科目,并按长期应付款的种类和债权人设置明细科目。

9.4.2 长期应付款的核算

1. 应付融资租入固定资产的租赁费

租赁是指在约定的期间内,出租人将资产使用权让与承租人,以获取租金的协议。租赁的主要特征是转移资产的使用权,而不是转移资产的所有权,并且这种转移是有偿的,取得使用权以支付租金为代价,从而使租赁有别于资产购置和不把资产的使用权从合同的一方转移给另一方的服务性合同,如劳务合同、运输合同、保管合同、仓储合同等,以及无偿提供使用权的借用合同。

(1)租赁的分类。承租人应当在租赁开始日将租赁分为融资租赁和经营租赁。租赁开始日是指租赁协议日与租赁各方就主要条款作出承诺日中的较早者。在租赁开始日承租人应当将租赁认定为融资租赁或经营租赁,并确定租赁期开始日应确认的金额。

企业对租赁进行分类时,应当全面考虑租赁期届满时租赁资产所有权是否转移给承租人、承租人是否有购买租赁资产的选择权、租赁期占租赁资产使用寿命的比例等各种因素。租赁期是指租赁协议规定的不可撤销的租赁期间。如果承租人有权选择续租该资产,并且在租赁开始日就可以合理确定承租人将会行使这种选择权,不论是否再支付租金,续租期也包括在租赁期之内。

具体地说,满足下列标准之一的,应认定为融资租赁:

①在租赁期届满时,资产的所有权转移给承租人。即如果在租赁协议中已经约定,或者根据其他条件在租赁开始日就可以合理判断,租赁期届满时出租人会将资产的所有权转移给承租人,那么该项租赁应当认定为融资租赁。

②承租人有购买租赁资产的选择权,所订立的购价预计远低于行使选择权时租赁资产的公允价值,因而在租赁开始日就可合理地确定承租人将会行使这种选择权。

③租赁期占租赁资产使用寿命的大部分。这里的"大部分"掌握在租赁期占租赁开始日租赁资产使用寿命的75%以上(含75%)。需要说明的是,这里的量化标准只是指导性标准,企业在具体运用时必须以《企业会计准则第21号——租赁》规定的相关条件判断。

需要注意的是,这条标准强调的是租赁期占租赁资产使用寿命的比例,而非租赁期占该项资产全部可使用年限的比例。如果租赁资产是旧资产,在租赁前已使用年限超过资产自全新时起算可使用年限的75%以上(含75%)时,则这条判断标准不适用,不能使用这条标准确定租赁的分类。

④就承租人而言,租赁开始日最低租赁付款额的现值几乎相当于租赁开始日租赁资产的公允价值。这里的"几乎相当于"掌握在90%(含90%)以上。需要说明的是,这里的量化标准只是指导性标准,企业在具体运用时,必须以《企业会计准则第21号——租赁》规定的相关条件判断。

最低租赁付款额是指在租赁期内,承租人应支付或可能被要求支付的款项(不包括或有租金和履约成本),加上由承租人或与其有关的第三方担保的资产余值。

承租人有购买租赁资产选择权,所订立的购买价款预计将远低于行使选择权时租赁资产的公允价值,因而在租赁开始日就可以合理确定承租人将会行使这种选择权的,购买价款应当计入最低租赁付款额。

⑤租赁资产性质特殊,如果不作较大改造,只有承租人才能使用。这条标准是指租赁资产是出租人根据承租人对资产型号、规格等方面的特殊要求专门购买或建造的,具有专购、专用性质。这些租赁资产如果不作较大的重新改制,其他企业通常难以使用。这种情况下,该项租赁业应当认定为融资租赁。

(2)企业(承租人)对融资租赁的会计处理。

①租赁期开始日的会计处理。租赁期开始日是指承租人有权行使其使用租赁资产权利

的日期,表明租赁行为的开始。在租赁期开始日,承租人应当对租入资产、最低租赁付款额和未确认融资费用进行初始确认。

企业采用融资租赁方式租入的固定资产,应在租赁期开始日将租赁开始日租赁资产公允价值与最低租赁付款额现值两者中较低者,加上初始直接费用,作为租入资产的入账价值,借记"固定资产"等科目,按最低租赁付款额,贷记"长期应付款"科目,按发生的初始直接费用,贷记"银行存款"等科目,按其差额借记"未确认融资费用"科目。

"未确认融资费用"科目核算企业应当分期计入利息费用的未确认融资费用,期末借方余额反映企业未确认融资费用的摊余价值。

采用实际利率法计算确定的当期利息费用,借记"财务费用"或"在建工程"科目,贷记本科目。

初始直接费用是指在租赁谈判和签订租赁协议的过程中发生的可直接归属于租赁项目的费用。承租人发生的初始直接费用,通常有印花税、佣金、律师费、差旅费、谈判费等。承租人发生的初始直接费用,应当计入租入资产价值。

企业在计算最低租赁付款额的现值时,能够取得出租人租赁内含利率的,应当采用租赁内含利率作为折现率;否则,应当采用租赁合同规定的利率作为折现率。企业无法取得出租人的租赁内含利率且租赁合同没有规定利率的,应当采用同期银行贷款利率作为折现率。其中,租赁内含利率是指在租赁开始日,使最低租赁收款额的现值与未担保余值的现值之和等于租赁资产公允价值与出租人的初始直接费用之和的折现率。

未担保余值指租赁资产余值中扣除就出租人而言的担保余值以后的资产余值。

②未确认融资费用的分摊。在融资租赁下,承租人向出租人支付的租金中包含了本金和利息两部分,承租人支付租金时,一方面应减少长期应付款,另一方面应同时将未确认的融资费用按一定的方法确认为当期融资费用。

在分摊未确认的融资费用时,根据《企业会计准则第 21 号——租赁》的规定,承租人应当采用实际利率法。根据租赁开始日租赁资产和负债的入账价值基础不同,融资费用分摊率的选择也不同。未确认融资费用的分摊率的确定具体分为下列几种情况:

第一种情况,以出租人的租赁内含利率为折现率将最低租赁付款额折现,且以该现值作为租赁资产入账价值的,应当将租赁内含利率作为未确认融资费用的分摊率;

第二种情况,以合同规定利率为折现率将最低租赁付款额折现,且以该现值作为租赁资产入账价值的,应当将合同规定利率作为未确认融资费用的分摊率;

第三种情况,以银行同期贷款利率为折现率将最低租赁付款额折现,且以该现值作为租赁资产入账价值的,应当将银行同期贷款利率作为未确认融资费用的分摊率;

第四种情况,以租赁资产公允价值为入账价值的,应当重新计算分摊率。该分摊率是使最低租赁付款额的现值等于租赁资产公允价值的折现率。

存在优惠购买选择权的,在租赁期届满时,未确认融资费用应全部摊销完毕,租赁负债应当减少至优惠购买金额。在承租人或与其有关的第三方对租赁资产提供了担保的情况下,在租赁期届满时,未确认融资费用应当全部摊销完毕,租赁负债还应减少至担保余值。

担保余值,就承租人而言是指由承租人或与其有关的第三方担保的资产余值。其中,资产余值是指在租赁开始日估计的租赁期届满时租赁资产的公允价值。为了促使承租人谨慎地使用租赁资产,尽量减少出租人自身的风险和损失,租赁协议有时要求承租人或与其有关的第三方对租赁资产的余值进行担保,此时的担保余值是针对承租人而言的。除此以外,担保人还可能是与承租人和出租人均无关、但在财务上有能力担保的第三方,如担保公司,此时的担保余值是针对出租人而言的。

③履约成本的会计处理。履约成本是指租赁期内为租赁资产支付的各种使用费用,如技术咨询和服务费、人员培训费、维修费、保险费等。

承租人发生的履约成本通常应计入当期损益。

④或有租金的会计处理。或有租金是指金额不固定、以时间长短以外的其他因素(如销售量、使用量、物价指数等)为依据计算的租金。

由于或有租金的金额不固定,无法采用系统合理的方法对其进行分摊,因此或有租金在实际发生时,计入当期损益。

⑤租赁期届满时的会计处理。租赁期届满时,承租人通常对租赁资产的处理有三种情况,即返还、优惠续租和留购。

租赁期届满,承租人向出租人返还租赁资产的,通常借记"长期应付款——应付融资租赁款""累计折旧"科目,贷记"固定资产——融资租入固定资产"科目。

如果承租人行使优惠续租选择权,则应视同该项租赁一直存在而作出相应的会计处理。如果承租人在租赁期届满时没有续租,根据租赁协议规定向出租人支付违约金时,应当借记"营业外支出"科目,贷记"银行存款"等科目。

在承租人享有优惠购买选择权的情况下,支付购买价款时,借记"长期应付款——应付融资租赁款"科目,贷记"银行存款"等科目;同时,将固定资产从"融资租赁固定资产"明细科目转入有关明细科目。

【例9-5】 2011年12月28日,甲公司与乙公司签订了一份租赁合同。合同主要条款如下。

(1)租赁标的物:数控机床。

(2)租赁期开始日:租赁物运抵甲公司生产车间之日(即2012年1月1日)。

(3)租赁期:从租赁期开始日算起36个月(即2012年1月1日至2014年12月31日)。

(4)租金支付方式:自租赁期开始日起每年年末支付租金900 000元。

(5)该机床在2012年1月1日的公允价值为2 500 000元。

(6)租赁合同规定的利率为8%(年利率)。

(7)该机床为全新设备,估计使用年限为5年,不需要安装调试。

(8)2013年和2014年,甲公司每年按该机床所生产产品的年销售收入的1%向乙公司支付经营分享收入。

甲公司在租赁谈判和签订租赁合同过程中发生可归属于租赁项目的手续费、差旅费9 800元。2013年和2014年,甲公司使用该数控机床生产产品的销售收入分别为8 000 000元和10 000 000元。2013年12月31日,甲公司以银行存款支付该机床的维护费2 800元。2014年12月31日,甲公司将该机床退还乙公司。

甲公司(承租人)的会计处理如下。

(Ⅰ)租赁开始日的会计处理。

第一步,判断租赁类型。

本例中,租赁期(3年)占租赁资产尚可使用年限(5年)的60%(小于75%),没有满足融资租赁的第3条判断标准;最低租赁付款额的现值为2 319 390元(计算过程见下文),大于租赁资产公允价值的90%,即2 250 000(2 500 000×90%)元,满足融资租赁的第4条判断标准,因此甲公司应当将该项租赁认定为融资租赁。

第二步,计算租赁开始日最低租赁付款额的现值,确定租赁资产的入账价值。

本例中A公司不知道出租人的租赁内含利率,因此应选择租赁合同规定的利率8%作为最低租赁付款额的折现率。

最低租赁付款额 = 各期租金之和 + 承租人担保的资产余值 = 900 000 × 3 + 0 = 2 700 000元

最低租赁付款额的现值 = 900 000 × (*P/A*,8%,3) = 900 000 × 2.5771 = 2 319 390 元 < 租赁资产公允价值 2 500 000 元

根据《企业会计准则第21号——租赁》规定的孰低原则,租赁资产的入账价值应为其折现值 2 319 390 元加上初始直接费用 9 800 元,即 2 329 190 元。

第三步,计算未确认融资费用。

未确认融资费用 = 最低租赁付款额 - 最低租赁付款额现值 = 2 700 000 - 2 319 390 = 380 610 元

第四步,进行具体账务处理。

借:固定资产——融资租入固定资产——数控机床　　2 329 190
　　未确认融资费用　　380 610
　　贷:长期应付款——乙公司——应付融资租赁款　　2 700 000
　　　　银行存款　　9 800

(Ⅱ)分摊未确认融资费用的会计处理。

第一步,确定融资费用分摊率。

由于租赁资产的入账价值为其最低租赁付款额的折现值,因此该折现率就是其融资费用分摊率,即8%。

第二步,在租赁期内采用实际利率法分摊未确认融资费用,见表9-2。

表9-2 未确认融资费用分摊表　　单位:元

日　期	租金(1)	确认的融资费用 (2) = 期初(4) × 8%	应付本金减少额 (3) = (1) - (2)	应付本金余额 (4) = 期初(4) - (3)
2012.01.01				2 319 390
2012.12.31	900 000	185 551.2	714 448.8	1 604 941.2
2013.12.31	900 000	128 395.3	771 604.7	833 366.5
2014.12.31	900 000	66 663.5 *	833 336.5	0
合　计	2 700 000	380 610	2 319 390	—

* 尾数调整:900 000 - 833 336.5 = 66 663.5 元

第三步,进行具体账务处理。

2012年12月31日,支付第1期租金。

借:长期应付款——乙公司——应付融资租赁款　　900 000
　　贷:银行存款　　900 000

2012年1月至12月,每月分摊未确认融资费用。

每月财务费用 = 185 551.2 ÷ 12 = 15 462.6 元

借:财务费用　　15 462.6

　贷:未确认融资费用　　15 462.6

2013 年 12 月 31 日,支付第 2 期租金。

借:长期应付款——乙公司——应付融资租赁款　　900 000

　贷:银行存款　　900 000

2013 年 1 月至 12 月,每月分摊未确认融资费用。

每月财务费用 = 128 395.3 ÷ 12 = 10 699.61 元

借:财务费用　　10 699.61

　贷:未确认融资费用　　10 699.61

2014 年 12 月 31 日,支付第 3 期租金。

借:长期应付款——乙公司——应付融资租赁款　　900 000

　贷:银行存款　　900 000

2014 年 1 月至 12 月,每月分摊未确认融资费用。

每月财务费用 = 66 663.5 ÷ 12 = 5 555.29 元

借:财务费用　　5 555.29

　贷:未确认融资费用　　5 555.29

(Ⅲ)履约成本的会计处理。

2013 年 12 月 31 日,甲公司发生该机床的维护费 2 800 元。

借:管理费用　　2 800

　贷:银行存款　　2 800

(Ⅳ)或有租金的会计处理。

2013 年 12 月 31 日,根据合同规定,甲公司应向乙公司支付经营分享收入 80 000 元。

借:销售费用　　80 000

　贷:其他应付款——乙公司　　80 000

2014 年 12 月 31 日,根据合同规定,A 公司应向 B 公司支付经营分享收入 100 000 元。

借:销售费用　　100 000

　贷:其他应付款——乙公司　　100 000

(Ⅴ)租赁期届满时的会计处理。

2014 年 12 月 31 日,甲公司将该机床退还乙公司。

借:累计折旧　　2 329 190

　贷:固定资产——融资租入固定资产——数控机床　　2 329 190

2. 应付补偿贸易引进设备款

应付补偿贸易引进设备款是企业依据与外商签订的补偿贸易合同而引进国外设备所发生的长期应付款项。企业引进设备时,从国外引进的设备、随同设备一起进口的工具和零配件等的价款以及国外的运杂费等外币金额按规定折合率折合为人民币的金额以及相应的利息支出、外币汇兑差额确认为长期应付款。企业在引进的设备安装完成投产后,按合同规定的还款方式,用出口产品所得收入归还。

【例 9-6】 某企业根据以补偿贸易方式从国外引进设备、专用工具及零配件的有关业务,编制会计分录如下。

（Ⅰ）设备价款折合人民币100 000元，工具价款折合人民币60 000元，零配件价款折合人民币40 000元。设备已交付安装，工具及零配件已验收入库。

借：在建工程　　100 000
　　周转材料　　60 000
　　原材料　　40 000
　　贷：长期应付款——应付补偿贸易引进设备款　　200 000

（Ⅱ）用银行存款支付进口关税60 000元，设备安装费20 000元。关税应由设备负担40 000元，工具负担10 000元，零配件负担10 000元。

借：在建工程　　60 000
　　周转材料　　10 000
　　原材料　　10 000
　　贷：银行存款　　80 000

（Ⅲ）引进设备安装完毕交付使用，成本为160 000（100 000＋60 000）元。

借：固定资产　　160 000
　　贷：在建工程　　160 000

（Ⅳ）按补偿贸易合同规定，企业出口一批产品，价款100 000元。

借：应收账款　　100 000
　　贷：主营业务收入　　100 000

（Ⅴ）按合同规定，第一批出口产品的价款全部用于还款。

借：长期应付款——应付补偿贸易引进设备款　　100 000
　　贷：应收账款　　100 000

3.具有融资性质的延期付款购买资产

企业购买资产有可能延期支付有关价款。如果延期支付的购买价款超过正常信用条件，实质上具有融资性质的，所购资产的成本应当以延期支付购买价款的现值为基础确定。实际支付的价款与购买价款的现值之间的差额应当在信用期间内采用实际利率法进行摊销，符合资本化条件的，计入相关资产成本，否则计入当期损益。其账务处理为：企业购入资产超过正常信用条件延期付款实质上具有融资性质时，应按购买价款的现值，借记“固定资产”“在建工程”等科目，按应支付的价款总额，贷记“长期应付款”科目，按其差额借记“未确认融资费用”科目。按期支付价款，借记“长期应付款”科目，贷记“银行存款”科目。

按实际利率法分摊未确认融资费用时，借记“财务费用”“在建工程”等科目，贷记“未确认融资费用”科目。

【例9－7】 光华公司2008年1月1日从甲公司购入一台不需要安装的设备，增值税专用发票注明价款9 000 000元，税额1 530 000元，款项光华公司于5年内支付，每年的12月31日支付2 106 000元。假定光华公司采用的折现率为10%，不考虑其他因素。会计处理如下。

（Ⅰ）2008年1月1日购入设备。

购入固定资产成本＝2 106 000×（P/A，10%，5）＝2 106 000×3.790 8＝7 990 424.8元

借：在建工程　　7 990 424.8
　　未确认融资费用　　2 539 575.2

贷:长期应付款　　　　　　　　　　　　　10 530 000

(Ⅱ)未确认融资费用在5年内的分摊情况见表9-3。

表9-3　未确认融资费用分摊表　　　　单位:元

日　期	分期付款额 (1)	确认的融资费用 (2)=期初(4)×10%	应付本金减少额 (3)=(1)-(2)	应付本金余额 (4)=期初(4)-(3)
2008.01.01				7 990 424.8
2008.12.31	2 106 000	799 042.48	1 306 957.52	6 683 467.28
2009.12.31	2 106 000	668 346 .73	1 437 653.27	5 245 814.01
2010.12.31	2 106 000	524 581 .40	1 581 418.60	3 664 395.41
2011.12.31	2 106 000	366 439.54	1 739 560.46	1 924 834.95
2012.12.31	2 106 000	181 165.05 *	1 924 834.95	0
合　计	10 530 000	2 539 575.2	7 990 424.8	—

* 尾数调整:2 539 575.2-799 042.48-668 346 .73-524 581 .40-366 439.54=181 165.05 元

(Ⅲ)2008年12月31日分摊未确认融资费用、支付款项。

借:财务费用　　　　　　　　　　　　　799 042.48

　贷:未确认融资费用　　　　　　　　　　799 042.48

借:长期应付款　　　　　　　　　　　　2 106 000

　贷:银行存款　　　　　　　　　　　　　2 106 000

(Ⅳ)以后每年末分摊未确认融资费用、支付款项的账务处理比照2008年末的账务处理,金额见表9-3。

思考题

1. 2005年1月1日,甲公司经批准发行5年期一次还本付息的公司债券5 000 000元,票面利率为年利率6%。假定债券发行时的市场利率5%。不考虑发行费用。

要求:编制债券发行、计息、到期还本付息的会计分录。

2. 2008年12月28日,甲公司与乙公司签订了一份租赁合同,合同主要条款如下。

(1)租赁标的物:A生产设备。

(2)租赁期开始日:租赁物运抵甲公司生产车间之日(即2008年12月311日)。

(3)租赁期:2008年12月31日至2012年12月31日。

(4)租金支付方式:自2009年起每年年末支付租金800 000元。

(5)该机床在2012年1月1日的公允价值为2 500 000元。

(6)租赁合同规定的利率为8%(年利率)。

(7)该设备为全新设备,估计使用年限为5年,不需要安装调试。

(8)租赁期满时,该设备估计余值为400万元,其中甲公司担保的余值为300万元,未担保余值为100万元。租赁期满,甲公司将该机床退还乙公司。

2008年12月31日,设备运抵甲公司并投入使用,甲公司采用年限平均法计提折旧。

要求:判断租赁类型并编制整个租赁期内与租赁事项有关的会计分录。

第10章　所有者权益

【学习目的】 掌握实收资本、资本公积、留存收益的基本账务处理。
【重点与难点】 实收资本、资本公积、盈余公积的核算。

所有者权益是指企业资产扣除负债后由所有者享有的剩余权益,公司的所有者权益又称为股东权益。所有者权益的来源包括所有者投入的资产、直接计入所有者权益的利得和损失、留存收益等。

10.1　实收资本

按照我国有关法律规定,投资者设立企业首先必须投入资本。实收资本是投资者投入资本形成法定资本的价值,所有者向企业投入的资本在一般情况下无需偿还,可以长期使用。实收资本的构成比例,即投资者的出资比例或股东的股份比例,通常是确定所有者在企业所有者权益中所占的份额和参与企业财务经营决策的基础,也是企业进行利润分配或股利分配的依据,同时还是企业清算时确定所有者对净资产的要求权的依据。

10.1.1　实收资本的核算

企业应当设置"实收资本"科目,核算企业接受投资者投入的实收资本,股份有限公司应将该科目改为"股本"。投资者可以用现金投资,也可以用现金以外的其他资产投资。企业收到投资时,一般应作如下会计处理:收到投资人投入的现金,应在实际收到或者存入企业开户银行时,按实际收到的金额,借记"银行存款"科目,以实物资产投资的,应在办理实物产权转移手续时,借记有关资产科目,以无形资产投资的,应按照合同、协议或公司章程规定移交有关凭证时,借记"无形资产"科目,按投入资本在注册资本或股本中所占份额,贷记"实收资本"或"股本"科目,按其差额,贷记"资本公积——资本溢价"或"资本公积——股本溢价"等科目。

初建有限责任公司时,各投资者按照合同、协议或公司章程投入企业的资本,应全部计入"实收资本"科目,注册资本为在公司登记机关登记的全体股东认缴的出资额。在企业增资时,如有新投资者介入,新介入的投资者缴纳的出资额大于其按约定比例计算的其在注册资本中所占的份额部分,不计入"实收资本"科目,而作为资本公积计入"资本公积"科目。

【例10-1】 甲、乙、丙共同出资设立有限责任公司A,公司注册资本为10 000 000元,甲、乙、丙持股比例分别为50%,30%和20%。2009年1月5日,A公司如期收到各投资者一次性缴足的款项。

根据上述资料,A公司应作以下账务处理。

借:银行存款	10 000 000
贷:实收资本——甲	5 000 000
——乙	3 000 000
——丙	2 000 000

股份有限公司是指全部资本由等额股份构成并通过发行股票筹集资本、股东以其认购的股份为限对公司承担责任、公司以其全部财产对公司债务承担责任的企业法人。股份有限公司设立有两种方式,即发起式和募集式。发起式设立的特点是公司的股份全部由发起人认购,不向发起人之外的任何人募集股份;募集式设立的特点是公司股份除发起人认购外,还可以采用向其他法人或自然人发行股票的方式进行募集。公司设立方式不同,筹集资本的风险也不同。发起式设立公司,其所需资本由发起人一次认足,一般不会发生设立公司失败的情况,因此,其筹资风险小。社会募集股份,其筹资对象广泛,在资本市场不景气或股票的发行价格不恰当的情况下,有发行失败(即股票未被全部认购)的可能,因此,其筹资风险大。按照有关规定,发行失败损失由发起人负担,包括承担筹建费用、公司筹建过程中的债务和对认股人已缴纳的股款支付银行同期存款利息等责任。

股份有限公司与其他企业相比较,最显著的特点就是将企业的全部资本划分为等额股份,并通过发行股票的方式来筹集资本。股东以其所认购股份对公司承担有限责任。股份是很重要的指标。股票的面值与股份总数的乘积为股本,股本应等于企业的注册资本,所以,股本也是很重要的指标。为了直观地反映这一指标,在会计处理上,股份有限公司应设置"股本"科目。

"股本"科目核算股东投入股份有限公司的股本,企业应将核定的股本总额、股份总数、每股面值在股本账户中作备查记录。为提供企业股份的构成情况,企业可在"股本"科目下按股东单位或姓名设置明细账。企业的股本应在核定的股本总额范围内,发行股票取得。但值得注意的是,企业发行股票取得的收入与股本总额往往不一致,公司发行股票取得的收入大于股本总额的,称为溢价发行;小于股本总额的,称为折价发行;等于股本总额的,称为面值发行。我国不允许企业折价发行股票。在采用溢价发行股票的情况下,企业应将相当于股票面值的部分计入"股本"科目,其余部分在扣除发行手续费、佣金等发行费用后计入"资本公积——股本溢价"科目。

【例 10-2】 B 股份有限公司发行普通股 20 000 000 股,每股面值为 1 元,发行价格为 6 元。股款 120 000 000 元已经全部收到,发行过程中发生相关税费 60 000 元。

根据上述资料,B 股份有限公司应作以下账务处理:

计入股本的金额 = 20 000 000 × 1 = 20 000 000 元

计入资本公积的金额 = (6 - 1) × 20 000 000 - 60 000 = 99 940 000 元

借:银行存款	119 940 000	
贷:股本		20 000 000
资本公积——股本溢价		99 940 000

按照《中华人民共和国公司法》的规定,有限责任公司的股东可以用货币出资,也可以用实物、知识产权、土地使用权等可以用货币估价并可以依法转让的非现金资产作价出资;但是,法律、行政法规规定不得作为出资的财产除外。对作为出资的非现金资产应当评估作价,核实财产,不得高估或者低估作价。法律、行政法规对评估作价有规定的,从其规定。

企业接受非现金资产投资时,应按投资合同或协议约定价值确定非现金资产价值(但合同或协议约定的价值不公允的除外)计入相关资产,按投资人在注册资本应享有的份额计入实收资本。

【例 10-3】 收到甲公司作为资本投入的不需要安装设备一台,合同约定的价值 400 000 元,增值税进项税额为 68 000 元,投资人在注册资本应享有的份额 450 000。编制会计分录如下。

借:固定资产　　　　　　　　　　　　　　　400 000
　应交税费——应交增值税(进项税额)　　　　68 000
　贷:实收资本　　　　　　　　　　　　　　　450 000
　　资本公积——资本溢价　　　　　　　　　　18 000

10.1.2 实收资本增减变动的会计处理

《中华人民共和国公司登记管理条例》规定,公司增加注册资本的,有限责任公司股东认缴新增资本的出资和股份有限公司的股东认购新股,应当分别依照《公司法》设立有限责任公司缴纳出资和设立股份有限公司缴纳股款的有关规定执行。公司法定公积金转增为注册资本的,验资证明应当载明留存的该项公积金不少于转增前公司注册资本的25%。公司减少注册资本的,应当自公告之日起45日后申请变更登记,并应当提交公司在报纸上登载公司减少注册资本公告的有关证明和公司债务清偿或者债务担保情况的说明。公司减资后的注册资本不得低于法定的最低限额。公司变更实收资本的,应当提交依法设立的验资机构出具的验资证明,并应当按照公司章程载明的出资时间、出资方式缴纳出资。公司应当自足额缴纳出资或者股款之日起30日内申请变更登记。

1. 实收资本增加的会计处理

(1)企业增加资本的一般途径。企业增加资本的途径一般有三条:一是将资本公积转为实收资本或者股本。会计上应借记"资本公积——资本溢价"或"资本公积——股本溢价"科目,贷记"实收资本"或"股本"科目。二是将盈余公积转为实收资本。会计上应借记"盈余公积"科目,贷记"实收资本"或"股本"科目。这里要注意的是,资本公积和盈余公积均属所有者权益,转为实收资本或者股本时,企业如为独资企业的,核算比较简单,直接结转即可;如为股份有限公司或有限责任公司的,应按原投资者所持股份同比例增加各股东的股权。三是所有者(包括原企业所有者和新投资者)投入。企业接受投资者投入的资本,借记"银行存款""固定资产""无形资产""长期股权投资"等科目,贷记"实收资本"或"股本"等科目。

【例10-4】 光华有限责任公司为了扩大经营规模,经批准,将资本公积5 000 000元转增资本。

根据上述资料,A公司应作以下账务处理。

借:资本公积　　　　　　　　　　　　5 000 000
　贷:实收资本　　　　　　　　　　　　5 000 000

(2)股份有限公司发放股票股利。股份有限公司采用发放股票股利实现增资的,在发放股票股利时,按照股东原来持有的股数分配,如股东所持股份按比例分配的股利不足一股时,应采用恰当的方法处理。例如,股东会决议按股票面额的10%发放股票股利时(假定新股发行价格及面额与原股相同),对于所持股票不足10股的股东,将会发生不能领取一股的情况。在这种情况下,有两种方法可供选择:一是将不足一股的股票股利改为现金股利,用现金支付;二是由股东相互转让,凑为整股。股东大会批准的利润分配方案中分配的股票股利,应在办理增资手续后,借记"利润分配"科目,贷记"股本"科目。

(3)可转换公司债券持有人行使转换权利。可转换公司债券持有人行使转换权利,将其持有的债券转换为股票,按可转换公司债券的余额,借记"应付债券——可转换公司债券

(面值、利息调整)”科目,按其权益成分的金额,借记“资本公积其他资本公积”科目,按股票面值和转换的股数计算的股票面值总额,贷记“股本”科目,按其差额,贷记“资本公积”科目。

(4)以权益结算的股份支付的行权。以权益结算的股份支付换取职工或其他方提供服务的,应在行权日,按根据实际行权情况确定的金额,借记“资本公积——其他资本公积”科目,按应计入实收资本或股本的金额,贷记“实收资本”或“股本”科目。

2. 实收资本减少的会计处理

企业实收资本减少的原因大体有两种:一是资本过剩;二是企业发生重大亏损而需要减少实收资本。企业因资本过剩而减资,一般要发还股款。有限责任公司和一般企业发还投资的会计处理比较简单,按法定程序报经批准减少注册资本的,借记“实收资本”科目,贷记“库存现金”“银行存款”等科目。

股份有限公司由于采用的是发行股票的方式筹集股本,发还股款时,则要回购发行的股票,发行股票的价格与股票面值可能不同,回购股票的价格也可能与发行价格不同,会计处理较为复杂。

企业应设置“库存股”科目核算企业收购的尚未转让或注销的本公司股份金额,期末借方余额反映企业持有本公司股份的金额。

股份有限公司因减少注册资本而回购本公司股份的,应按实际支付的金额,借记“库存股”科目,贷记“银行存款”等科目。注销库存股时,应按股票面值和注销股数计算的股票面值总额,借记“股本”科目,按注销库存股的账面余额,贷记“库存股”科目,按其差额,冲减股票发行时原计入资本公积的溢价部分,借记“资本公积——股本溢价”科目,回购价格超过上述冲减“股本”及“资本公积——股本溢价”科目的部分,应依次借记“盈余公积”“利润分配——未分配利润”等科目;如回购价格低于回购股份所对应的股本,所注销库存股的账面余额与所冲减股本的差额作为增加股本溢价处理,按回购股份所对应的股本面值,借记“股本”科目,按注销库存股的账面余额,贷记“库存股”科目,按其差额,贷记“资本公积——股本溢价”科目。

【例10-5】 甲股份有限公司截至2010年12月31日共发行股票60 000 000股,股票面值为1元,资本公积(股本溢价)8 000 000元,盈余公积6 000 000元。经股东大会批准,公司以现金回购本公司股票3 000 000股并注销。假定公司按照每股4元回购股票,不考虑其他因素,公司的会计处理如下。

库存股的成本 = 3 000 000 × 4 = 12 000 000元

借:库存股	12 000 000	
贷:银行存款		12 000 000
借:股本	3 000 000	
资本公积——股本溢价	6 000 000	
盈余公积	3 000 000	
贷:库存股		12 000 000

【例10-6】 沿用例10-5,假定公司以每股0.8元回购股票,其他条件不变。公司的会计处理如下。

库存股的成本 = 3 000 000 × 0.8 = 2 400 000元

借:库存股	2 400 000	

贷:银行存款　　　　　　　　　　　　　　2 400 000
借:股本　　　　　　　　　　　　　　3 000 000
贷:库存股　　　　　　　　　　　　　　2 400 000
资本公积——股本溢价　　　　　　　　　　600 000

由于公司以低于面值的价格回购股票,股本与库存股成本的差额300 000元应作增加资本公积处理。

10.2 资本公积

10.2.1 概述

资本公积是企业收到投资者的超出其在企业注册资本(或股本)中所占份额的投资,以及直接计入所有者权益的利得和损失等。资本公积包括资本溢价(或股本溢价)和直接计入所有者权益的利得和损失等。

资本溢价(或股本溢价)是企业收到投资者的超出其在企业注册资本(或股本)中所占份额的投资。形成资本溢价(或股本滥价)的原因有溢价发行股票、投资者超额缴入资本等。

直接计入所有者权益的利得和损失是指不应计入当期损益、会导致所有者权益发生增减变动的、与所有者投入资本或者向所有者分配利润无关的利得或者损失。

资本公积一般应当设置"资本(或股本)溢价""其他资本公积"明细科目核算。

10.2.2 资本公积的核算

1.资本溢价或股本溢价的会计处理

(1)资本溢价。投资者经营的企业(不含股份有限公司),投资者依其出资份额对企业经营决策享有表决权,依其所认缴的出资额对企业承担有限责任。明确记录投资者认缴的出资额,真实地反映各投资者对企业享有的权利与承担的义务,是会计处理应注意的问题。为此,会计上应设置"实收资本"科目,核算企业投资者按照公司章程所规定的出资比例实际缴付的出资额。在企业创立时,出资者认缴的出资额全部计入"实收资本"科目。

在企业重组并有新的投资者加入时,为了维护原有投资者的权益,新加入的投资者的出资额并不一定全部作为实收资本处理。这是因为在企业正常经营过程中投入的资金虽然与企业创立时投入的资金在数量上一致,但其获利能力却不一致。企业创立时,要经过筹建、试生产经营、为产品寻找市场、开辟市场等过程,从投入资金到取得投资回报,中间需要许多时间,并且这种投资具有风险性,在这个过程中资本利润率很低。而企业进行正常生产经营后,在正常情况下资本利润率要高于企业初创阶段。而这高于初创阶段的资本利润率是初创时必要的垫支资本带来的,企业创办者为此付出了代价。因此,相同数量的投资,由于出资时间不同,其对企业的影响程度不同,由此而带给投资者的权力也不同,往往早期出资带给投资者的权利要大于后期出资带给投资者的权利。所以,新加入的投资者要付出大于原有投资者的出资额,才能取得与投资者相同的投资比例。另外,不仅原投资者原有投资从质量上发生了变化,就是从数量上也可能发生变化,这是因为企业经营过程中实现利润的一部分留在企业,形成留存收益,而留存收益也属于投资者权益,但其未转入实收资本。新加入的投资者如与原投资者共享这部分留存收益,也要求其付出大于原有投资者的出资额,才能取得与原有投资者相同的投资比例。投资者投入的资本中按其投资比例计算的出资额部分,应计入“实收资本”科目,超过部分应计入“资本公积”科目。

例如,某有限责任公司由甲、乙、丙三位股东各自出资100万元设立。设立时的实收资本为300万元。经过三年的经营,该企业留存收益为150万元。这时又有丁投资者有意参加该企业,并表示愿意出资180万元,而仅占该企业股份的25%。在会计处理时,将丁股东投入资金中的100万元计入“实收资本”科目,其余80万元计入“资本公积”科目。

(2)股本溢价。股份有限公司是以发行股票的方式筹集股本的,股票是企业签发的证明股东按其所持股份享有权利和承担义务的书面证明。由于股东按其所持企业股份享有权利和承担义务,为了反映和便于计算各股东所持股份占企业全部股本的比例,企业的股本总额应按股票的面值与股份总数的乘积计算。国家规定,实收股本总额应与注册资本相等。因此,为提供企业股本总额及其构成及注册资本等信息,在采用与股票面值相同的价格发行股票的情况下,企业发行股票取得的收入,应全部计入“股本”科目;在采用溢价发行股票的情况下,企业发行股票取得的收入,相当于股票面值的部分计入“股本”科目,超出股票面值的溢价收入计入“资本公积”科目。委托证券商代理发行股票而支付的手续费、佣金等,应从溢价发行收入中扣除,企业应按扣除手续费、佣金后的数额计入“资本公积”科目。

【例10-7】 A公司委托B证券公司代理发行普通股2 000 000股,每股面值1元,按每股1.2元的价格发行。公司与受托单位约定,按发行收入的3%收取手续费,从发行收入中扣除。假如收到的股款已存入银行。

根据上述资料,A公司应作以下会计处理。

公司收到受托发行单位交来的现金=2 000 000×1.2×(1-3%)=2 328 000元

应计入“资本公积”科目的金额=溢价收入-发行手续费=2 000 000×(1.2-1)-2 000 000×1.2×3%=328 000元

借:银行存款	2 328 000	
贷:股本		2 000 000
资本公积——股本溢价		328 000

2.其他资本公积的会计处理

其他资本公积是指除资本溢价(或股本溢价)项目以外所形成的资本公积,其中主要包括直接计入所有者权益的利得和损失。

直接计入所有者权益的利得和损失主要由以下交易或事项引起。

(1)采用权益法核算的长期股权投资。长期股权投资采用权益法核算的,在持股比例不变的情况下,被投资单位除净损益以外所有者权益的其他变动,企业按持股比例计算应享有的份额,如果是利得,应当增加长期股权投资的账面价值,同时增加资本公积(其他资本公积);如果是损失应当作相反的会计分录。当处置采用权益法核算的长期股权投资时,应当将原计入资本公积的相关金额转入投资收益。

(2)以权益结算的股份支付。以权益结算的股份支付换取职工或其他方提供服务的,应按照确定的金额,计入“管理费用”等科目,同时增加资本公积(其他资本公积)。在行权日,应按实际行权的权益工具数量计算确定的金额,借记“资本公积——其他资本公积”科目,按计入实收资本或股本的金额,贷记“实收资本”或“股本”科目,并将其差额计入“资本公积——资本溢价”或“资本公积——股本溢价”。

(3)可供出售金融资产公允价值的变动。可供出售金融资产公允价值变动形成的利得,除减值损失和外币货币性金融资产形成的汇兑差额外,借记“可供出售金融资产——公允价值变动”科目,贷记“资本公积——其他资本公积”科目,公允价值变动形成的损失,作相反的会计分录。

(4)金融资产的重分类。将可供出售金融资产重分类为采用成本或摊余成本计量的金融资产,重分类日该金融资产的公允价值或账面价值作为成本或摊余成本,该金融资产没有固定到期日的,与该金融资产相关、原直接计入所有者权益的利得或损失,应当仍然计入“资本公积——其他资本公积”科目,在该金融资产被处置时转出,计入当期损益。

将持有至到期投资重分类为可供出售金融资产,并以公允价值进行后续计量,重分类日该投资的账面价值与其公允价值之间的差额计入“资本公积——其他资本公积”科目,在该可供出售金融资产发生减值或终止确认时转出,计入当期损益。

按照金融工具确认和计量的规定应当以公允价值计量,但以前公允价值不能可靠计量的可供出售金融资产,企业应当在其公允价值能够可靠计量时改按公允价值计量,将相关账面价值与公允价值之间的差额计入“资本公积——其他资本公积”科目,在其发生减值或终止确认时将上述差额转出,计入当期损益。

3. 资本公积转增资本的会计处理

按照《公司法》的规定,法定公积金(资本公积和盈余公积)转为资本时,所留存的该项公积金不得少于转增前公司注册资本的25%。经股东大会或类似机构决议,用资本公积转增资本时,应冲减资本公积,同时按照转增前的实收资本(或股本)的结构或比例,将转增的金额计入“实收资本”(或“股本”)科目下各所有者的明细分类账。

10.3 留存收益

10.3.1 盈余公积

1. 盈余公积的有关规定

根据《公司法》等有关法规的规定,企业当年实现的净利润一般应当按照如下顺序进行分配。

(1)提取法定公积金。公司制企业的法定公积金按照税后利润的10%的比例提取(非公司制企业也可按照超过10%的比例提取),在计算提取法定盈余公积的基数时,不应包括企业年初未分配利润。公司法定公积金累计额为公司注册资本的50%以上时,可以不再提取法定公积金。

公司的法定公积金不足以弥补以前年度亏损的,在提取法定公积金之前,应当先用当年利润弥补亏损。

(2)提取任意公积金。公司从税后利润中提取法定公积金后,经股东会或者股东大会决议,还可以从税后利润中提取任意公积金。非公司制企业经类似权力机构批准也可提取任意盈余公积。

(3)向投资者分配利润或股利。公司弥补亏损和提取公积金后所余税后利润,有限责任公司股东按照实缴的出资比例分取红利,但是,全体股东约定不按照出资比例分取红利的除外;股份有限公司按照股东持有的股份比例分配,但股份有限公司章程规定不按持股比例分配的除外。

股东会、股东大会或者董事会违反规定,在公司弥补亏损和提取法定公积金之前向股东分配利润的,股东必须将违反规定分配的利润退还公司。公司持有的本公司股份不得分配利润。

盈余公积是指企业按照规定从净利润中提取的各种积累资金。公司制企业的盈余公积分为法定盈余公积和任意盈余公积。两者的区别就在于其各自计提的依据不同。前者以国家的法律或行政规章为依据提取;后者则由企业自行决定提取。

企业提取盈余公积主要可以用于以下几方面。

(1)弥补亏损。企业发生亏损时,应由企业自行弥补。弥补亏损的渠道主要有三条:一是用以后年度税前利润弥补。按照现行制度规定,企业发生亏损时,可以用以后五年内实现的税前利润弥补,即税前利润弥补亏损的期间为五年。二是用以后年度税后利润弥补。企业发生的亏损经过五年期间未弥补足额的,尚未弥补的亏损应用所得税后的利润弥补。三是以盈余公积弥补亏损。企业以提取的盈余公积弥补亏损时,应当由公司董事会提议,并经股东大会批准。

(2)转增资本。企业将盈余公积转增资本时,必须经股东大会决议批准。在实际将盈余公积转增资本时,要按股东原有持股比例结转。

企业提取的盈余公积,无论是用于弥补亏损,还是用于转增资本,只不过是在企业所有者权益内部作结构上的调整,比如,企业以盈余公积弥补亏损时,实际是减少盈余公积留存的数额,以此抵补未弥补亏损的数额,并不引起企业所有者权益总额的变动;企业以盈余公积转增资本时,也只是减少盈余公积结存的数额,但同时增加企业实收资本或股本的数额,也并不引起所有者权益总额的变动。

(3)扩大企业生产经营。盈余公积的用途并不是指其实际占用形态,提取盈余公积也并不是单独将这部分资金从企业资金周转过程中抽出。企业盈余公积的结存数,实际只表现为企业所有者权益的组成部分,表明企业生产经营资金的一个来源而已。其形成的资金可能表现为一定的货币资金,也可能表现为一定的实物资产,如存货和固定资产等,随同企业的其他来源所形成的资金进行循环周转,用于企业的生产经营。

2. 盈余公积的确认和计量

为了反映盈余公积的形成及使用情况,企业应设置“盈余公积”科目。企业应当分别“法定盈余公积”“任意盈余公积”进行明细核算。外商投资企业还应分别“储备基金”“企业发展基金”进行明细核算。

企业提取盈余公积时,借记“利润分配——提取法定盈余公积”“利润分配——提取任意盈余公积”科目,贷记“盈余公积——法定盈余公积”“盈余公积—任意盈余公积”科目。

外商投资企业按规定提取的储备基金、企业发展基金、职工奖励及福利基金,借记“利润分配——提取储备基金”“利润分配——提取企业发展基金”“利润分配——提取职工奖励及福利基金”科目,贷记“盈余公积——储备基金”“盈余公积——企业发展基金”“应付职工薪酬”科目。

企业用盈余公积弥补亏损或转增资本时,借记“盈余公积”,贷记“利润分配——盈余公积补亏”“实收资本”或“股本”科目。经股东大会决议,用盈余公积派送新股,按派送新股计算的金额,借记“盈余公积”科目,按股票面值和派送新股总数计算的股票面值总额,贷记“股本”科目。

10.3.2 未分配利润

未分配利润是企业留待以后年度进行分配的结存利润，也是企业所有者权益的组成部分。相对于所有者权益的其他部分来讲，企业对于未分配利润的使用分配有较大的自主权。从数量上来讲，未分配利润是期初未分配利润，加上本期实现的净利润，减去提取的各种盈余公积和分出利润后的余额。

在会计处理上，未分配利润是通过"利润分配"科目进行核算的，"利润分配"科目应当分别"提取法定盈余公积""提取任意盈余公积""应付现金股利或利润""转作股本的股利""盈余公积补亏"和"未分配利润"等进行核算。

1.分配股利或利润的会计处理

经股东大会或类似机构决议，分配给股东或投资者的现金股利或利润，借记"利润分配——应付现金股利或利润"科目，贷记"应付股利"科目。经股东大会或类似机构决议，分配给股东的股票股利，应在办理增资手续后，借记"利润分配——转作股本的股利"科目，贷记"股本"科目。

2.期末结转的会计处理

企业期末结转利润时，应将各损益类科目的余额转入"本年利润"科目，结平各损益类科目。结转后"本年利润"的贷方余额为当年实现的净利润，借方余额为当期发生的净亏损。年度终了，应将本年收入和支出相抵后结出的本年实现的净利润或净亏损，转入"利润分配——未分配利润"科目。同时，将"利润分配"科目所属的其他明细科目的余额，转入"未分配利润"明细科目。结转后，"未分配利润"明细科目的贷方余额，就是未分配利润的金额；如出现借方余额，则表示未弥补亏损的金额。"利润分配"科目所属的其他明细科目应无余额。

3.弥补亏损的会计处理

企业在生产经营过程中既有可能发生盈利，也有可能出现亏损。企业在当年发生亏损的情况下，与实现利润的情况相同，应当将本年发生的亏损自"本年利润"科目，转入"利润分配——未分配利润"科目，借记"利润分配——未分配利润"科目，贷记"本年利润"科目，结转后"利润分配"科目的借方余额即为未弥补亏损的数额，然后通过"利润分配"科目核算有关亏损的弥补情况。

由于未弥补亏损形成的时间长短不同等原因，以前年度未弥补亏损有的可以以当年实现的税前利润弥补，有的则需用税后利润弥补。以当年实现的利润弥补以前年度结转的未弥补亏损，不需要进行专门的账务处理。企业应将当年实现的利润自"本年利润"科目，转入"利润分配——未分配利润"科目的贷方，其贷方发生额与"利润分配——未分配利润"的借方余额自然抵补。无论是以税前利润还是以税后利润弥补亏损，其会计处理方法均相同。但是，两者在计算交纳所得税时的处理是不同的。在以税前利润弥补亏损的情况下，其弥补的数额可以抵减当期企业应纳税所得额，而以税后利润弥补的数额则不能作为纳税所得扣除处理。

【例10-8】 A股份有限公司的股本为100 000 000元，每股面值1元。2011年年初未分配利润为贷方80 000 000元，2011年实现净利润50 000 000元。

假定公司按照2011年实现净利润的10%提取法定盈余公积，5%提取任意盈余公积，同时向股东按每股0.2元派发现金股利，按每10股送3股的比例派发股票股利。2012年3

月 15 日,公司以银行存款支付了全部现金股利,新增股本也已经办理完股权登记和相关增资手续。A 公司的会计处理如下。

(Ⅰ)2011 年度终了时,企业结转本年实现的净利润。

借:本年利润　　50 000 000

　贷:利润分配——未分配利润　　50 000 000

(Ⅱ)提取法定盈余公积和任意盈余公积。

借:利润分配——提取法定盈余公积　　5 000 000

　　　　——提取任意盈余公积　　2 500 000

　贷:盈余公积——法定盈余公积　　5 000 000

　　　　——任意盈余公积　　2 500 000

(Ⅲ)结转"利润分配"的明细科目。

借:利润分配——未分配利润　　7 500 000

　贷:利润分配——提取法定盈余公积　　5 000 000

　　　　——提取任意盈余公积　　2 500 000

A 公司 2011 年底"利润分配——未分配利润"科目的余额为

80 000 000 + 50 000 000 − 7 500 000 = 122 500 000 元

即贷方余额 122 500 000 元,反映企业的累计未分配利润为 122 500 000 元。

(Ⅳ)批准发放现金股利。

100 000 000 × 0.2 = 20 000 000 元

借:利润分配——应付现金股利　　20 000 000

　贷:应付股利　　20 000 000

2012 年 3 月 15 日,实际发放现金股利。

借:应付股利　　20 000 000

　贷:银行存款　　20 000 000

(Ⅴ)2012 年 3 月 15 日,发放股票股利。

100 000 000 × 1 × 30% = 30 000 000 元

借:利润分配——转作股本的股利　　30 000 000

　贷:股本　　30 000 000

思考题

甲股份有限公司(以下简称甲公司)2007 年至 2009 年度有关业务资料如下:

(1)2007 年 1 月 1 日,甲公司股东权益总额为 36 500 万元(其中,股本总额为 10 000 万股,每股面值为 1 元;资本公积为 20 000 万元;盈余公积为 6 000 万元;未分配利润为 500 万元)。2007 年度实现净利润 400 万元,股本与资本公积项目未发生变化。

2008 年 3 月 1 日,甲公司董事会提出如下预案:

①按 2007 年度实现净利润的 10% 提取法定盈余公积。

②以 2007 年 12 月 31 日的股本总额为基数,以资本公积(股本溢价)转增股本,每 10 股转增 4 股,计 4 000 万股。

2008 年 5 月 5 日,甲公司召开股东大会,审议批准了董事会提出的预案,同时决定分派现金股利 400 万元。2008 年 6 月 10 日,甲公司办妥了上述资本公积转增股本的有关手续。

(2)2008 年度,甲公司发生净亏损 3 000 万元。

(3)2010 年 5 月 9 日,甲公司股东大会决定以法定盈余公积弥补账面累计未弥补亏损 300 万元。

要求:(1)编制甲公司 2008 年 3 月提取法定盈余公积的会计分录。

(2)编制甲公司 2008 年 5 月宣告分派现金股利的会计分录。

(3)编制甲公司 2008 年 6 月资本公积转增股本的会计分录。

(4)编制甲公司 2008 年度结转当年净亏损的会计分录。

(5)编制甲公司 2010 年 5 月以法定盈余公积弥补亏损的会计分录。

第 11 章　收入、费用和利润

【学习目的】 掌握收入、费用的概念和分类，熟练掌握商品销售收入、费用的确认与计量，掌握提供劳务收入、建造合同收入的确认与计量，熟悉让渡资产使用权收入的确认与计量，熟练掌握利润与利润分配的账务处理。

【重点与难点】 商品销售收入的确认与计量。

11.1　收　　入

11.1.1　收入概述

收入是指企业在日常活动中形成的、会导致所有者权益增加的、与所有者投入资本无关的经济利益的总流入。其中，日常活动是指企业为完成其经营目标所从事的经常性活动以及与之相关的其他活动。

收入可以有以下不同的分类。

按照企业从事日常活动的性质，可将收入分为销售商品收入、提供劳务收入、让渡资产使用权收入、建造合同收入等。其中，销售商品收入是指企业通过销售商品实现的收入，如工业企业制造并销售产品、商业企业销售商品等实现的收入。提供劳务收入是指企业通过提供劳务实现的收入，如咨询公司提供咨询服务、软件开发企业为客户开发软件、安装公司提供安装服务等实现的收入，如商业银行对外贷款、租赁公司出租资产等实现的收入。建造合同收入是指企业承担建造合同所形成的收入。

按照企业从事日常活动在企业的重要性，可将收入分为主营业务收入、其他业务收入等。其中，主营业务收入是指企业为完成其经营目标从事的经常性活动实现的收入。如工业企业制造并销售产品、商业企业销售商品、保险公司签发保单、咨询公司提供咨询服务、软件开发企业为客户开发软件、安装公司提供安装服务、商业银行对外贷款、租赁公司出租资产等实现的收入。这些活动形成的经济利益的总流入构成收入，属于企业的主营业务收入，根据其性质的不同，分别通过“主营业务收入”“利息收入”“保费收入”等科目进行核算。其他业务收入是指与企业为完成其经营目标所从事的经常性活动相关的活动实现的收入。例如，工业企业对外出售不需用的原材料、对外转让无形资产使用权等。这些活动形成的经济利益的总流入也构成收入，属于企业的其他业务收入，根据其性质的不同，分别通过“其他业务收入”科目核算。

11.1.2　销售商品收入的确认和计量

1. 销售商品收入的确认

销售商品收入同时满足 5 项条件的，才能予以确认：①企业已将商品所有权上的主要风险和报酬转移给购货方；②企业既没有保留通常与所有权相联系的继续管理权，也没有对已售出的商品实施有效控制；③收入的金额能够可靠地计量；④相关的经济利益很可能流入企业；⑤相关的已发生或将发生的成本能够可靠地计量。

(1)企业已将商品所有权上的主要风险和报酬转移给购货方。企业已将商品所有权上的主要风险和报酬转移给购货方是指与商品所有权有关的主要风险和报酬同时转移给了购货方。其中,与商品所有权有关的风险是指商品可能发生减值或毁损等形成的损失;与商品所有权有关的报酬是指商品价值增值或通过使用商品等形成的经济利益。

判断企业是否已将商品所有权上的主要风险和报酬转移给购货方,应当关注交易的实质,并结合所有权凭证的转移进行判断。如果与商品所有权有关的任何损失均不需要销货方承担,与商品所有权有关的任何经济利益也不归销货方所有,就意味着商品所有权上的主要风险和报酬转移给了购货方。

①通常情况下,转移商品所有权凭证并交付实物后,商品所有权上的所有风险和报酬随之转移,如大多数零售商品。但在某些情况下,商品所有权凭证转移或实物交付后,商品所有权上的主要风险和报酬并未随之转移。

②某些情况下,转移商品所有权凭证但未交付实物,商品所有权上的主要风险和报酬随之转移,企业只保留商品所有权上的次要风险和报酬,如交款提货方式销售商品。在这种情形下,应当视同商品所有权上的所有风险和报酬已经转移给购货方。

③某些情况下,转移商品所有权凭证或交付实物后商品所有权上的主要风险和报酬并未随之转移。

a.企业销售的商品在质量、品种、规格等方面不符合合同或协议要求,又未根据正常的保证条款予以弥补,因而仍负有责任。

b.企业销售商品的收入是否能够取得,取决于购买方是否已将商品销售出去。如采用支付手续费方式委托代销商品等。

支付手续费方式委托代销商品是指委托方和受托方签订合同或协议,委托方根据代销商品数量向受托方支付手续费的销售方式。在这种方式下,委托方发出商品时,商品所有权上的主要风险和报酬并未转移给受托方,委托方在发出商品时通常不应确认销售商品收入,而应在收到受托方开出的代销清单时确认销售商品收入;受托方应在商品销售后,按合同或协议约定的方法计算确定的手续费确认收入。

c.企业尚未完成售出商品的安装或检验工作,且安装或检验工作是销售合同或协议的重要组成部分。如需要安装或检验的销售等。

【例11-1】 甲公司向乙公司销售一部电梯,电梯已经运抵乙公司,发票账单已经交付,同时收到部分货款。合同约定,甲公司应负责该电梯的安装工作,在安装工作结束并经乙公司验收合格后,乙公司应立即支付剩余货款。

根据本例的资料,电梯安装调试工作通常是电梯销售合同的重要组成部分,在安装过程中可能会发生一些不确定因素,影响电梯销售收入的实现。因此,电梯实物的交付并不表明商品所有权上的主要风险和报酬随之转移。

需要说明的是,在需要安装或检验的销售中,如果安装程序比较简单或检验是为了最终确定合同或协议价格而必须进行的程序,企业可以在发出商品时确认收入。

d.销售合同或协议中规定了买方由于特定原因有权退货的条款,且企业又不能确定退货的可能性。

【例11-2】 甲公司为推销一种新产品,承诺凡购买新产品的客户均有一个月的试用期,在试用期内如果对产品使用效果不满意,甲公司无条件给予退货。该种新产品已交付买方,货款已收讫。

根据本例的资料,甲公司虽然已将产品售出,并已收到货款。但是由于是新产品,甲公司无法估计退货的可能性,这表明产品所有权上的主要风险和报酬并未随实物的交付而发生转移。

(2)企业既没有保留通常与所有权相联系的继续管理权,也没有对已售出的商品实施有效控制。通常情况下,企业售出商品后不再保留与商品所有权相联系的继续管理权,也不再对售出商品实施有效控制,商品所有权上的主要风险和报酬已经转移给购货方,通常应在发出商品时确认收入。

【例11-3】 甲公司属于房地产开发商。甲公司将住宅小区销售给客户后,接受客户委托代售住宅小区商品房并管理住宅小区物业。

根据本例的资料,甲公司接受客户委托代售住宅小区商品房并管理住宅小区物业是与住宅小区销售无关的另一项提供劳务的交易。甲公司虽然仍对住宅小区进行管理,但这种管理与住宅小区的所有权无关,因为住宅小区的所有权属于客户。

对售出商品实施继续管理既可能源于仍拥有商品的所有权,也可能与商品的所有权没有关系。如果商品售出后,企业仍保留与商品所有权相联系的继续管理权,则说明此项销售交易没有完成,销售不能成立,不应确认销售商品收入。同样的道理,如果商品售出后,企业仍对商品可以实施有效控制,也说明销售不能成立,不应确认销售商品收入。

(3)收入的金额能够可靠地计量。收入的金额能够可靠地计量是指收入的金额能够合理地估计。收入的金额不能够合理地估计就无法确认收入。企业在销售商品时,商品销售价格通常已经确定。但是,由于销售商品过程中某些不确定因素的影响,也有可能存在商品销售价格发生变动的情况。在这种情况下,新的商品销售价格未确定前通常不应确认销售商品收入。

企业销售商品满足收入确认条件时,应当按照已收或应收的合同或协议价款的公允价值确定销售商品收入金额。从购货方已收或应收的合同或协议价款,通常为公允价值。某些情况下,合同或协议明确规定销售商品需要延期收取价款,如分期收款销售商品,实质上具有融资性质的,应当按照应收的合同或协议价款的公允价值确定收入金额;已收或应收的价款不公允的,企业应按公允的交易价格确定收入金额。

(4)相关的经济利益很可能流入企业。相关的经济利益很可能流入企业是指销售商品价款收回的可能性大于不能收回的可能性,即销售商品价款收回的可能性超过50%。企业在确定销售商品价款收回的可能性时,应当结合以前和买方交往的直接经验、政府有关政策、其他方面取得信息等因素进行分析。企业销售的商品符合合同或协议要求,已将发票账单交付买方,买方承诺付款,通常表明满足本确认条件(相关的经济利益很可能流入企业)。如果企业判断销售商品收入满足确认条件确认了一笔应收债权,以后由于购货方资金周转困难无法收回该债权时,不应调整原确认的收入,而应对该债权计提坏账准备、确认坏账损失。如果企业根据以前与买方交往的直接经验判断买方信誉较差,或销售时得知买方在另一项交易中发生了巨额亏损,资金周转十分困难,或在出口商品时不能肯定进口企业所在国政府是否允许将款项汇出等,就可能会出现与销售商品相关的经济利益不能流入企业的情况,不应确认收入。

(5)相关的已发生或将发生的成本能够可靠地计量。通常情况下,销售商品相关的已发生或将发生的成本能够合理地估计,如库存商品的成本、商品运输费用等。如果库存商品是本企业生产的,其生产成本能够可靠地计量;如果是外购的,购买成本能够可靠地计量。有时，销售商品相关的已发生或将发生的成本不能够合理地估计，此时企业不应确认收入，已收到的价款应确认为负债。

2. 销售商品收入的计量

企业销售商品满足收入确认条件时，应当按照已收或应收合同或协议价款的公允价值确定销售商品收入金额。通常情况下，从购货方已收或应收的合同或协议价款即为其公允价值，应当以此确定销售商品收入的金额。

3. 销售商品收入的会计处理

(1)通常情况下销售商品收入的处理。确认销售商品收入时，企业应按已收或应收的合同或协议价款，加上应收取的增值税额，借记“银行存款”“应收账款”“应收票据”等科目，按确定的收入金额，贷记“主营业务收入”“其他业务收入”等科目，按应收取的增值税额，贷记“应交税费——应交增值税(销项税额)”科目。

如果售出商品不符合收入确认条件，则不应确认收入，已经发出的商品，应当通过“发出商品”科目进行核算。本科目核算企业商品销售不满足收入确认条件但已发出商品，对于不满足收入确认条件的发出商品，应按发出商品的实际成本(或进价)或计划成本(或售价)，借记“发出商品”科目，贷记“库存商品”科目。

(2)销售商品涉及现金折扣、商业折扣、销售折让的处理。企业销售商品有时也会遇到现金折扣、商业折扣、销售折让等问题，应当分别不同情况进行处理。

①现金折扣。现金折扣是指债权人为鼓励债务人在规定的期限内付款而向债务人提供的债务扣除。企业销售商品涉及现金折扣的，应当按照扣除现金折扣前的金额确定销售商品收入金额。现金折扣在实际发生时计入财务费用。

②商业折扣。商业折扣是指企业为促进商品销售而在商品标价上给予的价格扣除。企业销售商品涉及商业折扣的，应当按照扣除商业折扣后的金额确定销售商品收入金额。

③销售折让。销售折让是指企业因售出商品的质量不合格等原因而在售价上给予的减让。对于销售折让，企业应分别不同情况进行处理：a. 已确认收入的售出商品发生销售折让的，通常应当在发生时冲减当期销售商品收入；b. 已确认收入的销售折让属于资产负债表日后事项的，应当按照有关资产负债表日后事项的相关规定进行处理。

【例 11-4】 甲公司向乙公司销售一批商品，开出的增值税专用发票上注明的销售价款为 800 000 元，增值税额为 136 000 元。乙公司在验收过程中发现商品质量不合格，要求在价格上给予 5% 的折让。假定甲公司已确认销售收入，款项尚未收到，发生的销售折让允许扣减当期增值税额。甲公司的账务处理如下。

(Ⅰ)销售实现。

借：应收账款　　936 000
　　贷：主营业务收入　　800 000
　　　　应交税费——应交增值税(销项税额)　　136 000

(Ⅱ)发生销售折让。

借：主营业务收入　　40 000
　　应交税费——应交增值税(销项税额)　　6 800
　　贷：应收账款　　46 800

(Ⅲ)实际收到款项。

借：银行存款　　889 200

贷:应收账款　　889 200

(3)销售退回及附有销售退回条件的商品销售的处理。销售退回是指企业售出的商品由于质量、品种不符合要求等原因而发生的退货。对于销售退回,企业应分别不同情况进行会计处理。

①对于未确认收入的售出商品发生销售退回的,企业应按已计入"发出商品"科目的商品成本金额,借记"库存商品"科目,贷记"发出商品"科目。采用计划成本或售价核算的,应按计划成本或售价计入"库存商品"科目,同时计算产品成本差异或商品进销差价。

②对于已确认收入的售出商品发生退回的,企业应在发生时冲减当期销售商品收入,同时冲减当期销售商品成本。如该项销售退回已发生现金折扣的,应同时调整相关财务费用的金额;如该项销售退回允许扣减增值税额的,应同时调整"应交税费——应交增值税(销项税额)"科目的相应金额。

③已确认收入的售出商品发生的销售退回属于资产负债表日后事项的,应当按照有关资产负债表日后事项的相关规定进行会计处理,相关内容见本书下册。

【例 11-5】 甲公司在 2009 年 12 月 18 日向乙公司销售一批商品,开出的增值税专用发票上注明的销售价款为 50 000 元,增值税额为 8 500 元。该批商品成本为 26 000 元。为及早收回货款,甲公司和乙公司约定的现金折扣条件为:2/10,1/20,*n*/30。乙公司在 2009 年 12 月 27 日支付货款。2010 年 4 月 5 日,该批商品因质量问题被乙公司退回,甲公司当日支付有关款项。假定计算现金折扣时不考虑增值税,销售退回不属于资产负债表日后事项。甲公司的账务处理如下。

(Ⅰ)2009 年 12 月 18 日销售实现时,按销售总价确认收入。

借:应收账款　　58 500
　贷:主营业务收入　　50 000
　　应交税费——应交增值税(销项税额)　　8 500
借:主营业务成本　　26 000
　贷:库存商品　　26 000

(Ⅱ)2009 年 12 月 27 日收到货款时,按销售总价 50 000 元的 2% 享受现金折扣 1 000 (50 000 × 2%)元,实际收款 57 500(58 500 - 1 000)元。

借:银行存款　　57 500
　财务费用　　1 000
　贷:应收账款　　58 500

(Ⅲ)2010 年 4 月 5 日发生销售退回。

借:主营业务收入　　50 000
　应交税费——应交增值税(销项税额)　　8 500
　贷:银行存款　　57 500
　　财务费用　　1 000
借:库存商品　　26 000
　贷:主营业务成本　　26 000

附有销售退回条件的商品销售是指购买方依照有关协议有权退货的销售方式。在这种销售方式下,企业根据以往经验能够合理估计退货可能性且确认与退货相关负债的,通常应在发出商品时确认收入;企业不能合理估计退货可能性的,通常应在售出商品退货期满时确认收入。

【例11-6】 甲公司是一家健身器材销售公司。2010年1月1日,甲公司向乙公司销售5 000件健身器材,单位销售价格为500元,单位成本为400元,开出的增值税专用发票上注明的销售价款为2 500 000元,增值税额为425 000元。协议约定,乙公司应于2月1日之前支付货款,在6月30日之前有权退还健身器材。健身器材已经发出,款项尚未收到。假定甲公司根据过去的经验,估计该批健身器材退货率约为20%;健身器材发出时纳税义务已经发生;实际发生销售退回时有关的增值税额允许冲减。甲公司的账务处理如下。

(Ⅰ)1月1日发出健身器材。

借:应收账款	2 925 000	
贷:主营业务收入		2 500 000
应交税费——应交增值税(销项税额)		425 000
借:主营业务成本	2 000 000	
贷:库存商品		2 000 000

(Ⅱ)1月31日确认估计的销售退回。

借:主营业务收入	500 000	
贷:主营业务成本		400 000
其他应付款		100 000

(Ⅲ)2月1日前收到货款。

借:银行存款	2 925 000	
贷:应收账款		2 925 000

(Ⅳ)6月30日发生销售退回,实际退货量为1 000件,款项已经支付。

借:库存商品	400 000	
应交税费——应交增值税(销项税额)	85 000	
其他应付款	100 000	
贷:银行存款		585 000

如果实际退货量为800件。

借:库存商品	320 000	
应交税费——应交增值税(销项税额)	68 000	
主营业务成本	80 000	
其他应付款	100 000	
贷:银行存款		468 000
主营业务收入		100 000

如果实际退货量为1 200件。

借:库存商品	480 000	
应交税费——应交增值税(销项税额)	102 000	
主营业务收入	100 000	
其他应付款	100 000	
贷:主营业务成本		80 000
银行存款		702 000

(Ⅴ)6月30日之前如果没有发生退货。

借:主营业务成本　　400 000
　其他应付款　　100 000
　　贷:主营业务收入　　500 000

【例 11-7】 沿用例 11-6 的资料,假定甲公司无法根据过去的经验,估计该批健身器材的退货率;健身器材发出时纳税义务已经发生。甲公司的账务处理如下。

(Ⅰ)1 月 1 日发出健身器材。

借:应收账款　　425 000
　　贷:应交税费——应交增值税(销项税额)　　425 000
借:发出商品　　2 000 000
　　贷:库存商品　　2 000 000

(Ⅱ)2 月 1 日前收到货款。

借:银行存款　　2 925 000
　　贷:预收账款　　2 500 000
　　　应收账款　　425 000

(Ⅲ)6 月 30 日退货期满没有发生退货。

借:预收账款　　2 500 000
　　贷:主营业务收入　　2 500 000
借:主营业务成本　　2 000 000
　　贷:发出商品　　2 000 000

(Ⅳ)6 月 30 日退货期满,发生 2 000 件退货。

借:预收账款　　2 500 000
　应交税费——应交增值税(销项税额)　　170 000
　　贷:主营业务收入　　1 500 000
　　　银行存款　　1 170 000
借:主营业务成本　　1 200 000
　库存商品　　800 000
　　贷:发出商品　　2 000 000

(4)预收款销售商品的处理。预收款销售商品是指购买方在商品尚未收到前按合同或协议约定分期付款,销售方在收到最后一笔款项时才交货的销售方式。在这种方式下,销售方直到收到最后一笔款项才将商品交付购货方,表明商品所有权上的主要风险和报酬只有在收到最后一笔款项时才转移给购货方,企业通常应在发出商品时确认收入,在此之前预收的货款应确认为负债。

【例 11-8】 甲公司与乙公司签订协议,采用预收款方式向乙公司销售一批商品。该批商品实际成本为 700 000 元。协议约定,该批商品销售价格为 1 000 000 元,增值税额为 170 000元;乙公司应在协议签订时预付 60% 的货款(按销售价格计算),剩余货款于两个月后支付。甲公司的账务处理如下。

(Ⅰ)收到 60% 货款。

借:银行存款　　600 000
　　贷:预收账款　　600 000

(Ⅱ)收到剩余货款及增值税款并确认收入。

借:预收账款	600 000	
银行存款	570 000	
贷:主营业务收入		1 000 000
应交税费——应交增值税(销项税额)		170 000
借:主营业务成本	700 000	
贷:库存商品		700 000

(5)特殊销售商品业务的处理。企业会计实务中,可能遇到一些特殊的销售商品业务。在将销售商品收入和计量原则运用于特殊销售商品收入的会计处理时,应结合这些特殊销售商品交易的形式,并注重交易的实质。

①代销商品。代销商品分为两种情况:一是视同买断方式;二是收取手续费方式。

第一种方式:视同买断方式。视同买断方式代销商品是指委托方和受托方签订合同或协议,委托方按合同或协议收取代销的货款,实际售价由受托方自定,实际售价与合同或协议价之间的差额归受托方所有。如果委托方和受托方之间的协议明确标明,受托方在取得代销商品后,无论是否能够卖出、是否获利,均与委托方无关,那么,委托方和受托方之间的代销商品交易,与委托方直接销售商品给受托方没有实质区别,在符合销售商品收入确认条件时,委托方应确认相关销售商品收入。如果委托方和受托方之间的协议明确标明,将来受托方没有将商品售出时可以将商品退回给委托方,或受托方因代销商品出现亏损时可以要求委托方补偿,那么,委托方在交付商品时不确认收入,受托方也不作购进商品处理,受托方将商品销售后按实际售价确认销售收入,并向委托方开具代销清单,委托方收到代销清单时,再确认本企业的销售收入。

【例11-9】 甲公司委托乙公司销售商品100件,协议价为200元/件,成本为120元/件。代销协议约定,乙企业在取得代销商品后,无论是否能够卖出、是否获利,均与甲公司无关。这批商品已经发出,货款尚未收到,甲公司开出的增值税专用发票上注明的增值税额为3 400元。

根据本例的资料,甲公司采用视同买断方式委托乙公司代销商品。因此,甲公司在发出商品时的账务处理如下。

借:应收账款	23 400	
贷:主营业务收入		20 000
应交税费——应交增值税(销项税额)		3 400
借:主营业务成本	12 000	
贷:库存商品		12 000

第二种方式:收取手续费方式。在这种方式下,委托方在发出商品时通常不应确认销售商品收入,而应在收到受托方开出的代销清单时确认销售商品收入;受托方应在商品销售后,按合同或协议约定的方法计算确定的手续费确认收入。

【例11-10】 甲公司委托丙公司销售商品200件,商品已经发出,每件成本为60元。合同约定丙公司应按每件100元对外销售,甲公司按售价的10%向丙公司支付手续费。丙公司对外实际销售100件,开出的增值税专用发票上注明的销售价款为10 000元,增值税额为1 700元,款项已经收到。甲公司收到丙公司开具的代销清单时,向丙公司开具一张相同金额的增值税专用发票。假定甲公司发出商品时纳税义务尚未发生,不考虑其他因素。甲公司的账务处理如下。

(Ⅰ)发出商品。

借:委托代销商品　　12 000

　贷:库存商品　　12 000

(Ⅱ)收到代销清单。

借:应收账款　　11 700

　贷:主营业务收入　　10 000

　　应交税费——应交增值税(销项税额)　　1 700

借:主营业务成本　　6 000

　贷:委托代销商品　　6 000

借:销售费用　　1 000

　贷:应收账款　　1 000

(Ⅲ)收到丙公司支付的货款。

借:银行存款　　10 700

　贷:应收账款　　10 700

丙公司的账务处理如下。

(Ⅰ)收到商品。

借:受托代销商品(代理业务资产)　　20 000

　贷:受托代销商品款(代理业务负债)　　20 000

(Ⅱ)对外销售。

借:银行存款　　11 700

　贷:应付账款　　10 000

　　应交税费——应交增值税(销项税额)　　1 700

(Ⅲ)收到增值税专用发票。

借:应交税费——应交增值税(进项税额)　　1 700

　贷:应付账款　　1 700

借:受托代销商品款　　10 000

　贷:受托代销商品　　10 000

(Ⅳ)支付货款并计算代销手续费。

借:应付账款　　11 700

　贷:银行存款　　10 700

　　主营业务收入　　1 000

②具有融资性质的分期收款销售商品。企业销售商品,有时会采取分期收款的方式,如分期收款发出商品,即商品已经交付,货款分期收回(通常为超过3年)。如果延期收取的货款具有融资性质,其实质是企业向购货方提供免息的信贷时,企业应当按照应收的合同或协议价款的公允价值确定收入金额。应收的合同或协议价款的公允价值,通常应当按照其未来现金流量的现值或商品现销价格计算确定。

应收的合同或协议价款与其公允价值之间的差额,应当在合同回收期间内,按照应收款项的摊余成本和实际利率计算确定的金额进行摊销,冲减财务费用。其中,实际利率是指具有类似信用等级的企业发行类似工具的现实利率,或者将应收的合同或协议及款折现为商品现销价格时的折现率等。

应收的合同或协议价款与其公允价值之间的差额，按照实际利率法摊销与直线法摊销结果相差不大的，也可以采用直线法进行摊销。

企业应通过“长期应收款”科目核算，核算企业融资租赁产生的应收款项和采用递延方式分期收款、实质上具有融资性质的销售商品和提供劳务等经营活动产生的应收款项。本科目应当按照承租人或购货单位（接受劳务单位）等进行明细核算。期末借方余额反映企业尚未收回的长期应收款。

企业采用递延方式分期收款、实质上具有融资性质的销售商品或提供劳务等经营活动产生的长期应收款，满足收入确认条件的，按应收合同或协议价款，借记本科目，按应收合同或协议价款的公允价值，贷记“主营业务收入”等科目，按专用发票上注明的增值税额，贷记“应交税费——应交增值税（销项税额）”科目，按其差额，贷记“未实现融资收益”科目。

“未实现融资收益”科目属于资产类科目，本科目核算企业应当分期计入租赁收入或利息收入的未实现融资收益，按照未实现融资收益项目进行明细核算。本科目期末贷方余额反映企业未实现融资收益的余额。

企业按期采用实际利率法或直线法计算具有融资性质分期收款销售商品的利息收入，借记本科目，贷记“租赁收入”“财务费用”等科目。

【例 11-11】 2005 年 1 月 1 日，甲公司采用分期收款方式向乙公司销售一套大型设备，合同约定的销售价格为 2 000 万元，分 5 次于每年 12 月 31 日等额收取。该大型设备成本为1 560万元。在现销方式下，该大型设备的销售价格为 1 600 万元。假定甲公司发出商品时开出增值税专用发票，注明的增值税额为 340 万元，并于当天收到增值税额 340 万元。

根据本例的资料，甲公司应当确认的销售商品收入金额为 1 600 万元。

根据下列公式：

未来五年收款额的现值 = 现销方式下应收款项金额

可以得出：

$400 \times (P/A, r, 5) + 340 = 1\,600 + 340 = 1\,940$ 万元

可在多次测试的基础上，用插值法计算折现率。

当 $r = 7\%$ 时，$400 \times 4.100\,2 + 340 = 1\,980.08 > 1\,940$ 万元

当 $r = 8\%$ 时，$400 \times 3.992\,7 + 340 = 1\,937.08 < 1\,940$ 万元

因此，$7\% < r < 8\%$。用插值法计算如下：

现值	利率
1 980.08	7%
1 940	r
1 937.08	8%

$$\frac{1\,980.08 - 1\,940}{1\,980.08 - 1\,937.08} = \frac{7\% - r}{7\% - 8\%}$$

$r = 7.93\%$

每期计入财务费用的金额见表 11-1。

表 11-1　财务费用和已收本金计算表　　单位:万元

日　期	收现总额 (1)	财务费用 (2) = 期初(4) ×7.93%	已收本金 (3)	未收本金 (4) = 期初(4) - (3)
2005.01.01				1 600
2005.12.31	400	126.88	273.12	1 600
2006.12.31	400	105.22	294.78	1 326.88
2007.12.31	400	81.85	318.15	1 032.10
2008.12.31	400	56.62	343.38	713.95
2009.12.31	400	29.43 *	370.57	370.57
合　计	2 000	400	1 600	

* 尾数调整。

根据表 11-1 的计算结果,甲公司各期的会计分录如下。

(Ⅰ)2005 年 1 月 1 日销售实现。

借:长期应收款　20 000 000
　银行存款　3 400 000
　贷:主营业务收入　16 000 000
　　应交税费——应交增值税(销项税额)　3 400 000
　　未实现融资收益　4 000 000
借:主营业务成本　15 600 000
　贷:库存商品　15 600 000

(Ⅱ)2005 年 12 月 31 日收取货款。

借:银行存款　4 000 000
　贷:长期应收款　4 000 000
借:未实现融资收益　1 268 800
　贷:财务费用　1 268 800

(Ⅲ)2006 年 12 月 31 日收取货款。

借:银行存款　4 000 000
　贷:长期应收款　4 000 000
借:未实现融资收益　1 052 200
　贷:财务费用　1 052 200

(Ⅳ)2007 年 12 月 31 日收取货款。

借:银行存款　4 000 000
　贷:长期应收款　4 000 000
借:未实现融资收益　818 500
　贷:财务费用　818 500

(Ⅴ)2008 年 12 月 31 日收取货款。

借:银行存款　4 000 000
　贷:长期应收款　4 000 000

借:未实现融资收益 566 200
　贷:财务费用 566 200

(Ⅵ)2009 年 12 月 31 日收取货款和增值税额。

借:银行存款 4 000 000
　贷:长期应收款 4 000 000
借:未实现融资收益 294 300
　贷:财务费用 294 300

③售后回购。售后回购是指销售商品的同时,销售方同意日后再将同样或类似的商品购回的销售方式。在这种方式下,销售方应根据合同或协议条款判断销售商品是否满足收入确认条件。通常情况下,售后回购交易属于融资交易,商品所有权上的主要风险和报酬没有转移,收到的款项应确认为负债;回购价格大于原售价的差额,企业应在回购期间按期计提利息,计入财务费用。有确凿证据表明售后回购交易满足销售商品收入确认条件的,销售的商品按售价确认收入,回购的商品作为购买商品处理。

【例 11-12】 2009 年 5 月 1 日,甲公司向乙公司销售一批商品,开出的增值税专用发票上注明的销售价款为 100 万元,增值税额为 17 万元。该批商品成本为 80 万元;商品已经发出,款项已经收到。协议约定,甲公司应于 9 月 30 日将所售商品购回,回购价为 110 万元(不含增值税额)。甲公司的账务处理如下。

(Ⅰ)5 月 1 日发出商品。

借:银行存款 1 170 000
　贷:其他应付款 1 000 000
　　应交税费——应交增值税(销项税额) 170 000
借:发出商品 800 000
　贷:库存商品 800 000

(Ⅱ)回购价大于原售价的差额,应在回购期间按期计提利息费用,计入当期财务费用。由于回购期间为 5 个月,货币时间价值影响不大,采用直线法计提利息费用,每月计提利息费用为 2[(110-100)÷5]万元。

借:财务费用 20 000
　贷:其他应付款 20 000

(Ⅲ)9 月 30 日回购商品时,收到的增值税专用发票上注明的商品价格为 110 万元,增值税额为 18.7 万元。假定商品已验收入库,款项已经支付。

借:财务费用 20 000
　贷:其他应付款 20 000
借:库存商品 800 000
　贷:发出商品 800 000
借:其他应付款 1 100 000
　应交税费——应交增值税(进项税额) 187 000
　贷:银行存款 1 287 000

④售后租回。售后租回是指销售商品的同时,销售方同意在日后再将同样的商品租回的销售方式。在这种方式下,销售方应根据合同或协议条款判断销售商品是否满足收入确认条件。通常情况下,售后租回属于融资交易,企业保留了与所有权相联系的继续管理权,

或能够对其实施有效控制,企业不应确认收入,收到的款项应确认为负债;售价与资产账面价值之间的差额应当分别融资租赁或经营租赁处理。

如果售后租回认定为融资租赁,售价与资产账面价值之间的差额采用合理的方法进行分摊,作为折旧费用的调整。

如果售后租回认定为经营租赁,第一种情况是有确凿证据表明,交易是按照公允价值达成的,销售的商品按照售价确认收入,并按照面价值结转成本。第二种情况是交易不是按照公允价值达成的,其售价低于公允价值的差额应计入当期损益,但若该损失将由低于实价的未来租赁付款额补偿时,有关损失应予以递延(递延收益),并按与确认租金费用相一致的方法在租赁期内进行分摊;售价高于公允价值的差额应计入递延收益,在租赁期内分摊。

⑤以旧换新销售。以旧换新销售是指销售方在销售商品的同时回收与所售商品相同的旧商品。在这种情况下,销售的商品应当按照销售商品收入确认条件确认收入,回收的商品作为购进商品处理。

【例 11-13】 某自行车生产企业对某品牌自行车采取以旧换新的方式销售,旧货折价每辆 100 元,新商品每辆售价 351 元(含税),当月采用此方法销售自行车 20 辆。该企业的会计处理如下。

借:库存现金	5 020	
库存商品	2 000	
贷:主营业务收入		6 000
应交税费——增值税(销项税额)		1 020

11.1.3 提供劳务收入

企业提供劳务收入的确认因劳务完成时间的不同而不同。如果劳务的开始和完成同属于一个会计期间,应当在劳务完成时确认收入,确认的金额为接受劳务时双方协议或合同约定的价款;如果劳务的开始和完成不属于一个会计期间,企业要合理估计交易的结果,分别不同情况处理。

1. 提供劳务的交易结果能够可靠估计

企业在资产负债日提供劳务交易的结果能够可靠估计的,应当采用完工百分比法确认提供劳务收入。

(1)提供劳务的交易结果能够可靠估计的条件。提供劳务的交易结果能否可靠估计,是指同时满足下列条件:

①收入的金额能够可靠地计量,是指提供劳务收入的总额能够合理地估计。通常情况下,企业应当按照从接受劳务方已收或应收的合同或协议价款确定提供劳务收入总额。随着劳务的不断提供,可能会根据实际情况增加或减少已收或应收的合同或协议价款,此时,企业应及时调整提供劳务收入总额。

②相关的经济利益很可能流入企业,是指提供劳务收入总额收回的可能性大于不能收回的可能性。企业在确定提供劳务收入总额能否收回时,应当结合接受劳务方的信誉、以前的经验以及双方就结算方式和期限达成的合同或协议条款等因素,综合进行判断。

企业在确定提供劳务收入总额收回的可能性时,应当进行定性分析。如果确定提供劳务收入总额收回的可能性大于不能收回的可能性,即可认为提供劳务收入总额很可能流入企业。通常情况下，企业提供的劳务符合合同或协议要求，接受劳务方承诺付款，就表明提供劳务收入总额收回的可能性大于不能收回的可能性。如果企业判断提供劳务收入总额不是很可能流入企业，应当提供确凿证据。

③交易的完工进度能够可靠地确定，是指交易的完工进度能够合理地估计。企业确定提供劳务交易的完工进度，可以选用下列方法：

a. 已完工作的测量，这是一种比较专业的测量方法，由专业测量师对已经提供的劳务进行测量，并按一定方法计算确定提供劳务交易的完工程度。

b. 已经提供的劳务占应提供劳务总量的比例，这种方法主要以劳务量为标准确定提供劳务交易的完工程度。

c. 已经发生的成本占估计总成本的比例，这种方法主要以成本为标准确定提供劳务交易的完工程度。只有反映已提供劳务的成本才能包括在已经发生的成本中，只有反映已提供或将提供劳务的成本才能包括在估计总成本中。

④交易中已发生和将发生的成本能够可靠地计量，是指交易中已经发生和将要发生的成本能够合理地估计。企业应当建立完善的内部成本核算制度和有效的内部财务预算及报告制度，准确地提供每期发生的成本，并对完成剩余劳务将要发生的成本作出科学、合理的估计；同时应随着劳务的不断提供或外部情况的不断变化，随时对将要发生的成本进行修订。

（2）完工百分比法的具体应用。完工百分比法是指按照提供劳务交易的完工进度确认收入和费用的方法。在这种方法下，确认的提供劳务收入金额能够提供各个会计期间关于提供劳务交易及其业绩的有用信息。

企业应当在资产负债表日按照提供劳务收入总额乘以完工进度扣除以前会计期间累计已确认提供劳务收入后的金额，确认当期提供劳务收入；同时，按照提供劳务估计总成本乘以完工进度扣除以前会计期间累计已确认劳务成本后的金额，结转当期劳务成本。用公式表示如下：

本期确认的收入 = 劳务总收入 × 本期末止劳务的完工进度 − 以前期间已确认的收入

本期确认的费用 = 劳务总成本 × 本期末止劳务的完工进度 − 以前期间已确认的费用

在采用完工百分比法确认提供劳务收入的情况下，企业应按计算确定的提供劳务收入金额，借记“应收账款”“银行存款”等科目，贷记“主营业务收入”科目。结转提供劳务成本时，借记“主营业务成本”科目，贷记“劳务成本”科目。

【例 11－14】 甲公司于 2009 年 12 月 1 日接受一项设备安装任务，安装期为 3 个月，合同总收入 600 000 元，至年底已预收安装费 440 000 元，实际发生安装费用 280 000 元（假定均为安装人员薪酬），估计还会发生 120 000 元。假定甲公司按实际发生的成本占估计总成本的比例确定劳务的完工进度。

（Ⅰ）计算。

实际发生的成本占估计总成本的比例 = 280 000 ÷（280 000 + 120 000）= 70%

2009 年 12 月 31 日确认的提供劳务收入 = 600 000 × 70% − 0 = 420 000 元

2009 年 12 月 31 日结转的提供劳务成本 =（280 000 + 120 000）× 70% − 0 = 280 000 元

（Ⅱ）账务处理。

a. 实际发生劳务成本。

借：劳务成本　　　　280 000

贷:应付职工薪酬　　280 000

b. 预收劳务款。

借:银行存款　　440 000

贷:预收账款　　440 000

c. 2009 年 12 月 31 日确认提供劳务收入并结转劳务成本。

借:预收账款　　420 000

贷:主营业务收入　　420 000

借:主营业务成本　　280 000

贷:劳务成本　　280 000

2. 提供劳务交易结果不能可靠估计

企业在资产负债表日提供劳务交易结果不能够可靠估计的,即不能满足上述三个条件中的任何一条时,企业不能采用完工百分比法确认提供劳务收入。此时,企业应正确预计已经发生的劳务成本能够得到补偿和不能得到补偿,分别进行会计处理。

(1)已经发生的劳务成本预计全部能够得到补偿。已经发生的劳务成本预计全部能够得到补偿的,应按已收或预计能够收回的金额确认提供劳务收入,并结转已经发生的劳务成本。

(2)已经发生的劳务成本预计部分能够得到补偿。已经发生的劳务成本预计部分能够得到补偿的,应按能够得到补偿的劳务成本金额确认提供劳务收入,并结转已经发生的劳务成本。

【例 11 - 15】 甲公司于 2009 年 12 月 5 日接受乙公司委托,为其培训一批学员,培训期为 6 个月,2010 年 1 月 1 日开学。协议约定,乙公司应向甲公司支付的培训费总额为 60 000 元,分三次等额支付,第一次在开学时预付,第二次在 2010 年 3 月 1 日支付,第三次在培训结束时支付。

2010 年 1 月 1 日,乙公司预付第一次培训费。至 2010 年 2 月 28 日,甲公司发生培训成本 30 000 元(假定均为培训人员薪酬)。2010 年 2 月 28 日,甲公司得知乙公司经营发生困难,后两次培训费能否收回难以确定。甲公司的账务处理如下。

(Ⅰ)2010 年 1 月 1 日收到乙公司预付的培训费。

借:银行存款　　20 000

贷:预收账款　　20 000

(Ⅱ)实际发生培训支出 30 000 元。

借:劳务成本　　30 000

贷:应付职工薪酬　　30 000

(Ⅲ)2010 年 2 月 28 日确认提供劳务收入并结转劳务成本。

借:预收账款　　20 000

贷:主营业务收入　　20 000

借:主营业务成本　　30 000

贷:劳务成本　　30 000

(3)已经发生的劳务成本预计全部不能得到补偿。已经发生的劳务成本预计全部不能得到补偿的,应将已经发生的劳务成本计入当期损益(主营业务成本),不确认提供劳务收入。

3. 同时销售商品和提供劳务交易的处理

企业与其他企业签订的合同或协议,有时既包括销售商品又包括提供劳务,如销售电梯的同时负责安装工作、销售软件后继续提供技术支持、设计产品同时负责生产等。此时,如果销售商品部分和提供劳务部分能够区分且能够单独计量的,企业应当分别核算销售商品部分和提供劳务部分,将销售商品的部分作为销售商品处理,将提供劳务的部分作为提供劳务处理;如果销售商品部分和提供劳务部分不能够区分,或虽能区分但不能够单独计量的,企业应当将销售商品部分和提供劳务部分全部作为销售商品部分进行会计处理。

【例 11－16】 甲公司与乙公司签订合同,向乙公司销售一部电梯并负责安装。甲公司开出的增值税专用发票上注明的价款合计为 1 000 000 元,其中电梯销售价格为 980 000 元,安装费为 20 000 元,增值税额为 170 000 元。电梯的成本为 560 000 元;电梯安装过程中发生安装费 12 000 元,均为安装人员薪酬。假定电梯已经安装完成并经验收合格,款项尚未收到;安装工作是销售合同的重要组成部分。甲公司的账务处理如下。

(Ⅰ)电梯发出结转成本 560 000 元。

借:发出商品　　560 000
　　贷:库存商品　　560 000

(Ⅱ)实际发生安装费用 12 000 元。

借:劳务成本　　12 000
　　贷:应付职工薪酬　　12 000

(Ⅲ)电梯销售实现确认收入 980 000 元。

借:应收账款　　1 150 000
　　贷:主营业务收入　　980 000
　　　　应交税费——应交增值税(销项税额)　　170 000
借:主营业务成本　　560 000
　　贷:发出商品　　560 000

(Ⅳ)确认安装费收入 20 000 元并结转安装成本 12 000 元。

借:应收账款　　20 000
　　贷:主营业务收入　　20 000
借:主营业务成本　　12 000
　　贷:劳务成本　　12 000

【例 11－17】 沿用例 11－16 的资料,同时假定电梯销售价格和安装费用无法区分。甲公司的账务处理如下。

(Ⅰ)电梯发出结转成本 560 000 元。

借:发出商品　　560 000
　　贷:库存商品　　560 000

(Ⅱ)发生安装费用 12 000 元。

借:劳务成本　　12 000
　　贷:应付职工薪酬　　12 000

(Ⅲ)销售实现确认收入 1 000 000 元并结转成本 572 000 元。

借:应收账款　　1 170 000
　　贷:主营业务收入　　1 000 000

应交税费——应交增值税(销项税额)　　170 000

借:主营业务成本　　572 000

　贷:库存商品　　560 000

　　劳务成本　　12 000

4. 特殊劳务收入

下列提供劳务满足收入确认条件的,应按规定确认收入:

(1)安装费,在资产负债表日根据安装的完工进度确认为收入。安装工作是商品销售附带条件的,安装费通常应在确认商品销售实现时确认为收入。

(2)宣传媒介的收费,在相关的广告或商业行为开始出现于公众面前时确认为收入。广告的制作费,通常应在资产负债表日根据广告的完工进度确认为收入。

(3)为特定客户开发软件的收费,在资产负债表日根据开发的完工进度确认为收入。

(4)包括在商品售价内可区分的服务费,在提供服务的期间内分期确认为收入。

(5)艺术表演、招待宴会和其他特殊活动的收费,在相关活动发生时确认为收入。收费涉及几项活动的,预收的款项应合理分配给每项活动,分别确认为收入。

(6)申请入会费和会员费只允许取得会籍,所有其他服务或商品都要另行收费的,通常应在款项收回不存在重大不确定性时确认为收入。申请入会费和会员费能使会员在会员期内得到各种服务或出版物,或者以低于非会员的价格销售商品或提供服务的,通常应在整个受益期内分期确认为收入。

(7)属于提供设备和其他有形资产的特许权费,通常应在交付资产或转移资产所有权时确认为收入;属于提供初始及后续服务的特许权费,通常应在提供服务时确认为收入。

【例 11-18】 甲公司与乙公司签订协议,甲公司允许乙公司经营其连锁店。协议约定,甲公司共向乙公司收取特许权费 600 000 元,其中提供家具、柜台等收费 200 000 元,这些家具、柜台成本为 180 000 元;提供初始服务,如帮助选址、培训人员、融资、广告等收费 300 000 元,共发生成本 200 000 元(其中,140 000 元为人员薪酬,60 000 元为支付的广告费用);提供后续服务收费 100 000 元,发生成本 50 000 元(均为人员薪酬)。协议签订当日,乙公司一次性付清所有款项。假定不考虑其他因素,甲公司的账务处理如下。

(Ⅰ)收到款项。

借:银行存款　　600 000

　贷:预收账款　　600 000

(Ⅱ)确认家具、柜台的特许权费收入并结转成本。

借:预收账款　　200 000

　贷:主营业务收入　　200 000

借:主营业务成本　　180 000

　贷:库存商品　　180 000

(Ⅲ)提供初始服务。

借:劳务成本　　200 000

　贷:应付职工薪酬　　140 000

　　银行存款　　60 000

借:预收账款　　300 000

　贷:主营业务收入　　300 000

借:主营业务成本　　200 000
　　贷:劳务成本　　200 000

(Ⅳ)提供后续服务。

借:劳务成本　　50 000
　　贷:应付职工薪酬　　50 000
借:预收账款　　100 000
　　贷:主营业务收入　　100 000
借:主营业务成本　　50 000
　　贷:劳务成本　　50 000

(8)长期为客户提供重复劳务收取的劳务费,通常应在相关劳务活动发生时确认为收入。

【例11－19】 甲公司与某住宅小区物业产权人签订合同,为该住宅小区所有住户提供维修、清洁、绿化、保安及代收水电费等劳务,每月来收取劳务费50 000元。假定月末款项均已收到,不考虑其他因素。甲公司的账务处理如下。

借:银行存款　　50 000
　　贷:主营业务收入　　50 000

11.1.4 让渡资产使用权收入

1.让渡资产使用权收入的确认

让渡资产使用权收入主要包括:①利息收入,主要是指金融企业对外贷款形成的利息收入,以及同业之间发生往来形成的利息收入等;②使用费收入,主要是指企业转让无形资产(如商标权、专利权、专营权、软件、版权)等资产的使用权形成的使用费收入。

企业对外出租资产收取的租金、进行债权投资收取的利息、进行股权投资取得的现金股利,也构成让渡资产使用权收入,有关的会计处理请参照有关租赁、金融工具确认和计量、长期股权投资等内容。

让渡资产使用权收入同时满足下列条件的,才能予以确认。

(1)相关的经济利益很可能流入企业,是指让渡资产使用权收入金额收回的可能性大于不能收回的可能性。企业在确定让渡资产使用权收入金额能否收回时,应当根据对方企业的信誉和生产经营情况、双方就结算方式和期限等达成的合同或协议条款等因素,综合进行判断。如果企业估计让渡资产使用权收入金额收回的可能性不大,就不应确认收入。

(2)收入的金额能够可靠地计量,是指让渡资产使用权收入的金额能够合理地估计。如果让渡资产使用权收入的金额不能够合理地估计,则不应确认收入。

2.让渡资产使用权收入的计量

(1)利息收入。企业应在资产负债表日,按照他人使用本企业货币资金的时间和实际利率计算确定利息收入金额。按计算确定的利息收入金额,借记“应收利息”“银行存款”等科目,贷记“利息收入”“其他业务收入”等科目。

【例11－20】 甲商业银行于2010年10月1日向乙公司发放一笔贷款200万元,期限为1年,年利率为5%,甲银行发放贷款时没有发生交易费用,该贷款合同利率与其实际利率相同。假定甲商业银行按季度编制财务报表,不考虑其他因素。甲商业银行的账务处理如下。

(Ⅰ)2010 年 10 月 1 日对外贷款。

借:贷款　　2 000 000

　贷:吸收存款　　2 000 000

(Ⅱ)2010 年 12 月 31 日确认利息收入。

借:应收利息　　(2 000 000 ×5% ÷4)25 000

　贷:利息收入　　25 000

(2)使用费收入。使用费收入应当按照有关合同或协议约定的收费时间和方法计算确定。不同的使用费收入,收费时间和方法各不相同。有一次性收取一笔固定金额的,如一次收取 10 年的场地使用费;有在合同或协议规定的有效期内分期等额收取的,如合同或协议规定在使用期内每期收取一笔固定的金额;也有分期不等额收取的,如合同或协议规定按资产使用方每期销售额的百分比收取使用费等。

如果合同或协议规定一次性收取使用费,且不提供后续服务的,应当视同销售该项资产一次性确认收入;提供后续服务的,应在合同或协议规定的有效期内分期确认收入。如果合同或协议规定分期收取使用费的,应按合同或协议规定的收款时间和金额或规定的收费方法计算确定的金额分期确认收入。

【例 11－21】 甲软件公司向乙公司转让某软件的使用权,一次性收费 40 000 元,不提供后续服务,款项已经收回。假定不考虑其他因素,甲公司的账务处理如下。

借:银行存款　　40 000

　贷:主营业务收入　　40 000

【例 11－22】 丙公司向丁公司转让其商品的商标使用权,约定丁公司每年年末按年销售收入的 10% 支付使用费,使用期 10 年。第一年,丁公司实现销售收入 1 000 000 元;第二年,丁公司实现销售收入 1 500 000 元。假定丙公司均于每年年末收到使用费,不考虑其他因素。丙公司的账务处理如下。

(Ⅰ)第一年年末确认使用费收入。

借:银行存款　　(1 000 000 ×10%)100 000

　贷:其他业务收入　　100 000

(Ⅱ)第二年年末确认使用费收入。

借:银行存款　　(1 500 000 ×10%)150 000

　贷:其他业务收入　　150 000

11.1.5　建造合同收入的确认与计量

1.建造合同概述

建筑安装企业和生产飞机、船舶、大型机械设备等产品的工业制造企业,其生产活动、经营方式不同于一般工商企业,有其特殊性:①这类企业所建造或生产的产品通常体积巨大,如建造的房屋、道路、桥梁、水坝等,或生产的飞机、船舶、大型机械设备等;②建造或生产产品的周期比较长,往往跨越一个或几个会计期间;③所建造或生产的产品的价值比较大。因此,在现实经济生活中,这类企业在开始建造或生产产品之前,通常要与产品的需求方(即客户)签订建造合同。建造合同是指为建造一项或数项在设计、技术、功能、最终用途等方面密切相关的资产而订立的合同。合同的甲方称为客户,乙方称为建造承包商。

建造合同分为固定造价合同和成本加成合同。

固定造价合同是指按照固定的合同价或固定单价确定工程价款的建造合同。例如，建造一座办公楼，合同规定总造价为3 000万元；建造一条公路，合同规定每千米单价为400万元。

成本加成合同是指以合同约定或其他方式议定的成本为基础，加上该成本的一定比例或定额费用确定工程价款的建造合同。例如，建造一艘船舶，合同总价款以建造该船舶的实际成本为基础，加收3%计取；建造一段地铁，合同总价款以建造该段地铁的实际成本为基础，加1 000万元计取。

2. 合同的分立与合并

企业通常应当按照单项建造合同进行会计处理。但是，在某些情况下为了反映一项或一组合同的实质，需要将单项合同进行分立或将数项合同进行合并。

(1)合同分立。有的资产建造虽然形式上只签订了一项合同，但各项资产在商务谈判、设计施工、价款结算等方面都是可以相互分离的，实质上是多项合同，在会计上应当作为不同的核算对象。

一项包括建造数项资产的建造合同，同时满足下列三项条件的，每项资产应当分立为单项合同：①每项资产均有独立的建造计划；②与客户就每项资产单独进行谈判，双方能够接受或拒绝与每项资产有关的合同条款；③每项资产的收入和成本可以单独辨认。

例如，某建筑公司与客户签订一项合同，为客户建造一栋宿舍楼和一座食堂。在签订合同时，建筑公司与客户分别就所建宿舍楼和食堂进行谈判，并达成一致意见：宿舍楼的工程造价为500万元，食堂的工程造价为200万元，宿舍楼和食堂均有独立的施工图预算，宿舍楼的预计总成本为450万元，食堂的预计总成本为170万元。根据上述资料分析：由于宿舍楼和食堂均有独立的施工图预算，因此符合条件①；由于在签订合同时，建筑公司与客户分别就所建宿舍楼和食堂进行谈判，并达成一致意见，因此符合条件②；由于宿舍楼和食堂均有单独的造价和预算成本，因此符合条件③。建筑公司应将建造宿舍楼和食堂分立为两个单项合同进行会计处理。

(2)合同合并。有的资产建造虽然形式上签订了多项合同，但各项资产在设计、技术、功能、最终用途上是密不可分的，实质上是一项合同，在会计上应当作为一个核算对象。

一组合同无论对应单个客户还是多个客户，同时满足下列三项条件的，应当合并为单项合同：①该组合同按一揽子交易签订；②该组合同密切相关，每项合同实际上已构成一项综合利润率工程的组成部分；③该组合同同时或依次履行。

例如，为建造一个冶炼厂，某建造承包商与客户一揽子签订了三项合同，分别建造一个选矿车间、一个冶炼车间和一个工业污水处理系统。根据合同规定这三个工程将由该建造承包商同时施工，并根据整个项目的施工进度办理价款结算。根据上述资料分析：由于这三项合同是一揽子签订的，表明符合条件①。对客户而言，只有这三项合同全部完工交付使用时，该冶炼厂才能投料生产、发挥效益；对建造承包商而言，这三项合同的各自完工进度直接关系到整个建设项目的完工进度和价款结算，并且建造承包商对工程施工人员和工程用料实行统一管理。因此，该组合同密切相关，已构成一项综合利润率工程项目，表明符合条件②。该组合同同时履行，表明符合条件③。因此，该建造承包商应将该组合同合并为一个合同进行会计处理。

(3)追加资产的建造。有时，建造合同在执行中，客户可能会提出追加建造资产的要求，从而与建造承包商协商变更原合同内容或者另行签订建造追加资产的合同。根据不同情况,建造追加资产的合同可能与原合同合并为一项合同进行会计核算,也可能作为单项合同单独核算。

追加资产的建造,满足下列条件之一的,应当作为单项合同:①该追加资产在设计、技术或功能上与原合同包括的一项或数项资产存在重大差异;②议定该追加资产的造价时,不需要考虑原合同价款。

例如,某建筑商与客户签订了一项建造合同。合同规定,建筑商为客户设计并建造一栋教学楼,教学楼的工程造价(含设计费用)为600万元,预计总成本为550万元。合同履行一段时间后,客户决定追加建造一座地上车库,并与该建筑商协商一致,变更了原合同内容。根据上述资料分析:由于该地上车库在设计、技术和功能上与原合同包括的教学楼存在重大差异,表明符合条件①,因此该追加资产的建造应当作为单项合同。

3. 合同收入与合同成本

(1)合同收入的组成。合同收入包括两部分内容:①合同规定的初始收入,即建造承包商与客户签订的合同中最初商定的合同总金额,它构成了合同收入的基本内容;②因合同变更、索赔、奖励等形成的收入。

合同变更是指客户为改变合同规定的作业内容而提出的调整。合同变更款同时满足下列条件的,才能构成合同收入:①客户能够认可因变更而增加的收入;②该收入能够可靠地计量。例如,某建造承包商与客户签订了一项建造图书馆的合同,建设期3年。第二年,客户要求将原设计中采用的铝合金门窗改为采用塑钢门窗,并同意增加合同造价50万元。本例中,建造承包商可在第二年将因合同变更而增加的收入50万元认定为合同收入的组成部分;假如建造承包商认为此项变更应增加造价50万元,但双方最终只达成增加造价40万元的协议,则只能将40万元认定为合同收入的组成部分。

索赔款是指因客户或第三方的原因造成的、向客户或第三方收取的、用以补偿不包括在合同造价中成本的款项。索赔款同时满足下列条件的,才能构成合同收入:①根据谈判情况,预计对方能够同意该项索赔;②对方同意接受的金额能够可靠地计量。例如,某建造承包商与客户签订了一项建造水电站的合同。合同规定的建设期是20×1年1月至20×4年12月;同时规定,发电机由客户采购,于20×3年10月交付建造承包商进行安装。该项合同在执行过程中,客户于20×4年1月才将发电机交付建造承包商。建造承包商因客户交货延期,要求客户支付延误工期款150万元。本例中,假如客户不同意支付延误工期款,则不能将150万元计入合同总收入;假如客户只同意支付延误工期款100万元,则只能将100万元认定为合同收入的组成部分。

奖励款是指工程达到或超过规定的标准,客户同意支付的额外款项。奖励款同时满足下列条件的,才能构成合同收入:①根据合同目前完成情况,足以判断工程进度和工程质量能够达到或超过规定的标准;②奖励金额能够可靠地计量。例如,某建造承包商与客户签订一项建造大桥的合同,合同规定的建设期为20×1年10月25日至20×3年10月25日。20×3年7月,主体工程已基本完工,工程质量符合设计要求,有望提前3个月竣工,客户同意向建造承包商支付提前竣工奖100万元。本例中,假如该项合同的主体工程虽于20×3年7月基本完工,但是经工程监理人员认定,工程质量未达到设计要求,还需进一步施工,则不能认定奖励款构成合同收入。

(2)合同成本的组成。合同成本是指为建造某项合同而发生的相关费用,合同成本包括从合同签订开始至合同完成止所发生的、与执行合同有关的直接费用和间接费用。这里所说的“直接费用”是指为完成合同所发生的、可以直接计入合同成本核算对象的各项费用支出；“间接费用”是指为完成合同所发生的、不宜直接归属于合同成本核算对象而应分配计入有关合同成本核算对象的各项费用支出。实务中，间接费用的分配方法主要有人工费用比例法、直接费用比例法等。与合同有关的零星收益，即在合同执行过程中取得的，非经常性的零星收益，如完成合同后处置残余物资取得的收益，不应计入合同收入而应冲减合同成本。

①直接费用的组成。合同的直接费用包括四项内容，即耗用的材料费用、耗用的人工费用、耗用的机械使用费和其他直接费用。

耗用的材料费用主要包括施工生产过程中耗用的构成工程实体或有助于形成工程实体的原材料、辅助材料、构配件、零件、半成品的成本和周转材料的摊销及租赁费用。周转材料是指企业在施工过程中能多次使用并可基本保持原来的实物形态而逐渐转移其价值的材料，如施工中使用的模版、挡板和脚手架等。

耗用的人工费用主要包括从事工程建造的人员的工资、奖金、福利费、工资性质的津贴等支出。

耗用的机械使用费主要包括施工生产过程中使用自有施工机械所发生的机械使用费、租用外单位施工机械支付的租赁费和施工机械的安装、拆卸和进出场费。

其他直接费用是指在施工过程中发生的除上述三项直接费用以外的其他可以直接计入合同成本核算对象的费用，主要包括有关的设计和技术援助费用、施工现场材料的二次搬运费、生产工具和用具使用费、检验试验费、工程定位复测费、工程点交费用、场地清理费用等。

②间接费用的组成。间接费用主要包括临时设施摊销费用和企业下属的施工、生产单位组织和管理施工生产活动所发生的费用，如管理人员薪酬、劳动保护费、固定资产折旧费及修理费、物料消耗、取暖费、水电费、办公费、差旅费、财产保险费、工程保修费、排污费等。这里所说的“施工单位”是指建筑安装企业的施工队、项目经理部等；“生产单位”是指船舶、飞机、大型机械设备等制造企业的生产车间。这些单位可能同时组织实施几项合同，其发生的费用应由这几项合同的成本共同负担。

③不计入合同成本的各项费用。下列各项费用属于期间费用，应在发生时计入当期损益，不计入建造合同成本。

a. 企业行政管理部门为组织和管理生产经营活动所发生的管理费用。这里所述的“企业行政管理部门”包括建筑安装公司的总公司、船舶、飞机、大型机械设备制造企业等企业总部。

b. 船舶等制造企业的销售费用。

c. 企业为建造合同借入款项所发生的、不符合借款费用准则规定的资本化条件的借款费用。例如，企业在建造合同完成后发生的利息净支出、汇兑净损失、金融机构手续费以及筹资发生的其他财务费用。

d. 因订立合同而发生的有关费用。如企业为订立合同而发生的差旅费、投标费等。

4. 合同收入与合同费用的确认

合同收入与合同费用确认的基本原则是：①如果建造合同的结果能够可靠估计，企业应根据完工百分比法在资产负债表日确认合同收入和合同费用。②如果建造合同的结果不能够可靠估计，应分两种情况进行处理：合同成本能够收回的，合同收入根据能够收回的实际合同成本金额予以确认,合同成本在其发生的当期确认为合同费用;合同成本不可能收回的,应在发生时立即确认为合同费用,不确认合同收入。

合同预计总成本超过合同总收入的,应当将预计损失确认为当期费用。

(1)结果能够可靠估计的建造合同。建造合同的结果能够可靠估计的,企业应根据完工百分比法在资产负债表日确认合同收入和合同费用。完工百分比法是根据合同完工进度确认合同收入和费用的方法,运用这种方法确认合同收入和费用,能为报表使用者提供有关合同进度及本期业绩的有用信息,体现了权责发生制的要求。

①建造合同的结果能够可靠估计的认定标准。固定造价合同的结果能够可靠估计的认定标准为:a. 合同总收入能够可靠地计量;b. 与合同相关的经济利益很可能流入企业;c. 实际发生的合同成本能够清楚地区分和可靠地计量;d. 合同完工进度和为完成合同尚需发生的成本能够可靠地确定。

成本加成合同的结果能够可靠估计的认定标准为:a. 与合同相关的经济利益很可能流入企业;b. 实际发生的合同成本能够清楚地区分和可靠地计量。

②完工进度的确定。确定合同完工进度有以下三种方法。

a. 根据累计实际发生的合同成本占合同预计总成本的比例确定。该方法是确定合同完工进度比较常用的方法。计算公式为

$$合同完工进度 = \frac{累计实际发生的合同成本}{合同预计总成本} \times 100\%$$

累计实际发生的合同成本是指形成工程完工进度的工程实体和工作量所耗用的直接成本和间接成本,不包括与合同未来活动相关的合同成本(如施工中尚未安装、使用或耗用的材料成本),以及在分包工程的工作量完成之前预付给分包单位的款项(根据分包工程进度支付的分包工程进度款,应构成累计实际发生的合同成本)。

【例 11-23】 某建筑公司承建 A 工程,工期 2 年,A 工程的预计总成本为 2 000 万元。第一年,该建筑公司的“工程施工——A 工程”账户的实际发生额为 1 200 万元。其中,人工费 400 万元,材料费 500 万元,机械作业费 250 万元,其他直接费和工程间接费 50 万元。经查明,A 工程领用的材料中有一批虽已运到施工现场但尚未使用,尚未使用的材料成本为 100 万元。根据上述资料计算第一年的完工进度如下:

合同完工进度 = (1 200 - 100) ÷ 2 000 × 100% = 55%

b. 根据已经完成的合同工作量占合同预计总工作量的比例确定。该方法适用于合同工作量容易确定的建造合同,如道路工程、土石方挖掘、砌筑工程等。计算公式为

$$合同完工进度 = \frac{已经完成的合同工作量}{合同预计总工作量} \times 100\%$$

c. 根据实际测定的完工进度确定。该方法是在无法根据上述两种方法确定合同完工进度时所采用的一种特殊的技术测量方法,适用于一些特殊的建造合同,如水下施工工程等。需要注意的是,这种技术测量并不是由建造承包商自行随意测定,而应由专业人员现场进行科学测定。

③完工百分比法的运用。确定建造合同的完工进度后,就可以根据完工百分比法确认和计量当期的合同收入和费用。当期确认的合同收入和费用可用下列公式计算:

当期确认的合同收入 = 合同总收入 × 完工进度 - 以前会计期间累计已确认的收入

当期确认的合同费用 = 合同预计总成本 × 完工进度 - 以前会计期间累计已确认的

费用

当期确认的合同毛利 = 当期确认的合同收入 - 当期确认的合同费用

上述公式中的完工进度指累计完工进度。

对于当期完成的建造合同，应当按照实际合同总收入扣除以前会计期间累计已确认收入后的金额，确认为当期合同收入；同时，按照累计实际发生的合同成本扣除以前会计期间累计已确认费用后的金额，确认为当期合同费用。

【例 11 - 24】 某建筑企业签订了一项总金额为 2 700 000 元的固定造价合同，合同完工进度按照累计实际发生的合同成本占合同预计总成本的比例确定。工程已于 2007 年 2 月开工，预计 2009 年 9 月完工。最初预计的工程总成本为 2 500 000 元，到 2008 年底，由于材料价格上涨等因素调整了预计总成本，预计工程总成本已为 3 000 000 元。该建筑企业于 20×3 年 7 月提前两个月完成了建造合同，工程质量优良，客户同意支付奖励款 300 000 元。建造该工程的其他有关资料见表 11 - 2。

表 11 - 2 单位：元

项　目	2007 年	2008 年	2009 年
累计实际发生成本	800 000	2 100 000	2 950 000
预计完成合同尚需发生成本	1 700 000	900 000	—
结算合同价款	1 000 000	1 100 000	900 000
实际收到价款	800 000	900 000	1 300 000

该建筑企业对本项建造合同的有关账务处理如下（为简化起见，会计分录以汇总数反映，有关纳税业务的会计分录略）。

（Ⅰ）2007 年账务处理如下。

登记实际发生的合同成本。

借：工程施工——合同成本　　800 000

　　贷：原材料、应付职工薪酬、机械作业等　　800 000

登记已结算的合同价款。

借：应收账款　　1 000 000

　　贷：工程结算　　1 000 000

登记实际收到的合同价款。

借：银行存款　　800 000

　　贷：应收账款　　800 000

确认计量当年的合同收入和费用，并登计入账。

2007 年的完工进度 = 800 000 ÷ (800 000 + 1 700 000) × 100% = 32%

2007 年确认的合同收入 = 2 700 000 × 32% = 864 000 元

2007 年确认的合同费用 = (800 000 + 1 700 000) × 32% = 800 000 元

2007 年确认的合同毛利 = 864 000 - 800 000 = 64 000 元

借：主营业务成本　　800 000

　　工程施工——合同毛利　　64 000

　　贷：主营业务收入　　864 000

(Ⅱ)2008 年的账务处理如下。

登记实际发生的合同成本。

借:工程施工——合同成本　　1 300 000

　贷:原材料、应付职工薪酬、机械作业等　　1 300 000

登记结算的合同价款。

借:应收账款　　1 100 000

　贷:工程结算　　1 100 000

登记实际收到的合同价款。

借:银行存款　　900 000

　贷:应收账款　　900 000

确认计量当年的合同收入和费用,并登计入账。

2008 年的完工进度 =2 100 000 ÷(2 100 000 +900 000)×100% =70%

2008 年确认的合同收入 2 700 000 ×70% -864 000 =1 026 000 元

2008 年确认的合同费用 =(2 100 000 +900 000)×70% -800 000 =1 300 000 元

2008 年确认的合同毛利 =1 026 000 -1 300 000 = -274 000 元

2008 年确认的合同预计损失 =(2 100 000 +900 000 -2 700 000)×(1 -70%)=90 000 元

注　在 2008 年底,由于该合同预计总成本(3 000 000 元)大于合同总收入(2 700 000 元),预计发生损失总额为 300 000 元,由于已在"工程施工——合同毛利"中反映了 -210 000(64 000 -274 000)元的亏损,因此应将剩余的、为完成工程将发生的预计损失 90 000元确认为当期费用。

借:主营业务成本　　1 300 000

　贷:主营业务收入　　1 026 000

　　工程施工——合同毛利　　274 000

借:资产减值损失　　90 000

　贷:存货跌价准备　　90 000

(Ⅲ)2009 年的账务处理如下。

登记实际发生的合同成本。

借:工程施工——合同成本　　850 000

　贷:原材料、应付职工薪酬、机械作业等　　850 000

登记结算的合同价款。

借:应收账款　　900 000

　贷:工程结算　　900 000

登记实际收到的合同价款。

借:银行存款　　1 300 000

　贷:应收账款　　1 300 000

确认计量当年的合同收入和费用,并登计入账。

2009 年确认的合同收入 =(2 700 000 +300 000)-(864 000 +1 026 000)=1 110 000元

2009 年确认的合同费用 =2 950 000 -800 000 -1 300 000 =850 000 元

2009 年确认的合同毛利 =1 110 000 -850 000 =260 000 元

借:主营业务成本　　850 000
　工程施工——合同毛利　　260 000
　贷:主营业务收入　　1 110 000

2009 年工程全部完工,应将“存货跌价准备”科目相关余额冲减“主营业务成本”,将“工程施工”科目的余额与“工程结算”科目的余额相对冲,

借:存货跌价准备　　90 000
　贷:主营业务成本　　90 000
借:工程结算　　3 000 000
　贷:工程施工——合同成本　　2 950 000
　　　　——合同毛利　　50 000

(2)结果不能可靠估计的建造合同。如果建造合同的结果不能可靠估计,则不能采用完工百分比法确认和计量合同收入和费用,而应区别以下两种情况进行会计处理:①合同成本能够收回的,合同收入根据能够收回的实际合同成本予以确认,合同成本在其发生的当期确认为合同费用;②合同成本不可能收回的,应在发生时立即确认为合同费用,不确认合同收入。

【例 11-25】 某建筑公司与客户签订了一项总金额为 120 万元的建造合同。第一年实际发生工程成本 50 万元,双方均能履行合同规定的义务,但建筑公司在年末时对该项工程的完工进度无法可靠确定。

本例中,该公司不能采用完工百分比法确认收入。由于客户能够履行合同,当年发生的成本均能收回,所以公司可将当年发生的成本金额同时确认为当年的收入和费用,当年不确认利润。其账务处理如下。

借:主营业务成本　　500 000
　贷:主营业务收入　　500 000

如果该公司当年与客户只办理价款结算 30 万元,其余款项可能收不回来。这种情况下,该公司只能将 30 万元确认为当年的收入,50 万元应确认为当年的费用。其账务处理如下。

借:主营业务成本　　500 000
　贷:主营业务收入　　300 000
　　工程施工——合同毛利　　200 000

使建造合同的结果不能可靠估计的不确定因素不复存在的,就不应再按照上述规定确认合同收入和费用,而应转为按照完工百分比法确认合同收入和费用。

【例 11-26】 沿用例 11-25,如果到第二年,完工进度无法可靠确定的因素消除。第二年实际发生成本为 30 万元,预计为完成合同尚需发生的成本为 20 万元,则企业应当计算合同收入和费用如下:

第二年合同完工进度 $=(50+30)\div(50+30+20)=80\%$

第二年确认的合同收入 $=120\times80\%-30=66$ 万元

第二年确认的合同成本 $=(50+30+20)\times80\%-50=30$ 万元

第二年确认的合同毛利 $=66-30=36$ 万元

账务处理如下。

借:主营业务成本　　300 000

工程施工——合同毛利　　360 000

贷:主营业务收入　　660 000

(3)合同预计损失的处理。建造承包商正在建造的资产,类似于工业企业的在产品,性质上属于建造承包商的存货,期末应当对其进行减值测试。如果建造合同的预计总成本超过合同总收入,则形成合同预计损失,应提取损失准备,并确认为当期费用。合同完工时,将已提取的损失准备冲减合同费用。

【例 11-27】 某建筑公司签订了一项总金额为 120 万元的固定造价合同,最初预计总成本为 100 万元。第一年实际发生成本 70 万元。年末,预计为完成合同尚需发生成本 55 万元。该合同的结果能够可靠估计。该公司在年末应进行如下账务处理:

第一年合同完工进度 $=70\div(70+55)\times100\%=56\%$

第一年确认的合同收入 $=120\times56\%=67.2$ 万元

第一年确认的合同费用 $=(70+55)\times56\%=70$ 万元

第一年确认的合同毛利 $=67.2-70=-2.8$ 万元

第一年预计的合同损失 $=[(70+55)-120]\times(1-56\%)=2.2$ 万元

借:主营业务成本　　700 000

贷:主营业务收入　　672 000

工程施工——合同毛利　　28 000

借:资产减值损失　　22 000

贷:存货跌价准备　　22 000

11.2 费　用

11.2.1 费用的确认与计量

费用是指企业在日常活动中发生的、会导致所有者权益减少的、与向所有者分配利润无关的经济利益的总流出。费用最终将会导致企业经济资源和所有者权益的减少。本节所指的费用,不包含损失。

1. 费用的确认原则

费用的实质是资产的耗费,但并不是所有的资产耗费都是费用。因此,就需明确什么样的资产耗费应确认为费用。由于发生费用的目的是为了取得收入,那么费用的确认就应当与收入的确认相联系。确认费用应遵循划分收益性支出与资本性支出原则、权责发生制原则和配比原则。

(1)划分收益性支出与资本性支出原则。根据划分资本性支出和收益性支出这一原则,若一项支出的效益长于一个会计期间,则该项支出就应予以资本化,计入某项长期资产,并在该项长期资产耗用的期间结转为费用;若一项支出的效益仅限于一个会计期间,则此项支出就应作为收益性支出,即应在支出期间确认为费用。这一原则为费用确认的时间给定了一个总体界限。

(2)权责发生制原则。根据权责发生制原则,只要属于本期的收入和费用,不论其是否实际收到或支付,均应确认为本期的收入和费用;对于不属于本期的收入和费用,即使款项已经在本期收到或付出,也不应确认为本期的收入和费用。这一原则是根据费用与收入的相互关系建立起来的，只有遵循这一原则，才能正确反映各期的盈亏情况。

(3)配比原则。根据配比原则，为产生当期收入所发生的费用，应当确认为该期的费用。配比原则的基本含义在于，当收入已经实现时，某些资产(如物料用品)已被消耗，或已被出售(如商品)，以及劳务已经提供(如专设的销售部门人员提供的劳务)，已被耗用的这些资产和劳务的成本应当在确认有关收入的期间予以确认。如果收入要到未来期间实现，相应的费用就应递延分配于未来的实际受益期间。因此，费用的确认要根据费用与收入的相关程度，确定哪些资产耗费或负债的增加应从本期收入中扣减。

2. 费用确认的标准

(1)按费用与营业收入的因果关系确认。凡是与本期收入有直接联系的耗费都应确定为本期的费用，如销售成本的确认；凡不是以取得营业收入为目的的各项耗费都不作为费用，如购买各种债券所发生的支出、罚没款支出等。

(2)按系统、合理的分摊方式确认。如果一项资产能够在若干个会计期间为企业带来收益，企业应采用一定的分配方式将该项资产的成本分摊计入各个会计期间。如固定资产的价值，应采用一定的折旧方法，分配确认固定资产使用的各个会计期间的折旧费用。又如长期待摊费用的摊销，需采用一定的分摊程序，系统合理地计入各个会计期间。

(3)直接作为当期费用确认。企业发生的有些支出，如企业行政管理部门发生的各项支出、为推销商品发生的各项支出，以及为筹措资金而发生的支出，这些支出虽与收入没有直接的关系，但与会计期间紧密相连，其效益直接影响该会计期间的收入，因而应在支出发生时确认为当期的费用。

在确认费用时，首先应当划分生产费用与非生产费用的界限。生产费用是指与企业日常生产经营活动有关的费用，如生产产品所发生的原材料费用、人工费用等；非生产费用是指不应由生产费用负担的费用，如用于购建固定资产所发生的费用，不属于生产费用。其次，应当分清生产费用与产品成本的界限。生产费用与一定的时期相联系，而与生产的产品无关；产品成本与一定品种和数量的产品相联系，而不论发生在哪一期。再次，应当分清生产费用与期间费用的界限。生产费用应当计入产品成本；而期间费用直接计入当期损益。

在制造业企业，费用的核算主要包括产品成本的核算和期间费用的核算。本节所指的费用主要指期间费用。产品成本的核算详见《成本会计》。

3. 费用的计量原则

费用的确认基本明确了企业各项支出的归属问题，而对于归属于本会计期间的费用，又应采用什么标准来计量？按历史成本计量费用是会计上的传统方法，也是目前会计实务中所坚持的方法。这里的历史成本所依据的是企业发生的实际成本。

11.2.2 期间费用的特点

期间费用是企业当期发生的费用中的重要组成部分，是指本期发生的、不能直接或间接归入某种产品成本的、直接计入损益的各项费用，包括管理费用、销售费用和财务费用。

期间费用是不能直接归属于某个特定产品成本的费用。它是随着时间推移而发生的与当期产品的管理和产品销售直接相关，而与产品的产量、产品的制造过程无直接关系，即容易确定其发生的期间，而难以判别其所应归属的产品，因而不能列入产品制造成本，而在发生的当期从损益中扣除。期间费用包括直接从企业的当期产品销售收入中扣除的销售费用、管理费用和财务费用。由于当期的期间费用是全额从当期损益中扣除的,因而其发生额不会影响下一个会计期间。

期间费用与产品成本不同,主要体现在以下几个方面:

(1)与生产产品的关系不同。期间费用的发生是为生产产品提供正常的条件,加强对生产经营和销售的管理,而与产品的生产本身并不直接相关。产品成本是指能够明确与生产产品有关的直接生产费用和间接生产费用,它们直接计入或分配计入产品中去。

(2)与会计期间的关系不同。期间费用只与费用发生的当期有关,不影响或不分摊到以后会计期间。产品成本中当期完工部分当期转为产成品,未完工部分则结转到下一期继续加工,与前后会计期间都有联系。

(3)与会计报表的关系不同。期间费用直接列入当期利润表,抵扣当期损益。产品成本完工部分转为产成品,已销售产成品的销售成本再转为主营业务成本,主营业务成本也直接列入当期利润表,但是未销售的产成品和未完工的在产品都列入资产负债表。由于期间费用不能提供明确的未来收益,因此按照谨慎性原则,对期间费用在其发生时采用立即确认的原则。

11.2.3 期间费用的核算

1.销售费用的核算

(1)销售费用的核算内容。销售费用是指企业在销售商品、材料和提供劳务过程中发生的各项费用以及为销售本企业商品而专设的销售机构(含销售网点、售后服务网点等)发生的经营费用。销售费用一般包括以下内容:

①产品自销费用,包括应由本企业负担的包装费、运输费、装卸费、保险费。

②产品促销费用,为了扩大本企业商品的销售而发生的促销费用,包括展览费、广告费、经营租赁费(为扩大销售而租用的柜台、设备等的费用,不包括融资租赁费)、销售服务费用(提供售后服务等的费用)。

③销售部门的费用,一般指为销售本企业商品而专设的销售机构(含销售网点、售后服务网点等)的职工工资及福利费、类似工资性质的费用、业务费等经营费用。但企业内部销售部门属于行政管理部门,所发生的经费开支不包括在销售费用中,而是列入管理费用。

④委托代销费用,主要指企业委托其他单位代销按代销合同规定支付的委托代销手续费。

⑤其他费用,指不包括在以上各项之内又应列入销售费用的费用。

(2)账务处理。为了核算企业在销售商品过程中发生的各项费用,企业应当设置“销售费用”科目。该科目借方反映企业发生的各项费用,贷方反映企业转入“本年利润”科目的费用;本科目结转“本年利润”科目后,期末应无余额。

企业在销售商品过程中发生的包装费、保险费、展览费和广告费、运输费、装卸费等费用,借记本科目,贷记“库存现金”“银行存款”等科目。

企业发生的为销售本企业商品而专设的销售机构的职工薪酬、业务费等经营费用,借记本科目,贷记“应付职工薪酬”“银行存款”“累计折旧”等科目。

【例11-28】 某公司某月份销售费用发生的有关经济业务及编制的会计分录如下。

(Ⅰ)以银行存款支付产品广告费3 000元。

借:销售费用　　　　　　　　3 000

贷:银行存款 3 000

(Ⅱ)为办产品展览,发生产品展览场所布置费用5 000元,以现金支付。

借:销售费用 5 000

贷:库存现金 5 000

(Ⅲ)月末,将本月发生的销售费用14 840元转入"本年利润"科目。

借:本年利润 14 840

贷:销售费用 14 840

3. 管理费用的核算

(1)管理费用的核算内容。管理费用是指企业为组织和管理生产经营活动所发生的各种费用。包括企业的董事会和行政管理部门在企业的经营管理中发生的,或者应当由企业统一负担的各项费用,具体包括以下几项:

①企业管理部门及职工方面的费用。

a. 公司经费。公司经费是指直接在企业行政管理部门发生的行政管理部门职工工资、修理费、物料消耗、低值易耗品摊销、办公费和差旅费等

b. 工会经费。工会经费是指按职工工资总额(扣除按规定标准发放的住房补贴,下同)的2%计提并拨交给工会使用的经费。

c. 职工教育经费。职工教育经费是指按职工工资总额的1.5%计提,用于职工培训、学习的费用。

d. 劳动保险费。劳动保险费是指企业支付离退休职工的退休金(包括按规定交纳地方统筹退休金)、价格补贴、医药费(包括支付离退休人员参加医疗保险的费用)、异地安家费、职工退职金、6个月以上病假人员工资、职工死亡丧葬补助费、抚恤费、按规定支付给离休人员的其他费用。

e. 待业保险费。待业保险费是指企业按规定交纳的待业保险基金。

②用于企业直接管理之外的费用。

a. 董事会费。董事会费是指企业董事会或最高权力机构及其成员为执行职权而发生的各项费用,包括成员津贴、差旅费、会议费等。

b. 咨询费。咨询费是指企业向有关咨询机构进行生产技术经营管理咨询所支付的费用或支付企业经济顾问、法律顾问、技术顾问的费用。

c. 聘请中介机构费。聘请中介机构费是指企业聘请会计师事务所进行查账、验资、资产评估、清账等发生的费用。

d. 诉讼费。诉讼费是指企业向法院起诉或应诉而支付的费用。

e. 税金。税金是指企业按规定交纳的房产税、车船使用税、土地使用税、印花税等。

f. 矿产资源补偿费。矿产资源补偿费是指企业在中华人民共和国领域和其他管辖海域开采矿产资源,按照主营业务收入的一定比例缴纳的矿产资源补偿费。

③提供生产技术条件的费用。

a. 排污费。排污费是指企业根据环保部门的规定交纳的排污费用。

b. 绿化费。绿化费是指企业区域内零星绿化费用。

c. 技术转让费。技术转让费是指企业使用非专利技术而支付的费用。

d. 研究与开发费。研究与开发费是指企业开发新产品,新技术所发生的新产品设计费,工艺规程制定费,设备调试费,原材料和半成品的试验费,技术图书资料费,未纳入国家

计划的中间试验费,研究人员的工资,研究设备的折旧,与新产品,新技术研究有关的其他经费,委托其他单位进行的科研试制的费用以及试制失败损失等。

e. 无形资产摊销。无形资产摊销是指企业分期摊销的无形资产价值,包括专利权、商标权、著作权、土地使用权、非专利技术和商誉等的摊销。

f. 长期待摊费用摊销。长期待摊费用摊销是指企业对分摊期限在一年以上的各项费用在费用项目的受益期限内分期平均摊销,包括按大修理间隔期平均摊销的固定资产大修理支出、在租赁期限与租赁资产尚可使用年限两者孰短的期限内平均摊销的租入固定资产改良支出以及在受益期内平均摊销的其他长期待摊费用的摊销。

④购销业务的应酬费。业务招待费是指企业为业务经营的合理需要而支付的费用,应据实列入管理费用。

⑤损失或准备。

a. 坏账准备。坏账准备是指企业按应收款项的一定比例计提的坏账准备。

b. 存货跌价准备。存货跌价准备是指企业按存货的期末可变现净值低于其成本的差额计提的存货跌价准备。

c. 存货盘亏和盘盈。存货盘亏和盘盈是指企业存货盘点的盈亏、盘盈净额,但不包括应计入营业外支出的存货损失。

⑥其他费用。其他管理费用是指不包括在以上各项之内又应列入管理费用的费用。

(2)账务处理。为了核算企业为组织和管理企业生产经营所发生的管理费用,企业应当设置“管理费用”科目。该科目的借方反映企业发生的各项管理费用,贷方反映企业转入“本年利润”科目的管理费用;“管理费用”科目结转“本年利润”科目后,期末无余额。

企业在筹建期间内发生的开办费,包括人员工资、办公费、培训费、差旅费、印刷费、注册登记费以及不计入固定资产价值的借款费用等在实际发生时,借记本科目(开办费),贷记“银行存款”等科目。

行政管理部门人员的职工薪酬,借记本科目,贷记“应付职工薪酬”科目。

行政管理部门计提的固定资产折旧,借记本科目,贷记“累计折旧”科目。

发生的办公费、水电费、业务招待费、聘请中介机构费、咨询费、诉讼费、技术转让费、研究费用,借记本科目,贷记“银行存款”“研发支出”等科目。

按规定计算确定的应交矿产资源补偿费的金额,借记本科目,贷记“应交税费”科目。

按规定计算确定的应交的房产税、车船使用税、土地使用税,借记本科目,贷记“应交税费”科目。

【例 11 -29】 某公司某月份管理费用发生的有关经济业务及编制的会计分录如下。

(Ⅰ)以现金支付业务招待费 800 元。

借:管理费用　　800
　　贷:库存现金　　800

(Ⅱ)本月计提厂部的固定资产折旧费为 5 000 元。

借:管理费用　　5 000
　　贷:累计折旧　　5 000

(Ⅲ)月末,将本月发生的管理费用 19 200 元转入“本年利润”科目。

借:本年利润　　19 200
　　贷:管理费用　　19 200

4. 财务费用的核算

(1)财务费用的核算内容。财务费用是指企业为筹集生产经营所需资金等而发生的费用,包括利息支出(减利息收入)、汇兑损失(减汇兑收益)以及相关的手续费等。其具体内容包括:

①利息支出。利息支出是指企业短期借款利息、长期借款利息、应付票据利息、票据贴现利息、应付债券利息、长期应付引进国外设备款利息等利息支出(除资本化的利息外)减去银行存款等的利息收入后的净额。

②汇兑损失。汇兑损失是指企业因向银行结售或购入外汇而产生的银行买入、卖出价与记账所采用的汇率之间的差额,以及月度(季度、年度)终了,各种外币账户的外币期末余额,按照期末规定汇率折合的记账人民币金额与原账面人民币金额之间的差额等。

③相关的手续费。相关的手续费是指发行债券所需支付的手续费(需资本化的手续费除外)、开出汇票的银行手续费、调剂外汇手续费等,但不包括发行股票所支付的手续费等。

④其他财务费用。如融资租入固定资产发生的融资租赁费用等。

(2)账务处理。为了核算企业发生的各项为筹集生产经营资金等发生的费用,企业应当设置“财务费用”科目。该科目的借方反映本期实际发生的财务费用,贷方反映期末转入“本年利润”科目的财务费用;“财务费用”科目结转“本年利润”后,期末无余额。

企业发生的财务费用,借记本科目,贷记“应付利息”“银行存款”“未确认融资费用”等科目。发生的应冲减财务费用的利息收入、汇兑差额、现金折扣,借记“银行存款”“应付账款”等科目,贷记本科目。

需要注意的是,企业为购建符合资本化条件的资产而筹集资金所发生的费用,在固定资产达到预定可使用状态前发生的,应当计入有关固定资产的购置或建造成本,不包括在“财务费用”科目的核算范围内。

【例 11-30】 某公司某月份财务费用发生的有关经济业务及编制的会计分录如下。

(Ⅰ)预提本月负担的短期借款的利息支出 8 000 元。

借:财务费用　　8 000
　　贷:应付利息　　8 000

(Ⅱ)以银行存款支付金融机构手续费 500 元。

借:财务费用　　500
　　贷:银行存款　　500

(Ⅲ)接银行通知,已转来银行存款利息 2 500 元。

借:银行存款　　2 500
　　贷:财务费用　　2 500

(Ⅳ)年终将本期发生的财务费用 6 000 元转入“本年利润”科目。

借:本年利润　　6 000
　　贷:财务费用　　6 000

11.3 利　润

11.3.1　利润的构成

企业作为独立的经济实体,应当以自已的经营收入抵补其成本费用,并且实现盈利。企业盈利的大小在很大程度上反映企业生产经营的经济效益,表明企业在每一会计期间的最终经营成果。

利润是指企业在一定会计期间的经营成果。利润包括收入减去费用后的净额、直接计入当期利润的利得和损失等。

直接计入当期的利得和损失是指应当计入当期损益、会导致所有者权益发生增减变动的、与所有者投入资本或者向所有者分配利润无关的利得或者损失。

利润相关计算公式如下:

(1)营业利润。

营业利润=营业收入-营业成本-营业税金及附加-销售费用-管理费用-财务费用-资产减值损失+公允价值变动收益(-公允价值变动损失)+投资收益(-投资损失)

其中,营业收入是指企业经营业务所确定的收入总额,包括主营业务收入和其他业务收入。营业成本是指企业经营业务所发生的实际成本总额,包括主营业务成本和其他业务成本。资产减值损失是指企业计提各项资产减值准备所形成的损失。公允价值变动收益(或损失)是指企业交易性金融资产等公允价值变动形成的应计入当期损益的利得(或损失)。投资收益(或损失)是指企业以各种方式对外投资所取得的收益(或发生的损失)。

(2)利润总额。

利润总额=营业利润+营业外收入-营业外支出

其中,营业外收入(或支出)是指企业发生的与日常活动无直接关系的各项利得(或损失)。

(3)净利润。

净利润=利润总额-所得税费用

其中,所得税费用是指企业确认的应从当期利润总额中扣除的所得税费用。

11.3.2　营业外收支的会计处理

营业外收支是指企业发生的与日常活动无直接关系的各项收支。营业外收支虽然与企业生产经营活动没有多大关系,但从企业主体来考虑,同样带来收入或形成企业的支出也是增加或减少利润的因素,对企业的利润总额及净利润产生较大的影响。

1. 营业外收入

营业外收入是指企业发生的与其日常活动无直接关系的各项利得。营业外收入并不是由企业经营资金耗费所产生的,不需要企业付出代价,实际上是一种纯收入,不可能也不需要与有关费用进行配比。因此,在会计核算上,应当严格区分营业外收入与营业收入的界限。营业外收入主要包括非流动资产处置利得、非货币性资产交换利得、债务重组利得、政府补助、盘盈利得、捐赠利得等。

非流动资产处置利得包括固定资产处置利得和无形资产出售利得。固定资产处置利得指企业出售固定资产所取得价款或报废固定资产的材料价值和变价收入等，扣除固定资产的账面价值、清理费用、处置相关税费后的净收益；无形资产出售利得指企业出售无形资产所取得价款扣除出售无形资产的账面价值、出售相关税费后的净收益。

非货币性资产交换利得指在非货币资产交换中换出资产为固定资产、无形资产的，换入资产公允价值大于换出资产账面价值的差额，扣除相关费用后计入营业外收入的金额。

债务重组利得指重组债务的账面价值超过清偿债务的现金、非现金资产的公允价值、所转股份的公允价值、或者重组后债务账面价值之间的差额。

盘盈利得指企业对于现金等清查盘点中盘盈的现金等，报经批准后计入营业外收入的金额。

政府补助指企业从政府无偿取得货币性资产或非货币性资产形成的利得。

捐赠利得指企业接受捐赠产生的利得。

企业应当通过“营业外收入”科目，核算营业外收入的取得和结转情况。该科目可按营业外收入项目进行明细核算。期末，应将该科目余额转入“本年利润”科目，结转后该科目无余额。

企业在生产经营期间，固定资产清理所取得的收益，借记“固定资产清理”科目，贷记“营业外收入——处置固定资产净收益”科目。

逾期未退包装物没收的加收的押金，按没收的押金，借记“其他应付款”科目，按应交的增值税、消费税等税费，贷记“应交税费”科目，按其差额，贷记“营业外收入”科目。

企业出售无形资产，按实际取得的转让收入，借记“银行存款”等科目，按该无形资产已计提的减值准备，借记“无形资产减值准备”科目，按无形资产的账面余额，贷记“无形资产”科目，按应支付的相关税费，贷记“应交税金”等科目，按其差额，贷记“营业外收入——出售无形资产收益”科目，或借记“营业外支出——出售无形资产损失”科目。

企业取得的罚款净收入，借记“银行存款”等科目，贷记“营业外收入”科目。

确实无法支付的应付款项按规定程序经批准后转作营业外收入。

2. 营业外支出

营业外支出是指企业发生的与日常活动无直接关系的各项损失。营业外支出主要包括非流动资产处置损失、非货币性资产交换损失、债务重组损失、公益性捐赠支出、非常损失、盘亏损失等。

非流动资产处置损失包括固定资产处置损失和无形资产出售损失。固定资产处置损失指企业出售固定资产所取得价款或报废固定资产的材料价值和变价收入等，不足抵补处置固定资产的账面价值、清理费用、处置相关税费后的净损失；无形资产出售损失指企业出售无形资产所取得价款，不足抵补出售无形资产的账面价值、出售相关税费的净损失。

非货币资产交换损失指在非货币资产交换中换出资产为固定资产、无形资产的，换入资产公允价值小于换出资产账面价值的差额，扣除相关费用后计入营业外支出的金额。

债务重组损失指重组债权的账面余额与受让资产的公允价值、所转股份的公允价值、或者重组后债权的账面价值之间的差额。

公益性捐赠支出指企业对外进行公益性捐赠发生的支出。

非常损失指企业对于因客观因素（如自然灾害等）造成的损失，在扣除保险公司赔偿后计入营业外支出的净损失。

企业应通过“营业外支出”科目核算营业外支出的发生及结转情况。该科目可按营业外支出项目进行明细核算。期末,应将该科目余额转入"本年利润"科目,结转后该科目无余额。

企业在生产经营期间,固定资产清理所发生的损失,借记"营业外支出——处置固定资产净损失"科目,贷记"固定资产清理"科目。

企业在清查财产过程中,查明固定资产盘亏,借记"营业外支出——固定资产盘亏"科目,贷记"待处理财产损溢——待处理固定资产损溢"科目。

企业发生的罚款支出,借记"营业外支出"等科目,贷记"银行存款"科目。

需要注意的是,营业外收入和营业外支出应当分别核算。在具体核算时,不得以营业外支出直接冲减营业外收入,也不得以营业外收入冲减营业外支出,即企业在会计核算时,应当区别营业外收入和营业外支出进行核算。

11.3.3 所得税费用核算

我国按照资产负债表债务法核算所得税,所得税费用由两个部分组成,即当期所得税和递延所得税。

当期所得税是指企业按照税法规定计算确定的针对当期发生的交易和事项,应交纳给税务部门的所得税金额。

当期所得税 = 当期应交所得税 = 应纳税所得额 × 当期所得税税率

递延所得税是指按照所得税准则规定应予确认的递延所得税资产和递延所得税负债在期末应有的金额相对于原已确认金额之间的差额,即递延所得税资产及递延所得税负债当期发生额的综合结果。

企业应通过"所得税费用"科目核算应从当期利润总额中扣除的所得税费用。期末,应将该科目余额转入"本年利润"科目,结转后该科目无余额。

具体所得税费用的核算详见本书下册"所得税会计"一章。

11.3.4 本年利润的结转

企业应设置"本年利润"科目,核算企业本年度内实现的净利润(或发生的净亏损)。期末结转利润时,应将"主营业务收入""其他业务收入""营业外收入"等科目的期末余额,转入"本年利润"科目的贷方;将"主营业务成本""营业税金及附加""其他业务成本""销售费用""管理费用""财务费用""营业外支出""所得税"等科目的期末余额,分别转入"本年利润"科目的借方。将"投资收益"科目的净收益,转入"本年利润"科目的贷方;如为净损失,作相反的账务处理。

年度终了,应将本年收入和支出相抵后结出的本年实现的净利润,转入"利润分配"科目,借记"本年利润"科目,贷记"利润分配——未分配利润"科目;如为亏损,作相反账务处理。结转后,"本年利润"科目应无余额。

本年利润的结转方法有两种,即表结法和账结法。

1. 表结法

表结法即用"利润表"结转期末损益类项目,计算体现期末财务成果的方法。每月月末只结出损益类科目(包括期间费用)的月末余额,但不结转到"本年利润"科目,只有在年末结转时才使用"本年利润"科目。"本年利润"科目集中反映当年利润及构成情况。使用表结法,每月末只结计损益类科目的本月发生额合计并填入利润表的本月栏,将本月余额填入利润表的本年累计栏，科目不结转。表结法在平时直接在利润表结转，省去了转账环节并可以从科目余额得出本年累计的指标，同时并不影响利润表的编制及有关损益指标的利用。到了年末再使用账结法结转整个年度的累计余额。

2. 账结法

账结法是通过编制记账凭证来完成损益结转工作的方法，即在账上每月进行损益类科目(包括期间费用)的结转。企业各月的财务成果直接体现在"本年利润"科目中，将各月利润累计即可求得当期累计实现的财务成果。

账结法的优点是各月均可通过"本年利润"科目提供其当期利润额，记账业务程序完整。但从实用角度讲，采用账结法增加了编制结转损益分录的工作量。

11.3.5 以前年度损益调整

以前年度损益调整是指对企业本年度发生的影响以前年度损益的事项所作的调整。

企业应设置"以前年度损益调整"科目来核算以前年度损益调整事项。企业在年度资产负债表日至财务会计报告批准报出日之间发生的需要调整报告年度损益的事项，以及本年度发生的以前年度重大会计差错的调整，也应通过"以前年度损益调整"科目核算。

企业调整增加的以前年度利润或调整减少的以前年度亏损，借记有关科目，贷记"以前年度损益调整"科目；企业调整减少的以前年度利润或调整增加的以前年度亏损，借记"以前年度损益调整"科目，贷记有关科目。

企业由于调整增加以前年度利润或减少以前年度亏损而相应增加的所得税，借记"以前年度损益调整"科目，贷记"应交税金——应交所得税"科目；由于调整减少以前年度利润或增加以前年度亏损而相应减少的所得税，借记"应交税金——应交所得税"科目，贷记"以前年度损益调整"科目。

经过上述调整后，应同时将"以前年度损益调整"科目的余额转入"利润分配——未分配利润"科目。"以前年度损益调整"科目如为贷方余额，借记"以前年度损益调整"科目，贷记"利润分配——未分配利润"科目；如为借方余额，作相反分录。结转后，"以前年度损益调整"科目应无余额。

需指出的是，企业本年度发生的调整以前年度损益的事项，应当调整本年度会计报表相关项目的年初数或上年实际数；企业在年度资产负债表日至财务会计报告批准报出日之间发生的调整报告年度损益的事项，应当调整报告年度会计报表相关项目的数字。

11.4 利 润 分 配

11.4.1 利润分配概述

企业取得的净利润，应当按规定进行分配。利润的分配过程和结果，不仅关系到所有者的合法权益是否得到保护，而且还关系到企业能否长期、稳定地发展。企业本年实现的净利润加上年初未分配利润为可供分配的利润。

11.4.2 利润分配政策

根据我国有关法规的规定，一般企业和股份有限公司每期实现的净利润，首先是弥补

以前年度尚未弥补的亏损,然后应按下列顺序进行分配:

(1)提取法定盈余公积;

(2)提取任意盈余公积;

(3)向投资者分配利润或股利。

企业实现的净利润在扣除上述(1)(2)项目后,再加上期初未分配利润,即为可供投资者分配的利润。对于股份有限公司而言,可供投资者分配的利润还应按下列顺序进行分配:

(1)应付优先股股利,是指企业按照利润分配方案分配给优先股股东的现金股利;

(2)应付普通股股利,是指企业按照利润分配方案分配给普通股股东的现金股利;

(3)转作资本(或股本)的普通股股利,是指企业按照利润分配方案以分派股票股利的形式转作的资本(或股本)。企业以利润转增的资本,也在这一顺序进行分配。

需要说明的是,外商投资企业实现的净利润在首先弥补以前年度尚未弥补的亏损之后,应当按照法律、行政法规的规定按净利润提取储备基金、企业发展基金、职工奖励及福利基金等。中外合作经营企业按规定在合作期内以利润归还投资者的投资,以及国有工业企业按规定以利润补充的流动资本,也应从中扣除,随后的净额才为可供投资者分配的利润。

可供投资者分配的利润,在经过上述分配后,即为未分配利润(或未弥补亏损)。未分配利润可留待以后年度进行分配。企业如发生亏损,可以按规定由以后年度利润进行弥补。企业未分配的利润(或未弥补的亏损)应当在资产负债表的所有者权益项目中单独反映。

11.4.3 利润分配的会计处理

企业应设置"利润分配"科目,核算企业利润的分配(或亏损的弥补)和历年分配(或弥补)后的积存余额。利润分配科目下应分别设置以下明细科目:"提取法定盈余公积""提取任意盈余公积""应付现金股利或利润""转作股本的股利""盈余公积补亏"和"未分配利润"等。

企业董事会或类似机构决议提请股东大会或类似机构批准的年度利润分配方案(除股票股利外),在股东大会或类似机构召开前应当将其列入报告年度的利润分配表。

企业用盈余公积弥补亏损,借记"盈余公积"科目,贷记"利润分配——盈余公积补亏"科目。按照规定从净利润中提取盈余公积和法定公益金时,借记"利润分配——提取法定盈余公积、提取法定公益金、提取任意盈余公积、提取储备基金、提取企业发展基金"科目,贷记"盈余公积——法定盈余公积、法定公益金、任意盈余公积、储备基金、企业发展基金"等科目。应当分配给股东的现金股利或利润,借记"利润分配——应付现金股利或利润"科目,贷记"应付股利"科目。

企业按股东大会或类似机构批准的应分配股票股利或应转增的资本金额,在办理增资手续后,借记"利润分配——转作股本的股利"科目,贷记"实收资本"或"股本"科目(如实际发放的股票股利的金额与股票票面金额不一致,应按其差额,贷记"资本公积——股本溢价"科目)。

年度终了,企业应将全年实现的净利润,自"本年利润"科目转入本科目,借记"本年利润"科目,贷记"利润分配——未分配利润"科目,如为净亏损,作相反的会计分录;同时,将

“利润分配”科目下的其他明细科目的余额转入“利润分配”科目的“未分配利润”明细科目。结转后,除“未分配利润”明细科目外,“利润分配”科目的其他明细科目应无余额。

“利润分配”科目年末余额,反映企业历年积存的未分配利润(或未弥补亏损)。

【例 11-31】 A 公司 2010 年实现净利润 500 000 元,按 10% 提取法定盈余公积;按 5% 提取任意盈余公积;并分配给普通股股东现金股利 100 000 元。根据上述业务,可作如下会计处理。

(Ⅰ)结转本年利润。

借:本年利润　500 000

　贷:利润分配——未分配利润　500 000

(Ⅱ)提取法定盈余公积和法定公益金。

借:利润分配——提取法定盈余公积　50 000

　利润分配——提取任意盈余公积　25 000

　贷:盈余公积(500 000 × 15%)　75 000

(Ⅲ)分配现金股利。

借:利润分配——应付现金股利或利润　100 000

　贷:应付股利　100 000

(Ⅳ)结转利润分配科目中的明细科目。

借:利润分配——未分配利润　175 000

　贷:利润分配——提取法定盈余公积　5 0000

　　利润分配——提取法定公益金　25 000

　　利润分配——应付现金股利或利润　100 000

11.4.4 弥补亏损的核算

企业在生产经营过程中既可能发生盈利,也可能出现亏损。企业弥补亏损的渠道主要有三条:一是用以后年度税前利润弥补;二是用以后年度税后利润弥补;三是以盈余公积弥补。

用税前利润弥补亏损,是指企业发生亏损时,可以用以后 5 年内实现的税前利润弥补。在用次年实现的税前利润弥补以前年度亏损时,企业当年实现的利润自“本年利润”科目,转入“利润分配——未分配利润”科目,将本年实现的利润结转到“利润分配——未分配利润”科目的贷方,其贷方发生额与“利润分配——未分配利润”的借方余额自然抵补。因此,以当年实现净利润弥补以前年度结转的未弥补亏损时,不需要进行专门的账务处理。

用税后利润弥补亏损,指的是企业发生的亏损经过 5 年期间未弥补足额的,尚未弥补的亏损应用所得税后的净利润弥补。无论是税前弥补,还是税后弥补,会计处理方法都一样,区别在于所得税处理不同,前者可以作为纳税调整事项,从应纳税所得额中扣除,后者不能。因此,它本身依然可以通过账簿转账实现弥补,不需要单独编制会计分录。

用盈余公积弥补亏损,应当由公司董事会提议,并经股东大会批准。用盈余公积弥补亏损时,借记“盈余公积”科目,贷记“利润分配——盈余公积补亏”科目。

思考题

甲公司系工业企业,为增值税一般纳税人,适用的增值税率为 17% ,适用的所得税率为

25%。销售单价除标明外,均为不含增值税价格。甲公司2010年12月1日起发生以下业务(均为主营业务):

(1)12月1日,向A公司销售商品一批,价款为500 000元,该商品成本为400 000元,当日收到货款。同时与A公司签订协议,将该商品融资租回。

(2)12月6日,向B企业销售一批商品,以托收承付结算方式进行结算。该批商品的成本为200 000元,增值税专用发票上注明售价300 000元。甲公司在销售时已办妥托收手续后,得知B企业资金周转发生严重困难,很可能难以支付货款。

(3)12月9日,销售一批商品给C企业,增值税发票上售价为400 000元,实际成本为250 000元,本公司已确认收入,货款尚未收到。货到后C企业发现商品质量不合格,要求在价格上给予10%的折让,12月12日本公司同意并办理了有关手续和开具红字增值税专用发票。

(4)12月11日,与D企业签订代销协议:D企业委托本公司销售其商品100件,协议规定,本公司应按每件3 500元的价格对外销售,D企业按售价的10%支付本公司手续费。本公司当日收到商品。

(5)12月19日接受一项产品安装任务,安装期2个月,合同总收入450 000元,至年底已预收款项180 000元,实际发生成本75 000元,均为人工费用,预计还会发生成本150 000元,按实际发生的成本占估计总成本的比例确定劳务的完成程度。

(6)12月20日,销售来自于D企业的受托代销商品80件,并向买方开具增值税发票。同时将代销清单交与D企业,并向D企业支付商品代销款(已扣手续费)(假定此项业务不考虑除增值税以外的税费)。

(7)2003年6月25日,甲公司与F企业签订协议,向F企业销售商品一批,增值税专用发票上注明售价为750 000元。协议规定,甲公司应在6个月后将商品购回,回购价为930 000元。2003年12月25日购回,价款已支付。已知该商品的实际成本为600 000元(假设只考虑增值税)。

要求:根据上述业务编制相关会计分录,其中业务(7)要求编制全部会计分录。

第12章 财务报表

【学习目的】 本章主要了解财务报表的基本概念和意义。通过本章的学习，掌握资产负债表、利润表、现金流量表和所有者权益变动表的编制以及报表附注披露的主要内容。

【重点与难点】 资产负债表、利润表、现金流量表和所有者权益变动表的编制。

12.1 财务报表概述

12.1.1 财务报表的意义

在企业日常的会计核算中，已经将企业发生的各项经济业务按照一定的会计程序和方法，在有关的会计凭证和账簿中进行记录。但是，这些日常核算资料数量太多，而且比较分散，不能集中、概括地反映企业的财务状况与经营成果。企业的投资者、债权人和其他会计信息使用者不能直接从这些比较分散的会计记录来分析评价企业的财务状况和经营成果，据以作出正确的决策。为此，就有必要定期地将日常会计核算资料加以分类调整、汇总，按照一定的形式编制财务报表，总括、综合地反映企业的经济活动过程和结果，为有关方面进行管理和决策提供所需的会计信息。

财务报表是提供会计信息的一种重要手段。企业财务报表也称会计报表，是指企业对外提供的、以日常会计核算资料为主要依据，反映企业某一特定日期财务状况和某一会计期间经营成果、现金流量的文件。企业编制财务报表，对于改善企业外部有关方面的经济决策环境和加强企业内部经营管理，具有重要作用。具体来说，财务报表的作用主要表现在以下几方面：

(1)企业的投资者和债权人需要利用财务报表掌握有关企业经营成果、财务状况及现金流动情况等会计信息，以便进行正确的投资决策和信贷决策。

(2)企业管理者需要利用财务报表掌握本企业有关财务状况、经营成果和现金流动情况等会计信息，以便考核和分析财务计划或预算的完成情况，总结经济工作的成绩和存在的问题，评价经济效益，

(3)国家有关部门需要各单位提供财务报表资料，以便汇总分析，掌握各部门、各地区经济计划完成情况，各种财经法律制度的执行情况，并针对存在的问题、及时运用经济杠杆和其他手段，调控经济活动，优化资源配置。

12.1.2 财务报表的分类

1. 按报表所反映的内容分类

按所反映内容的不同，财务报表分为反映财务状况的报表，主要包括资产负债表和所有者权益变动表等；反映经营成果的报表主要指利润表；反映资金变化的报表主要指现金流量表。

2. 按报表的编制主体范围分类

按报表的编制主体范围大小，财务报表分为个别财务报表和合并财务报表。个别财务

报表是只反映单个企业情况的报表;合并报表是指将母企业与其所控制的企业视为一个整体,对个别财务报表加以合并、调整而成的报表。

3. 按报表的编制时间分类

按报表的编制时间,财务报表分为每年编制一次的年度报表(简称"年报")、每半年编制一次的报表(简称"中报")、每季编制一次的季度报表(简称"季报")和每月编制一次的月份报表(简称"月报")。短于一个会计年度的财务会计报表又统称为中期财务会计报表。年度要求的报表种类和揭示的信息最为完整齐全,可以全面反映企业一个会计期间的经营活动。中期报表则要求简明扼要,能及时地反映企业的主要经营情况。

企业的财务报表至少应当包括资产负债表、利润表、现金流量表、所有者权益变动表和附注。

12.1.3 财务报表的编制要求

为了充分发挥财务报表的作用,必须保证财务报表的质量。为此,编制财务报表应符合以下基本要求:

(1)企业编制财务报表,应当以真实的交易、事项以及完整、准确的账簿记录等资料为依据,并遵循国家统一的会计准则规定的编制基础、编制依据、编制原则和方法。

(2)企业在编制年度财务报表前,应当全面清查资产、核实债务,通过规定的清查、核实,查明财产物资的实存数量与账面数量是否一致,各项结算款项的拖欠情况及其原因、材料物资的实际储备情况、各项投资是否达到预期的目的、固定资产的使用情况及其完好程度等。

(3)企业在编制财务报表前,除应当全面清查资产、核实债务外,还应核对各会计账簿记录与会计凭证的内容、金额等是否一致,记账方向是否相符。

(4)企业在编制财务报表前应按期结账,不得为赶编报表而提前结账。在结账之前,必须将本期发生的全部经济业务和转账业务都登计入账;然后在此基础上,结清各个科目的本期发生额和期末余额。

(5)企业应当按照国家统一的会计制度规定的报表格式和内容,根据登记完整、核对无误的会计账簿记录和其他有关资料编制财务报表,做到内容完整、数据真实、计算准确,不得漏报或者任意取舍。

(6)财务报表之间、财务报表各项目之间,凡是对应关系的数字,应当相互一致;财务报表中本期与上期的有关数字应当相互衔接。

此外,我国会计制度对企业会计报表的对外提供还提出了一些要求,如企业对外提供的会计报表应当依次编定页数,加具封面,装订成册,加盖公章,封面上应当注明企业名称、企业统一代码、组织形式、地址、报表所属年度或者月份、报出日期,并由企业负责人和主管会计工作的负债人、会计机构负债人(会计主管人员)签名并盖章,设置总会计师的企业,还应当由总会计师签名并盖章。

12.2 资产负债表

12.2.1 资产负债表的性质和作用

资产负债表是反映企业在某一特定日期财务状况的会计报表。所谓财务状况,即企业的资产、负债、所有者权益的金额与结构。

资产负债表是根据"资产 = 负债 + 所有者权益"这一会计基本等式而编制的。它主要有以下作用：

(1)通过资产负债表可以了解企业所掌握的经济资源。资产负债表反映了企业一定日期所拥有的总资产，以及相对于这些总资产的权益。

(2)通过资产负债表可以分析企业的偿债能力。资产负债表可以提供企业流动资产和流动负债的数额。通过流动资产与流动负债的对比，可以看出企业的偿债能力。

(3)资产负债表可以反映企业所承担的债务和投资者所持有的权益。资产负债表可以反映企业有多少负债以及投资者拥有的权益数额，并且可以进一步提供企业的流动负债和长期负债的数额以及所有者权益的构成和具体内容。

(4)通过资产负债表可以分析企业的财务趋势。通过对资产负债表年初数和年末数的对比分析，可以看出企业的财务趋势，可以看出企业资产、负债和所有者权益的增减数额，可以看出企业总资产是否增加，企业的净资产即所有者权益是否增加，企业的财务状况是上升趋势还是下降趋势。

12.2.2 资产负债表的格式

资产负债表的格式有账户式与报告式两种。按照我国会计准则的规定，我国企业填报的资产负债表采用账户式。以下介绍这种格式资产负债表的内容。

账户式资产负债表分左、右两方，左方列示资产项目，右方列示负债与所有者权益项目，左右两方的合计数相等。

12.2.3 资产负债表的编制方法

本表各项目的"年初余额"，应根据上年年末资产负债表"期末余额"栏内所列数字填列。如果上年度资产负债表规定的各个项目的名称和内容同本年度不相一致，应对上年年末资产负债表各项目的名称和数字按照本年度的规定进行调整，填入表中"年初余额"栏内。"期末余额"各项目的内容和填列方法如下：

(1)"货币资金"项目，反映企业库存现金、银行结算户存款、外埠存款、银行汇票存款、银行本票存款、信用卡存款、信用证保证金存款等的合计数。本项目应根据"库存现金""银行存款""其他货币资金"账户期末余额的合计数填列。

(2)"交易性金融资产"项目，反映企业持有的以公允价值计量且其变动计入当期损益的，为交易目的所持有的债券投资、股票投资、基金投资、权证投资等金融资产。本项目应根据"交易性金融资产"账户的期末余额填列。

(3)"应收票据"项目，反映企业因销售商品、提供劳务等而收到的商业汇票，包括银行承兑汇票和商业承兑汇票。本项目应根据"应收票据"账户的期末余额，减去"坏账准备"账户中有关应收票据计提的坏账准备期末余额后的金额填列。

(4)"应收账款"项目，反映企业因销售商品、提供劳务等经营活动应收取的款项。本项目应根据"应收账款"和"预收账款"账户所属各明细账户的期末借方余额合计数，减去"坏账准备"账户中有关应收账款计提的坏账准备期末余额后的金额填列。如"应收账款"账户所属明细账户期末有贷方余额的，应在资产负债表"预收款项"项目内填列。

(5)"预付款项"项目，反映企业按照购货合同规定预付给供应单位的款项等。本项目应根据“预付账款”和“应付账款”账户所属各明细账户的期末借方余额合计数,减去“坏账准备”账户中有关预付款项计提的坏账准备期末余额后的金额填列。如“预付账款”账户所属各明细账户期末有贷方余额的,应在资产负债表“应付账款”项目内填列。

(6)“应收利息”项目,反映企业应收取的债券投资等的利息。本项目应根据“应收利息”账户的期末余额,减去“坏账准备”账户中有关应收利息计提的坏账准备期末余额后的金额填列。

(7)“应收股利”项目,反映企业应收取的现金股利和应收取其他单位分配的利润。本项目应根据“应收股利”账户的期末余额,减去“坏账准备”账户中有关应收股利计提的坏账准备期末余额后的金额填列。

(8)“其他应收款”项目,反映企业除应收票据、应收账款、预付账款、应收股利、应收利息等经营活动以外的其他各种应收、暂付的款项。本项目应根据“其他应收款”账户的期末余额,减去“坏账准备”账户中有关其他应收款计提的坏账准备期末余额后的金额填列。

(9)“存货”项目,反映企业期末在库、在途和在加工中的各种存货的可变现净值。本项目应根据“材料采购”“原材料”“低值易耗品”“库存商品”“周转材料”“委托加工物资”“委托代销商品”“生产成本”等账户的期末余额合计,减去“受托代销商品款”“存货跌价准备”账户期末余额后的金额填列。材料采用计划成本核算,以及库存商品采用计划成本核算或售价核算的企业,还应按加或减材料成本差异、商品进销差价后的金额填列。

(10)“一年内到期的非流动资产”项目,反映企业将于一年内到期的非流动资产项目金额。本项目应根据有关账户的期末余额填列。

(11)“其他流动资产”项目,反映企业除货币资金、交易性金融资产、应收票据、应收账款、存货等流动资产以外的其他流动资产。本项目应根据有关账户的期末余额填列。

(12)“可供出售金融资产”项目,反映企业持有的以公允价值计量的可供出售的股票投资、债券投资等金融资产。本项目应根据“可供出售金融资产”账户的期末余额,减去“可供出售金融资产减值准备”账户期末余额后的金额填列。

(13)“持有至到期投资”项目,反映企业持有的以摊余成本计量的持有至到期投资。本项目应根据“持有至到期投资”账户的期末余额,减去“持有至到期投资减值准备”账户期末余额后的金额填列。

(14)“长期应收款”项目,反映企业融资租赁产生的应收款项、采用递延方式具有融资性质的销售商品和提供劳务等产生的长期应收款项等。本项目应根据“长期应收款”账户的期末余额,减去相应的“未实现融资收益”账户和“坏账准备”账户所属相关明细账户期末余额后的金额填列。

(15)“长期股权投资”项目,反映企业持有的对子公司、联营企业和合营企业的长期股权投资。本项目应根据“长期股权投资”账户的期末余额,减去“长期股权投资减值准备”账户期末余额后的金额填列。

(16)“投资性房地产”项目,反映企业持有的投资性房地产。企业采用成本模式计量投资性房地产的,本项目应根据“投资性房地产”账户的期末余额,减去“投资性房地产累计折旧(摊销)”和“投资性房地产减值准备”账户期末余额后的金额填列;企业采用公允价值模式计量投资性房地产的,本项目应根据“投资性房地产”账户的期末余额填列。

(17)“固定资产”项目,反映企业各种固定资产原价减去累计折旧和累计减值准备后的净额。本项目应根据“固定资产”账户的期末余额,减去“累计折旧”和“固定资产减值准备”账户期末余额后的金额填列。

(18)“在建工程”项目,反映企业期末各项未完工程的实际支出,包括交付安装的设备价值,未完建筑安装工程已经耗用的材料、工资和费用支出,预付出包工程的价款等的可收回金额。本项目应根据“在建工程”账户的期末余额,减去“在建工程减值准备”账户期末余额后的金额填列。

(19)“工程物资”项目,反映企业尚未使用的各项工程物资的实际成本。本项目应根据“工程物资”账户的期末余额填列。

(20)“固定资产清理”项目,反映企业因出售、毁损、报废等原因转入清理但尚未清理完毕的固定资产的净值,以及固定资产清理过程中所发生的清理费用和变价收入等各项金额的差额。本项目应根据“固定资产清理”账户的期末借方余额填列,如“固定资产清理”账户期末为贷方余额,以“ - ”号填列。

(21)“生产性生物资产”项目,反映企业持有的生产性生物资产。本项目应根据“生产性生物资产”账户的期末余额,减去“生产性生物资产累计折旧”和“生产性生物资产减值准备”账户期末余额后的金额填列。

(22)“油气资产”项目,反映企业持有的矿区权益和油气井及相关设施的原价减去累计折耗和累计减值准备后的净额。本项目应根据“油气资产”账户的期末余额,减去“累计折耗”账户期末余额和相应减值准备后的金额填列。

(23)“无形资产”项目,反映企业持有的无形资产,包括专利权、非专利技术、商标权、著作权、土地使用权等。本项目应根据“无形资产”账户的期末余额,减去“累计摊销”和“无形资产减值准备”账户期末余额后的金额填列。

(24)“开发支出”项目,反映企业开发无形资产过程中能够资本化形成无形资产成本的支出部分。本项目应根据“研发支出”账户中所属的“资本化支出”明细账户期末余额填列。

(25)“商誉”项目,反映企业合并中形成的商誉的价值。本项目应根据“商誉”账户的期末余额,减去相应减值准备后的金额填列。

(26)“长期待摊费用”项目,反映企业已经发生但应由本期和以后各期负担的分摊期限在一年以上的各项费用。长期待摊费用中在一年内(含一年)摊销的部分,在资产负债表“一年内到期的非流动资产”项目填列。本项目应根据“长期持摊费用”账户的期末余额减去将于一年内(含一年)摊销的数额后的金额填列。

(27)“递延所得税资产”项目,反映企业确认的可抵扣暂时性差异产生的递延所得税资产。本项目应根据“递延所得税资产”账户的期末余额填列。

(28)“其他非流动资产”项目,反映企业除长期股权投资、固定资产、在建工程、工程物资、无形资产等资产以外的其他非流动资产。本项目应根据有关账户的期末余额填列。

(29)“短期借款”项目,反映企业向银行或其他金融机构等借入的期限在一年以下(含一年)的各种借款。本项目应根据“短期借款”账户的期末余额填列。

(30)“交易性金融负债”项目,反映企业承担的以公允价值计量且其变动计入当期损益的为交易目的所持有的金融负债。本项目应根据“交易性金融负债”账户的期末余额填列。

(31)“应付票据”项目,反映企业购买材料、商品和接受劳务供应等而开出、承兑的商业汇票,包括银行承兑汇票和商业承兑汇票。本项目应根据“应付票据”账户的期末余额填列。

(32)“应付账款”项目,反映企业因购买材料、商品和接受劳务供应等经营活动应支付的款项。本项目应根据“应付账款”和“预付账款”账户所属各明细账户的期末贷方余额合计数填列;如“应付账款”账户所属明细账户期末有借方余额的,应在资产负债表“预付款项”项目内填列。

(33)“预收款项”项目,反映企业按照销货合同规定向购买单位预收的款项。本项目应根据“预收账款”和“应收账款”账户所属各明细账户的期末贷方余额合计数填列。如“预收账款”账户所属各明细账户期末有借方余额,应在资产负债表“应收账款”项目内填列。

(34)“应付职工薪酬”项目,反映企业根据有关规定应付给职工的工资、职工福利、社会保险费、住房公积金、工会经费、职工教育经费、非货币性福利、辞退福利等各种薪酬。外商投资企业按规定从净利润中提取的职工奖励及福利基金,也在本项目列示。

(35)“应交税费”项目,反映企业按照税法规定计算应交纳的各种税费,包括增值税、消费税、营业税、所得税、资源税、土地增值税、城市维护建设税、房产税、土地使用税、车船使用税、教育费附加、矿产资源补偿费等。企业代扣代交的个人所得税,也通过本项目列示。企业所交纳的税金不需要预计应交数的,如印花税、耕地占用税等,不在本项目列示。本项目应根据“应交税费”账户的期末贷方余额填列;如“应交税费”账户期末为借方余额,应以“-”号填列。

(36)“应付利息”项目,反映企业按照规定应当支付的利息,包括分期付息到期还本的长期借款应支付的利息,企业发行的企业债券应支付的利息等。本项目应当根据“应付利息”账户的期末余额填列。

(37)“应付股利”项目,反映企业分配的现金股利或利润。企业分配的股票股利,不通过本项目列示。本项目应根据“应付股利”账户的期末余额填列。

(38)“其他应付款”项目,反映企业除应付票据、应付账款、预收款项、应付职工薪酬、应付股利、应付利息、应交税费等经营活动以外的其他各项应付、暂收的款项。本项目应根据“其他应付款”账户的期末余额填列。

(39)“一年内到期的非流动负债”项目,反映企业非流动负债中将于资产负债表日后一年内到期部分的金额,如将于一年内偿还的长期借款。本项目应根据有关账户的期末余额填列。

(40)“其他流动负债”项目,反映企业除短期借款、交易性金融负债、应付票据、应付账款、应付职工薪酬、应交税费等流动负债以外的其他流动负债。本项目应根据有关账户的期末余额填列。

(41)“长期借款”项目,反映企业向银行或其他金融机构借入的期限在一年以上(不含一年)的各项借款。本项目应根据“长期借款”账户的期末余额填列。

(42)“应付债券”项目,反映企业为筹集长期资金而发行的债券本金和利息。本项目应根据“应付债券”账户的期末余额填列。

(43)“长期应付款”项目,反映企业除长期借款和应付债券以外的其他各种长期应付款项。本项目应根据“长期应付款”账户的期末余额,减去相应的“未确认融资费用”账户期末余额后的金额填列。

(44)“专项应付款”项目,反映企业取得政府作为企业所有者投入的具有专项或特定用途的款项。本项目应根据“专项应付款”账户的期末余额填列。

(45)“预计负债”项目,反映企业确认的对外提供担保、未决诉讼、产品质量保证、重组义务、亏损性合同等预计负债。本项目应根据“预计负债”账户的期末余额填列。

(46)“递延所得税负债”项目，反映企业确认的应纳税暂时性差异产生的所得税负债。本项目应根据“递延所得税负债”账户的期末余额填列。

(47)“其他非流动负债”项目，反映企业除长期借款、应付债券等负债以外的其他非流动负债。本项目应根据有关账户的期末余额减去将于一年内（含一年）到期偿还数后的余额填列。非流动负债各项目中将于一年内（含一年）到期的非流动负债，应在“一年内到期的非流动负债”项目内单独反映。

(48)“实收资本（或股本）”项目，反映企业各投资者实际投入的资本（或股本）总额。本项目应根据“实收资本”（或“股本”）账户的期末余额填列。

(49)“资本公积”项目，反映企业资本公积的期末余额。本项目应根据“资本公积”账户的期末余额填列。

(50)“库存股”项目，反映企业持有的尚未转让或注销的本公司股份金额。本项目应根据“库存股”账户的期末余额填列。

(51)“盈余公积”项目，反映企业盈余公积的期末余额。本项目应根据“盈余公积”账户的期末余额填列。

(52)“未分配利润”项目，反映企业尚未分配的利润。本项目应根据“本年利润”账户和“利润分配”账户的余额计算填列。未弥补的亏损在本项目内以“ - ”号填列。

综上所述，我们可以发现我国资产负债表各项目数据的来源，主要可通过以下几种方式获取：

(1)直接根据总账科目余额填列。例如，“交易性金融资产”“应收票据”“其他应收款”“固定资产清理”“短期借款”“应付票据”“应付职工薪酬”“应交税费”“应付利息”“应付股利”“其他应付款”“实收资本”“资本公积”“盈余公积”等项目，应根据各相关总账科目余额直接填列。

(2)根据若干个总账科目余额计算填列。例如，“货币资金”项目，应根据“库存现金”“银行存款”和“其他货币资金”科目余额之和计算填列；“存货”项目，应根据“材料采购”（或“在途物资”“商品采购”）“原材料”（或“库存商品”）“委托加工物资”“包装物”“低值易耗品”“材料成本差异”（或“商品进销差价”）“生产成本”“自制半成品”“产成品”等科目借贷方余额的差额计算填列；“未分配利润”项目，应根据“本年利润”和“利润分配”科目余额计算填列。

(3)根据若干个明细科目余额计算填列。例如，“应收账款”项目，应根据“应收账款”“预收账款”总账科目所属明细科目的借方余额之和计算填列；“预收账款”项目，应根据“应收账款”“预收账款”总账科目所属明细科目的贷方余额之和计算填列；“应付账款”项目，应根据“应付账款”“预付账款”总账科目所属明细科目的贷方余额之和计算填列；“预付账款”项目，应根据“应付账款”“预付账款”总账科目所属明细科目的借方余额之和计算填列。

(4)根据总账科目或明细科目余额分析填列。例如，“1 年内到期的非流动资产”项目，应根据“持有至到期投资”“长期应收款”科目所属明细科目余额中将于 1 年内到期的数额之和计算填列；“持有至到期投资”“长期应收款”项目应根据“持有至到期投资”“长期应收款”总账科目余额扣除 1 年内到期的数额填列；“1 年内到期的非流动负债”项目，应根据“长期借款”“应付债券”“长期应付款”等总账科目所属明细科目余额中将于 1 年内到期的数额之和计算填列；“长期借款”“应付债券”“长期应付款”等项目，应分别根据“长期借款”

“应付债券”“长期应付款”等总账科目余额扣除1年内到期的数额填列。

12.2.4 资产负债表编制示例

甲股份有限公司系增值税一般纳税人，增值税税率为17%，所得税税率为25%。其2011年1月1日有关科目余额如表12-1所示。

表12-1 科目余额表

2011年1月1日

账户名称	借方余额	账户名称	贷方余额
库存现金	1 800	短期借款	300 000
银行存款	2 370 200	应付票据	200 000
交易性金融资产	85 000	应付账款	950 000
应收票据	300 000	其他应付款	60 000
应收账款	300 000	应付职工薪酬	22 800
其他应收款	5 000	应交税费	500
坏账准备	-9 200	应付股利	0
应收股利	6 000	应付利息	7 500
原材料	270 000	长期借款	420 000
周转材料	212 000	股本	5 000 000
库存商品	400 000	盈余公积	655 000
存货跌价准备	0	利润分配	
长期股权投资	200 000	(未分配利润)	140 000
固定资产	3 275 000		
累计折旧	-2 590 000		
工程物资	70 000		
在建工程	2 530 000		
无形资产	230 000		
长期待摊费用	100 000		
合计	7 755 800	合计	7 755 800

甲公司2011年发生的经济业务如下：

(1)公司出售交易性金融资产，收到银行存款69 000元，该笔交易性金融资产的账面余额为65 000元。该交易性金融资产原来没有公允价值变动。

(2)将一张将要到期的面值为300 000元的银行承兑汇票，连同解讫通知和进账单交银行办理转账，银行盖章后退回进账单一联。款项银行已收妥。

(3)从银行提取现金22 800元，用于发放职工工资。

(4)结算并支付职工薪酬，其中生产工人工资14 820元，车间管理人员工资4 560元，行政管理部人员工资3 420元。

(5)收到应收账款(不含增值税)60 000元，存入银行。

(6)收到应收现金股利6 000元(按成本法核算，该公司及其投资企业所得税税率均为25%)，已存入银行。

(7)销售一批产品，售价500 000元，收取的增值税85 000元，该产品成本为270 000元，价款尚未收到。

(8)购入一批原材料,价款250 000元,应支付的增值税额42 500元,款项一半用银行存款支付,另一半开出银行承兑汇票。材料已入库。

(9)基本生产领用原材料220 000元,领用低值易耗品50 000元。

(10)用银行存款200 000元投资另一家企业,获得该企业15%的表决权股份,该项投资准备长期持有。

(11)购入高级轿车一台,价款970 000元,支付的增值税164 900元,包装费、运杂费共计3 100元。轿车价款、包装费和运杂费均以银行存款支付。

(12)计提车间应负担的折旧费用180 000元,公司应负担的折旧费用400 000元。

(13)购入一批工程物资用于自建房屋,价款200 000元,支付的增值税34 000元。款项用银行存款支付。

(14)工程领用一批工程物资110 000元,该工程应付职工薪酬79 800元,缴纳耕地占用税10 000元。

(15)完成对原有生产线的更新改造,该项目累计支出430 000元。工程竣工已交付使用。

(16)出售一台设备收到款项40 000元,该设备账面价值75 000元,已提折旧30 000元。

(17)企业归还短期借款本金150 000元,利息7 500元(已计提)。

(18)从银行借入5年期借款600 000元,已存入银行账户,该项借款用于购建固定资产。

(19)提取应计入本期损益的借款利息共6 000元,其中短期借款利息1 500元,长期借款利息4 500元。

(20)用银行存款支付广告费50 000元。

(21)摊销无形资产20 000元,缴纳印花税3 000元,支付基本生产车间固定资产修理费45 000元。

(22)计算并结转本期完工产品成本469 380元。公司没有期初在产品,本期生产的产品全部完工入库。

(23)年末计提应收账款的坏账准备2 500元。

(24)年末计提存货跌价准备10 000元。

(25)本期产品销售应交纳的教育费附加为850元。

(26)用银行存款缴纳增值税42 500元,教育费附加850元。

(27)将各损益类账户结转本年利润。

(28)计算并结转应交所得税(所得税税率为25%)12 057.50元。

(29)提取法定盈余公积金3 617.25元,向投资者分配股利21 955.49元。

(30)将利润分配各账户的余额转入"未分配利润"明细账户,结转本年净利润36 172.50元。

要求:根据以上资料编制相应的会计分录和资产负负债表。

(1)借:银行存款	69 000	
贷:交易性金融资产		65 000
投资收益		4 000
(2)借:银行存款	300 000	
贷:应收票据		300 000

(3)借:库存现金　22 800
　　贷:银行存款　22 800
(4)借:生产成本　14 820
　　制造费用　4 560
　　管理费用　3 420
　　贷:应付职工薪酬　22 800
　借:应付职工薪酬　22 800
　　贷:库存现金　22 800
(5)借:银行存款　60 000
　　贷:应收账款　60 000
(6)借:银行存款　6 000
　　贷:应收股利　6 000
(7)借:应收账款　585 000
　　贷:主营业务收入　500 000
　　　应交税费——应交增值税(销项税额)　85 000
　借:主营业务成本　270 000
　　贷:库存商品　270 000
(8)借:原材料　250 000
　　应交税费——应交增值税(进项税额)　42 500
　　贷:银行存款　146 250
　　　应付票据　146 250
(9)借:生产成本　220 000
　　贷:原材料　220 000
　借:制造费用　50 000
　　贷:原材料　50 000
(10)借:长期股权投资　200 000
　　贷:银行存款　200 000
(11)借:固定资产　1 138 000
　　贷:银行存款　1 138 000
(12)借:制造费用　180 000
　　管理费用　40 000
　　贷:累计折旧　220 000
(13)借:工程物资　234 000
　　贷:银行存款　234 000
(14)借:在建工程　199 800
　　贷:工程物资　110 000
　　　应付职工薪酬　79 800
　　　银行存款　10 000
(15)借:固定资产　430 000
　　贷:在建工程　430 000

(16)借:固定资产清理	45 000	
累计折旧	30 000	
贷:固定资产		75 000
借:银行存款	40 000	
贷:固定资产清理		40 000
借:营业外支出	5 000	
贷:固定资产清理		5 000
(17)借:短期借款	150 000	
应付利息	7 500	
贷:银行存款		157 500
(18)借:银行存款	600 000	
贷:长期借款		600 000
(19)借:财务费用	6 000	
贷:应付利息		6 000
(20)借:销售费用	50 000	
贷:银行存款		50 000
(21)借:管理费用	20 000	
贷:累计摊销		20 000
借:管理费用	48 000	
贷:银行存款		48 000
(22)借:生产成本	234 560	
贷:制造费用		234 560
借:库存商品	469 380	
贷:生产成本		469 380
(23)借:资产减值损失	2 500	
贷:坏账准备		2 500
(24)借:资产减值损失	10 000	
贷:存货跌价准备		10 000
(25)借:营业税金及附加	850	
贷:应交税费——教育费附加		850
(26)借:应交税费——应交增值税(已交税金)	42 500	
——教育费附加	850	
贷:银行存款		43 350
(27)借:主营业务收入	500 000	
投资收益	4 000	
贷:本年利润		504 000
借:本年利润	455 770	
贷:主营业务成本		270 000
营业税金及附加		850
销售费用		50 000

管理费用　　111 420
财务费用　　6 000
资产减值损失　　12 500
营业外支出　　5 000

(28)本年应交所得税:48 230×25% =12 057.50

借:所得税费用　　12 057.50
　贷:应交税费——应交所得税　　12 057.50
借:本年利润　　12 057.50
　贷:所得税费用　　12 057.50

(29)本年应提法定盈余公积:36 172.50×10% =3 617.25

借:利润分配——提取法定盈余公积　　3 617.25
　贷:盈余公积——法定盈余公积　　3 617.25

向投资者分配股利21 955.49元,即

借:利润分配——应付股利　　21 955.49
　贷:应付股利　　21 955.49

(30)借:本年利润　　36 172.50
　贷:利润分配——未分配利润　　36 172.50
借:利润分配——未分配利润　　25 572.74
　贷:利润分配——提取法定盈余公积　　3 617.25
　　利润分配——应付股利　　21 955.49

根据以上会计分录编制甲股份有限公司2011年12月31日的科目余额表,见表12-2。

表12-2　科目余额表

2011年12月31日

账户名称	借方余额	账户名称	贷方余额
库存现金	1 800	短期借款	150 000
银行存款	1 395 300	应付票据	346 250
交易性金融资产	20 000	应付账款	950 000
应收票据	0	其他应付款	60 000
应收股利	0	应付职工薪酬	102 600
应收账款	825 000	应交税费	12 557.50
其他应收款	5 000	应付股利	21 955.49
坏账准备	-11 700	应付利息	6 000
原　材　料	300 000	长期借款	1 020 000
周转材料	162 000	股　　本	5 000 000
库存商品	599 380	盈余公积	658 617.25
存货跌价准备	-10 000	利润分配	

表 12－2(续)

2011 年 12 月 31 日

账户名称	借方余额	账户名称	贷方余额
长期股权投资	400 000	(未分配利润)	150 599.76
固定资产	4 768 000		
累计折旧	－2 780 000		
工程物资	194 000		
在建工程	2 299 800		
无形资产	230 000		
累计摊销	－20 000		
长期待摊费用	100 000		
合　　计	8 478 580	合　　计	8 478 580

根据 2011 年 1 月 1 日和 12 月 31 日的科目余额表编制甲股份有限公司 2011 年度资产负债表，见表 12－3。

表 12－3　资产负债表

编制单位：甲股份有限公司　　　　2011 年 12 月 31 日　　　　单位：元

资　　产	期末余额	年初余额	负债和所有者权益（或股东权益）	期末余额	年初余额
流动资产：			流动负债：		
货币资金	1 397 100	2 372 000	短期借款	300 000	150 000
交易性金融资产	20 000	85 000	交易性金融负债		
应收票据	0	300 000	应付票据	200 000	346 250
应收账款	813 300	290 800	应付账款	950 000	950 000
预付账款			预收账款		
应收利息			应付职工薪酬	22 800	102 600
应收股利	0	6 000	应交税费	500	12 557.50
其他应收款	5 000	5 000	应付利息	7 500	6 000
存　　货	1 051 380	882 000	应付股利		21 955.49
一年内到期的非流动资产			其他应付款	60 000	60 000
其他流动资产			一年内到期的非流动负债		
流动资产合计	3 286 780	3 940 800	其他流动负债		

表 12－3(续)

编制单位:甲股份有限公司　　2011 年 12 月 31 日　　单位:元

资　　产	期末余额	年初余额	负债和所有者权益(或股东权益)	期末余额	年初余额
非流动资产:			流动负债合计	1 540 800	1 649 362.99
可供出售金融资产			非流动负债:		
持有至到期投资			长期借款	420 000	1 020 000
长期应收款			应付债券		
长期股权投资	400 000	200 000	长期应付款		
投资性房地产			专项应付款		
固定资产	1 988 000	685 000	预计负债		
在建工程	2 299 800	2 530 000	递延所得税负债		
工程物资	194 000	70 000	其他非流动负债		
固定资产清理			非流动负债合计	420 000	1 020 000
生产性生物资产			负债合计	1 960 800	2 669 362.99
油气资产			所有者权益		
无形资产	210 000	230 000	实收资本(或股本)	5 000 000	5 000 000
开发支出			资本公积		
商　　誉			减:库存股		
长期待摊费用	100 000	100 000	盈余公积	655 000	658 617.25
递延所得税资产			未分配利润	140 000	150 599.76
其他非流动资产			所有者权益合计	5 795 000	5 809 217.01
非流动资产合计	5 191 800	3 815 000			
资产总计	8 478 580	7 755 800	负债和所有者权益总计	8 478 580	7 755 800

12.3　利　润　表

12.3.1　利润表的性质和作用

利润表是反映企业在一定会计期间的经营成果的一种会计报表。

企业的经营成果通常表现为某时期收入与费用配比而得的利润或亏损。为了正确地反映企业的利润和亏损,就必须按照收入确认原则确定的当期收入和按照配比原则确定的与之相应的费用编制利润表。

利润表反映了企业的经营成果,能衡量企业经营管理的成功程度和经营者的绩效。利润表还能够用于分析和预测企业的获利能力。运用利润表提供的构成利润或亏损的各项明细资料，可以分析企业损益的形成原因，这有助于管理人员作出合理的经营决策。通过分析若干期利润表数据的变化，还可测定企业利润的发展变化趋势，预测企业未来的获得能力，这既有助于投资者作投资决策，也有助于债权人评估企业的长期偿债能力，作出信贷决策。

12.3.2 利润表的格式

利润表的格式主要有两种，即多步式和单步式。

在我国，企业利润表采用的是多步式结构，即通过对当期的收入、费用、支出项目按性质加以归类，按利润形成的主要环节列示一些中间性利润指标，分步计算当期净损益。

利润表主要反映以下几方面的内容：①营业收入，由主营业务收入和其他业务收入组成；②营业利润，营业收入减去营业成本（主营业务成本、其他业务成本）、营业税金及附加、销售费用、管理费用、财务费用、资产减值损失，加上公允价值变动收益、投资收益，即为营业利润；③利润总额，营业利润加上营业外收入，减去营业外支出，即为利润总额；④净利润，利润总额减去所得税费用，即为净利润；⑤每股收益，普通股或潜在普通股已公开交易的企业，以及正处于公开发行普通股或潜在普通股过程中的企业，还应当在利润表中列示每股收益信息，包括基本每股收益和稀释每股收益两项指标。

多步式利润表的格式见表 12－4。

表 12－4 利 润 表

编制单位：甲股份有限公司　　2011 年度　　单位：元

项　　目	本年金额	上年金额
一、营业收入		
减：营业成本		
营业税金及附加		
销售费用		
管理费用		
财务费用		
资产减值损失		
加：公允价值变动收益		
投资收益		
二、营业利润		
加：营业外收入		
减：营业外支出		
三、利润总额		
减：所得税费用		
四、净利润		
五、每股收益		
（一）基本每股收益		
（二）稀释每股收益		

12.3.3 利润表的编制

"上年金额"栏内各项数字,应根据上年该期利润表"本年金额"栏内所列数字填列。如果上年该期利润表规定的各个项目的名称和内容同本期不相一致,应对上年该期利润表各项目的名称和数字按本期的规定进行调整,填入利润表"上期金额"栏内。

利润表"本年金额"栏内各项数字一般应根据损益类账户的发生额分析填列,具体编制方法说明如下:

(1)"营业收入"项目,反映企业经营主要业务和其他业务所确认的收入总额。本项目根据"主营业务收入"和"其他业务收入"账户的发生额分析填列。

(2)"营业成本"项目,反映企业经营主要业务和其他业务所发生的成本总额。本项目应根据"主营业务成本"和"其他业务成本"账户的发生额分析填列。

(3)"营业税金及附加"项目,反映企业经营业务应负担的消费税、营业税、城市建设维护税、资源税、土地增值税和教育费附加等。本项目应根据"营业税金及附加"账户的发生额分析填列。

(4)"销售费用"项目,反映企业在销售商品过程中发生的包装费用、广告费等费用和为销售本企业商品而专设的销售机构的职工薪酬、业务费等经营费用。本项目应根据"销售费用"账户的发生额分析填列。

(5)"管理费用"项目,反映企业为组织和管理生产经营发生的管理费用。本项目应根据"管理费用"账户的发生额分析填列。

(6)"财务费用"项目,反映企业筹集生产经营所需资金等而发生的筹资费用。本项目应根据"财务费用"账户的发生额分析填列。

(7)"资产减值损失"项目,反映企业各项资产发生的减值损失。本项目应根据"资产减值损失"账户的发生额分析填列。

(8)"公允价值变动收益"项目,反映企业应当计入当期损益的资产或负债公允价值变动收益。本项目应根据"公允价值变动损益"账户的发生额分析填列。如为净损失,本项目以"-"号填列。

(9)"投资收益"项目,反映企业以各种方式对外投资所取得的收益。本项目应根据"投资收益"账户的发生额分析填列。如为投资损失,本项目以"-"号填列。

(10)"营业利润"项目,反映企业实现的营业利润。如为亏损,本项目以"-"号填列。

(11)"营业外收入"项目,反映企业发生的与经营业务无直接关系的各项收入。本项目应根据"营业外收入"账户的发生额分析填列。

(12)"营业外支出"项目,反映企业发生的与经营业务无直接关系的各项支出。本项目应根据"营业外支出"账户的发生额分析填列。

(13)"利润总额"项目,反映企业实现的利润。如为亏损,本项目以"-"号填列。

(14)"所得税费用"项目,反映企业应从当期利润总额中扣除的所得税费用。本项目应根据"所得税费用"账户的发生额分析填列。

(15)"净利润"项目,反映企业实现的净利润。如为亏损,本项目以"-"号填列。

12.4 所有者权益变动表

12.4.1 所有者权益变动表的性质和作用

所有者权益变动表是指反映构成所有者权益的各组成部分当期增减变动情况的报表。

所有者权益变动表全面反映了企业一定时期内所有者权益变动的情况,不仅包括所有者权益总量的增减变动,还包括所有者权益增减变动的重要结构性信息,有助于报表使用者准确理解所有者权益增减变动的根源。

在所有者权益变动表中,净利润和直接计入所有者权益的利得和损失均单列项目进行反映,向报表使用者揭示了企业综合收益的构成信息。

该表是2006年新准则发布后增设的一张主报,原先只是作为资产负债表的附表,且反映的内容也比较简略。由于净利润及其分配情况均会引起所有者权益的增减变动,因此,在新的财务报表体系下不再单独设置利润分配表,而是将该表反映的内容作为所有者权益变动表的一个组成部分来揭示。

12.4.2 所有者权益变动表的格式及编制

1. 所有者权益变动表的格式

为了清楚地表明构成所有者权益的各组成部分当期的增减变动情况,所有者权益变动表应当以矩阵的形式列示:一方面,列示导致所有者权益变动的交易或事项,改变了以往仅仅按照所有者权益的各组成部分反映所有者权益变动情况,而是从所有者权益变动的来源对一定时期所有者权益变动情况进行全面反映;另一方面,按照所有者权益各组成部分(包括实收资本、资本公积、盈余公积、未分配利润和库存股)及其总额列示交易或事项对所有者权益的影响。此外,企业还需要提供比较所有者权益变动表,所有者权益变动表还就各项目再分为“本年金额”和“上年金额”两栏分别填列。所有者权益变动表的具体格式见表12-5。

2. 所有者权益变动表的编制

所有者权益变动表各项目分为“本年金额”和“上年金额”两大栏,其中“上年金额”栏内各项数字,应根据上年度所有者权益变动表“本年金额”栏内所列数字填列。如果上年度所有者权益变动表规定的各个项目的名称和内容同本年度不相一致,应对上年度所有者权益变动表各项目的名称和数字按本年度的规定进行调整,填入所有者权益变动表“上年金额”栏内。

所有者权益变动表“本年金额”栏内各项数字一般应根据“实收资本(或股本)”“资本公积”“盈余公积”“利润分配”“库存股”“以前年度损益调整”等账户的发生额分析填列。表中各项目的反映内容及填列方法如下:

(1)“上年年末余额”项目,反映企业上年资产负债表中实收资本(或股本)、资本公积、盈余公积、未分配利润的年末余额。

(2)“会计政策变更”和“前期差错更正”项目,分别反映企业采用追溯调整法处理的会计政策变更的累积影响金额和采用追溯重述法处理的会计差错更正的累积影响金额。

为了体现会计政策变更和前期差错更正的影响,企业应当在上期期末所有者权益余额的基础上进行调整得出本期期初所有者权益,根据“盈余公积”“利润分配”“以前年度损益调整”等账户的发生额分析填列。

表 12－5　所有者权益变动表

编制单位:甲股份有限公司　　　　2011 年度　　　　单位:元

项　目	本年金额						上年金额					
	实收资本(或股本)	资本公积	减:库存股	盈余公积	未分配利润	所有者权益合计	实收资本(或股本)	资本公积	减:库存股	盈余公积	未分配利润	所有者权益合计
一、上年年末余额												
加:会计政策变更												
前期差错更正												
二、本年年初余额												
三、本年增减变动金额(减少以“－”填列)												
(一)净利润												
(二)直接计入所有者权益的利得和损失												
1. 可供出售金融资产公允价值变动净额												
2. 权益法下被投资单位其他所有者权益变动的影响												
3. 与计入所有者权益项目相关的所得税影响												
4. 其他												
上述(一)和(二)小计												
(三)所有者投入和减少资本												
1. 所有者投入资本												
2. 股份支付计入所有者权益的金额												
3. 其他												
(四)利润分配												
1. 提取盈余公积												
2. 对所有者(或股东)的分配												
3. 其他												
(五)所有者权益内部结转												
1. 资本公积转增资本(或股本)												
2. 盈余公积转增资本(或股本)												
3. 盈余公积弥补亏损												
4. 其他												
四、本年年末余额												

(3)“本年增减变动额”项目分别反映如下内容。

①“净利润”项目，反映企业当年实现的净利润（或净亏损）金额，并对应列在“未分配利润”栏。

②“直接计入所有者权益的利得和损失”项目，反映企业当年直接计入所有者权益的利得和损失金额。其中：

“可供出售金融资产公允价值变动净额”项目，反映企业持有的可供出售金融资产当年公允价值变动的金额，并对应列在“资本公积”栏；

“权益法下被投资单位其他所有者权益变动的影响”项目，反映企业对按照权益法核算的长期股权投资，在被投资单位除当年实现的净损益以外其他所有者权益当年变动中应享有的份额，并对应列在“资本公积”栏；

“与计入所有者权益项目相关的所得税影响”项目，反映企业根据《企业会计准则第18号——所得税》规定应计入所有者权益项目的当年所得税影响金额，并对应列在“资本公积”栏。

③“所有者投入和减少资本”项目，反映企业当年所有者投入的资本和减少的资本。其中：

“所有者投入资本”项目，反映企业接受投资者投入形成的实收资本（或股本）和资本溢价或股本溢价，并对应列在“实收资本”和“资本公积”栏。

“股份支付计入所有者权益的金额”项目，反映企业处于等待期中的权益结算的股份支付当年计入资本公积的金额，并对应列在“资本公积”栏。

④“利润分配”下各项目，反映当年对所有者（或股东）分配的利润（或股利）金额和按照规定提取的盈余公积金额，并对应列在“未分配利润”和“盈余公积”栏。其中：

“提取盈余公积”项目，反映企业按照规定提取的盈余公积；

“对所有者（或股东）的分配”项目，反映对所有者（或股东）分配的利润（或股利）金额。

⑤“所有者权益内部结转”下各项目，反映不影响当年所有者权益总额的所有者权益各组成部分之间当年的增减变动。其中：

“资本公积转增资本（或股本）”项目，反映企业以资本公积转增资本或股本的金额；

“盈余公积转增资本（或股本）”项目，反映企业以盈余公积转增资本或股本的金额；

“盈余公积弥补亏损”项目，反映企业以盈余公积弥补亏损的金额。

12.5 现金流量表

12.5.1 现金流量表的性质和作用

企业的财务目标主要有两个：一是获取利润；二是维持偿债能力。获取利润是指通过企业的经营活动从而增加企业所有者的权益，也就是使企业所有者获得最满意的投资报酬率；维持偿债能力是指保证企业在债务到期时，具有支付到期债务的能力。企业的报表使用者需要了解企业的获利能力与偿债能力，还需要了解导致企业偿债能力发生变动的原因；企业盈利与偿债能力有何联系，经营活动对企业的现金流量有何影响；企业在本会计期内发生了哪些理财活动（筹资活动与投资活动），它们对企业的现金流量有何影响。

利润表能够反映企业本期经营活动的成果，可用于衡量企业在获取利润方面是否获得成功,但它不能说明企业从经营活动中获得了多少可供周转使用的现金;它能够说明本期筹资活动和投资活动的损益,但不能说明筹资活动与投资活动提供或运用了多少现金。至于那些不涉及损益问题的重要理财业务,利润表根本不予反映。

资产负债表反映某一特定日期的财务状况,说明某一特定日期资产和权益变动的结果,可以显示企业是否具有偿债能力,但它不能反映财务状况的变动。虽然通过两个或几个特定日期的资产负债表的比较,能够在一定程度上反映企业财务状况的变动,但不能说明变动的原因。

可见,利润表和资产负债表虽然具有重要的作用,能够为报表使用者提供有用的会计信息,但它们还不能满足报表使用者的需要。现金流量表可以弥补这两种会计报表的不足。

现金流量表是反映企业在一定会计期间现金和现金等价物流入和流出情况的会计报表。报表使用者利用这些信息,可以评估企业以下几方面的事项:

(1)有助于分析、评价和预测企业创造未来现金流量的能力;

(2)有助于分析、评价和预测企业偿还债务、支付股利的能力以及对外筹资的能力;

(3)有助于分析、评价和预测企业净收益与经营活动现金流量之间产生差异的原因,评价企业的收益质量;

(4)有助于评估当期的现金、非现金投资和筹资事项对企业财务状况的影响。

12.5.2 现金流量的分类

1.现金的概念

现金流量表是以现金为基础编制的,编制现金流量表,首先应明确"现金"的含义。根据我国《企业会计准则第31号——现金流量表》的规定,现金流量表所指的现金是广义的现金概念,它包括现金以及现金等价物。其具体内容如下:

(1)库存现金。库存现金是指企业持有的可随时用于支付的纸币与硬币。

(2)银行存款。银行存款是指企业存在金融企业中随时可以用于支付的存款。

(3)其他货币资金。其他货币资金是指企业存在金融企业有特定用途的资金,如外埠存款、银行汇票存款、银行本票存款、信用证保证金存款、信用卡存款等。

(4)现金等价物。现金等价物是指企业持有的期限短、流动性强、易于转换为已知金额的现金、价值变动风险很小的投资。现金等价物虽然不是严格意义上的现金,但其支付能力与现金的差别不大,可视为现金。认定现金等价物时,期限短通常是指从购买日起3个月内到期。

2.现金流量及其分类

现金流量是指一定时期内企业现金流入和流出的数量。企业在经营中,要发生各种各样的经济业务,但并不是所有的经济业务均会导致现金的流入或流出,也即对现金流量产生影响。一项经济业务的发生是否产生了现金流量,可以通过下列公式进行判断:

资产 = 负债 + 所有者权益

现金 + 非现金资产 = 负债 + 所有者权益

现金 = 负债 + 所有者权益 - 非现金资产

现金变化额 = 负债变化额 + 所有者权益变化额 - 非现金资产变化额

由上述公式可知,企业在某一会计期间内发生的一项经济业务,若能同时引起等式两边有关项目发生增减变动，也即同时引起现金项目与非现金项目发生增减变动，则该项经济业务的发生就产生了现金流量。具体地说，有以下六类经济业务会引起现金流量的增减变动。其中，导致现金流入的有三类：①负债的增加；②所有者权益的增加；③非现金资产的减少。相应地，导致现金流出的也有三类：①负债的减少；②所有者权益的减少；③非现金资产的增加。

若一项经济业务只能引起等式一边有关项目的增减变动，则该项经济业务就不会产生现金流量。经济业务包括现金项目内部之间增减变动的经济业务和非现金项目之间增减变动的经济业务两类。

现金项目内部之间一增一减的经济业务，如企业从银行提取现金、将现金存入银行等，由于均属于现金内部组成项目之间的一种转换，不影响现金流量的增减变动。

非现金项目之间增减变动的业务包括非现金资产与负债同增同减的业务、非现金资产与所有者权益同增同减的业务、负债与所有者权益项目一增一减的业务、非现金资产内部项目一增一减的业务、负债项目内部一增一减的业务及所有者权益项目内部一增一减的业务。这些经济业务也不会影响现金流量的变动，但是它们之中有些属于企业重要的投资和筹资活动，这些活动可能会影响企业财务状况或可能在未来影响企业现金流量。如融资租入固定资产，计入“长期应付款”账户，当期并不支付设备款及租金，但以后各期必须为此支付现金，从而在一定期间内形成了一项固定的现金支出。这类不涉及现金收支的投资和筹资活动的业务主要有债务转为资本、一年内到期的可转换公司债券、融资租入固定资产等。

为体现充分揭示原则，对这些不涉及现金收支的重要的投资和筹资业务，美国会计准则认为应在现金流量表的附表中单独反映，或采用附注形式加以说明。我国的现金流量表准则也要求以补充资料形式对此进行披露。但国际会计准则认为，不影响或不直接影响本期现金流量的投资或融资活动应排除在现金流量表之外，理由是：若把它们包括在内，则与现金流量表的目的不一致。这些活动可在其他财务报表中加以揭示。

我国《企业会计准则第 31 号——现金流量表》将企业的业务活动按其发生的性质分为经营活动、投资活动与筹资活动，为了在现金流量表中反映企业在一定时期内现金净流量变动的原因，相应地将企业一定期间内产生的现金流量归为以下三类：

(1)经营活动产生的现金流量。经营活动是指企业发生的投资活动和筹资活动以外的所有交易和事项，包括销售商品或提供劳务、经营性租赁、购买货物、接受劳务、制造产品、广告宣传、推销产品、缴纳税款等。

(2)投资活动产生的现金流量。投资活动是指企业长期资产的购建和不包括在现金等价物范围内的投资及其处置活动。

(3)筹资活动产生的现金流量。筹资活动是指导致企业资本及债务规模和构成发生变化的活动，包括吸收投资、发行股票、分配利润等。

12.5.3 现金流量表的格式

现金流量的分类构成了现金流量表的基本框架。一般地，现金流量表的结构可分为三大部分，即经营活动的现金流量、投资活动的现金流量和筹资活动的现金流量。

经营活动的现金流量是企业最重要的现金流量，它在本质上代表了企业自身产生现金的能力，故应列示在现金流量表的第一部分，这一部分现金流量有“直接法”和“间接法”两种列示方法。

现金流量表的第二部分列示来自投资活动的现金流量。这一部分的列示方法较为简单,它直接将每项投资活动的现金流入量和流出量分别列示,然后相抵后确定来自投资活动的现金流量净额。

现金流量表的第三部分则列示来自筹资活动的现金流量。该部分的列示方法与投资活动一致,即分别反映每项筹资活动的现金流入量和流出量,相抵后确定来自筹资活动的现金流量净额。

来自经营活动、投资活动和筹资活动的现金流量净额的代数和,为企业会计期内现金的净增加数或净减少数,这一增加或减少数应与资产负债表上的现金及其等价物的期初数与期末数的差额相一致。

按照我国《企业会计准则第 31 号——现金流量表》规定,一般企业的现金流量表格式见表 12 - 6 和表 12 - 7。

表 12 - 6 现金流量表

编制单位:甲股份有限公司　　2011 年度　　单位:元

项　目	金　额
一、经营活动产生的现金流量	
销售商品、提供劳务收到的现金	
收到的税费返还	
收到的其他与经营活动有关的现金	
现金流入小计	
购买商品、接受劳务支付的现金	
支付给职工以及为职工支付的现金	
支付的各项税费	
支付的其他与经营活动有关的现金	
现金流出小计	
经营活动产生的现金流量净额	
二、投资活动产生的现金流量	
收回投资所收到的现金	
取得投资收益所收到的现金	
处置固定资产、无形资产和其他长期资产所收到的现金净额	
收到的其他与投资活动有关的现金	
现金流入小计	
购建固定资产、无形资产和其他长期资产所支付的现金	
投资所支付的现金	
支付的其他与投资活动有关的现金	
现金流出小计	

表 12-6(续)

编制单位:甲股份有限公司　　2011 年度　　单位:元

项　　目	金　　额
投资活动产生的现金流量净额	
三、筹资活动产生的现金流量	
吸收投资所收到的现金	
借款所收到的现金	
收到的其他与筹资活动有关的现金	
现金流入小计	
偿还债务所支付的现金	
分配股利、利润或偿付利息所支付的现金	
支付的其他与筹资活动有关的现金	
现金流出小计	
筹资活动产生的现金流量净额	
四、汇率变动对现金的影响	
五、现金及现金等价物净增加额	

表 12-7　现金流量表附注

项　　目	金　　额
1. 将净利润调节为经营活动现金流量	
净利润	
加:计提的资产减值准备	
固定资产折旧	
无形资产摊销	
长期待摊费用摊销	
处置固定资产、无形资产和其他长期资产的损失(减:收益)	
固定资产报废损失	
公允价值变动损失(减:收益)	
财务费用	
投资损失(减:收益)	
递延所得税资产减少	
递延所得税负债增加	
存货的减少(减:增加)	
经营性应收项目的减少(减:增加)	
经营性应付项目的增加(减:减少)	

表 12 - 7(续)

项　　目	金　　额
其他	
经营活动产生的现金流量净额	
2. 不涉及现金收支的投资和筹资	
债务转为资本	
一年内到期的可转换公司债券	
融资租入固定资产	
3. 现金及现金等价物净增加情况	
现金的期末余额	
减:现金的期初余额	
加:现金等价物的期末余额	
减:现金等价物的期初余额	
现金及现金等价物净增加额	

12.5.4　现金流量表的编制方法

1. 经营活动产生的现金流量的编制方法

经营活动产生的现金流量可以采用直接法和间接法两种方法反映。

直接法是通过现金流入和现金流出的主要类别来反映企业经营活动产生的现金流量。在我国,直接法下经营活动产生的现金流量,其现金流入可分为:销售商品、提供劳务收到的现金,收到的税费返还,收到的其他与经营活动有关的现金等类别;现金流出可分为:购买商品、接受劳务支付的现金,支付给职工以及为职工支付的现金,支付的各项税费,支付的其他与经营活动有关的现金等类别。

间接法是以本期净利润为起算点,调整不涉及现金的收入、费用、营业外收支等有关项目的增减变动,据此计算出经营活动产生的现金流量。采用直接法提供的信息有助于评价企业未来现金流量。国际会计准则鼓励企业采用直接法编制现金流量表。在我国,现金流量表也以直接法编制,但在现金流量表的附注补充资料中还要按照间接法反映经营活动现金流量的情况。

(1)直接法。采用直接法报告企业经营活动产生的现金流量时,各个现金流入与流出项目的数据可以从会计记录中直接获得,也可以在利润表上营业收入、营业成本等数据的基础上,通过调整获得。

①“销售商品、提供劳务收到的现金”项目,反映企业销售商品、提供劳务实际收到的现金(含销售收入和应向购买者收取的增值税额),包括本期销售商品、提供劳务收到的现金,以及前期销售和前期提供劳务本期收到的现金和本期预收的账款,扣除本期退回本期销售的商品和前期销售本期退回的商品支付的现金。企业销售材料和代购供销业务收到的现金,也在本项目反映。

确定本项目的金额通常可以利润表上的“营业收入”为起点进行调整。

由于该项目包括应向购买者收取的增值税销项税额，所以应在营业收入的基础上加上本期的增值税销项税额。

由于企业的商品销售和劳务供应往往并非都是现金交易，因而应加上应收账款与应收票据的减少数，或减去应收账款与应收票据的增加数。

如果企业有预收货款业务，还应加上预收账款增加数，或减去预收账款减少数。

如果企业采用备抵法核算坏账，且本期发生了坏账，或有坏账回收，则应减去本期确认的坏账，加上本期坏账回收。因为发生坏账减少了应收账款余额，但没有实际的现金流入；坏账回收有现金流入，但与营业收入无直接关系，且不影响应收账款余额。

如果企业本期有应收票据贴现，发生了贴现息，则应减去应收票据贴现息，因为贴现息代表了应收票据的减少，并没有相应的现金流入。

如果企业发生了按税法规定应视同销售的业务，如将商品用于工程项目，则相应的销项税额应该减去，因为这部分销项税额没有相应的现金流入，也与应收账款或应收票据无关。

综合以上分析，可列出下列算式：

销售商品、提供劳务收到的现金 = 营业收入 + 销项税额 +（经营性应收款项期初余额 - 经营性应收款项期末余额）+ 预收账款增加数 - 预收账款减少数 - 本期计提的坏账准备 - 应收票据贴现息 - 视同销售的销项税额

②“收到的税费返还”项目，反映企业收到返还的各种税费，如收到的增值税、消费税、营业税、所得税、教育费附加返还等。

确定该项目的余额，需要分析“应交税费”科目下属各明细科目的贷方发生额。

③“收到的其他与经营活动有关的现金”项目，反映企业除了上述各项目外，收到的其他与经营活动有关的现金流入，如罚款收入、流动资产损失中由个人赔偿的现金收入等。其他现金流入如价值较大，应单列项目反映。

该项目所包括内容比较复杂，要通过分析“库存现金”“银行存款”科目的借方发生额确定，由于没有固定的科目对应关系，分析起来有一定难度。不过企业涉及此类现金流入的经济业务一般较少。

④“购买商品、接受劳务支付的现金”项目，反映企业因购买商品、接受劳务实际支付的现金，包括本期购入商品、接受劳务支付的现金（包括支付的增值税进项税额），以及本期支付前期购入商品、接受劳务的未付款项和本期预付款项。本期发生的购货退回收到的现金应从本项目内扣除。

确定本项目的金额通常以利润表上的“营业成本”为基础进行调整。

由于本项目包括支付的增值税进项税额，所以应在营业成本的基础上加上本期的增值税进项税额。

营业成本与购买商品并无直接联系，就商品流通企业而言，营业成本加上存货增加数或减去存货减少数，便可大致确定本期购进商品的成本。

本期购进商品成本并不等于本期购进商品支付的现金，因为可能存在赊购商品或预付货款的情形。故应加上应付账款与应付票据的减少数，或减去应付账款与应付票据的增加数；应加上预付账款的增加数，减去预付账款的减少数。

对于工业企业来说，存货包括材料、在产品与产成品等，也就是说存货的增加并非都与购进商品（材料）相联系，本期发生的应计入产品成本的工资费用、折旧费用等也会导致存

货增加,但与商品购进无关,因而应进一步扣除计入本期生产成本的非材料费用。

应调整其他与商品购进和商品销售无关的存货增减变动,主要包括存货盘亏与盘盈、用存货对外投资或接受存货投资等。

综合以上分析,可以下式表达:

购买商品、接受劳务支付的现金 = 营业成本 + 进项税额 -(存货期初余额 - 存货期末余额)+ 本期计提的存货跌价准备 + 经营性应付项目期初余额 - 经营性应付项目期末余额 + 预付账款增加数 - 预付账款减少数 + 存货盘亏 - 存货盘盈 + 用于投资的存货成本 - 接受投资增加的存货 - 计入本期生产成本的非材料费用

⑤“支付给职工以及为职工支付的现金”项目,反映企业实际支付给职工以及为职工支付的现金,包括本期实际支付给职工的工资、奖金、各种津贴和补贴等,以及为职工支付的其他费用,不包括支付的离退休人员的各项费用和支付给在建工程人员的工资等。企业支付给离退休人员的各项费用,在“支付的其他与经营活动有关的现金”项目中反映;支付的在建工程人员的工资,在投资活动产生的现金流量部分的“购建固定资产、无形资产和其他长期资产所支付的现金”项目反映。

企业为职工支付的养老、失业等社会保险基金、补充养老保险、住房公积金、支付给职工的住房困难补助、企业为职工缴纳的商业保险金,以及企业支付给职工或为职工支付的其他福利费用等,应按职工的工作性质和服务对象,分别在本项目和“购建固定资产、无形资产和其他长期资产所支付的现金”项目反映。

⑥“支付的各项税费”项目,反映企业当期实际上缴税务部门的各种税金,以及支付的教育费附加、矿产资源补偿费、印花税、房产税、土地增值税、车船税、预缴的营业税等,不包括计入固定资产价值、实际支付的耕地占用税等。

本项目的金额可通过分析“应交税费”科目下属的各明细科目的借方发生额计算得到。

⑦“支付的其他与经营活动有关的现金”项目,反映企业除上述各项目外,支付的其他与经营活动有关的现金流出,如罚款支出、支付的差旅费、业务招待费现金支出、支付的保险费等,其他现金流出如价值较大的,应单列项目反映。

确定本项目的金额,可以在科目表上的“销售费用”与“管理费用”两个项目的基础上进行分析调整,扣除折旧费用、无形资产摊销等无相应现金流出的项目。

(2)间接法。间接法是以利润表上的净利润为出发点,调整确定经营活动产生的现金流量。在利润表中反映的净利润是按权责发生制确定的,其中有些收入、费用项目并没有实际发生经营活动的现金流入和流出,通过对这些项目的调整,即可将净利润调节为经营活动产生的现金流量。具体需要调整的项目可分为四大类:一是实际没有支付现金的费用;二是实际没有收到现金的收益;三是不属于经营活动的损益;四是经营性应收应付项目的增减变动。将净利润调节为经营活动的现金流量需要调整的项目如下:

①“计提的资产减值准备”项目,反映企业本期计提的各项资产的减值准备。本项目可根据“资产减值损失”科目的记录填列。

②“固定资产折旧”项目,反映企业本期计提的折旧。本项目可根据“累计折旧”科目的贷方发生额分析填列。

③“无形资产摊销”和“长期待摊费用摊销”两个项目,分别反映企业本期摊入成本费用的无形资产的价值及长期待摊费用。这两个项目可根据“累计摊销”“长期待摊费用”科目的贷方发生额分析填列。

④“处置固定资产、无形资产和其他长期资产的损失(减:收益)”项目,反映企业本期由于处置固定资产、无形资产和其他长期资产而发生的净损失。本项目可根据“营业外收入”“营业外支出”“其他业务收入”“其他业务成本”科目所属有关明细科目的记录分析填列;如为净收益,以“-”号填列。

⑤“固定资产报废损失”项目,反映企业本期固定资产盘亏(减:盘盈)后的净损失。本项目可根据“营业外支出”“营业外收入”科目所属有关明细科目中固定资产盘亏损失减去固定资产盘盈收益后的差额填列。

⑥“公允价值变动损失”反映企业本期公允价值变动净损失。本项目可根据利润表上的“公允价值变动收益”项目的数字填列,如为净收益,以“-”号填列。

⑦“财务费用”项目,反映企业本期发生的应属于筹资活动或投资活动的财务费用。本项目可根据“财务费用”科目的本期借方发生额分析填列;如为收益,以“-”号填列。

⑧“投资损失(减:收益)”项目,反映企业本期投资所发生的减去收益后的净损失。本项目可根据利润表上“投资收益”项目的数字填列;如为投资收益,以“-”号填列。

⑨“递延所得税资产减少”和“递延所得税负债增加”项目,分别反映企业本期与净利润相关的递延所得税资产减少和递延所得税负债增加。可分别根据资产负债表“递延所得税资产”“递延所得税负债”项目的期初、期末余额的差额分析填列。递延所得税资产的期末数小于期初数的差额,以及递延所得税负债的期末数大于期初数的差额,以正数填列;递延所得税资产的期末数大于期初数的差额,以及递延所得税负债的期末数小于期初数的差额,以“-”号填列。

⑩“存货的减少(减:增加)”项目,反映企业本期存货的减少(减:增加)。本项目可根据资产负债表上“存货”项目的期初、期末余额的差额填列;期末数大于期初数的差额,以“-”号填列。

⑪“经营性应收项目的减少(减:增加)”项目,反映企业本期经营性应收项目(包括应收账款、应收票据和其他应收款中与经营活动有关的部分及应收的增值税销项税额等)的减少(减:增加)。

⑫“经营性应付项目的增加(减:减少)”项目,反映企业本期经营性应付项目(包括应付账款、应付票据、应交税费、其他应付款中与经营活动有关的部分以及应付的增值税进项税额等)的增加(减:减少)。

2. 投资活动产生的现金流量的编制方法

现金流量表中的投资活动包括不属于现金等价物的短期投资和长期投资的购买与处置、固定资产的购建与处置、无形资产的购置与处置等。

①“收回投资所收到的现金”项目,反映企业出售、转让或到期收回除现金等价物以外的交易性金融资产、长期股权投资而收到的现金,以及收回持有至到期投资本金而收到的现金,不包括持有至到期投资收回的利息,以及收回的非现金资产。

②“取得投资收益所收到的现金”项目,反映企业因各种投资而分得的现金股利、利润、利息等。

③“处置固定资产、无形资产和其他长期资产所收到的现金净额”项目,反映企业处置固定资产、无形资产和其他长期资产所取得的现金,扣除为处置这些资产而支付的有关费用后的净额。由于自然灾害所造成的固定资产等长期资产损失而收到的保险赔偿收入,也在本项目反映。

④“收到的其他与投资活动有关的现金”项目,反映企业除上述各项以外,收到的其他与投资活动有关的现金流入。其他现金流入如价值较大的,应单列项目反映。

⑤“购建固定资产、无形资产和其他长期资产所支付的现金”项目,反映企业购买、建造固定资产,取得无形资产和其他长期资产所支付的现金,不包括为购建固定资产而发生的借款利息资本化的部分,以及融资租入固定资产支付的租赁费。支付的借款利息和融资租入固定资产支付的租赁费,应在筹资活动产生的现金流量部分单独反映。本项目可根据“固定资产”“在建工程”“无形资产”“库存现金”“银行存款”等科目的记录分析填列。

⑥“投资所支付的现金”项目,反映企业对外进行权益性投资和债权性投资所支付的现金,包括企业取得的除现金等价物以外的交易性金融资产、长期股权投资、持有至到期投资所支付的现金,以及支付的佣金、手续费等附加费用。本项目可根据“长期股权投资”“持有至到期投资”“交易性金融资产”“库存现金”“银行存款”等科目的记录分析填列。

企业购买股票和债券时,实际支付的价款中包含的已宣告但尚未领取的现金股利或已到付息期但尚未领取的债券利息,应在投资活动产生的现金流量部分的“支付的其他与投资活动有关的现金”项目反映;收回购买股票和债券时支付的已宣告但尚未领取的债券利息,在投资活动产生的现金流量部分的“收到的其他与投资活动有关的现金”项目反映。

⑦“支付的其他与投资活动有关的现金”项目,反映企业除上述各项以外,支付的其他与投资活动有关的现金流出。其他现金流出如价值较大的,应单列项目反映。本项目可根据有关科目的记录分析填列。

3. 筹资活动产生的现金流量的编制方法

现金流量表需要单独反映筹资活动产生的现金流量。筹资活动产生的现金流入可分为以下项目:

①“吸收投资所收到的现金”项目,反映企业收到的投资者投入的现金,包括企业以发行股票、债券等方式筹集资金时实际收到的款项净额(发行收入减去支付的佣金等发行费用后的净额)。以发行股票、债券等方式筹集资金而由企业直接支付的审计、咨询等费用,在“支付的其他与筹资活动有关的现金”项目反映,不从本项目内扣除。本项目可根据“实收资本”(或“股本”)“库存现金”“银行存款”等科目的记录分析填列。

②“借款所收到的现金”项目,反映企业举借各种短期、长期借款所收到的现金。本项目可根据“短期借款”“长期借款”“库存现金”“银行存款”等科目的记录分析填列。

③“收到的其他与筹资活动有关的现金”项目,反映企业除上述各项目外,所形成的其他与筹资活动有关的现金流入,如接受现金捐赠等。其他现金流入如价值较大的,应单列项目反映。本项目可根据有关科目的记录分析填列。

④“偿还债务所支付的现金”项目,反映企业以现金偿还债务的本金,包括偿还金融企业的借款本金、偿还债券本金等所导致的现金流出。企业偿还的借款利息、债券利息,在“分配股利、利润或偿付利息所支付的现金”项目反映,不包括在本项目内。本项目可根据“短期借款”“长期借款”“应付债券”“库存现金”“银行存款”等科目的记录分析填列。

⑤“分配股利、利润和偿付利息所支付的现金”项目,反映企业实际支付的现金股利、利润,以及支付的借款利息和债券利息等。本项目可根据“应付股利”“财务费用”“长期借款”“应付债券”“库存现金”“银行存款”等科目的记录分析填列。

⑥“支付的其他与筹资活动有关的现金”项目,反映企业除上述各项外,所形成的其他与筹资活动有关的现金流出,如捐赠现金支出等。其他现金流出如价值较大的,应单列项

目反映。本项目可根据有关科目的记录分析填列。

4. 汇率变动对现金及现金等价物的影响

编制现金流量表时，应当将企业外币现金流量以及境外子公司的现金流量折算成记账本位币。外币现金流量以及境外子公司的现金流量，应当采用现金流量发生日的即期汇率或按照系统合理的方法确定的、与现金流量发生日即期汇率近似的汇率折算。汇率变动对现金的影响额应当作为调节项目，在现金流量表中单独列报。

汇率变动对现金的影响指企业外币现金流量及境外子公司的现金流量折算成记账本位币时，所采用的是现金流量发生日的汇率或按照系统合理的方法确定的、与现金流量发生日即期汇率近似的汇率，而现金流量表“现金及现金等价物净增加额”项目中外币现金净增加额是按资产负债表日的即期汇率折算的。这两者的差额即为汇率变动对现金的影响。

在编制现金流量时，对当期发生的外币业务也可不必逐笔计算汇率变动对现金的影响，可以通过现金流量表补充资料中“现金及现金等价物净增加额”数额与现金流量表中“经营活动产生的现金流量净额”“投资活动产生的现金流量净额”“筹资活动产生的现金流量净额”三项之和比较，其差额即为“汇率变动对现金的影响额”。

12.6 附　　注

如前所述，附注是财务报表不可或缺的组成部分，是对在资产负债表、利润表、现金流量表和所有者权益变动表等报表中列示项目的文字描述或明细资料，以及对未能在这些报表中列示项目的说明等。如没有附注将使报表内的数字难以理解，财务报表的效用就会大打折扣。因此，附注与报表具有同等的重要性，是财务报表的重要组成部分。报表使用者了解企业的财务状况、经营成果和现金流量，应当全面阅读附注。

12.6.1 附注披露的基本要求

(1)附注披露的信息应是定量、定性信息的结合，从而能从量和质两个角度对企业经济事项完整地进行反映，也才能满足信息使用者的决策需求。

(2)附注应当按照一定的结构进行系统合理的排列和分类，有顺序地披露信息。由于附注的内容繁多，因此更应按逻辑顺序排列，分类披露，条理清晰，具有一定的组织结构，以便于使用者理解和掌握，也更好地实现财务报表的可比性。

(3)附注相关信息应当与资产负债表、利润表、现金流量表和所有者权益变动表等报表中列示的项目相互参照，以有助于使用者联系相关联的信息，并由此从整体上更好地理解财务报表。

12.6.2 附注披露的内容

附注应当按照以下顺序披露有关内容。

1. 企业的基本情况

(1)企业注册地、组织形成和总部地址。

(2)企业的业务性质和主要经营活动，如企业所处的行业、所提供的主要产品或服务、客户的性质、销售策略、监管环境的性质等。

(3)母公司以及集团最终母公司的名称。

(4)财务报告的批准报出者和财务报告批准报出日。

2. 财务报表的编制基础

企业报表附注应披露财务报表的编制基础。

3. 遵循企业会计准则的声明

企业应当声明编制的财务报表符合企业会计准则的要求,真实、完整地反映了企业的财务状况、经营成果和现金流量等有关信息,以此明确企业编制财务报表所依据的制度基础。如果企业编制的财务报表只是部分地遵循了企业会计准则,附注中不得作出这种表述。

4. 重要会计政策和会计估计

根据财务报表列报准则的规定,企业应当披露采用的重要会计政策和会计估计,不重要的会计政策和会计估计可以不披露。

(1)重要会计政策的说明。由于企业经济业务的复杂性和多样化,某些经济业务可以有多种会计处理方法,也即存在不止一种可供选择的会计政策。例如,存货的计价可以有先进先出法、加权平均法、个别计价法等;固定资产的折旧可以有平均年限法、工作量法、双倍余额递减法、年数总额法等。企业在发生某项经济业务时,必须从允许的会计处理方法中选择适合本企业特点的会计政策,企业选择不同的会计处理方法可能极大地影响企业的财务状况和经营成果,进而编制出不同的财务报表。为了有助于报表使用者理解,有必要对这些会计政策加以披露。

需要特别指出的是,说明会计政策时还需要披露下列两项内容:

①财务报表项目的计量基础。会计计量属性包括历史成本、重置成本、可变现净值、现值和公允价值,这直接显著影响报表使用者的分析,这项披露要求便于使用者了解企业财务报表中的项目是按何种计量基础予以计量的,如存货是按成本还是可变现净值计量等。

②会计政策的确定依据。会计政策的确定依据主要是指企业在运用会计政策过程中所作的对报表确认的项目金额最具影响的判断。例如,企业如何判断持有的金融资产是持有至到期的投资而不是交易性投资;又比如,对于拥有的持股不足50%的关联企业,企业为何判断企业拥有控制权并因此将其纳入合并范围;再比如,企业如何判断与租赁资产相关的所有风险和报酬已转移给企业,从而符合融资租赁的标准,以及投资性房地产的判断标准是什么等,这些判断对在报表中确认的项目金额具有重要影响。因此,这项披露要求有助于使用者理解企业选择和运用会计政策的背景,增加财务报表的可理解性。

(2)重要会计估计的说明。财务报表列报准则强调了对会计估计不确定因素的披露要求,企业应当披露会计估计中所采用的关键假设和不确定因素的确定依据,这些关键假设和不确定因素在下一会计期间内很可能导致对资产、负债账面价值进行重大调整。

在确定报表中确认的资产和负债的账面金额过程中,企业有时需要对不确定的未来事项在资产负债表日对这些资产和负债的影响加以估计。例如,固定资产可收回金额的计算需要根据其公允价值减去处置费用后的净额与预计未来现金流量的现值两者之间的较高者确定,在计算资产预计未来现金流量的现值时需要对未来现金流量进行预测,并选择适当的折现率,应当在附注中披露未来现金流量预测所采用的假设及其依据、所选择的折现率为什么是合理的等;又如,为正在进行中的诉讼提取准备时最佳估计数的确定依据等。这些假设的变动对这些资产和负债项目金额的确定影响很大,有可能会在下一个会计年度内作出重大调整。因此,强调这一披露要求,有助于提高财务报表的可理解性。

5. 会计政策和会计估计变更以及差错更正的说明

企业应当按照《企业会计准则第 28 号——会计政策、会计估计变更和差错更正》及其应用指南的规定，披露会计政策和会计估计变更以及差错更正的有关情况。

6. 报表重要项目的说明

企业应当以文字和数字描述相结合、尽可能以列表形式披露报表重要项目的构成或当期增减变动情况，并且报表重要项目的明细金额合计应当与报表项目金额相衔接。在披露顺序上，一般应当按照资产负债表、利润表、现金流量表、所有者权益变动表的顺序及其项目列示的顺序。

7. 其他需要说明的重要事项

其他需要说明的重要事项主要包括或有和承诺事项、资产负债表日后非调整事项、关联方关系及其交易等，具体的披露要求须遵循相关准则的规定。

思考题

1. 甲企业 2008 年 12 月 31 日的有关资料如下。

(1)科目余额见表 12－8。

表 12－8 科目余额表

单位:元

科目名称	借方余额	贷方余额
库存现金	10 000	
银行存款	57 000	
应收票据	60 000	
应收账款	80 000	
预付账款		30 000
坏账准备——应收账款		5 000
原　材　料	70 000	
低值易耗品	10 000	
发出商品	90 000	
材料成本差异		55 000
库存商品	100 000	
交易性金融资产	2 000	
固定资产	800 000	
累计折旧		300 000
在建工程	40 000	
无形资产	150 000	
短期借款		10 000
应付账款		70 000
预收账款		10 000
应付职工薪酬	4 000	
应交税费		13 000
长期借款		80 000
实收资本		500 000
盈余公积		200 000
未分配利润		200 000

(2)债权债务明细科目余额。

应收账款明细资料如下:

应收账款——A 公司	借方余额 100 000 元
应收账款——B 公司	贷方余额 20 000 元

预付账款明细资料如下:

预付账款——C 公司	借方余额 20 000 元
预付账款——D 公司	贷方余额 50 000 元

应付账款明细资料如下:

应付账款——E 公司	贷方余额 100 000 元
应付账款——F 公司	借方余额 30 000 元

预收账款明细资料如下:

预收账款——G 公司	贷方余额 40 000 元
预收账款——H 公司	借方余额 30 000 元

(3)长期借款共 2 笔,均为到期一次性还本付息。金额及期限如下:

①从工商银行借入 30 000 元(本利和),期限从 2007 年 6 月 1 日至 2009 年 6 月 1 日。

②从建设银行借入 50 000 元(本利和),期限从 2008 年 8 月 1 日至 2010 年 8 月 1 日。

要求:编制甲企业 2008 年 12 月 31 日的资产负债表,见表 12 – 9。

表 12 – 9　资产负债表

编制单位:　　　　　　　　　年　　月　　日　　　　　　　　　单位:元

资　　产	期末余额	负债和所有者权益	期末余额
流动资产:		流动负债:	
货币资金		短期借款	
交易性金融资产		应付账款	
应收票据		预收款项	
应收账款		应付职工薪酬	
预付款项		应交税费	
存　　货		一年内到期的非流动负债	
流动资产合计		流动负债合计	
固定资产		非流动负债:	
在建工程		长期借款	
无形资产		非流动负债合计	
非流动资产合计		负债合计	
		所有者权益(或股东权益):	
		实收资本(或股本)	
		盈余公积	
		未分配利润	
		所有者权益(或股东权益)合计	
资产总计		负债和所有者权益总计	

2. 甲股份有限公司（以下简称甲公司）为增值税一般纳税企业，适用的增值税税率为17%。商品销售价格中均不含增值税额。按每笔销售分别结转销售成本。甲公司销售商品、零配件及提供劳务均为主营业务。

甲公司2008年12月发生的经济业务如下：

（1）12月1日甲公司向A公司销售商品一批。该批商品的销售价格为150万元，增值税税率为17%，实际成本为120万元，商品已发出，款项已收到。

（2）12月5日甲公司向C公司销售商品一批，货物已发出，销售价格为300万元，成本为230万元，并开具了增值税专用发票，为了及早收回货款，双方合同约定的现金折扣条件为：2/10，1/20，n/30（假定在计算现金折扣时不考虑增值税），12月13日，甲公司收到C公司支付的货款。

（3）12月20日，甲公司接受一项安装劳务，安装期为3个月，合同总收入为50万元，已于当日预收安装费30万元，至期末，实际发生安装费用10万元（均为安装人员的工资），估计还会发生安装费用30万元，假定甲公司按实际发生的成本占估计总成本的比例确定劳务的完工进度（该项劳务不属于增值税的范畴）。

（4）12月25日，收到E公司退回2008年3月20日购买的商品一批，该批商品的销售价格为50万元，实际成本为40万元。该批商品的销售收入已在售出时确认，但款项尚未收取。经查明，退货理由符合原合同规定。本月末已办妥退货手续并开具红字增值税专用发票。

（5）12月30日，甲公司将原持有的一项固定资产出售给G公司，获得价款23万元，该项固定资产的原价为100万元，已经计提折旧70万元，减值准备为10万元，为处置该项资产发生的清理费用为1万元。

（6）12月31日，甲公司进行财产清查，发现盘亏原材料一批，原材料的实际成本为15万元，未计提减值准备，系计量不准所致，盘亏损失经批准予以处理，假定不考虑增值税。

（7）本月应交所得税为20万元。

其他相关资料：

除上述经济业务外，甲公司登记12月份发生的其他经济业务形成的账户余额见表12－10。

表12－10 账户余额

账户名称	借方余额/万元	贷方余额/万元
营业外收入		30.5
营业税金及附加	15	
财务费用	14	
管理费用	30	

要求：（1）编制甲公司上述（1）至（7）项经济业务相关的会计分录。

（2）编制甲公司12月份的利润表，见表12－11。

（答案中的金额单位用万元表示，计算结果保留两位小数）

表 12-11 利润表

编制单位:甲公司　　2008 年 12 月　　单位:万元

项　目	本　月　数
一、营业收入	
减:营业成本	
营业税金及附加	
销售费用	
管理费用	
财务费用	
资产减值损失	
加:公允价值变动收益(损失以"-"号填列)	
投资收益(损失以"-"号填列)	
二、营业利润(亏损以"-"号填列)	
加:营业外收入	
减:营业外支出	
三、利润总额(亏损总额以"-"号填列)	
减:所得税费用	
四、净利润(净亏损以"-"号填列)	

3. 甲公司 2008 年净利润为 1 800 000 元,该年度计提的固定资产折旧费用为 52 000 元,无形资产摊销费用为 30 000 元,计提资产减值准备 1 400 元,投资净损失为 160 000 元。该公司年末和年初经营性的非现金流动资产与流动负债的相关资料见表 12-12。

表 12-12 账户余额

账户名称	年初余额	年末余额
应收账款	370 000	310 000
应收票据	64 000	72 000
存　　货	647 000	196 000
应付账款	80 000	120 000
预收账款	100 000	250 000

要求:用间接法确定甲公司 2008 年度经营活动的现金净流量。

4. 甲公司 2008 年有关账户提供信息见表 12-13 和表 12-14。

表 12－13　项目数额

项　　目	本年数额
营业收入	5 000 000
营业成本	3 000 000
折旧费用	340 000
其他经营费用(付现费用)	440 000
经营净利润	1 220 000

表 12－14　账户余额

账户名称	年初余额	年末余额
应收账款	240 000	210 000
存　　货	150 000	170 000
应付账款	180 000	190 000

要求：(1)用直接法计算经营活动现金净流量。

(2)用间接法计算经营活动现金净流量。

参考文献

[1]财政部.企业会计准则[M].北京:经济科学出版社,2006.

[2]财政部.企业会计准则指南[M].北京:中国财政经济出版社,2006.

[3]财政部.企业会计准则讲解[M].北京:经济科学出版社,2007.

[4]财政部.企业会计制度[M].北京:经济科学出版社,2001.

[5]戴德明,林钢,赵西卜.财务会计学[M].北京:中国人民大学出版社,2011.

[6]葛家澍,杜兴强.中级财务会计学[M].北京:高等教育出版社,2007.

[7]刘永泽.中级财务会计[M].大连:东北财经大学出版社,2007.

[8]中国注册会计师协会.会计[M].北京:中国财政经济出版社,2011.

[9]陈信元.财务会计[M].北京:高等教育出版社,2011.

[10]张华伦.财务会计学[M].北京:机械工业出版社,2008.

[11]赵天燕.会计学[M].北京:高等教育出版社,2009.

[12]孔德兰.企业财务会计[M].北京:高等教育出版社,2011.

[13]陈德萍.财务会计[M].大连:东北财经大学出版社,2004.

[14]张俊瑞,张晓明.财务会计学[M].西安:陕西人民出版社,2004.

[15]李现宗,庄仁敏.财务会计学[M].北京:首都经济贸易大学出版社,2004.

[16]钱逢胜.会计学[M].上海:上海财经大学出版社,2004.